W0207840

E-Book inside.

Mit folgendem persönlichen Code
können Sie die E-Book-Ausgabe
dieses Buches downloaden.

9r65p-6xil3-
01800-641yf

Registrieren Sie sich unter
www.hanser-fachbuch.de/ebookinside
und nutzen Sie das E-Book
auf Ihrem Rechner*, Tablet-PC
und E-Book-Reader.

Der Download dieses Buches als E-Book unterliegt gesetzlichen Bestimmungen bzw. steuerrechtlichen Regelungen, die Sie unter www.hanser-fachbuch.de/ebookinside nachlesen können.

* Systemvoraussetzungen: Internet-Verbindung und Adobe® Reader®

Schilling

Apps machen

Karolina Schilling

Apps machen

Der Kompaktkurs für Designer: Von der Idee bis zum klickbaren Prototyp

HANSER

Die Autorin:

Karolina Schilling, Oranienburg
mailto:ks@muppetti.de
http://muppetti.de

Bibliografische Information der Deutschen Nationalbibliothek:

Die Deutsche Nationalbibliothek verzeichnet diese Publikation in der Deutschen Nationalbibliografie; detaillierte bibliografische Daten sind im Internet über http://dnb.d-nb.de abrufbar.

Lektorat: Sieglinde Schärl
Copy editing: Sandra Gottmann, Münster-Nienberge
Herstellung: Irene Weilhart
Umschlagdesign: Marc Müller-Bremer, www.rebranding.de, München
Covermotiv: Karolina Schilling
Umschlagrealisation: Stephan Rönigk
Layout: Kösel Media GmbH, Krugzell
Datenbelichtung, Druck und Bindung: Firmengruppe Appl, aprinta druck, Wemding
Printed in Germany

Print-ISBN: 978-3-446-44574-1
E-Book-ISBN: 978-3-446-44653-3

Inhalt

Bevor Sie eintauchen ... IX

1 Am Anfang war das Smartphone 3

1.1 Wenn Apple Handys baut, werden daraus Mini-Computer, die den PC abschaffen 4
1.2 Apps. Woher kommen sie und was soll dieser Hype? 6
1.3 Mobile Technologien sind nutzerzentrierte Technologien 9
1.4 Good bye PC – die Post-PC-Ära ist da 12

2 Das Potenzial Ihrer App 15

2.1 Begeisterung – der Schlüssel zur (App-)Kreation 16
2.2 Zehn Schlüsselfragen, bevor Sie auch nur einen Finger rühren 19
2.3 Das Problem ist der Kernnutzen. Der Kernnutzen ist das Problem 23
2.4 Das WARUM – ein Blick aus der Welt der Lösung 24
2.5 Why Watching – beobachten Sie Probleme in freier Wildnis 27
2.6 Schlank, schlank, schlank 29

3 App User Experience 37

3.1 Die mobile Welt des Nutzers 38
3.2 Das UX Wheel 42
3.3 Checkliste zu Ihrer App 50
3.4 UX-Reise mit Number26 51

4 Das App-Team oder Hybrid Thinkers 65

4.1 Was *sind* Designer? 66
4.2 App-Designer – das Epizentrum 68
4.3 Rollen – Sie sind eine Matrjoschka 75
4.4 Aufgaben eines App-Designers 81
4.5 Das MVT – Minimum Viable Team 88
4.6 App-Entwickler und -Programmierer 89
4.7 Neue Tools verändern unsere Rollen und unser Denken 96

5 MVP – Minimum Viable Product ... 105

5.1 Bedürfnisse ansprechen ... 107
5.2 Bedürfnisse erfüllen ... 111
5.3 Buyer Personas – das Konzentrat Ihrer Käufer-Zielgruppe als Profil ... 116
5.4 Ihre App-Idee in Worte fassen ... 119
5.5 Der Weg in die Welt ... 124
5.6 Ziele vs. Erwartungen ... 142
5.7 Messbare Ziele setzen und validieren ... 147

6 App-Typen & mobile Technologien ... 157

6.1 Native Apps ... 160
6.2 Mobile Web-Apps ... 163
6.3 Hybride Apps ... 170
6.4 Multi-Channel-Apps ... 173
6.5 App-Baukästen ... 177
6.6 Welchen App-Typ sollten Sie nutzen? ... 179
6.7 Apps und Storage ... 179
6.8 Vernetzte Welt ... 186
6.9 Designer und Daten ... 199

7 Scenarios, Storys und Personas ... 205

7.1 Context Scenarios & User Storys ... 206
7.2 Recherchen ... 209
7.3 User Personas ... 212
7.4 User Journeys ... 219

8 Konzeption, Prototyping & Tests ... 227

8.1 Grobkonzeption ... 228
8.2 Konzept-Check und Priorisierung ... 238
8.3 Feinkonzeption – die App wird echt ... 242
8.4 Rapid-Prototyping & Selftest ... 258
8.5 User Tests ... 268

9 Das User Interface ... 281

9.1 User Interaction Basics ... 282
9.2 Microinteractions für eine bessere User Experience ... 284
9.3 User Interface Design für Apps ... 290
9.4 Screengrößen, Layout und Grafiken ... 296
9.5 UI Workflow – Tools & Methoden ... 304
9.6 Die App veröffentlichen ... 325

10 Nach dem Launch ist vor dem Launch 331
10.1 Dokumentation 331
10.2 Bugs, Analytics, neue Features & Updates 333
10.3 Persönliche Auswertung des Projekts 335
10.4 Das App-Projekt zur Übersicht 335
10.5 Aufwandschätzung Ihrer Arbeit 337

Quellen und Links 343

Index 349

Bevor Sie eintauchen ...

In „Apps machen“ erfahren Sie, wie Sie von einer App-Idee zum klickbaren Prototypen gelangen und die App ausgiebig testen, *bevor* die kostspielige Programmierung beginnt. Damit schließt „Apps machen“ konkurrenzlos eine Buchlücke in unserem Sprachraum.

Ich zeige Ihnen, welche Aufgaben auf Sie zukommen, welche persönlichen Skills Sie entwickeln und welche modernen Tools Sie einsetzen, um mit Leichtigkeit eine attraktive App zum Leben zu erwecken. Ob es Ihre eigene App ist oder für Ihren Kunden – Sie lernen, nutzerorientiert zu denken, und die Prinzipien der einnehmenden User Experience zu verstehen. So konzipieren Sie ein digitales Produkt, das Spaß macht, hervorragend zu bedienen ist, toll aussieht und eine Zielgruppe hat. Verknüpfen Sie die heutigen Möglichkeiten miteinander und erweitern Ihren Horizont für die digitale Welt, in der Apps immer mehr Raum bekommen. Bereiten Sie sich auf das vor, was kommen wird: Apps überall.

Danke

Danke an Sieglinde, die „Apps machen“ auf den Weg gebracht hat. An meine Freunde und privaten Lektoren sowie moralischen Unterstützer: Jasmin, Michael und Sonja. Ihr habt mich begleitet und mir mit Eurer konstruktiven und hervorragend dosierten Kritik Mut gemacht.

Danke an Kerstin, die mich immer wieder aufgemuntert hat, wenn es zäh wurde, und sich all die Theorien angehört hat, die ich über modernes Arbeiten, über das Wesen von Apps und die unendlichen Möglichkeiten vorgetragen hatte.

Danke an Thomas Sillmann, Autor von „Apps für iOS 9 professionell entwickeln“, der eine großartige Kritik zu meinem Buch abgegeben hat und bei mir für Freudensprünge sorgte.

Danke an Marc, an Tom und an Jörg für den Input aus Entwicklersicht. Danke an Florenz von *selfster* für die Infos zur Crowdfunding-Kampagne. Und danke an Christian von der *Dark Horse Innovation* für ein inspirierendes Telefonat zu modernen Arbeitsweisen. Danke an Alexander von den *Webraumfahrern* für die Multiplikation meiner App-Seminare.

Danke an Anatolii von *http://bloomua.com/* für die wunderbaren *Futuro Icons*. Thanks Anatolii, such a great job!

Danke an all die Webworker und das Web – es ist die moderne Variante einer wahr gewordenen Universalbibliothek, deren Traum einst die antike Bibliothek von Alexandria in sich trug.

Kontakt

Schreiben Sie mir bei Fragen oder Anregungen zu Apps, zum Buch an *ks@muppetti.de* – oder besuchen Sie meine Website *http://muppetti.de*.

1 Am Anfang war das Smartphone

„Thank you for coming. We are going to make some history today."
Steve Jobs, 2007

Bild 1.1 Der kompakteste und humorvollste Ausschnitt der Mobiltelefon-Geschichte, den ich gesehen habe. Vom Motorola DynaTAC 8000X von 1983 bis zum iPhone 2007 ist ganz schön viel passiert. Vor allem: Tasten sind verschwunden – nicht zur Freude aller, aber als Start der Touchscreen-Revolution.
Quelle: *http://img.dgtle.com/forum/201409/04/143702tekzuu4hzug455jm.jpg*

1.1 Wenn Apple Handys baut, werden daraus Mini-Computer, die den PC abschaffen

Als Steve Jobs 2007 das erste iPhone der begeisterten Anhängerschaft vorstellte[1], gab es schon *Smartphones*[2], sogar schon seit den 90er-Jahren. IBM, Nokia und BlackBerry waren damals erfolgreich am Markt[3]. Vielleicht erinnern Sie sich an Menschen, die ein silbernes Ding mit vielen kleinen Tasten in der Hand hielten, unterwegs Mails checkten und mit so einem Plastikstift (einem *Stylus*) auf dem Monitor des Smartphones Tippgeräusche machten? Es gab sie also schon, diese Smartphones, aber dass sie nun jeder haben wollte, schien nicht der Fall zu sein. Es schien eine eigene Spezies von Nutzern. Vielleicht Geschäftsreisende, die immerfort ihre Termine nachsehen mussten, sogar schon E-Mails checkten, um diese im Zug zu lesen. Oder Freaks, die meinten, sie müssen viele Dinge auf ihrem Smartphone machen. Doch viele Leute konnten sich nicht vorstellen, was sie damit hätten tun sollen. Es wirkte noch nicht wie etwas, das jeder brauchte. Und dann ging immer dieser Plastikstift verloren, bah!

Bild 1.2 Links im Bild das Nokia N95[4], rechts der BlackBerry-Killer Motorola Q[5]. Beide Phones hatten Farbdisplays, verfügten über E-Mail-Kommunikation, Instant Messaging und Dokumenten-Viewer. Vor allem in Asien gab es zahlreiche Smartphone-Modelle, die in Europa gar nicht auf den Markt kamen.

Steve meinte am Tage der Präsentation des ersten iPhones, sie würden heute Geschichte schreiben. Das Ergebnis seiner Visionskraft und seines Anspruches hat ein Gerät kreiert, das die damalige Smartphone-Welt auf den Kopf gestellt, ja, durchgerüttelt und neu definiert hat. Steve witzelte auf der Bühne, dass sie heute drei Innovationen vorstellen würde: ein neuar-

[1] Schauen Sie sich die Keynote von Steve Jobs zum iPhone an, macht Spaß.

[2] *http://www.webdesignerdepot.com/2009/05/the-evolution-of-cell-phone-design-between-1983-2009/*

[3] Taylor Martin hat die Geschichte des Smartphones in seinem Artikel zusammengefasst. Wenn Sie es also detaillierter wissen möchten: *http://pocketnow.com/2014/07/28/the-evolution-of-the-smartphone*

[4] *http://www.gsmarena.com/nokia_n95-1716.php*

[5] *http://www.gsmarena.com/motorola_q_9h-1871.php*

tiges Mediengerät, ein neuartiges Telefon und ein Gerät, mit dem wir unsere Kommunikation revolutionieren würden. Die Anhängerschaft jubelte, pfiff, lachte. Steve grinste leicht und zwinkerte wissend. Er hatte schon einige Revolutionen der Computerwelt eingeführt: die Perfektionierung der Maus als Eingabegerät, die Einführung der Macs, die Auferstehung der im Sterben liegenden Musikindustrie mit dem Launch von iTunes. Endlich konnte jeder im Netz völlig legal einzelne Songs günstig erwerben und auf dem revolutionären iPod hören – 1000 Songs in Deiner Tasche. Das war spektakulär.

Und nun zog Steve das handliche Telefon heraus. Elegant sah es aus. Nur ein großer Screen und ein Knopf. Okay, wie bedienen wir es, fragte er in die große Runde. Mit einem Stylus? O ja! – Nein.

Wir bedienen es mit dem Finger. Und wieder Jubel.

Alles, was an Knöpfen benötigt wird, zeigt die Software direkt auf dem Screen an: Tastaturen, Buttons, Elemente zum Scrollen. Damit hatte Apple den Touchscreen auf den Markt geworfen und allen Smartphone-Nutzern ihr intuitivstes Eingabemedium zurückgegeben: den Finger. Oder Daumen. Wie Sie wollen.

Wenn man unter all diesen Höhepunkten noch einen weiteren ausmachen möchte, dann diesen: Dieses Gerät, dieses mobile Telefon, dieses Smartphone war die Miniatur eines Macs. Und Macs waren schon damals bekannt für ihre Power und ihr rattenschnelles, modernes *und* schickes Betriebssystem, das Mac OS[6].

Diese unerhörte Rechenkraft war nun auf kleinstem Raum gezähmt. Steve taufte dieses Betriebssystem auf den Namen *iOS*.

Bild 1.3 Apple hat nicht das Smartphone erfunden. Apple hat aus dem PC einen Touchscreen-Mini-Computer gemacht, eine Unterhaltungs- und Kommunikationszentrale.
Quelle: *https://cdn3.vox-cdn.com/thumbor/C6kTIkvvrxi4FUa09mo6U9BW8-E=/1020x0/cdn0.vox-cdn.com/uploads/chorus_asset/file/689810/iphone3gs.0.jpg*

[6] OS ist die Abkürzung für Operating System = Betriebssystem

Apple war kein klassischer Handy-Hersteller wie Nokia. Und genau dieser Hintergrund – diese andere Sichtweise auf das Handy – hat alles anders gemacht: Das Handy war kein Handy mehr, sondern ein komprimierter Computer für die Hosentasche. Ausgestattet mit einem mächtigen Betriebssystem konnte nun eine beliebige Anwendung darauf laufen und was auch immer tun oder anzeigen: die Telefon-App, die SMS-App, die Kamera-App, die Rechner-App, die Kalender-App, die Mail-App, die Internet-App (Safari), die Musik-App (iTunes) …

Diese Kombination aus intuitiver Bedienung über den Touchscreen, unendlicher Software – Sie tragen täglich ein Telefon, eine Kamera und das Internet mit sich herum … und vermutlich noch zehn andere Apps aus dem Store – war eine riesige, marktverändernde Revolution, die einen Hype unglaublichen Ausmaßes, Gewinns, Nachahmens, Begehrens nach sich zog.

Steve nannte diesen Hype *iPhone*.

Die großen Handy-Hersteller waren schockiert, desorientiert von diesem genialen Konzept. Unmengen von Menschen wollten jetzt ein *iPhone*, und als wäre das alles nicht schon genug, führte Apple 2008 auch noch den App Store ein. Die App-Welle schwappte über uns und unseren Alltag. OMG. *Oh my God.*

1.2 Apps. Woher kommen sie und was soll dieser Hype?

Tatsächlich … „App" leitet sich nicht von Apple ab. ;-) Auch wenn es passend wäre.

Die einfachste (und zugleich unspektakulärste) Variante ist, dass eine App ein **Programm** ist. So wie Photoshop auch ein Programm ist. Oder Microsoft Word. Oder der Texteditor. Oder ein Browser. Oder … TETRIS! Schon unsere alten Nokia-Handys hatten Apps. Uhr, Kalender, SMS, Kontakte, Pacman, Tetris, so gesehen alles Apps.

Bild 1.4 Tetris-Klon gespielt auf einem TI-83 Plus.
Quelle: *https://en.wikipedia.org/wiki/Mobile_game#/media/File:TI83tris.JPG*

Das uns bekannte Wort „App“ leitet sich von dem englischen Wort *Application* ab und bedeutet *Anwendung*. Eine App ist also ein Programm, das wir anwenden, um damit etwas Bestimmtes zu tun, zu rechnen, anzurufen, zu spielen, zu schreiben, Nachrichten zu versenden. Die meisten Handys wurden und werden gleich mit einer Uhr-App, einer Taschenrechner-App, SMS- und Mail-App ausgeliefert. Doch im Apple App Store und bei Google gibt es mehr als 1 Millionen Apps – was machen all die anderen Apps? Wie kommt es, dass es so viele gibt? Brauchen wir die alle?

Im Gegensatz zu einem Programm wie Photoshop oder Word beschränkt sich eine App meist auf *eine* Aufgabe. Das ist sinnvoll und nötig, denn wie sollte man solch ein Monster wie Photoshop oder Word auf einem kleinen Touchscreen benutzen können? Allein, um alle Funktionalitäten dieser Programme anzuzeigen, müsste man schon ein riesiges, ausgeklügeltes Menü haben.

Nein, wir stehen vielleicht gerade im Nieselregen und wollen *schnell* herausfinden, wann der Bus kommt. Oder wir wollen *jetzt ein* Foto machen und möglichst *fix* eine SMS schreiben. Das geht alles nur zügig, weil klar ist, welche unserer installierten Apps das kann und wie wir es machen; weil sie für ihre Hauptfunktionen eindeutige Buttons anbietet: einen dicken Auslöseknopf oder eine Tastatur mit einem auffälligen Senden-Knopf oder ein Eingabefeld mit einem Suchen-Knopf. Keine langwierige Software-Schulung ist nötig, kein Vertreter kommt vorbei und erklärt Ihnen, wie Sie die App bedienen sollen. Eine gute App ist so gemacht, dass sie intuitiv bedienbar und schnell erlernbar ist.

Nun kann man die Menge der Apps mit der Menge an verschiedenen Aufgaben verbinden: eine App für Fotos, eine zum Bearbeiten von Fotos, eine zum Synchronisieren von Fotos. Eine App für Kaffee mahlen, fürs Kaffee kochen und Kaffee trinken ... nur Spaß. Das gibt einiges her, aber das wird nicht diese Unmengen an Apps erklären.

Ich habe eine bessere Erklärung für Sie: Es ist das Konzept der App Stores. Als Apple den App Store eingeführt hat und so der Welt ermöglichte, eigene kleine Programme für das revolutionäre iPhone auszudenken und gegen eine Gebühr in den App-Shop einzustellen und auch gegen eine Gebühr zu verkaufen, war ein hervorragendes Geschäftsmodell von Apple für Apple geschaffen. Natürlich heißt Apple dann möglichst viele Apps willkommen. Vor allem welche, die nicht kostenlos angeboten werden.

Doch Apple hat noch etwas ermöglicht und einen Kanal in die Welt gesetzt, in dem Kunden Produkte für Kunden erschaffen. Und während diese verkauft werden, verdient Apple von beiden Seiten daran; bei demjenigen, der eine App einstellen möchte (mindestens 99 $ jährlich), und bei demjenigen, der die App kauft (30 % des Preises).

Moment mal, Produkte? Ja, Produkte. Apps sind Produkte. Was sollen sie sonst sein, wenn man damit Geld verdienen kann? Und wenn Sie vorhaben, eine App zu konzipieren, sie zu gestalten und eine ansprechende Hülle in Form eines App-Icons zu geben, dann sind Sie ein Produktdesigner. Ha! Haben Sie damit gerechnet?

Auf der Website von Apple können Sie sich in den Pressenews immer über die aktuellen Geschehnisse und Zahlen informieren. Von dort habe ich die Info, dass Apple in der ersten Januarwoche 2015 einen neuen Rekord für App- und In-App-Verkäufe verzeichnet hat: Kunden auf der ganzen Welt hätten eine halbe Milliarde Dollar ausgegeben. Sehen Sie selbst:

APP STORE RING IN 2015 WITH NEW RECORDS

CUPERTINO, California – January 8, 2015 – Apple® today announced that the first week of January set a new record for billings from the App Store^{SM} with customers around the world spending nearly half a billion dollars on apps and in-app purchases, and New Year's Day 2015 marked the single biggest day ever in App Store sales history. These milestones follow a record-breaking 2014, in which billings rose 50 percent and apps generated over $10 billion in revenue for developers. To date, App Store developers have earned a cumulative $25 billion from the sale of apps and games. The introduction of iOS 8, the most significant iOS update ever, gave developers the ability to create amazing new apps and offers innovative features which proved wildly popular with App Store customers around the world.[7]

Und Google?

Auch bei Google Play ist viel Bewegung in die Verdienste gekommen. Lange Zeit galten Android-Nutzer im Gegensatz zu Apple-Nutzern als nicht so zahlungswillig. Das ist nachvollziehbar, denn viele günstige Smartphone-Modelle haben Android und damit auch oft den Zugang zum Play Store installiert. Doch die heterogene Zielgruppe schien bisher eben auf den Euro zu schauen. In meiner Wahrnehmung und gemäß der Zahlen, die ich auf TechChrunch[8] dazu gefunden habe, gibt es eine unübersehbare Angleichung. Der App-Markt boomt. Es gibt ein Bewusstsein für App-Produkte, das von den *Early Adopters* (denjenigen, die gern Neues ausprobieren) und den am Lifestyle orientierten iPhone-Nutzern jetzt auch auf die anderen Plattformen und Nutzer übergeht. Ich vermute, dass auch der Windows Phone Store mitwachsen wird – attraktive Geräte, eine ansprechende Oberfläche (und wir wollen daran denken, dass Windows das Flat Design eingeführt hat!) und immer mehr App-Produkte machen's möglich. Eine spannende Zeit.

Wahrscheinlich ist dies wieder ein Punkt, bei dem sich die Leute von Nokia die Haare ausgerissen haben: Es gab vorher auch schon eine Art App Stores. Man konnte sich damals kleine Spiele (Tetris nicht zu vergessen) über SMS zuschicken lassen. Das war toll, aber mit sehr begrenzter Auswahl. Wie eine altertümliche Radiostation, die nur das sendet, was ihr selbst einfiel. Es kann den Zuhörer interessieren oder auch nicht. Doch über den Apple App Store konnte praktisch jeder senden und ein eigenes Programm anbieten. Mit den von Apple zur Verfügung gestellten Entwicklungstools, einer umfangreichen, leserlichen Dokumentation und dem Willen, sich in diese einzuarbeiten, konnte quasi jeder eine App erstellen und international anbieten.

---

7 Zitat aus: *https://www.apple.com/pr/library/2015/01/08App-Store-Rings-in-2015-with-New-Records.html*

8 *http://techcrunch.com/2014/06/23/google-play-quarterly-app-revenue-more-than-doubled-over-past-year-thanks-to-games-freemium-apps/*

Jeder kann ein Angebot schaffen

Und mit *jeder* meine ich wirklich jeder. Schon Kinder[9] interessieren sich für App-Entwicklung, arbeiten sich in die Möglichkeiten ein und setzen unbefangen ihre Ideen um, als wäre die Entwicklung eine virtuelle Art LEGO. Sie bringen ihre Apps in den Store und erschaffen die gesamte App-Welt mit - aus ihrer eigenen Perspektive. Was für eine Bereicherung!

Um zu programmieren, muss man kein Freak mehr und auch nicht genial sein. Sie können in Hunderten von Online-Kursen, an fertigen Beispielen, Video-Tutorials und mit Büchern programmieren lernen, um Apps selbst zu entwickeln.

Natürlich haben wir damit im App Store eine riesige Redundanz - viele App-Ideen gibt es doppelt und dreifach und zehnfach. Statt einer Taschenrechner-App, die sowieso mit dem iPhone-Betriebssystem ausgeliefert wird, finden wir noch zig weitere. Wer braucht das denn, fragen Sie vielleicht. Und ich sage Ihnen: die Nische.

Im App Store kann die Nische - zum Beispiel eine Handvoll verrückter Mathematiker - für die Nische ein App-Produkt anbieten, wie zum Beispiel *Tydlig*, einen besonderen Taschenrechner. Dieser stellt die Ergebnisse gleich visuell dar. Außerdem verknüpft er Zahlen miteinander, sodass Sie diese nur an einer Stelle ändern müssen - alle verbundenen Werte ändern sich automatisch mit. Sie rechnen auch nicht mehr nur mit der Tastatur und einem Mini-Display, sondern der ganze Screen steht Ihnen so zur Verfügung, als würden Sie auf einem Whiteboard Formeln malen können. Eine tolle Idee - Mathematik, Formeln, Werte in Echtzeit visualisiert für 1,99 €.

Und das ist es auch schon, worauf ich hinauswill: Der Smartphone- und App-Hype ist so groß, dass es ein Massengeschäft geworden ist. Aber die ganze Masse mit einer App anzusprechen, ist unmöglich. Wenn Sie jedoch in Ihrer Nische eine Lösung finden, die Ihr eigenes Leben vereinfacht oder Sie selbst begeistert, also einen echten Kernnutzen erschaffen oder Unterhaltung anbieten, dann können Sie annehmen, dass auch andere Menschen davon Gebrauch machen werden.

Eine Nische, eine ganz bewusst gewählte Zielgruppe, in der man sich am besten selbst auskennt, anzusprechen, hat die Chance, seine Kunden zu finden.

1.3 Mobile Technologien sind nutzerzentrierte Technologien

Der Hype dieser vielfältigen Apps funktioniert, weil unter allem eine erstaunliche Technologie zu finden ist, die sich dem Nutzer nicht aufdrängt. Bisher hatte ich nur das *iOS* angesprochen, aber in einem modernen Smartphone befindet sich weit mehr. Vor allem, was die Hardware angeht. Beispielsweise haben Smartphones einen Annäherungssensor über dem Touchscreen eingebaut - Sie sehen da bestimmt so ein schwarzes Löchlein, das etwas kleiner als eine Frontkamera ist. Hintergrund ist: Sobald Sie den Touchscreen während eines Telefonats an Ihr Ohr halten, wollen Sie natürlich nicht, dass Ihre Ohrmuschel ungewollte Eingaben macht. Deshalb

[9] *https://www.youtube.com/watch?v=Fkd9TWUtFm0*

wird der Screen deaktiviert, sobald Sie beim Telefonieren eine größere Fläche vor den Sensor halten. So nur ist das Telefonieren damit möglich. Probieren Sie es aus, Sie können auch einfach Ihre eigene Nummer wählen und Ihre Hand vorhalten und sehen, was passiert.

Was ich daran spannend finde, ist, dass eine neue Technologie wie der Touchscreen für den Finger weitere Erfindungen mit sich bringt, die notwendig werden, damit das Konzept Smartphone aufgeht. Ohne den Annäherungssensor könnten Sie zwar mit einem Headset telefonieren, aber die altbekannte Art, das Telefon ans Ohr zu legen, wäre damit undenkbar. Und dann wäre das Smartphone nicht praktikabel. Es würde uns zwingen, eine altgewohnte Tätigkeit signifikant zu ändern. Wer will das? Wer will seine Gewohnheiten zugunsten der Technik ändern? Ja, genau. Heute wollen das die wenigsten, aber vor der Ära des *Design Thinking*[10] war es gang und gäbe, die Technik über unser Verhalten bestimmen zu lassen – in Form von missverständlicher Software, elektrischen Kaffeemühlen, die überall Kaffee in der Küche verstreuen, wenn man sie nach dem Mahlen öffnet, um an den Kaffee zu kommen. Unpraktische Toilettenspülungen, rutschige Herdgriffe, Türen, die zur falschen Seite aufgehen, oder ein anderes schreckliches Beispiel Ihrer Wahl können uns in unserem Alltag oder bei der Arbeit auf den Keks gehen. Wir denken, das muss so sein. Aber die Wahrheit ist: nein. Schlecht gedachte Dinge muss es nicht geben. Heutige Software wird nutzerzentriert entwickelt – mit Blick auf die Bedürfnisse und die Situation des Nutzers. In Kapitel 3 – User Experience – beschreibe ich diese durchwachsene Welt des Nutzers mit seinem Smartphone.

Apps sind nutzen- und nutzerzentriert

Das Buch „The Design of Everyday Things" von Donald A. Norman kam zum ersten Mal 1988 heraus. Es beschreibt in humorvollen Sätzen, wie wichtig es für uns ist, dass alltägliche Dinge (wie die oben genannte Kaffeemühle, Türen, Herde usw.) einfach, verständlich und unserem menschlichen Körper sowie Verhalten angepasst funktionieren. Natürlich war einigen Designern schon immer klar, dass genau das gutes Design ausmacht, und trotzdem gibt es bis heute Software z. B. in Zahnarztpraxen, die nur nach intensiver Schulung verwendet werden kann. Auch das MS Office ist im Vergleich zu moderner Software sehr voll, zu viel, zu unlogisch und als Anwenderin würde ich mir wünschen, ich könnte Funktionen später dazu installieren, wenn ich sie wirklich brauche. Software, die so viele Features wie nur irgend möglich anbietet, ist aus dem heutigen Blickwinkel der Apps out.

Apps helfen uns, die Fokussierung auf eine Aufgabe auch für andere Software zum Mittelpunkt zu machen. Viele Webanwendungen verkörpern dieses Prinzip bereits – wen wundert's, wenn wir mit unseren Smartphones überall herumsurfen. Das Web wird dem Smartphone angepasst, und was dabei herauskommt, sind ähnliche Strukturen wie bei Apps: einfaches Menü, mehr Klicktiefe, wichtigster Content oben, große Schaltflächen.

Apps verändern unser Bild von Software. Wenn wir einfache Bedienung mit Apps gewöhnt sind, warum sollten wir dann noch Software benutzen wollen, die *nicht* einfach zu bedienen ist? All die digitalen Eingeborenen (also die Digital Natives – alle rund um das Jahr 2000 Geborenen), die jetzt mit dem Smartphone und Apps aufwachsen und bereits einfache Lösungen für ihre Probleme und Bedürfnisse kennen, werden kein Verständnis für langsame, nervige, unschlüssige Software haben. Was das für eine junge Zahnarzthelferin bedeutet, die etwas in die altertümliche Software am PC einpflegen soll, will ich mir gar nicht aus-

[10] Design Thinking: Strategien zur Problemlösung aus Anwendersicht.

malen. Am Ende stellt sich heraus, dass für eine Zahnarztpraxis eine gut gemachte iPad-App völlig ausreicht. Wozu ein PC mit aufwendiger Wartung und Updates vom Fachmann, wenn das iPad mobil ist und das App-Update übers Netz geht?

Nun wird's Zeit, dass die Software-Titanen von Microsoft, Adobe oder eben den Software-Herstellern für bestimmte Nischen wie Ärzte, Krankenhäuser, Versicherungen etc. begreifen, dass wir nach der Zerstreuung wieder das Bedürfnis nach Fokussierung bekommen. In allen Lebensbereichen. Insgeheim glaube ich, dass Apps deswegen diesen Hype ausgelöst haben, weil wir uns wieder nach Monotechnismus sehnen. ;)

Bild 1.5 Samsung Galaxy mit integrierter Hardware (Sender/Sensoren etc.)
Quelle: *http://img.talkandroid.com/uploads/2014/07/Samsung-Galaxy-S5-mini-Product-Specifications.jpg*

1.4 Good bye PC – die Post-PC-Ära ist da

Falls Sie denken, wow okay, interessant, dann gibt's eben für alles eine App, und cool, ich werde App-Designer, dann will ich Ihnen noch einen Motivationsschub mitgeben. Es ist schon längst passiert: Apps drängeln sich von überall in unser Leben. Apps lösen Webseiten ab oder treiben Webseiten dazu, sich wie Apps zu verhalten. Apps ermöglichen uns, eine Reise, Pizza, sonst etwas zu buchen, zu kaufen, zu ersteigern. Apps werden bei Versicherungsvertretern, Finanzberatern, in Autowerkstätten, in Firmen für Projektmanagement, für den Vertrieb, für den Einkauf, in der Industrie für die Datenübertragung, für Steuerung von Maschinen verwendet.

Die noch nie da gewesene Verknüpfung von Software (Apps) *und* Mobilität eröffnet ein weites Spektrum an Anwendungen – und die Transformation von Geräten. Computer, die früher klobig und schwer und nur an einem Ort benutzt werden konnten, sind heute komprimiert, leistungsstark und leicht. Denken Sie an Smartwatches und andere kleine Geräte, die wir am Körper tragen (Wearables), um immer verbunden, in Kontakt, informiert und erreichbar zu sein. Das ist der Trend.

Zu jedem Trend gibt es den Gegentrend: Digital Detox Camps, Offline-Farmen, Sehnsucht nach Natur, Sehnsucht nach etwas Handfestem und vielleicht Selbstgemachtem (Do It Yourself, Up-Cycling) bis hin zum Bedürfnis, in dieser Weite von Möglichkeiten etwas zu finden, das Orientierung gibt (Coaching, Spiritualität, Aufleben alter Werte und Anpassung dieser Werte an unser Heute). Sogar der Gegentrend, die Fokussierung auf eins, wird in Apps verpackt: Coaching-Apps, Meditations-Apps, Konzentrationsübungen in Apps.

Was wäre, wenn wir diese beiden Bereiche weiter miteinander verbinden würden. Wir haben heute viele, unendliche Möglichkeiten, etwas Eigenes in die Welt zu setzen, es zu formen und Menschen zu finden, die sich dadurch angesprochen fühlen. Apps sind ein wunderbarer Weg – Ideen zählen und das Machen zählt.

Durchschauen Sie Apps!

Welche Apps nutzen Sie mehrmals die Woche oder sogar täglich? Was haben Sie vorher mit einem PC getan, was Sie jetzt über ein Tablet oder Ihr Smartphone mithilfe von Apps tun? Was finden Sie an den Apps, die Sie nutzen, gut? Und gibt's auch was Schlechtes? Was würden Sie besser machen?

Erstellen Sie eine schnelle Tabelle, in etwa so wie unten dargestellt, und füllen Sie sie aus. Sie können auch Freunde, Partner und Kollegen befragen und dadurch gleich in ein interessantes Gespräch über Apps kommen.

App-Name	Kernnutzen	Toll	Nicht toll	Würde ich besser machen

„Ein Universum an Ideen“

2 Das Potenzial Ihrer App

„Risks are a measure of people.
People who won't take them are trying to preserve what they have.
People who do have them often end up having more."

Paul Arden: *It's not how good you are, it's how good you want to be*

Mit allem, was ich bis heute erlebt, gesehen und verstanden habe, kann ich Ihnen zu dem Potenzial Ihrer App Folgendes sagen: Das Potenzial Ihrer App sind Sie. Oder Ihr Kunde, der sich tolle Menschen - Sie - ins Team holt.

Alle uns heute bekannten Portale, Apps und Webseiten wie Facebook, Instagram, Dropbox, tinder, Twitter, ja Google: So groß sie auch sein mögen, wie schnell sie auch gewachsen sind. Alles hat mit einem Menschen angefangen, der an etwas so sehr geglaubt hat, dass er diese Idee einfach weiterverfolgen musste. Das ist Begeisterung. Für alles, was Sie in der Welt erschaffen, um damit Menschen anzusprechen, brauchen Sie Begeisterung. Das ist das Potenzial Ihrer App.

Wenn Sie oder Ihr Kunde vorhaben, eine App in die Welt zu bringen und damit echte[1] Nutzer anzusprechen und darüber hinaus Geld zu verdienen, dann sollte Ihnen klar sein, dass Sie dabei sind, ein immaterielles Produkt zu entwickeln. Eine App, die einer Zielgruppe einen Nutzen anbieten möchte, ist ein Produkt. Und Sie sind dann ein ... o ja ... Produkt-Designer.

Erfreulicherweise ist der Rahmen des Produkts technisch abgesteckt: Es handelt sich um ein digitales App-Produkt, die Verkaufsplattform sind App Stores und die Kunden sind Menschen, die ein Gerät besitzen, auf dem Apps ausgeführt werden können - Smartphone, Smartwatch, Smartglass, Smart-x. Super, die technische Basis ist da, Tutorials sind da, Programmierkurse und Bücher zur ersten iOS App oder Android App gibt es zuhauf.

Doch was ist mit dem Inhalt, mit dem Nutzen, den die App transportieren soll? Woher wissen Sie, dass Ihre oder die Idee Ihres Kunden für die App gut ist? Was heißt in diesem Fall überhaupt gut? Und woher wissen Sie, ob jemand diese App wirklich benutzen würde? Wie können Sie prüfen, ob Ihre App Potenzial hat, um auf dem Markt, auf dem sich Unmengen von Apps tummeln, überhaupt Beachtung und Kunden zu finden?

---

[1] Wenn Sie vorhaben, eine App für interne Zwecke in Ihrer Firma zu entwickeln - z. B. als Tool für Ihre Vertriebsmitarbeiter -, kann es interessant sein, Ihre App als Produkt in den App Store zu stellen und auch anderen Firmen eine tolle Lösung anzubieten. Ist das nicht der Fall, dann lesen Sie gleich ab **dem Kernnutzen** weiter.

In diesem Kapitel ...

... gebe ich Ihnen Mittel und Wege an die Hand, das Potenzial Ihrer App zu prüfen, bevor Sie zu hohe Konzeptions- und Entwicklungskosten eingegangen sind.

2.1 Begeisterung – der Schlüssel zur (App-)Kreation

Es gibt Begeisterung. Und es gibt Begeisterung! Manchmal begegne ich auf Partys Menschen, die sich darüber freuen, dass sie selbst eine neue App-Idee haben. Begeistert erzählen sie mir von der Idee, gestikulieren wild, erklären lang. Zwei Wochen später, wenn ich nachhake, wie es läuft, kommt ein: „Ach, das gibt's schon.“ Worum ging es dann? Ums Angeben mit einer neuen Idee oder um die Lust, eine Sache in dieser Welt umzusetzen?

Daher empfehle ich Ihnen oder Ihrem Kunden zunächst, die Motivation zu dieser App-Idee zu identifizieren. Ob Sie die App in die Welt setzen wollen oder eben Ihr Kunde: Sie werden wissen, *warum* Sie es tun. Und dann wissen Sie, welcher Weg auf Sie zukommt.

1. **Motivation: Ich will was Neues machen.** Bei Millionen von Apps in den Stores ist es ein mutiger Anspruch, dass Sie oder Ihr Kunde etwas völlig Neues, noch nie Dagewesenes erschaffen. Ich habe häufig mitbekommen, dass Menschen eine Idee wertvoll finden, wenn sie selbst denken, diese Idee wäre neu – nach ein paar kurzen Recherchen im Internet kommt häufig heraus, dass dem nicht so ist. Oft macht sich dann Enttäuschung oder sogar Demotivation breit!

Es ist einfach ein Naturgesetz, dass bei so vielen Menschen auf dieser Welt und bei der regen Betriebsamkeit mehrere Menschen (oder Teams) eine gleiche Idee verfolgen. Es ist sehr sinnvoll für Sie, wenn Sie sich diesen Grundsatz klarmachen. Als Trost kann ich Ihnen mitgeben: Neu ist noch kein Nutzen. Und neu rettet auch nicht unbedingt die Welt. Wenn Sie also schon eine Konkurrenz oder eine ähnliche App ausfindig gemacht haben, lesen Sie den zweiten Punkt.

2. **Motivation: Ich will es besser machen.** Nutzen Sie die Tatsache, dass es eine ähnliche App schon gibt und Sie Konkurrenz haben, als Vorteil. Der ist, dass diese Idee bereits präsent ist, also im Äther schwimmt, nicht lang und breit erklärt und der Menschheit vorsichtig vorgesetzt werden muss. Und Sie können sich an der Konkurrenz orientieren, um Ihre App beispielsweise besser zu machen. Oder um ein bestimmtes Feature, das die Konkurrenz-App nicht hat, anzubieten. Oder um eine ähnliche App mit Fokus auf eine bestimmte Zielgruppe anzubieten, beispielsweise Apps für Hundehalter. Oder Angler. Oder Züchter

   Vielleicht haben Sie sogar eine vorhandene App genutzt und nun fällt Ihnen bei der Nutzung auf, dass ein wesentlicher Aspekt in der App gar nicht abgebildet wurde. Dass also etwas Wichtiges fehlt. Wenn es Sie so sehr beschäftigt oder Sie eine Idee bekommen haben, wie es besser gehen könnte, dann lesen Sie Punkt 3.

App-Beispiel: Instagram

Instagram war keine neue Idee. Foto-Communities gab es schon vorher. Aber die Macher von Instagram hatten eine Lösung angeboten, wie Fotos blitzschnell hochgeladen werden konnten und wie jedes „noch so ranzige" Foto mit einem Fotofilter bearbeitet toll aussieht. Das war für schüchterne Nutzer, die sich nicht für Superfotografen hielten, eine Bereicherung. Nutzer wollten ihre Momente jetzt teilen und ihnen eine besondere Ästhetik geben – ein *Feeling*, einen Stil, einen *Mood*, der *ihr* Leben repräsentierte. Ein blitzschneller Upload und die Fotofilter erfüllten perfekt das Bedürfnis der ästhetischen (Selbst-)Darstellung.

3. **Motivation: Ich will es für mich und mein Umfeld machen.** Das ist aus meiner Sicht die beste Basis. Wenn Sie merken, dass Sie für eine bestimmte Sache in Ihrem Leben gern eine App hätten, weil diese Ihnen helfen würde, etwas leichter zu machen, dann haben Sie einen echten Use-Case! Also ein echtes Nutzungsszenario aus dem Alltag und damit ein starkes Lösungspotenzial. Der Vorteil dieser Basis ist ganz schlicht und einfach Ihre Motivation. Denn um eine tolle App umzusetzen, brauchen Sie Begeisterung und Motivation – oder Sie machen sich an der Motivation Ihres Kunden fest. Wie auch immer, jemand wird Motivation brauchen, denn diese ermöglicht es, zähe Phasen in der gesamten Entwicklung zu überstehen. Eine App ist ein relativ langwieriges Projekt, da müssen wir uns nichts vormachen. Vor allem, wenn es Ihre erste App ist.

Basecamp

Die beliebte Projektmanagement-Software *Basecamp* war in diesem Sinne auch keine neue Idee. Das Team von *Basecamp* (vorher *37signals*) wollte einfach das fette Microsoft Project nicht benutzen. Zu viel, zu groß, zu voll. Also entwickelten sie ein eigenes Tool, das nur die wichtigsten Funktionen zum Projektmanagement anbietet. Entgegengesetzt der üblichen Einstellung „Mehr Features als die Konkurrenz anbieten" boten sie deutlich weniger Features an – und haben damit offene Türen eingerannt. Sie haben zur Entschlackung undurchdringlicher und unbezahlbarer Software beigetragen. Seit *Basecamp* gibt es Unmengen von schlanken Projektmanagement-Tools – eines besser als das andere. Es ist lediglich eine Frage unserer primären Bedürfnisse und welches Tool diese am besten erfüllt. Wenn Sie mal schmökern wollen, was da so alles am Markt ist: *http://www.capterra.com/project-management-software/*

Recherchen für den Überblick

Nachdem also irgendwo in jemandes Kopf eine App-Idee geboren wurde und zu glucksen beginnt, sollte eine Recherche folgen. Kurz und schmerzlos, als Überblick. Gibt es eine solche App schon? Gibt es ähnliche Apps? Wie sehen diese aus, wie sind sie gemacht? Kann ich bzw. können wir es mit der Konkurrenz überhaupt aufnehmen oder müsste ich bzw. müssten wir dann ein zweites Facebook Imperium aufbauen? Wollen wir ein Imperium oder eine coole Alternative anbieten? Könnte unser Tool Menschen aus *unserem* Netzwerk begeistern? Haben wir Budget, Nerven, genug Begeisterung, um solch ein Projekt durchzuziehen? Hat der Kunde all das?

Ich persönlich tendiere dazu, das Rad nicht neu zu erfinden, sondern eine App mit einem realen Kernnutzen zu starten. Ein echter Nutzen, den Sie bei sich oder in Ihrem Kunden-, Freundes-, Arbeits-, Hobby-Kreis identifiziert haben, kann genauso gut ein Nutzen für andere Menschen werden.

Ihre Begeisterung von einer Vereinfachung oder Bereicherung für Ihr eigenes Leben wird garantiert andere Menschen ansprechen, weil es für sie einen Mehrwert bedeuten kann. Und diese Menschen sind Ihre Zielgruppe. Selbst wenn Sie als Dienstleister (noch) nicht Ihre eigene App umsetzen, sondern es für Ihren Kunden tun, können Sie rechtzeitig herausfinden, wie begeistert Ihr Kunde ist. Wenn Ihr Kunde authentisch begeistert ist und etwas Hilfreiches erschaffen möchte, werden auch Sie Spaß am Projekt haben. Der gesamte Schaffensprozess einer App ist ein aufwendiges Unterfangen. Die Konzeption ist aufwendig, die Abstimmungen im Team und mit dem Kunden, die einzelnen Screens und Details darin sind aufwendig, die Programmierung ist es und das Zusammenführen von User Interface und Funktionalität ist es sowieso. Die Programmierer haben ihren Fokus auf der Funktionalität, die Designer und Kunden auf dem User Interface. Beides ist wichtig, beides braucht Platz. Begeisterung hilft Ihnen auch beim Management all dieser Anforderungen, die auf Sie einprasseln werden.

Zu welcher Kategorie gehört Ihre App?

Es ist gleich gut, in welchem Bereich Sie und Ihr Kunde begeistert sind. Ob es sich um eine App in Form eines Spiels handelt oder ob Sie von einem Werkzeug träumen, das Ihnen etwas im Leben vereinfacht und als App funktionieren würde. Oder ob Ihr Kunde passionierter Markensammler ist und eine Idee hat, wie eine App das Schätzen und Einstufen von Marken deutlich vereinfachen könnte. Die wichtigsten App-Kategorien sind:

- **Unterhaltung:** Meist geht es hier um Spiele-Apps wie *Angry Birds*, *Candy Crush*, *FarmVille*, *Cut The Rope* etc. Spiele müssen nicht hochkomplex sein, aber sie brauchen das gewisse Etwas, das den Nutzer in Bann zieht. Oft haben Sie eine individuelle Grafik, viel Sound. Diese Apps kann man entweder kostenlos downloaden und dann für die Freischaltung eines weiteren Levels zahlen oder man kauft die App im Ganzen einmalig. Die Preise variieren.
- **Social:** Hier geht es um Apps, mit denen wir kommunizieren, teilen, Gruppen bilden können, von *Facebook* zu *Instagram*, *twitter* zu *Pinterest*. Oft sind diese Apps kostenlos und verdienen ihr Geld mit Werbung oder der Weitergabe von Nutzerdaten. Anonymisiert hoffentlich.
- **Tools & Produktivität:** Hier geht es meist um effiziente Problemlösung in einem speziellen Bereich. Das sind die Apps mit einem Kernnutzen, mit dem der Nutzer etwas überhaupt oder einfacher machen kann. Bekannt sind To-do-Listen, Fitness-Apps, Jogging-Apps, Apps für Projektmanagement, Apps für Online-Kurse, Notizen-Apps etc. Die Anwendungsfälle sind so vielseitig wie unser Leben. Diese Apps kosten häufig Geld, bevor man sie downloaden kann. Manche bieten auch kostenlos Grund-Features an und man kauft sich Premium-Features dazu.

- **Bildung & Inhalte, Neuigkeiten:** Das sind Apps, in denen Nachrichten, News aus verschiedenen Bereichen, spezielle Fachinhalte publiziert werden. In diesen Apps bezahlt man beispielsweise für die Freischaltung eines Artikels.
- **Kreativität:** Musik-Apps, Fotobearbeitung-Apps, Videoschnitt-Apps, Apps fürs Zeichnen, Malen usw. Wenn man weiß, wie, kann man damit beeindruckende Dinge machen, von Aquarellbildern bis hin zu professionell wirkenden Videos. Auch hier können die Apps als Ganze kosten oder zugeschaltete Funktionen oder Features per In-App-Purchase zugekauft werden.

Schneller oder besser?

Häufig treffe ich Menschen, die mir ihre App-Idee anvertrauen und dabei verschwörerisch nach links und rechts gucken und mir flüsternd mitteilen, es sei streng geheim. Ich nicke und respektiere diesen Wunsch und weiß gleichzeitig, dass er absurd ist. Sobald jemand über eine Idee spricht, ist schon ein anderer am Machen. Allerdings - und das ist der Unterschied zwischen den Machern - heißt *machen* noch nicht *gut* machen. Und aus erstaunlich wenigen Machens resultieren Fertigs.

In unserer Welt gibt es das Gesetz: Entweder Sie sind superschnell und der Erste am Markt oder aber Sie kreieren sich Ihren Markt selbst. Mit etwas, das einfach besser, passender, zugeschnittener ist.

Letztlich geht es nicht darum, dass jemand diese Idee schon umsetzt. Die Frage ist, wie werden *Sie* diese App-Idee umsetzen? Denn Sie können Ihre App auf *Ihre* Art, mit Ihrer persönlichen Note, mit Ihrer Weltsicht und Erfahrung, mit Ihrem eigenen Verständnis erschaffen. Und damit wird sie sich von allen anderen Apps unterscheiden. Vertrauen Sie auf sich, nicht auf die Stärke der neuen Idee.

2.2 Zehn Schlüsselfragen, bevor Sie auch nur einen Finger rühren

In dem Buch *Inspired: How To Create Products Customers Love* von Marty Cagan gibt es im Kapitel *Assessing product opportunities - Defining the problem to be solved* einen Fragenkatalog zur Einschätzung der Chance eines Produkts. Nun beschreibt der Autor diese Vorgehensweise aus Sicht eines Unternehmens, in dem der Produktmanager entscheiden soll, ob eine Produktidee weiter verfolgt wird oder nicht. Sie können dasselbe (im kleineren Maße) tun, entweder mit Ihrer Abteilung oder mit Ihrem Team oder mit Ihren Freunden. Sie müssen nicht perfekt darauf antworten und auch nicht ein Jahr damit verbringen, wild zu recherchieren. Wichtig ist, dass diese Fragen durch Ihren Kopf gewandert sind und dass Sie sie überhaupt zulassen. Damit hätten Sie allen anderen, die spontan damit beginnen, eine App zu machen, einiges voraus. Es kommt darauf an, dass Sie Ihre oder die Idee Ihres Kunden hinterfragen und mit Distanz betrachten können und gleichzeitig motiviert bleiben.

Ich habe basierend auf den zehn Fragen Cagans einen Fragenkatalog für Ihr App-Produkt erstellt:

Welchen Kernnutzen bietet Ihre App?

Welches Problem kann der Nutzer damit für sich lösen? Was machen Sie ihm einfacher? Das ist der Kernnutzen. Der Kernnutzen muss klar sein. Schreiben Sie ihn sich groß und fett über Ihr Bett. Setzen Sie nur eine App mit einem Kernnutzen in die Welt. Wenn Sie nicht genau wissen, ob Sie schon einen Kernnutzen gefunden haben, bedienen Sie sich der Methode zur Beschreibung eines Problems, die weiter hinten vorgestellt wird.

Welche Zielgruppe würde Ihre App benutzen?

Für wen löst Ihre App das Problem? Die Gründer von *Basecamp (37signals)* haben ihre erfolgreichen Produkte zuerst *selbst* benötigt – weil sie einfach keine Software-Lösung gefunden hatten, die ihnen für ihre Projekte zusagte. Wenn Sie unbedingt ein Tool benötigen, ist es möglich, dass andere Menschen sich dem anschließen. Nur wenige Probleme sind wirklich einzigartig. Aber manche Probleme sind speziell. Und da bekommen Sie wieder den Bezug zur Nische. Eine Nische kann eine bestimmte Themengruppe sein; z. B. Jäger, Angler, Radfahrer, Modellbauer, Motorradfahrer. Es kann sich auf Berufe oder Hobbys beziehen. Stricken, Nähen, Backen, Kochen, Ernährung, Wandern ... sinnvoll ist es, wenn Sie für die Nische eine Lösung als App anbieten, in der Sie sich auskennen. Das erspart Ihnen viel Zeit, diese Zielgruppe überhaupt erst kennenzulernen. Außerdem haben Sie in dem Bereich vielleicht sowieso schon Kontakte oder ein Netzwerk. Wichtig ist, dass Sie die Zielgruppe kennen und wissen, in welcher Sprache (Du, Sie) Sie sie ansprechen und mit welchen Werten sich Ihre Zielgruppe (Modernität, Freiheit, Leichtigkeit oder Sicherheit, Pragmatismus etc.) identifiziert.

Wie groß ist der Markt?

Sie werden die wahre Größe kaum herausfinden, aber Sie können herausfinden, ob für die Idee überhaupt ein Nährboden existiert.

Beispiel: App für Senioren

Wenn Sie eine App für Senioren planen, sehen Sie sich erst auf Statistikportalen an, wie viele Senioren überhaupt Smartphones nutzen. Viele. Und wie viele davon nutzen Apps? 1 %. Also ist es eine Nische. Vielleicht gibt es zusätzliche Prognosen für die kommenden Jahre. Und dann finden Sie vielleicht noch Zahlen dazu, welche die bisherigen Lieblings-Apps für Senioren sind. Eine solche Info finden Sie beispielsweise auf *http://app60.de* (Apotheken-Umschau-App, Senioren-Ratgeber-App, Jede-erdenkliche-Krankheit-Ratgeber-App, Fitness-Ratgeber-App usw.).

Doch wie die Zahlen aussehen mögen: Wichtig ist die Kombination aus Ihrer Begeisterung, aus dem Kernnutzen der App, aus Ihrer App als ansprechendes Produkt (Usability, Interaktion, Design) und dem Trend. Der Trend zeigt, dass die nachrückenden Senioren (also die, die jetzt um die 50 sind) Smartphones oftmals als natürlichen Bestandteil ihres Lebens sehen und dadurch viel vertrauter damit sind als die momentanen Senioren (68 bis 80). Denn diese waren schon Senioren, als Smartphones vor ca. sieben Jahren erst massentauglich wurden.

Wie messen Sie Erfolg?

Indikatoren sind beispielsweise: Downloads der App, Einkäufe in der App, wiederkehrende Besucher in der App, wird Ihre App in Zeitschriften thematisiert? An die messbaren Werte sind Ihre Erwartungen geknüpft. Wenn Sie 10 000 Downloads erwarten, aber „nur“ 1000 bekommen, werden Sie möglicherweise denken, dass es kein Erfolg war. Dass es aber im Store die meisten Apps nicht einmal zu 1000 Downloads schaffen - ist Ihnen das auch bewusst? Gehen Sie mit soliden Erwartungen (das heißt: weder zu hoch, noch zu tief!) an die Zahlen heran. 500 Downloads sind immerhin schon ca. 500 Menschen, die sich dafür interessiert haben. Im Kapitel MVP, Minimum Viable Product, gebe ich Ihnen weitere Hinweise dazu, wie Sie Erwartungen setzen und messen - und loslassen.

Welche Konkurrenz-Apps gibt es?

Zunächst einmal: Eine Konkurrenz zeigt Ihnen, dass schon einmal jemand entschieden hat, eine solche App umzusetzen. Sie wissen erst Genaueres, wenn Sie sich diese App(s) ansehen. Wie sehen diese aus? Sind sie sorgfältig gemacht? Haben Sie viele Downloads? Finden *Sie* persönlich diese App gut gemacht? Finden *Sie* darin etwas, was Sie besser machen würden? Dass jemand schon einmal Zeit und Geld in die Umsetzung einer Idee investiert hat, ist an sich ein gutes Zeichen. Ob das Invest fruchtend war, sehen Sie aber nicht. Und jetzt schauen Sie, in welcher Liga Sie spielen. Um eine Alternative zur Apotheken-Umschau-App anzubieten, müssten Sie sehr viel (inhaltlichen) Aufwand leisten. Das liegt nicht an der App, sondern an der etablierten Position der Apotheken-Umschau, ihren Themen und dem Vertrauen, das die Zielgruppe ihr entgegenbringt. Um allerdings eine Kreuzworträtsel-App besser, pfiffiger, schicker zu machen, brauchen Sie weit weniger Aufwand. Versuchen Sie einen solchen Vergleich in Ihrem Metier mit Ihrer App.

Warum Sie?

Warum sind Sie geeignet, diese App gut umzusetzen? Vielleicht weil Sie das Problem besonders gut kennen und gern selbst eine Lösung dafür hätten? Oder weil Sie etwas von Ihrem angesparten Geld in die Umsetzung einer Idee investieren wollen, die anderen Freude bereitet oder ihr Leben bereichert? Oder weil Sie die richtigen Kontakte haben, um diese App zu streuen? Oder weil Sie Programmieren lernen und einfach Bock haben, ein echtes kleines Projekt umzusetzen? Ehrlich gesagt: Solange Ihr Motiv von Herzen kommt, ist es immer berechtigt.

Warum jetzt?

Natürlich weil Sie jetzt die Idee haben. Das hat auch seinen Grund. Die Frage lässt sich auf verschiedenen Ebenen beantworten:

- Global: Weil es jetzt möglich ist, relativ unkompliziert eine eigene Programmidee unter die Menschen zu bringen.
- Regional: Weil es eine solche App im (Windows 8) Store noch nicht gibt.
- Lokal: Weil ich es jetzt will, jetzt kann, jetzt das Geld habe.

Oder: Weil man *dieses* Problem jetzt auf einem Smartphone lösen kann. Weil das Problem noch nicht da war, als niemand Smartphones hatte? ;)

Wie bekommen Sie Ihre App an den Markt?

Natürlich, Sie stellen die App in die Stores. Und dann? Haben Sie Kontakte zur Zielgruppe? Könnten Sie einen Artikel über die App in z. B. einer Fachzeitschrift schreiben lassen (das ist einfacher als gedacht, denn Zeitungen suchen oft nach Storys)? Oder haben Sie einen Kooperationspartner? Es gibt zum Thema App-Marketing viele Bücher, viele Artikel im Web. Marketing ist ein weites Feld. Meine persönliche Essenz ist: Der akquirierte Nutzer sollte die App aus der App heraus empfehlen können. Da haben Sie das klarste Marketing überhaupt. Und es findet im Moment der Begeisterung statt.

Welche Umstände müssen erfüllt sein, damit die App erfolgreich startet?

Allem voran brauchen Sie ein Feedback, ob irgendjemand die App laden oder kaufen würde – das können Sie mit einem MVP prüfen. Es fühlt sich gut an, wenn schon jemand da draußen auf Ihre App wartet. Sie brauchen ein gutes App-Team, sei es auch noch so klein. Sie brauchen Gewissheit, dass Ihre App gut gemacht ist – mit den ersten Nutzern, gern im Beta-Test. Sie brauchen Geld, Geduld, Zeit, das Vermögen, immer wieder zu gucken, was besser gemacht werden kann. Sie brauchen Begeisterung, die das alles trägt. Das ist bei jedem Projekt so. Auch bei einer App.

Wie entscheiden Sie sich? Gehen Sie das Wagnis ein oder nicht?

Es braucht aus Ihrem Bauch ein klares JA oder NEIN. Wenn Sie kein klares JA bekommen, tun Sie es nicht. Machen Sie eine App nicht halb- oder viertelherzig – die Nutzer merken das und werden entsprechend darauf reagieren. Der Aufwand ist viel zu hoch.

Gehen Sie durch die Fragen. Nehmen Sie sich Zeit. Vielleicht haben Sie ein kleines Team, mit dem Sie diese beantworten können. Ihr/e LebenspartnerIn oder Ihre Kollegen können's auch sein. Wenn Sie die Fragen beantwortet haben – gern schriftlich an Ihrer Wand, sodass Sie es täglich sehen und immer wieder hinterfragen können –, wollen Sie Ihre App dann immer noch umsetzen?

Es ist nicht Ihre eigene App-Idee? Sie können diese zehn Fragen zusammen mit Ihrem Kunden beantworten oder ihn darauf verweisen. Als sein Dienstleister haben Sie die Verantwortung in der Hand, ein App-Produkt zu erschaffen, das nützlich ist und den Nutzern dient. Unnützes gibt es schon genug. Trauen Sie sich, es gegenüber Ihrem Kunden anzusprechen.

a) Nein? Schade. Vielleicht später. Oder vielleicht braucht es noch etwas? Die richtige Person im Team? Oder die Idee etwas anders? Oder eine andere Idee? Oder ist es gar keine App? Vielleicht entdecken Sie ein ganz anderes Produkt?

b) Ja? Super! Legen Sie los! **Testen Sie jetzt Ihre Idee**.

Bedienen Sie sich moderner Tools und Möglichkeiten, um die Idee zu testen. Eine Vorschau hier:

- Sie können eine **Test-oder Launch-Website** anlegen und überhaupt testen, wie viele Besucher die Seite hat oder wie viele Besucher auf einen weiteren Link klicken, um mehr über das Produkt zu erfahren (Unbounce ist solch ein Service oder googeln Sie „landing page creator")
- Sie können eine **Test-Anzeige** schalten (Google AdWords-Kampagnen → dazu gibt es viel Literatur)

- Sie können eine **Crowd-Funding**-Kampagne starten, in der Sie das Projekt ausführlich vorstellen und Menschen einen Gegenwert zur Finanzierung anbieten. Wenn viele Menschen eine kleine Summe investieren, haben Sie Budget zur Umsetzung. Mehr zu Crowd-Funding in Kapitel 5, Minimum Viable Product. *http://www.crowdfunding.de/plattformen/*
- Sie können ein Erklär-**Video** in die Welt setzen, wie es Drew Houston, einer der Gründer von Dropbox, getan hat: Er hat den Service in einem relativ einfach gemachten Video[2] simuliert (es gab die fertig entwickelte und programmierte Dropbox noch nicht!) und erklärt und die Anmeldung zu einem Beta-Account angeboten. Das Video veröffentlichte er in einer Community, die sich über Neuigkeiten aus dem Internet unterhielt. Was allerdings sehr schlau war: Drew nutzte für die Dateinamen, die im Screen zu sehen waren, witzige Namen, von denen die Community sich angesprochen fühlte.

2.3 Das Problem ist der Kernnutzen. Der Kernnutzen ist das Problem.

Den Nutzen einer App bezeichne ich gern als *Kernnutzen* - und dieser ist das **WAS** einer App. Das WAS macht die Daseinsberechtigung dieser App aus, ist das Haupt-Feature, z. B.: Notiz machen, Mail schicken, Kontostände prüfen, Taxi rufen, eBook lesen, To-do-Liste erstellen, chatten, Spiel spielen, Spaß haben. Sie werden feststellen, dass es viele (sehr viele) Apps gibt, die ähnliche Kernnutzen anbieten. Allein wie viele Chat-Apps, Fitness-Apps, Fotobearbeitungs-Apps, To-do-Listen-Apps es gibt, ist beeindruckend. Dennoch unterscheiden sie sich voneinander - und haben ihre Schwächen und Stärken oder - positiv betrachtet - ihre Vor- und Nachteile für die jeweilige Zielgruppe.

Worin sich gleichartige Apps unterscheiden, ist das **WIE**. Wie (gut) sind sie gemacht? Oder wen sprechen sie auf ihre Art (mit ihren zusätzlichen Features, der Gestaltung, der Sprache) an? Das sind die von der Zielgruppe empfundenen Mehrwerte. Mehrwerte sind deutlich schwieriger zu fassen als Kernnutzen. Denn sie beinhalten all das, was sich bei der Nutzung der App für den Nutzer *anfühlt*. Und auch, wie sich der Nutzer selbst im Avisieren und im Besitz dieser App fühlt.

Das Gefühl, dass der Nutzer beim Benutzen Ihrer App bekommt, hängt von den Erfahrungen ab, die er vor, während und nach der Nutzung sammelt. „O ja, ich will zu den modernen jungen Leuten gehören, die sich immer und überall daten können. Ah, der Login ging ja schnell. Oh, die Daten laden ja so lange. Grrr, ich hasse lange Formulare. Cool, ein Datum so einzugeben macht viel mehr Spaß als immer über die komischen Drop-downs ... Die haben ja einen tollen Service, meine Frage wurde klar und direkt beantwortet."

Die Summe der gemachten Erfahrungen kann man als **User Experience** (UX) zusammenfassen. Das ist das, worüber alle heutzutage reden und worum sie sich große Gedanken machen. Zu Recht, denn in einer Gesellschaft, in der es ein Über-Angebot an Konsumgütern gibt, ist die Erfahrung des Nutzers mit dem Produkt das, was darüber entscheidet, ob das Produkt

---

[2] *https://www.youtube.com/watch?v=w4eTR7tci6A*

immer wieder genutzt oder gekauft wird. Über die User Experience einer App habe ich deswegen ein ganzes Kapitel geschrieben, Kapitel 3.

Das **WIE** - die Mehrwerte einer App - wird im gesamten Prozess der Entstehung einer App festgelegt, von der Konzeption bis zum grafischen Stil über die Bildauswahl und die textuelle Ansprache für das Gefühl, was beim Nutzer mit der Nutzung dieser App hervorgerufen werden soll, und natürlich bis zur Qualität der Programmierung. Der größte Teil der sichtbaren Entstehungskette wird bei Ihnen liegen, denn als Designer sprechen Sie mit der Zielgruppe. Tja, Glück gehabt! Das ist eine tolle Aufgabe. Und Sie können Ihre Position im Team gleich bewusster einnehmen. Im Kapitel 4, *Das App-Team oder Hybrid Thinkers,* werden Sie sehen, wie umfassend die Rolle des Designers ist.

Bei der heutigen Überfülle ist das **WIE** viel entscheidender als das WAS. Die Zeiten, in denen Software und Geräte hässlich sein durften, weil sie praktisch waren, sind vorbei. Heute steht der Nutzer im Mittelpunkt - *User-centered Design* - und ich glaube daran, dass Produkte, die noch nicht ästhetisch sind oder gar bei der Nutzung Frustrationen hervorrufen, immer seltener werden, bis sie schließlich aussterben.

Um einen Kernnutzen (WAS) anbieten zu können, benötigen Sie ein Problem. Nun können Sie mir sagen „Ja, aber wieso? Ich habe doch schon eine Lösung mit meiner App-Idee! Das kann bestimmt jemand gebrauchen!“ Sehr gut möglich. Es kann auch sein, dass Sie intuitiv die Lösung so umsetzen und anbieten, dass sich sofort andere Menschen davon angesprochen fühlen. Kann auch sein, dass Sie die Idee einer Lösung haben und nicht sicher sind, dass Sie damit ein erfolgreiches App-Produkt in die Welt setzen würden. Wie können Sie also für Ihre App-Idee mehr Gewissheit erlangen?

Indem Sie sich aus der Welt der fertigen Lösung, die Sie schon meinen, im Kopf zu haben, in die Welt des Problems begeben. Die Welt des Problems? Ja, die Welt des WARUM. Das WARUM fragt nach dem Problem. Das WARUM verbindet das WIE mit dem WAS.

2.4 Das WARUM – ein Blick aus der Welt der Lösung

Ich behaupte, wir hier in der ökonomisch getriebenen Welt sind Lösungstierchen. Wir leben es tagtäglich und uns ist oft nicht bewusst, was für einen Einfluss diese erlernte und sozial bestätigte Haltung auf unser Leben hat. Als Kinder löchern wir unsere Eltern noch mit staunenden Warums zum Leben, als Erwachsene haben wir auf jedes Problem eine Antwort, eine Lösung oder switchen zumindest in den Lösungsmodus. Beobachten Sie sich selbst im Alltag. Angenommen, Sie haben Kopfschmerzen. Was tun Sie? Ich behaupte, Sie nehmen eine Kopfschmerztablette. Fragen Sie sich, warum Sie Kopfschmerzen haben? Was veranlasst Ihren Körper, in diesem Moment ein Warnsignal auszusenden? Oder Sie sitzen in einem Team-Meeting und stellen die Frage „Warum machen wir das so?“ in die Runde. Sie sehen, Warums können unangenehm werden. Warum machen wir das so? Die Frage impliziert Zweifel auf der einen Seite, eröffnet den Raum für Alternativen und Verbesserungen auf der anderen Seite.

Wenn Sie eine App machen und testen, werden Sie sich fragen müssen, *warum* Ihre Zielgruppe Ihren schönen großen Button übersieht und stattdessen nach etwas anderem sucht, um zum nächsten Screen zu gelangen. Durch das Fragen nach dem *Warum* trauen Sie sich, eine unbequeme und gleichzeitig hilfreiche Antwort zu bekommen. Zum Beispiel: „Ach, das ist der Button? Der sah für mich gar nicht klickbar aus!" Und schon wissen Sie, was zu tun ist.

Über das Warum kommen Sie in Kontakt mit den Nutzern.

Sakichi Toyoda, der Vater der japanischen Industrierevolution und Erfinder sowie Gründer der Toyota Industries Co. Ltd., nutzte die Fragemethode der fünf WARUM, um an den Kern eines Problems zu kommen. Diese Vorgehensweise wird zur Qualitätssicherung genutzt und kann sehr vielfältig eingesetzt werden. Probieren Sie es aus: Sie können damit jedes erdenkliche Problem binnen kurzer Zeit ergründen und stehen dann sozusagen der Problemwurzel gegenüber. Für diese finden Sie dann eine Lösung.

Das für Toyodas Fragemethode standardmäßig genannte Beispiel behandelt das Problem: *Das Fahrzeug startet nicht.*

1. Warum startet das Fahrzeug nicht?
   Die Starterbatterie ist leer.
2. Warum ist die Starterbatterie leer?
   Die Lichtmaschine funktioniert nicht.
3. Warum funktioniert die Lichtmaschine nicht?
   Der Treibriemen ist gerissen.
4. Warum ist der Treibriemen gerissen?
   Der Treibriemen wurde nie ausgewechselt.
5. Warum wurde der Treibriemen nie ausgewechselt?
   Das Fahrzeug wurde bisher nie gewartet.

Sie können sich grundsätzlich aus beiden Richtungen einem Produkt nähern. Die bewusste, geplante Richtung bezeichne ich als Erfindung. Dropbox ist beispielsweise eine Erfindung, das iPhone ist eine, Tupperware ist eine – alles tolle Lösungen zu konkreten Problemen. Röntgen, Amerika und Facebook hingegen sind Entdeckungen – Intuition hat jemanden dazu gebracht, etwas sichtbar zu machen, das andere Menschen toll fanden. Und verrückt danach wurden. Das heißt, egal aus welcher Richtung Sie ursprünglich herkommen, Sie werden den Moment erreichen, in dem Sie Probleme beobachten und Lösungen anbieten werden, um eine Nutzerbasis aufzubauen, bestehende Nutzer zu halten oder neue hinzuzugewinnen.

Bild 2.1 WAS ist ein aufgetretenes Problem, eine Sache, die uns stört. WARUM ergründet, was die *Ur*sache dieser Sache ist. Und WIE muss das Problem genau kennen, um eine zugeschnittene Lösung dafür anzubieten.

Simon Sinek[3], den ich bei meinen Recherchen zum Warum entdeckt habe, widmete dem Warum sogar ein ganzes Buch: *Start With Why*. Coole Idee. Simon ist Autor, Hochschullehrer, Journalist und Unternehmensberater. Mit seiner Frage nach dem Warum propagiert er unter anderem gute Führung in Unternehmen. Er hat ein ähnliches Schaubild entwickelt, das ich in einem seiner Videos gesehen habe, und beginnt es mit dem *Warum*. In meinem Schaubild ist der Einstieg über das WAS, weil ich denke, dass wir Menschen erst wahrnehmen müssen, dass et*was* nicht stimmt. Dann können wir fragen, warum es nicht stimmt.

Ich habe die Erfahrung gemacht, dass sich Projektverantwortliche oder Kunden dieses Zusammenspiels aus WAS, WARUM und WIE häufig nicht bewusst sind. Sie wollen einfach eine App haben und ihre Idee umgesetzt sehen. Im Nachhinein sind sie möglicherweise enttäuscht, weil es nur wenige Downloads gab – und sie eine Menge Geld investiert haben. Sie dachten, ihre Idee wäre der Knaller, haben aber vorher nicht ausreichend geprüft, ob andere Menschen das auch finden.

Bevor Sie oder Ihr Kunde überhaupt auch nur an die Umsetzung Ihrer App denken, sollten Sie Mut aufbringen und Ihre App-Idee testen. Kleben Sie Ihrem Ego Gaffer-Tape[4] über den Mund und gehen Sie beherzt in die Welt. Sie brauchen Menschen, die da draußen auf Ihre App warten. *Ja, aber dann klauen die doch meine Idee!* Nope, stimmt nicht. Lesen Sie noch einmal den Anfang dieses Kapitels. Schauen Sie sich um – überall ist Konkurrenz! Es kommt nicht darauf an, *welche* App-Idee Sie haben. Es ist wichtig, *wie* Sie diese Idee umsetzen. Und ehrlich gesagt, ganz am Anfang wissen Sie das vermutlich auch noch nicht. Tun Sie also nicht so geheim, sondern sprechen Sie darüber, holen Sie Meinungen ein, tolerieren, sortieren Sie

---

[3] Website zum Buch *https://www.startwithwhy.com* und Why-Video auf Youtube *https://www.youtube.com/watch?v=sioZd3AxmnE*

[4] Klebeband, Panzerband oder Pflaster geht auch.

sie. Sie *brauchen* Menschen, die Ihre Idee willkommen heißen und empfangen, wenn sie umgesetzt ist. So zu entwickeln ist eine Freude. Gönnen Sie sich diese Freude gleich zu Anfang.

Der Schlüssel ist also: Finden und beobachten Sie Probleme, bevor Sie Lösungen anbieten.

2.5 Why Watching – beobachten Sie Probleme in freier Wildnis

Weight Watching kickt Sie gerade nicht und für *Whale Watching* ist das richtige Meer zu weit weg? Dann probieren Sie ein anderes Abenteuer aus – *Why Watching*. Ich garantiere Ihnen Spaß, App-Ideen und eine Denkweise, die Ihr ganzes Leben bereichern wird.

Denn tatsächlich – das kennen Sie sicher aus einem Einstein-Zitat – liegt die Lösung *im* Problem selbst. Das ist hinterher immer am besten sichtbar. „Welches Wetter gibt's morgen?", „Wann fährt der Bus/die Bahn?", „Wie komme ich von hier an ein Taxi?"

Und als Apps, die auf diese Fragen antworten, gibt es die Wetter-App, die Öffi-App, die MyTaxi-App. Alles Lösungen zu einer konkreten Fragestellung.

Ich habe Ihnen aus der materiellen (realen) und der immateriellen (digitalen) Welt einige Probleme und daraus entstandene bekannte Produkte zusammengetragen. Sie werden gleich erkennen, dass Problem und Lösung zwei Seiten der gleichen Medaille sind. Auch wenn zwischen den beiden ein langer Weg liegen kann, so sind sie am Ende unzertrennlich:

Problembeobachtung ausformuliert	Lösung
Ich habe keine Lust, im *Kopf* zu rechnen.	1941: Konrad Zuse hat keine Lust mehr auf Kopfrechnen und erfindet den Rechner, den Computer [to compute, engl. für rechnen]. Z3, der erste voll funktionstüchtige, programmierbare Rechner kommt zum Einsatz. Mit ihm beginnt das digitale Zeitalter.
Tee wird immer *kalt* ODER ich will *Flüssigkeiten* warm halten.	1903: Reinhold Burger erfindet die Thermosflasche. Jahrelang beschäftigt er sich mit der isolierenden Wirkung doppelwandiger Glasgefäße. Zum Schutz des Glasgefäßes versieht er die Flasche mit einem leichten Metallgehäuse. 1909 verkauft Burger sein Patent an die Charlottenburger Thermos-AG und wird damit zum reichen Mann. Das neue Produkt verkauft sich weltweit bestens – bis heute und in nahezu unveränderter Form.
Ich will *Schmerzen* wegmachen.	1879: Felix Hoffmann erfindet das Aspirin. Der Chemiker der Firma Bayer entwickelt das erste Schmerzmittel mit minimalen Nebenwirkungen: synthetisierte Acetylsalicylsäure in Pulverform. Als Alleskönnerin lindert die Aspirin-Tablette von da an Schmerzen, senkt Fieber und hemmt Entzündungen.

(Fortsetzung nächste Seite)

Problembeobachtung ausformuliert	Lösung
Ich will mir nicht das *ganze* Album eines Künstlers kaufen müssen.	iTunes - einzelne Songs kaufen. Deine persönliche Entertainmentzentrale. Mit iTunes hast du mehr Spaß an deiner Musik, deinen Filmen und Fernsehsendungen. Organisiere alles ganz einfach - und kauf alles, was dir noch fehlt. iTunes gibt es für Mac, PC, iPad, iPhone, iPod touch und Apple TV.
Ich will *jetzt* ein Auto mieten und nicht ewig vorher reservieren und mir den Schlüssel irgendwo abholen.	DriveNow - Tausende Autos. Eine App. Überall in Deiner Nähe: Auto finden und losfahren.
Ich will keine Musik für (viel) *Geld* kaufen müssen.	Spotify - Gratis Musik auf Handys, Tablets und PCs hören.

Prüfen Sie mit Ihrem eigenen Menschenverstand, ob das, was Ihr Kunde als App möchte, ein konkretes Problem löst oder ob es eine fixe Idee ist, die der Kunde oder Ihr Chef aus anderen[5] Gründen umgesetzt sehen will. Prüfen Sie, ob Sie selbst das Problem kennen; und es verstanden haben. Sie fragen wie?

Dann möchte ich Sie mit meiner[6] Vorgehensweise zur Suche und Beobachtung von Problemen vertraut machen. Die Kunst ist, entgegengesetzt dem, wie wir es aus unserem Alltag gewohnt sind, dem Problem Raum zu geben, statt sofort eine Lösung darauf zu stülpen. Es wird Ihnen vermutlich etwas komisch vorkommen und es kann sein, dass Sie sich anfangs dazu zwingen werden, aber was Sie entdecken werden, ist ein ungeahntes Spektrum an Alternativen, von denen Sie sich die aussuchen, die Sie mit allem, was sie ausmacht, am besten umsetzen können. Das ist Ihre Basis für ein beachtenswertes App-Produkt.

1. Schritt – Woran erkennen Sie Probleme?

Wenn etwas stockt, blockt, nicht fließt. Wenn wir unzufrieden werden, das Gefühl haben, ineffizient zu sein, wenn wir nicht weiter kommen, wenn wir einen Verlust befürchten (Zeit, Geld, Beziehungen), wenn uns etwas stresst. Egal, ob im realen Leben oder wenn wir schlecht gemachte Software benutzen.

Sie können statt der Suche nach einem Problem auch direkt mit Ihrer App-Idee zum 2. Schritt springen und die Probleme genauer beobachten, die Sie mit Ihrer App lösen möchten.

2. Schritt – Problem einkreisen und beschreiben

Welche App-Idee haben Sie oder welches Problem haben Sie identifiziert? Beobachten Sie nun mit der Achtsamkeit für dieses Problem Ihre Umgebung, Ihren Alltag, Ihre Welt. Stellen Sie folgende Fragen, notieren Sie die Antworten:

- Wann tritt das Problem auf?
- Wo tritt es auf?

---

5 Mit *andere Gründe* meine ich persönliche Gründe, die oft mit dem Wunsch nach Geltung oder Beachtung verbunden sind.

6 Vorschläge für Verbesserungen können Sie mir persönlich schicken: *ks@muppetti.de*

- Warum tritt es auf? (Beziehungsweise: Was ist davor passiert? Wie ist es dazu gekommen? Hier bietet sich Toyodas Methode an.)
- Sind andere Menschen auch auf dieses Problem gestoßen? Können Sie das Problem in der Welt immer wieder beobachten? Überfällt es Sie jetzt in der Bahn, beim Autofahren, auf dem Familiengeburtstag, in Ihrem Job? Gut!

Sammeln Sie alle Informationen, die Sie zu diesem Problem bekommen können. Geben Sie ihm wohlwollende Aufmerksamkeit. Legen Sie einen Ordner an oder geben Sie ihm eine große Wand - es ist ein bisschen wie in Thrillern. Bevor der schlaue Cop den Bösen fängt, sucht er, macht sich Notizen, sammelt, visualisiert, steht mit einer Tasse Kaffee vor den Beweisen, zerbricht sich den Kopf, schläft nicht mehr. Dann kommt ihm die Idee …

Cut – Ordnen, Sortieren, MVP konzipieren

Wenn Sie das Gefühl haben, es tritt eine Sättigung ein, hören Sie auf und ordnen Sie Ihre Materialien. Jetzt geht es darum, Ihren **Problemsatz**, also die absolute Essenz des Problems, in Worte zu packen. Möglich, dass Sie dann sagen: „Ja, aber das habe ich doch die ganze Zeit gewusst!" Und natürlich stimmt das. Und was Sie dazubekommen haben, sind die Facetten des Problems. Aus der Kenntnis der Facetten entspringt das Lösungsspektrum.

Die Betrachtung des Problems führt Sie als Nächstes zu den Bedürfnissen. Menschen haben Bedürfnisse. Wenn Sie ein Angebot für ein zugrunde liegendes Problem schaffen, haben Sie Ihr Produkt. Wie Sie an dieser Stelle weitermachen können, erkläre ich Ihnen in Kapitel 5, MVP - *Minimum Viable Product*.

2.6 Schlank, schlank, schlank

Kennen Sie das? Sie haben Ihre Wohnung renoviert und es fehlt nur noch die Küche … und dann dauert es plötzlich so lange. Die ganze Wohnung ging im Handumdrehen und gerade am Ende muss es noch mal schrecklich nerven. Oder erinnern Sie sich an Ihre Diplomarbeit? Mir ging es so: Die ersten Seiten gingen ganz leicht, die Mitte war Routine, am Ende dachte ich, ich schmeiße einfach alles hin. Es wollte und wollte nicht fertig werden. Oder wollte *ich* nicht fertig werden?

In App-Projekten habe ich Ähnliches beobachtet: Der Anfangsenthusiasmus auf allen Seiten bringt alle dazu, schnell Ergebnisse zu produzieren. Sobald das Projekt aber eine gewisse Dauer und Strapazen überschritten hat, werden die Teammitglieder genervter oder der Kunde ungeduldiger. Die Deadline rückt näher, Leute powern sich aus, Nachtschichten werden geschoben, Fehler häufen sich und der Kunde übt immer mehr Druck aus.

Hauptsache, das Ding ist einfach irgendwann fertig, denken alle. Der Qualitätsmanager hat hier wirklich eine undankbare Rolle. Vielleicht war er noch nicht so involviert in das Projekt wie die anderen, will jetzt am Ende seinen Job gut machen, aber das Team ist schon völlig neben sich und kann den Namen der App nicht mehr hören.

Woran, zum Teufel, liegt das?!

Im Deutschen kennen wir das Sprichwort „Der Teufel steckt im Detail". Aber wer ist hier eigentlich der Teufel? Der Kunde, das Team, Perfektionismus, Anspruch?

Mittlerweile glaube ich persönlich, der Teufel will uns eigentlich was Gutes. Er will uns sagen: „Hey, jetz' is' jut. Du hast jenuch jemacht, mehr brauch' et nich." Die Schwierigkeit ist, das einzusehen. Denn *fertig* ist sehr relativ.

Fertig ist, wenn Sie es entscheiden

Es tut weh, das zu erkennen. Auf diesem Planeten ist *fertig* eine Illusion. Am besten merkt man es bei seinen eigenen Projekten, in denen die eigenen Ansprüche befriedigt werden wollen. Und vor allem als Designer kann man sich in Perfektionismus, in kleinsten unwichtigsten Details verfangen, festbeißen und kostbare Zeit investieren. Daher müssen wir selbst entscheiden, wann eine Sache für uns fertig ist; und den Schlussstrich ziehen.

Bei der Entwicklung einer eigenen App kann *fertig* eine schreckliche, unnötige Qual werden. **Denn der eigene Fokus ist nicht unbedingt der, den die User auch haben.** Irgendwann kommt heraus, dass den Nutzern die Farben der App egal sind. Dass sie die Schrift, die Sie gern in Version 3.4 austauschen möchten, total okay finden und dass ihnen nur ein Mini-Feature fehlt, um die Benutzung einfacher zu machen.

Verstecken Sie sich nicht zwei Monate im Keller mit Fritz Cola und gestalten alle Screens in der Hoffnung auf *fertig*. Das ist eine Illusion. Je mehr Sie heimlich machen und niemandem zeigen, desto mehr Korrektur wird früher oder später vor Ihnen stehen und Sie frustrieren. Seien Sie nett zu sich selbst, frustrieren Sie sich nicht. Um das zu erreichen, nutzen Sie das Prinzip von *Lean*. Vielleicht haben Sie es schon im Kontext von Lean-Startup gehört: **Es heißt, eine Sache aufzubauen, indem man kleine Einheiten umsetzt, diese testet, die Ergebnisse interpretiert und besagtes Ding anpasst, um dann zur Umsetzung der nächsten Einheit zu gehen.**

Das ist ein sich wiederholender Kreis, eine Iteration, die in der Branche der startenden Software-Firmen Einzug gehalten hat. Der Vorteil ist, dass man sich sofort absichert, ob das Ding, das man baut, funktioniert und von anderen Menschen als sinnvoll erachtet wird. Man merkt schnell, ob man für die Tonne oder den Markt entwickelt.

Eigentlich ein altes Prinzip[7] des Prototypisierens, das als Neuentdeckung gefeiert und den alten Mechanismen der Software-Entwicklung entgegengesetzt wird. Klassische Software-Entwicklung war wie der Bau einer Kathedrale: machen, machen, machen, eine Software mit 1000 Features herausbringen und im Markt durchdrücken. Das hat funktioniert, während Software-Entwicklung einer Minderheit vorbehalten war. Diese Zeiten sind vorbei. Heute kann jeder programmieren lernen und eine App herausbringen, die noch cooler ist als die, die schon da sind. Wahrscheinlich, weil sie eine Sache noch einfacher macht. Noch einfacheres User Interface, einfachere Bedienung, weniger Funktionen, weniger Text. Schlank.

---

[7] Ich glaube, dass es vor der technischen Revolution ein normales Prinzip war. Idee, testen, verkaufen – kein großes Geheimnis. Erst die Storys von Gründern, die quasi über Nacht Millionäre wurden, verfälschen diesen Ansatz. Der Weg der Entwicklung einer Sache wird im Nachhinein immer so elegant und kurz dargestellt. All die Zweifel und schlaflosen Nächte werden nebenbei erwähnt und in einem „Wie habt Ihr das geschafft?"-Interview mit einem Lachen quittiert. Klar, wenn man den Durchbruch geschafft hat, wirkt im Nachhinein alles leicht. Medien reißen sich um diese Storys und pimpen sie in die Richtung auf, in der es nach einem Traum, nach einer Heldenreise klingt. Wie weit weg das vom eigentlichen Geschehen ist, habe ich selbst erlebt, als ich Zeitungsartikel über unsere App „Storytude" in der FAZ, Der Welt, Berliner Morgenpost etc. las.

Eric Ries hat mit seinem Buch *Lean Startup* die Branche aufgeweckt und das zugrunde liegende Prinzip erklärt.

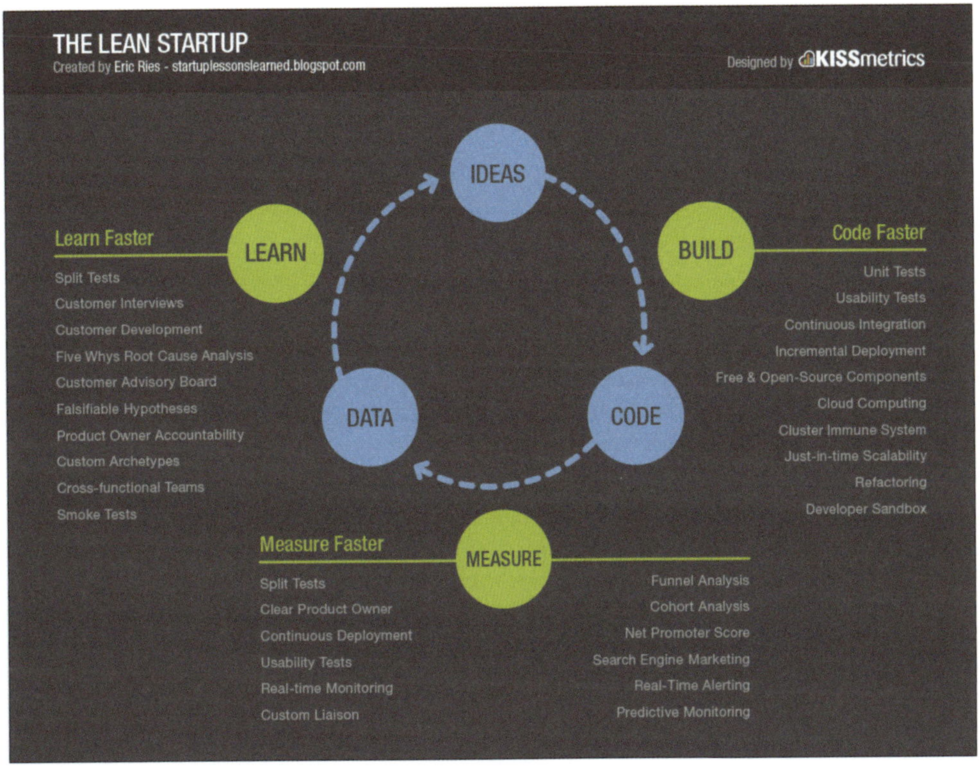

Bild 2.2 Quelle: *http://www.abdevlabs.com/wp-content/uploads/2013/10/the-lean-startup_50291668aa9bb.png*

Und zwar geht es darum:

- **Build:** Entwickeln. Es geht darum, so wenig Aufwand wie möglich zu haben, indem man zum einen fertige Komponenten verwendet, um seinen Prototyp zu bauen, und indem man das, was man gebaut hat, sofort testet. Technisch und inhaltlich. Das heißt für Ihr App-Projekt, dass Sie Entwickler benötigen, die nicht zu stolz sind, Konzepte anderer zu nutzen, die sich auf die testgetriebene Entwicklung einlassen und die bereit sind, das zu entwickeln, was gerade gebraucht wird, und nicht das, woran sie jetzt gern am liebsten rumfummeln würden. Prototypisierung stelle ich Ihnen ausführlich in Kapitel 8, Konzeption, Prototyping & Test, vor.
- **Measure:** Messen. Klar, man kann erst messen, wenn etwas zum Messen da ist. Die Schwierigkeit am Messen ist, dass Sie sich überlegen müssen, *was* und *wie* Sie messen und ab wann das Messergebnis die Entscheidung hervorruft, die App nach Plan weiterzumachen oder abzubiegen oder es zu lassen. Das heißt, Messen klingt nach Wahrheit, wenn es ehrlich durchgeführt wird – und das sollte sein. Mehr erfahren Sie in Kapitel 5, MVP.
- **Learn:** Lernen heißt Schlüsse ziehen, um es beim nächsten Mal besser zu machen. Dabei helfen Ihnen wieder die Warums. Warum hat die erste Entwicklung so lange gedauert?

Warum haben sich die Nutzer für Variante B entschieden (und nicht A, die wir präferiert hatten)? Lernen geschieht auf der Meta-Ebene, weil wir immerfort hinterfragen, was und wie wir etwas getan haben. Das bedarf Eingeständnisse und die werden in einer Fehler tabuisierenden Kultur schwer gemacht. Treten Sie hervor und machen Sie den Vorschlag, Fehler[8] als Lernfelder zu betrachten.

Dans ses écrits, un sage Italien dit que le mieux est l'ennemi du bien.

In his writings, a wise Italian says that the best is the enemy of the good.

La Bégueule von Voltaire

Perfect is the enemy of good – 100 % sind eine Illusion

Jemand hatte mir von einer chinesischen Weisheit erzählt, dass 80 % von allem genug seien. Zum Beispiel: bis 80 % Sättigung essen, 80 % Kraft in etwas investieren, 80 % Leistung geben. Uns modernen Menschen fällt es oft schwer, das zu verstehen. Während wir erkältet sind, behaupten wir allen Ernstes, wir können jetzt keine 100 % mehr geben. Wann können wir – ehrlich mal Hand aufs Herz – überhaupt 100 % geben? Meines Erachtens nur im Flow. Und wie oft am Tage sind Sie im Flow?

Dieser Spruch „80 % sind genug" erinnert mich an **Vilfredo Pareto**, seinerzeit (1848 – 1923) ein italienischer Ökonom, der herausfand, dass ca. 80 % des Landes nur ungefähr 20 % der Bevölkerung gehörten. Er führte Umfragen auch in anderen Ländern durch und musste feststellen, dass diese Verteilung des Landes dort ebenfalls zutraf. **Mit der Zeit stellte er das Pareto-Prinzip[9] auf, das in verschiedensten Bereichen aufzeigte, dass 80 % Ergebnis aus 20 % Einsatz resultieren. Egal, in welcher Disziplin.**

Viele Menschen verstehen unter dem Pareto-Prinzip eine Aufteilung, die wir quasi nicht umgehen können: Von 100 % Einsatz werden 20 % die meisten Früchte bringen, während 80 % das notwendige Übel sind, um eine Sache fertig zu machen. Das trifft häufig in der Software-Entwicklung zu: 80 % des Codes gehen leicht von der Hand, die restlichen 20 % sind der Arschaufriss. Oder die ersten 80 % des Codes werden in 20 % der Zeit geschrieben, die restlichen – kniffligen – 20 % des Codes werden in 80 % der Zeit geschrieben.

Doch Richard Koch zieht in seinem Bestseller *Living the 80/20 Way* andere Schlüsse aus dem 80/20-Prinzip. Koch behauptet, dass wir mit 20 % fokussiertem Einsatz 80 % erreichen. Er zeigt viele Beispiele auf, die zunächst wirtschaftlicher Natur sind: 80 % des Umsatzes eines Unternehmens von 20 % der Kunden oder 80 % des Reichtums würden weltweit von 20 % Menschen gehalten.

Sein Ansatz ist, in Ruhe zu überlegen, welches die 20 % Invest sein könnten. Dabei propagiert er weniger Handeln und mehr Nachdenken. Für die Konzeption einer App ist diese Idee meines Erachtens wunderbar übertragbar. Je mehr Sie vorher durchdenken und gezielt prototypisieren – nämlich die komplizierten 20 % der App –, desto mehr haben Sie von der gesamten App abgedeckt. Fangen Sie also nicht mit dem App-Icon und dem Start-Bildschirm, sondern mit dem Kernnutzen an. Durchdenken Sie ihn gründlich und prototypisieren Sie ihn, dann gestalten Sie ihn. Damit ist der gröbste Teil abgedeckt.

[8] Fourier, Stefan (2015). Schlau statt perfekt. Wie Sie der Perfektionismusfalle entgehen und mit weniger Aufwand mehr erreichen. BusinessVillage: Göttingen

[9] *https://de.wikipedia.org/wiki/Paretoprinzip*

80/20 und 20/80 für Designer

Die zugrunde liegende Frage der Effizienz ist: Was wird mir ein besseres Ergebnis bringen, aber deutlich weniger Zeit kosten?[10]

- 80 % aller Apps aus einer Kategorie sind mittelmäßig gemacht. 20 % rocken.
- Software-Anwender nutzen in 80 % der Fälle nur 20 % der zur Verfügung stehenden Funktionen[11]. Also: Lean. Features streichen, streichen, streichen. Da freuen sich alle im Team und Sie müssen nur noch Ihren Kunden davon überzeugen.
- 80 % einer App sind leicht zu konzipieren, 20 % brauchen richtig Brain, um es für den Nutzer einfach zu machen. Doch die 20 % decken die anderen 80 % mit ab. Fangen Sie also mit dem Komplizierten an. Damit meine ich komplexe Ansichten, die gute Lösungen für umfangreiche Menüs, Dashboards etc. erfordern.
- 80 % der zu gestaltenden Screens gehen Ihnen leicht von der Hand, 20 % sind tricky, beinhalten Transitionen, Animationen, Augenschmankerl, die einfach mehr Zeit kosten als Listen, Menüs. Machen Sie die zuerst.
- 20 % Prototyping fangen 80 % der App auf und zeigen das, was am wichtigsten ist – nämlich den Kernnutzen. 80 % der Prototyp-Screens können statisch sein, 20 % sind animiert, um die UX zu erhöhen und Nutzer zu inspirieren.
- 80 % der Usability-Fehler in der App werden mit 20 % der Tester gefunden. Sehen Sie die Grafik unten aufgestellt nach der Formel (N (1-(1- L) n), wobei N = Nutzer, L = Usability-Fehler) von Jakob Nielsen. Sie bringt die Anzahl der Tester und gefundene Fehler in Relation. 20 % von 15 Nutzern sind 3. Bei drei Nutzern hört die Kurve mit ihrem steilen Anstieg auf. Und ca. 80 % Usability-Fehler sind mit fünf Nutzern gefunden. So viel zur Frage, wie viele Tester Sie anheuern sollten.

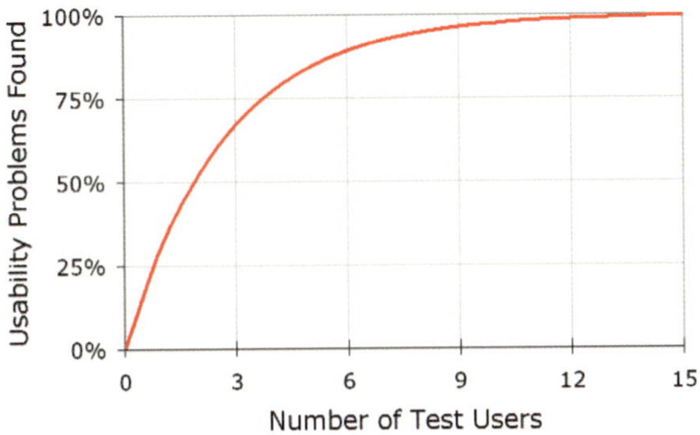

Bild 2.3 Jakob Nielsen hat herausgefunden, dass Sie nur fünf User benötigen, um Ihre Webseite zu testen. Ich übertrage dieses Grundprinzip als Orientierung für die Akquise von Testern einfach auf Apps. Hier finden Sie den Artikel mit seiner Formel, die er dazu aufgestellt hat:
Quelle: *http://www.nngroup.com/articles/why-you-only-need-to-test-with-5-users/*

---

[10] „What will give me a much better result for much less energy?" aus Richard Kochs *The 80/20 Way*.

[11] *http://www.studienstrategie.de/zeitmanagement/pareto-prinzip/*

„Beobachten Sie Potenziale!"

Wenn Sie schon eine Idee für eine App – oder etwas anderes – haben, dann beginnen Sie jetzt mit der eingehenden Beobachtung des Problems. Wenden Sie die vorgestellte Methode an, ergründen Sie ein ausgewähltes Problem detektivisch und tragen Sie Materialien zusammen, wie sich dieses Problem äußert, wann es auftritt, wie oft es vorkommt, wo es vorkommt, was dem zugrunde liegt. Werden Sie ein Problem-Profiler, indem Sie so eine Art Steckbrief dieses Problems anlegen – gern mit Foto! Halten Sie diese Phase der Beobachtung durch, ohne sofort eine Lösung zu wollen.

Nach Eintritt der Sättigung beschreiben Sie die Ausprägungen des Problems und sehen Sie, wie sich magisch Lösungen auftun. Nun haben Sie ein Potenzial der Lösung gefunden und können darangehen, diese Lösung umzusetzen.

„Beobachten Sie das 80/20-Prinzip"

Wann kommen Sie umständlich an Ihr Ziel? Wie hätten Sie es im Nachhinein einfacher machen können? Und was können Sie jetzt vereinfachen, um eine Sache zu erreichen? Denken Sie an Ihre Arbeit. Sind Sie manchmal zu bequem, ein bestimmtes Tool zu lernen oder zu installieren, und machen dadurch Dinge mehrmals? Machen Sie es anders! Wir neigen dazu, Dinge zu tun, weil wir es gewohnt sind. Dass diese Gewohnheiten uns Zeit, Geld oder andere Ressourcen kosten können, sehen wir erst, wenn wir uns beim Tun beobachten.

„Fokussieren Sie 80 %"

3 App User Experience

„Man muss sich daran erinnern, dass die Zukunft weder völlig in unserer Macht steht noch ganz unserem Einfluss entzogen ist, damit wir uns weder in dem Gedanken festbeißen, dass es so kommen wird, noch die Hoffnung aufgeben, dass es nicht so kommen wird."

Epikur, Philosophie des Glücks

User Experience ist ein großes Wort mit viel Inhalt. User Experience beschreibt den gesamten Kontaktzyklus des Nutzers mit einem Produkt – oder einer App. Und dieser Kontakt beginnt damit, dass der Nutzer von der App überhaupt erfährt. Das kann über einen Videoclip, die Empfehlung eines Freundes, eine Anzeige, einen Artikel in einer Zeitschrift oder die Website des Produkts sein. Was die User Experience – und ich nenne sie ab jetzt UX – hauptsächlich leisten soll, ist, das Bedürfnis im Nutzer zu wecken, die App immer wieder benutzen zu wollen oder sogar benutzen zu *müssen*. Das Ziel ist, eine Gewohnheit mit der App im Leben des Nutzers aufzubauen. Am besten täglich. Um das zu erreichen, muss der Nutzer eine ganze Kette von ihm ziemlich unbewussten, uns Schaffenden jedoch völlig logischen Schritten durchlaufen.

Zunächst muss er von der App erfahren und sich von Ihrem Service angesprochen fühlen, dann muss er sie leicht finden können. In der Präsentation der App sollte er einfach verstehen können, welche Vorteile ihm die App bringt, und so weit Vertrauen und Notwendigkeit vereint haben, dass er sich entscheidet, die App zu laden. Dieser Punkt ist kritisch und bedarf des Testens und Sichherantastens an das zu weckende Bedürfnis der Nutzer. Das Ziel ist, dass der Nutzer bereitwillig Geld für den Service der App ausgibt, und die Krönung ist, dass er sie persönlich weiterempfiehlt, weil er *rundum* gute Erfahrungen mit ihr gemacht hat. Nachdem er die App heruntergeladen hat und starten will, ist es wichtig, dass alles einwandfrei funktioniert und er mit der Bedienung der App gut und leicht klarkommt.

Dieses Durchlaufen im Ganzen ist deshalb eine Herausforderung für uns, weil wir den Nutzer auf jeder Etappe verlieren können, wenn wir es nicht schaffen, ihn in seinem Wesen anzusprechen, oder den Übergang nicht *fließend* (genug) gestalten. Fließen – Flow – heißt, dass die App den Nutzer an keiner Stelle strapaziert oder frustriert.

In diesem Kapitel geht es darum, Sie auf die Feinheiten der User Experience mit einer App aufmerksam zu machen. Dazu lernen wir die mobile Welt des Nutzers kennen, um Ansatzpunkte für unsere App in seinem Leben zu finden. Im Anschluss zeige ich Ihnen das geniale UX Wheel von Magnus Revang, das die gesamte Reise des Nutzers – von der Ansprache des

Nutzers bis zur Nutzung der App - detailliert aufzeigt. Das UX Wheel können wir herrlich zur Orientierung für unsere Apps nehmen. Eine übersichtliche Checkliste am Ende des Kapitels und die Analyse eines Beispiels geben Ihnen etwas Konkretes zur Hand, mit dem Sie Ihre App oder Strategie Punkt für Punkt selbst überprüfen können.

3.1 Die mobile Welt des Nutzers

Als das Internet noch eine stationäre Angelegenheit war und die Nutzer vor ihren Desktop-PCs saßen, war Web User Experience hauptsächlich auf das Nutzungserlebnis auf der geöffneten Webseite ausgerichtet. Die drei Faktoren, die damals die UX von Webseiten extern beeinflussen konnten, waren: die Datenübertragungsrate der Internetverbindung und so auch die Ladezeit der Seite, die Monitorgröße und das Browsermodell. Diese drei konnten das Nutzungserlebnis schmälern oder angenehm machen.

Als das Web noch stationär war

Um einen kleinsten gemeinsamen Nenner zu finden, haben Webdesigner die Grafiken so klein wie möglich exportiert, um die Ladezeit nicht zu strapazieren, sie haben das Wichtigste der Seite auf einen Bereich von 600 × 400 px, später auf 800 × 600 px gelegt, um auch Besuchern mit kleinen Monitoren das Lesen der Inhalte zu ermöglichen. Und Frontend-Entwickler haben jahrelang mit der Browserkompatibilität gekämpft und sich bemüht, die gleiche Seite in möglichst vielen Browsern gut aussehen zu lassen - z. B. über verschiedene Tricks und Hacks in einer Mischung aus HMTLStyling und CSS. Das waren schlimme und schöne Zeiten. Schlimm wegen mangelnder Standards - und deswegen so groß die Euphorie, die HMTL 5 auslöste. Schön wegen der simplen Klarheit zum Nutzerkontext. Der Nutzer konnte nicht woanders sein als vor einem PC oder Laptop.

Und vor Kurzem kamen die Smartphones mit dem mobilen Internet und haben diese Web-Idylle in eine rasende Metropole verwandelt. Plötzlich kann man im Café sitzen und Mails checken, chatten, Fotos hochladen, Fahrzeiten von Bussen googeln, Taxis rufen. Und es kommen immer mehr Geräte hinzu, die wir am Körper tragen können, wie die Smartwatches oder andere Wearables. Damit können wir uns noch freier bewegen. Mit ihnen interagieren wir natürlicher - oder zumindest anders als mit Smartphones -, zum Beispiel über Sprache. Ihre Rechenleistung ist so groß, dass Apps ausgeführt werden können, ihre Bildschirme sind aber so winzig, dass eigentlich nur noch ein großer Button darauf Platz findet. Und als wäre das nicht anspruchsvoll genug, sind sie mit Sensoren ausgestattet, die alles und jeden in der Umgebung messen können. Vom Beschleunigungs, Helligkeits, Fingerabdrucks, Hallsensor zur Messung von Magnetfeldern bis hin zum Pulsmesser kann alles auf kleinstem Raum eingebaut sein und von Apps darauf zugegriffen werden.

Was heißt das für AppDesigner?

Etwas ziemlich Paradoxes steht da vor uns. Die eine Seite ist: Wir müssen unser Denken weiten. Die technischen Gegebenheiten sind da, wir sollten sie kennen(lernen). Und wir sollten wissen, was alles in und um Apps herum machbar ist. Die andere Seite ist: Trotz der unendlichen Möglichkeiten wird eine App immer begrenzt sein, einfach weil wir und unsere Nutzer immer noch Menschen sind. Und die menschliche Aufmerksamkeit ist begrenzt. Je mehr in der Umgebung los ist, desto mehr gleicht die Aufmerksamkeit einer Brise, die über das Gerät huscht und nur noch nach Daten Ausschau hält, die im Augenblick relevant sind.

Ähnlich verhält es sich in einer schnelllebigen Welt zahlloser Reize mit der menschlichen Geduld. Das vorhandene Maß wird über den Tag hinweg verbraucht, und was übrig bleibt, ist unter Umständen nur noch ein Hauch davon für unsere Apps.

App-Designer sind Fokus-Experten für den Fokus des Nutzers

Deswegen müssen wir beim Konzipieren von Apps zu Essenz und FokusExperten werden. Wir kennen das unendliche Universum der (technischen) Möglichkeiten und wir wissen, wie wir diese auf klein(st)em Raum unterbringen, damit sie dem Nutzer in seinem Kontext überhaupt zugänglich werden. Das ist unsere Hauptaufgabe als AppDesigner: das Mach bare so zu verpacken, dass es in der heutigen Zeit, mit all ihren Ablenkungen und Ansprüchen, nutzbar wird.

Um Apps *user-centered* (auf Nutzer zentriert, also aus der Perspektive des Nutzers) zu konzipieren und zu gestalten, brauchen wir ein Bewusstsein für die Gesamtsituation des Nutzers. Sie sehen, diese kann ziemlich komplex sein. Diese Komplexität aufzufächern ist sinnvoll für unser gestalterisches Bewusstsein. Wir können die Einsatzmöglichkeiten von Apps viel weiter betrachten und wieder fokussieren, wenn wir in diesem Bereich mehr Wissen haben. Deshalb lade ich Sie zu einer Tour durch die App-UX ein. Hier bekommen Sie schon mal die Karte.

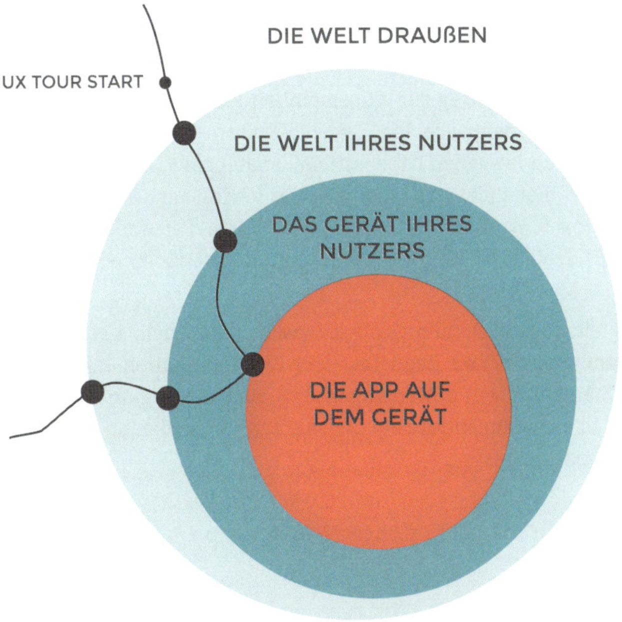

Bild 3.1 UX-Tour: Wir starten in der Welt draußen, betreten die Welt des Nutzers, dann das Gerät des Nutzers und schließlich landen wir in der App, die ihm einen wesentlichen Vorteil anbietet und ihm dabei auch noch Spaß bereitet.

Die Welt draußen

Die Welt draußen ist dort, wo es Wetter gibt. Es ist die Welt, wo der Bus fährt oder nicht. Es ist die Welt voller Menschen ohne oder mit Smartphone. Die Welt, in der GPS, Internet und andere Funkwellen um uns herumschwirren. Mal stark, mal schwächer. Nachts hätten wir sie gern schwächer, um nicht bestrahlt zu werden, tagsüber soll das Internet einwandfrei funktionieren, damit wir unsere Mails checken können. Diese Welt draußen tut mit ihrer Routine so, als wäre sie jeden Tag gleich oder ähnlich. Ist sie nicht. S-Bahnen fallen aus, Strom fällt aus, Internet fällt aus und das GPS ist so gut, wie der Himmel klar ist. Diese Welt kann alles Technische immer noch außer Gefecht setzen, wie das Smartphone samt App.

Die Welt Ihres potenziellen Nutzers

Die Welt Ihres potenziellen Nutzers ist gefüllt mit allerlei Situationen – die Sie vermutlich selbst gut kennen. Beispielsweise ist Ihr Nutzer auf dem Weg zur Arbeit oder auf dem Weg nach Hause oder er ist im Urlaub. Dabei kann er laufen, mit dem Rad, Auto oder der Bahn fahren, vielleicht auch fliegen. Bei der Arbeit beispielsweise telefoniert er, recherchiert, kommuniziert, konzipiert, kalkuliert. Dafür benötigt er Werkzeuge, die ihm helfen, seine Aufgaben zu erfüllen.

Zu Hause folgt der Nutzer seinen verschiedenen Bedürfnissen: essen, trinken, schlafen, spielen, Kontakt zu anderen, Ablenkung, einkaufen, shoppen, poppen, sich als Mensch gut fühlen, einen Beitrag zur Menschlichkeit leisten, etwas erschaffen, besser machen, eine App programmieren etc.

Über seinen Tag hinweg wird unser potenzieller Nutzer von Produkten begleitet, die seine Probleme lösen oder seine grundlegenden Bedürfnisse befriedigen. Materielle Produkte und Lösungen sind Schuhe, Hosen, Brötchen, Kaffee, Zucker, Tupperdosen, Fastfood, sein Fahrrad, Auto, Zeitung, Bücher, Toilettenpapier.

Für Menschen, die einen Beitrag zur Allgemeinheit leisten wollen, gibt es auch ideelle Produkte wie Öko-Strom, Greenpeace, Bio-Fleisch, Fairtrade-Schokolade und -Kaffee, Zeitschriften zu vegetarischen und veganen Lebensstilen, Bücher zum Thema Glücklichsein, Selbstcoaching, Spiritualität – hier sucht sich jeder das, was für ihn am besten passt. Digitale Produkte können sein: Microsoft Word, Photoshop, eBooks, Filme, Fernsehen und Webservices. Aber auch digital und ideell lässt sich gut kombinieren: OpenSource-Software, Coaching-Apps, GesundheitsApps, MoodApps.

Und als ihn begleitendes Verbindungsstück zwischen materiell, digital und ideell, hat er ein Smartphone. Damit kann er sein Bedürfnis nach Kommunikation, Information, Organisation, Zugehörigkeit, Status und mit der richtigen App auch Beitrag an die Menschheit erfüllen. Hier offenbart sich ein spannendes Feld ungeahnter Möglichkeiten. Wir sind bei der zweiten Station unserer Reise angelangt.

Das Gerät Ihres Nutzers

Jedes Smartphone oder Smart-x ist ein Produkt eines bestimmten Herstellers und hat somit spezifische Eigenheiten inne, die nach außen und bei der Bedienung wahrnehmbar sind. Geräte von Apple symbolisieren durch ihr Design und die Verarbeitung Hochwertigkeit nach außen. Durch ihre hohen Preise wissen wir auch, dass die Nutzer von irgendwoher dieses Geld aufbringen. Anfangs galten Apples Geräte als ästhetische Besonderheit, die von wenigen Menschen „mit Geschmack" wegen der reduzierten Ästhetik geschätzt wurden. Durch die heutige massenhafte Verbreitung hat sich der Stil von Apple als gestalterischer Standard etabliert, der von anderen Herstellern kopiert und imitiert wird. Was als Essenz bleibt, ist Steve Jobs Aussage, die Technik attraktiv und die Bedienung einfach zu machen. Doch beides soll im Hintergrund bleiben. Vorn sind die Bedürfnisse des Nutzers: kommunizieren, spielen, arbeiten etc., und alles *jetzt*, in diesem Moment.

Und das ist auch, was zuerst Apple User und danach alle anderen gelernt haben und folglich erwarten: dass es läuft, sofort. Dass sie nicht erst herausfinden müssen, wie es läuft. Diese Erwartung haben sie unbewusst gegenüber dem Gerät selbst als auch jeder darauf installierten App. Und das noch dazu, egal wo sie sind und was sie gerade tun. Das führt uns zu unserer letzten Station, der App selbst.

Die App auf dem Gerät

Die App und ihre Beschaffenheit ist der Höhepunkt unserer Reise, weil wir als App-Designer hier Einfluss ausüben, hier schaffen. Im Fokus unserer Arbeit steht nicht mehr die Frage aus den 90er-Jahren „Was kann das Programm alles?", sondern: **„Welches Feature benötigt der User jetzt und hier?"**

Funktionen aufdrängen wollen, funktioniert nicht mehr. Jetzt können wir nur noch herausfinden, welche Funktionen in einer Situation auf einem Gerätetypus (Smart-x) passen, gebraucht werden, dem Nutzer irgendwas in seinem Leben leichter machen. Dann sind sie *nützlich*.

Die Frage nach der *Nützlichkeit* ist auch der Einstieg in Magnus Revangs UX-Rad[1]. Ursprünglich ist es auf das Web ausgelegt, aber vieles kann für die App übernommen werden. In seinem UX Wheel hat er alles festgehalten, was es braucht, um dem Nutzer vom ersten Hörensagen über Ihre App bis zur wiederholten Nutzung ein freudiges Erlebnis zu bereiten. Damit hat er uns ein wunderbares Geschenk gemacht, das uns erlaubt, grundlegende Dinge einfach zu *beachten*. Wir müssen sie nicht entdecken, nicht erfinden und auch kein großes UX-Labor in unser Wohnzimmer bauen, um das Wichtigste zu verstehen.

[1] Quelle: *userexperienceproject.blogspot.de*

3.2 Das UX Wheel

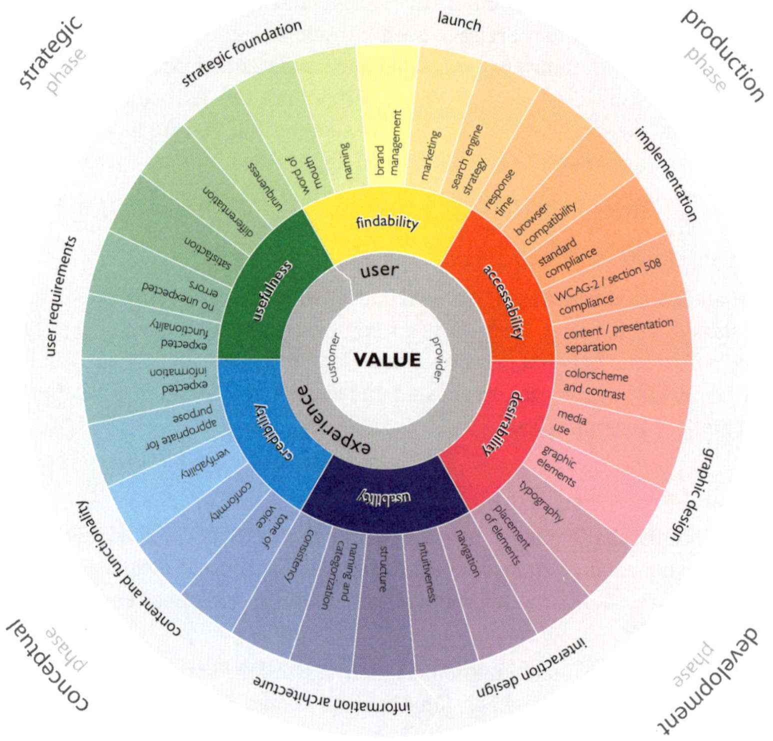

Bild 3.2 Magnus Revangs UX Wheel für das Web lässt sich prima für die Betrachtung von Apps verwenden. Im Text gehe ich auf die Besonderheiten von Apps ein.

Usefulness – Nützlichkeit

Ich steige mit Ihnen bei der grün untermalten ***Usefulness***, auf etwa 11 Uhr, ein. *Usefulness* bedeutet Nützlichkeit, Zweckmäßigkeit, Nutzwert. Erinnern Sie sich an eine Situation, in der Sie etwas brauchten, um ein Problem zu lösen. „Ach, ich bräuchte jetzt so ein Ding, mit dem ich {das hier} machen könnte." Oder: „Ich bräuchte eine Art Zange, aber irgendwie spitzer oder ..." Ein besonderes Werkzeug, ein Photoshop-Werkzeug, ein Design-Werkzeug. Ob real, digital, egal. Etwas, mit dem Sie Ihr gegenwärtiges Problem oder Bedürfnis effizient, einfach und zielgerichtet lösen können. Genau das sind die Situationen, die wir uns ansehen, um einen Kernnutzen zu finden: sich wiederholende Probleme, die mehrere Menschen betreffen. Wie Sie diese aufspüren und was Sie mit Ihren Beobachtungen tun können, hatte ich in Kapitel 2 beschrieben.

Ein solches Problem hatten die Gründer von *Dropbox* immer und immer wieder beobachtet: Menschen wollten Dateien teilen oder auf verschiedenen Geräten *gleichzeitig* zugänglich haben. Also schickten sie sich selbst riesige Mails, brannten CDs, die sie danach nicht mehr brauchten, oder nutzen Datei-Uploads ominöser Anbieter im Internet. Schlimmer wurde es, wenn es zu diesen Dateien dann unterschiedliche Versionen gab. Mit Dropbox haben die Gründer ein Angebot geschaffen, mit dem man zwischen unterschiedlichsten Geräten Dateien hin und her schieben und obendrauf Links an andere zum Teilen schicken kann. So komfortabel und schnell waren die anderen Wege nicht. Dropbox hat also eine Lösung für einen schmerzhaften Punkt angeboten und Menschen viel Stress und Datenkopiererei erspart. Das ist Nutzen.

Credibility – Glaubwürdigkeit

Weiter im UX-Rad gehen wir entgegengesetzt dem Uhrzeigersinn und kommen bei der ***Credibility*** an, bei der Glaubwürdigkeit Ihrer App. Glaubwürdigkeit aufzubauen ist eine Sache, sie einzuhalten ist die andere. Eine aufgebaute Glaubwürdigkeit können wir erst bestätigen, wenn wir schon dabei sind, etwas zu benutzen oder zu tun. Deswegen ist der Übergang von Glaubwürdigkeit zur Usability so fließend. (Das wird sich Ihnen erschließen, sobald Sie bei der Usability sind.)

Wenn Sie sich beispielsweise für ein teures Restaurant entscheiden, das mit seiner Optik, seiner Atmosphäre, seiner Speisekarte und seinen Preisen bei Ihnen den Eindruck erweckt hat „Hier gibt es vorzügliches Essen!“, dann werden Sie die Glaubwürdigkeit dieser Aussage nach dem ersten oder zweiten Bissen Ihres Essens prüfen können. Das Essen ist für Sie hervorragend oder nicht. Selbst wenn Sie keine Kapern mögen, dann können Sie trotzdem mehr oder weniger objektiv einschätzen, ob das Essen gut *gemacht* ist.

So ist es mit einer installierten App. Alles sah bisher gut aus, das App-Icon, die Beschreibung im Store, die Screenshots, und jetzt öffnet der Nutzer die App. Wird sich die Glaubwürdigkeit bestätigen? Wird die App das, was sie versprochen hat, halten? Und wird sie es auch *gut genug* machen?

Deshalb sollten Sie einen Prä-Test fahren und einen Prototyp bauen, mit dem Sie testen, ob das, was Sie konzipiert haben, und die Form, wie Sie es präsentieren, Menschen anspricht. Deshalb sollten Sie zu Beginn festlegen, ab wie vielen Interessenten Sie die Idee wirklich umsetzen werden.

Bestätigt sich also die Glaubwürdigkeit im ersten Start der App, super. Wenn nein, wird der Nutzer die App wieder deinstallieren oder vermutlich nie wieder öffnen. Chance verpasst. Eine zweite gibt's in diesem Fall meist nicht.

Hat ein Nutzer Ihre App einem anderen weiterempfohlen, dann wurde die Glaubwürdigkeit der App mindestens schon einmal geprüft und bestätigt! Deswegen ist es wichtig, dass Ihre App von Nutzern empfohlen wird und überhaupt leicht empfohlen werden kann, am besten aus der App heraus. Schnell und einfach.

Wie können Sie in und außerhalb einer App Glaubwürdigkeit schaffen?

- In der **Präsentation** im Store. Der App Store ist eine gigantische Speisekarte mit unendlich vielen Gerichten. Ihr Gericht wird vorgestellt mit dem App-Icon, der App-Beschreibung, ansprechenden, viel sagenden Screenshots – am besten sie zeigen eine echte Situation aus der App. Und natürlich schielen die App Store-User auf die Empfehlungen und Bewertungen anderer Nutzer. Sorgen Sie dafür, dass der Einstieg in Ihre App solide ist, nicht zu dick aufgetragen, angemessen und professionell. Hübsches Icon, gute Sprache, nicht zu kurze Texte (lieber länger als kürzer – die Nutzer wollen wissen, was die App kann).

- In der **Nutzung**. Konzipieren und gestalten Sie die App so, dass der versprochene Hauptnutzen klar herauskommt. Der muss einfach stimmen! Das können Sie mit einem klickbaren Prototyp und ein paar Nutzern gut testen. Wenn Sie noch nie getestet haben, holen Sie sich das Buch von Steve Krug *Don't make me think*. Steve macht das Testen zu einer handhabbaren Sache, die zügig und unkompliziert umgesetzt werden kann. Das Feedback sollten Sie gewissenhaft in Ihre Konzeption einbauen.
- In der **Behandlung von Fehlern**. Die Gründer von Basecamp/*37Signals* geben in Ihrem Buch *Getting real* den Tipp, in der Konzeption immer drei Zustände eines Screens zu skizzieren:
  - Den Screen, wie er *normalerweise* aussehen soll.
  - Den Screen, wenn er *leer* ist, z. B. wenn Sie einen Screen für Benachrichtigungen (Notifications) haben, aber zu Beginn der Nutzung noch keine Nachricht eingetroffen ist. Wie sieht der Screen dann aus? Sie müssen klar haben, welche Screens leer sein können und was sie anbieten, wenn aus irgendwelchen Gründen keine Daten angezeigt werden. Denn wenn Sie diesen Screen nicht konzipieren, wird sich Ihr Programmierkollege zähneknirschend selbst überlegen, was da hinkommt, und es wird wahrscheinlich sein, dass Ihnen das Ergebnis nicht gefällt. Sorgen Sie also vor[2].
  - Den Screen, wie er aussieht, wenn ein *Fehler*[3] auftritt. Ganz typische Fälle sind Formulare. Nicht nur, dass Formulare sowieso eine delikate Sache sind - wegen der Länge, der angefragten Daten, der Notwendigkeit hier und jetzt - oft sind auch die Fehlermeldungen nicht einleuchtend.
- In der **Qualität des Inhalts und der Sprache**. Die Sprache sollte klar und verständlich, korrekt sein. Fehler, falsch gesetzte Kommata und so weiter sollten nicht vorkommen. Einfach deswegen nicht, weil es lieblos erscheint. Es gibt viele Menschen, denen sofort Fehler auffallen, und ihre erste Reaktion ist unbewusst eine Abwertung. Wollen Sie, dass Ihre App abgewertet wird, noch bevor sie zeigen konnte, was sie kann?
  Auch eine englische Version lassen Sie lieber von einem Muttersprachler überprüfen. Sei das Englisch auch noch so einfach. Mitunter ist die feinere Wortwahl wichtig.
- In der **Reaktion auf Ihre Nutzer** und dem Mut, **Service** anzubieten - Service kann u. U. Zeit kosten; je nachdem, wie viel Support angefragt wird, wie kompliziert Ihre App ist und ob die Nutzer Geld bezahlen (was dazu führt, dass sie eine höhere Motivation haben, um etwas zu beanstanden) etc.

Die App sollte Nutzern einen Feedback-Kanal anbieten, eine *support@myapp.com*-Adresse beispielsweise. Nutzen Sie ein Help-Desk-Tool, wenn Sie merken, dass es mehr Ordnung benötigt. Groove[4] ist schön einfach, aber Sie finden sicher eines, das gut zu Ihnen passt. Ihr Kunde oder Sie sollten das Feedback ernst nehmen und ernst darauf antworten. Nutzer, die Ihnen Fehler mitteilen, sind oft wohlwollend und mit guter Absicht, das Produkt besser zu machen (auch wenn sie sich beschweren und erst einmal Ärger loswerden wollen).

---

[2] Einige Inspirationen: *https://www.pinterest.com/ignazioc/empty-screen/* und *https://www.pinterest.com/romanyakimovich/ui-empty-states*. Ein lustiges Bild ist einem gänzlich leeren Screen immer vorzuziehen.

[3] Wenn Sie Zeit und Lust haben, gibt es zu bekannten Fehlermeldungen aus der digitalen Geschichte einen unterhaltsamen Artikel auf *http://www.technologizer.com/2008/09/18/errormessage/*

[4] *https://www.groovehq.com/*

Antworten Sie immer – auch wenn Sie keine befriedigende Antwort geben können. Es ist wichtig, dass Sie oder Ihr Kunde den Nutzern symbolisiert, dass es einen Kontaktkanal gibt, der genutzt werden kann. Ich habe die Erfahrung gemacht, dass Nutzer sehr dankbar und überhaupt froh über eine Antwort waren, auch wenn ich ihnen nicht direkt weiterhelfen konnte. Damit bleiben die App, der Service, das ganze Unternehmen in guter Erinnerung und der Nutzer wird bereit sein, sich wieder damit zu beschäftigen.

Usability – Benutzbarkeit

Benutzbarkeit bedeutet, dass unser Nutzer das, was er gerade mit der App vorhat, effizient, ohne Anstrengung und zu seiner Zufriedenheit umsetzen kann. Wenn er also jetzt ein Taxi braucht, so sollte die App ihm ermöglichen, *jetzt, zügig* und *einfach* ein Taxi zu rufen. Sie sollte ihm keine Neuigkeiten anzeigen oder ihn nicht fragen, ob er sich ein Auto kaufen will. Sie sollte den Button zum Taxi-Ruf auch nicht irgendwo schüchtern versteckt halten, sondern genau diesen groß und deutlich vorn halten. Taxi. Jetzt. Einfach. Rufen.

Das Erschaffen von Be*nutz*barkeit ist die Hauptaufgabe des gesamten Konzeptions- und Design-Prozesses. Das Projekt startet mit einer Idee – eine Idee ist aber noch nicht benutzbar. Erst die Formung in etwas Konkretes – beispielsweise klickbare Scribbles – erlaubt die erste Benutzbarkeit. Genau aus diesem Grund ist der klickbare Prototyp so wichtig. Erst da sehen Sie, wie die App sich anfühlt, ob sie sich gemäß der Erwartungen verhält, ob sie mit Nutzen benutzbar ist.

Ich habe das in zahlreichen Workshops mitbekommen: Designeraugen, die erstaunt von dem klickbaren Screen hochgucken mit dem „Aha!"-Blick. Erst wenn die Screens klickbar sind, kommt das Verständnis für die Funktionalität und Bedienung. In statischen Screens ist Benutzbarkeit nicht im Fluss abbildbar. Daher werde ich Ihnen in diesem Buch Methoden und Vorgehensweisen, Tools & Techniken vorstellen, wie Sie schnell zu einem sinnvollen Prototyp kommen.

Da Usability so ein weites Feld ist, möchte ich Ihnen hier ein paar Grundlagen mitgeben, die Rachel Harrison*, Derek Flood and David Duce in einem Artikel in dem *Journal of Interaction Science* unter dem Titel *Usability of mobile applications*[5] (2013) zusammengetragen hatten. Gehen Sie diese Punkte einfach durch und lassen Sie sie in Ihrem Hinterkopf wandern. Bei der App-Konzeption werden sie hervorkommen. Die Aufzählung dient Ihnen auch als Checkliste.

- **Effizienz:** Die Zeit und der Aufwand, die der Nutzer in Ihre App investiert, sollten mit dem Ergebnis, das er haben möchte, ausbalanciert sein. Das betrifft natürlich auch das Suchen einer bestimmten Funktion. Wenn das Suchen länger dauert als die eigentliche Aufgabe, dann stimmt die Balance nicht. Das Suchen muss schnell(er) gehen.
- **Zufriedenheit:** ist das Gegenteil von Frust. Und Frust entsteht, wenn wir das Erwartete nicht bekommen. Zufriedenheit entsteht oder bleibt erhalten, wenn der Nutzer während der Bedienung Ihrer App keine Lebensenergie aufwenden muss, um seine Aufgabe zu erfüllen. Hier sind Menschen unterschiedlich mit Geduld und persönlichen Ressourcen ausgestattet. Menschen an mobilen Geräten sind ungeduldig. *Alles und sofort* ist das Zeichen unserer Zeit – deshalb muss es in Ihrer App glatt laufen.

[5] *http://www.journalofinteractionscience.com/content/1/1/1*

- **Lernfähigkeit:** das, was die App leistet, sollte glasklar sein. Und zwar schon dort, wo der Nutzer der App das erste Mal begegnet - und das ist meist im App Store. Hier präsentieren Sie Ihre App als Produkt, können sie beschreiben, können Screens anzeigen, die den besten und ehrlichsten Eindruck von dem vermitteln, welche Bereicherung die App für den Nutzer bereithält. Installiert der Nutzer Ihre App, bekommen Sie die nächste Chance von ihm, ihn von Ihrem Produkt zu überzeugen.
- **Merkfähigkeit:** die Navigationspfade in Ihrer App sollten sinnvoll aufgebaut werden und leicht zu merken sein. Über drei Ecken denken zu müssen, um an eine Funktion zu kommen, ist Unfug. Ist Ihre App klar aufgebaut, muss sich der Nutzer nicht jedes Mal einarbeiten, um wieder zu wissen, wo alles ist.
- **Fehler:** konzipieren Sie die App so, dass der Nutzer keine Fehler erfährt oder diese Fehler selbst rückgängig machen kann. Das ist anspruchsvoll, denn Sie wollen ihm Freiheit geben, Dinge schnell zu erledigen, aber gleichzeitig passieren Fehler gern, gerade wenn wir etwas schnell zwischendurch machen.

  Beispiel: In einer Foto-App sollte das Löschen der Fotos sehr einfach sein; trotzdem nicht so einfach, dass plötzlich reihenweise Fotos aus Versehen gelöscht werden. Wie könnte man einen Kompromiss finden? Beispielsweise mit einem Papierkorb. Der Nutzer kann zügig aufräumen, der „Müll“ wird aber trotzdem noch im Papierkorb gehalten. Erst wenn der Nutzer beschließt, den Müll rauszubringen, wird der Papierkorb geleert und die Fotos werden damit gelöscht.

  Ich hatte Kontakt mit Kunden, die wirklich jede erdenkliche Nutzungssituation absichern wollten. Hätte ich jedes Mal den Wunsch meines Kunden einfach durchgewinkt, hätte die App 100 Knöpfe mehr und würde bei jedem zweiten Bedienungsschritt eine Frage stellen. „Wollen Sie wirklich den Screen wechseln?“ Das ist übertrieben. Ihr Nutzer ist ein eigenverantwortlicher Mensch und Sie können mit einfachen Tests sicherstellen, dass niemand unbeabsichtigt etwas Wichtiges löscht, verschickt oder veröffentlicht. Den Rest muten Sie Ihren Nutzern zu.

Diese Punkte sind Grundprinzipien, die für jedes System und jede Software gelten. Mit Smartphones oder mobilen Endgeräten - in welcher Form auch immer - gibt es zusätzliche Punkte zu bedenken. Diese werden Ihre App und auch die Entscheidung, auf welche Art Sie Ihre App (siehe mehr in Kapitel 6, *App-Typen & mobile Technologien*) umsetzen, beeinflussen.

- **Mobiler Kontext:** Das Besondere am Mobilen ist, dass der Nutzer nicht an einem bestimmten Ort festsitzt. Er kann sich frei bewegen. Drinnen, draußen, im Straßenverkehr, im Bus, Bahn, Auto, in einem vollen Café. Das heißt, er ist zahlreichen Ablenkungen ausgeliefert und seine Aufmerksamkeit ist geteilt sowie wechselhaft. Unsere App passt sich der Schnelllebigkeit an. Sie bietet dem Nutzer eine verständliche, kurze Sprache. Und sie verlangt nur kurze, einfache Interaktionen, gibt ihm kurzes, klares Feedback. Keine Romane; außer in der eBook ReaderApp.
- **Verbindung:** Trotz aller technischer Bemühungen zu schnellen und deckenden Signalen, passiert es immer wieder, dass ein Nutzer kein Internet, kein Netz, kein GPS-Signal erreicht. Ist die App beispielsweise auf das Internet angewiesen, kommt es zu Stockungen bis hin zum Ausfall - zu einem leeren Screen, der endlos lädt. In diesem Fall ist das zwar ein Programmierfehler, doch Sie können diese unangenehmen Fälle in der Feinkonzeption abdecken und dem Nutzer einen Plan B anbieten. Manchmal ist es: „Wir haben Ihre Daten zwischengespeichert, sie werden hochgeladen, sobald Sie WLAN haben.“ Oder: „Es ist ein

Fehler aufgetreten. Bitte versuchen Sie es später noch einmal." Mir gefällt der erste Satz weitaus besser, denn ich bekomme gleich einen Lösungsvorschlag. Beim zweiten Satz merke ich, dass ich gar nicht bereit bin, einen anonymen Fehler zu tolerieren, und noch weniger habe ich Lust, es später noch einmal zu versuchen. Das klingt so, als könnte es wieder nicht klappen. Bäh.

- **Unterschiedliche Screengrößen:** Das heißt für uns, dass dieselbe App auf kleinen und großen Screens läuft. Den Kernnutzen der App für diese Diversität zu konzipieren, ist anspruchsvoll. Denn auch auf der kleinen Apple Watch muss die Hauptfunktion gleich zu erreichen und sinnvoll dargestellt werden. Die MyTaxi-App macht das gut → sie zeigt die eigene Position sowie die von Taxen in der Nähe und einen großen BESTELLEN-Button. Fertig. Eigenständig nutzbar. Bekomme ich auf der Watch aber nur abgespeckte Möglichkeiten, die halbgar sind, werde ich sowieso wieder zum Smartphone greifen müssen.

Bild 3.3 MyTaxi für Apple Watch. Einfach, klar, „kein Bullshit", sagt Marcel Wichmann, der die UI und UX der MyTaxi-App designt hat.

- **Unterschiedliche Auflösungen:** Heute sind Screengrößen und Auflösungen voneinander getrennte Parameter. Für uns ist wichtig: Unsere App kann auf hoch aufgelösten kleinen Screens laufen, auf denen man jedes Detail, jedes Pixel sehr genau sieht, oder auf großen Screens, die uns Schrift immer noch eckig präsentieren (hier ist die Streuung vor allem bei Android sehr groß). Das ist der Grund, warum wir Grafiken in so vielen Größen an unsere Programmierkollegen übergeben. Und das ist auch der Grund, warum wir technisches Verständnis dafür und gute Tools benötigen. Denn wir wollen den Export der Grafiken nicht zu unserem nächtlichen Hauptjob machen.
- **Begrenzte Prozessor-Power bzw. Akkulaufzeit:** Mein Eindruck ist, dass wir eher mit der Begrenzung von Akkulaufzeit denn den Grenzen der Rechenleistung eines Handys konfrontiert sind. Hintergrundprozesse fressen Akkus leer. Versichern Sie sich bei Ihrem Programmierteam, dass die App so etwas nicht tut. Sobald der Nutzer davon Wind bekommt, fliegt sie.
- **Dateneingabe:** Dateneingabe auf dem Handy kann ein Krampf sein. Bei persönlichen Nachrichten über WhatsApp sind Nutzer extrem schnell und meist gut drauf - für persönliche Kommunikation stellen sie gern Ressourcen bereit. Doch sobald ihnen etwas den Weg erschwert, um damit ein Ziel zu erreichen, kippen diese Ressourcen. Dateneingabe lassen Sie nur machen, wenn es wirklich, wirklich, wirklich notwendig ist. Ansonsten lassen Sie die Nutzer Profile freiwillig ausfüllen und zwingen sie nicht.

Desirability – Attraktivität

Vermutlich brauche ich diesen Punkt nicht auszumalen, wenn Sie Designer sind. Sie wissen selbst, was Ästhetik ist, was Farben und Formen transportieren können, was schöne, ansprechende Gestaltung freisetzt, was angenehme Sprache auf Augenhöhe bewirkt. **Attraktivität** hängt nicht nur daran, ob Sie schön gestalten, sondern ob Sie *passend* zum Produkt und zu der Zielgruppe gestalten. Die Gestaltung ist demzufolge der Kanal zwischen Produkt und Zielgruppe. Die Gestaltung bringt die beiden zueinander. Die Gestaltung tut alles, um dem Nutzer zu sagen: „Du willst mich!"

Mich hat letztens eine App unglaublich angesprochen – sie heißt Number26. Es ist „Europas modernstes Giro-Konto". Ich verwalte das Konto über die App und ich kann aus der App heraus meinen Freunden und Bekannten Geld schicken[6]. Das ist der Kernnutzen.

Als moderner Mensch finde ich das total ähm ... geil, obwohl ich wirklich, wirklich kein zusätzliches Giro-Konto brauche – na, ist ja kostenlos[7]. Der Stil der App, die Farben, die Leichtigkeit, die darüber transportiert wird, haben mich sofort in Bann gezogen. Die Macher von *Number26* arbeiten viel mit hellen Bildern im Hintergrund, leichter Schrift, leichter Du-Sprache und vermitteln mir das Gefühl, zu einer besonderen Menschengruppe zu gehören: den modernen, unabhängigen, hippen Leuten, die völlig frei mit ihrem Smartphone in der Hand das Leben genießen. Yeah!

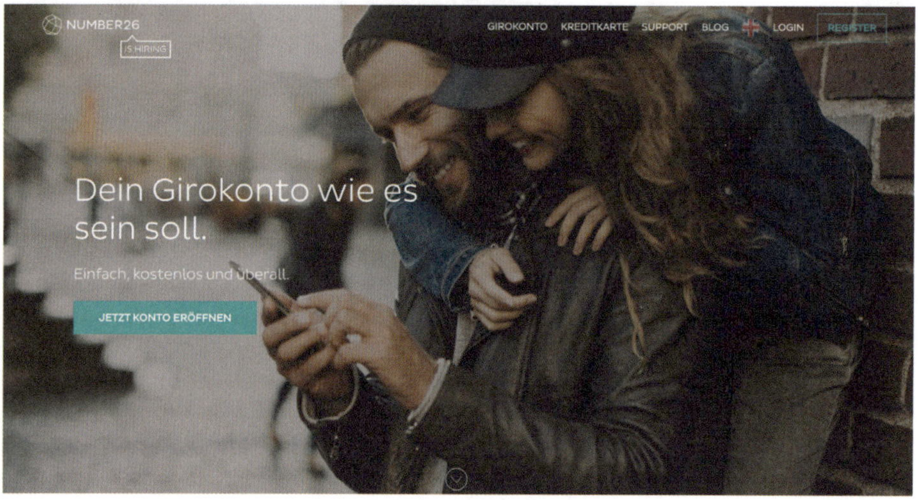

Bild 3.4 Die Website von *Number26* spricht junge Leute an, die frei sein, sich keine Sorgen um Geld machen wollen, die digital leben, Banking über Smartphone als selbstverständlich empfinden, an vielen Orten sind und sich selbst für modern halten. Das Produkt bestätigt diesen gewählten Lebensstil und bringt einen klaren Nutzen: Konto auf dem Smartphone, Kreditkarte in der Tasche, Filialen brauchst Du nicht und hey, mach Dir keine Sorgen um Geld! Ist doch wohl klar, dass ich dazugehören will, oder nicht?!

Die Attraktivität bezieht sich also nicht nur auf die App und deren Webseite und den Kernnutzen, sondern darauf, wie attraktiv ich mich als Zielgruppe mit dem Produkt

[6] Hmm, sie haben die App allerdings noch nicht, na ja, egal. Hauptsache, ich bin schon dabei.

[7] Die Wirecard Bank steckt dahinter. Und natürlich verdienen sie Geld, sobald ich Geld auf das Konto fließen lasse.

fühle. Und ich habe mich sehr attraktiv gefühlt und in meinen tiefsten Wünschen angesprochen. *Number26* ist etwas gelungen, was keine andere Bank geschafft hat - mich in den Mittelpunkt zu stellen, mir was Gutes zu wollen, mich modern anzusprechen und mir einen Service anzubieten, der zu mir passt. Alle anderen Banken wirken auf mich verstaubt, veraltet und spießig.

Was das Team von *Number26* aber am schlausten gemacht hat, war für mich die Kommunikation auf Augenhöhe, die über die Sprache kam. Sie vermittelten mir das Gefühl, *ich* wäre wichtig. Sie vermittelten mir das Gefühl, *ich* würde an einer Art Bewegung teilnehmen. Ihre ganze Strategie basierte auf dem Nutzen für *mich*, „Banking besser zu machen", leichter zu machen, moderner zu machen, zu *meinem* Leben passender zu machen. Die Zentrierung auf mich haben sie in authentische Sprache verpackt und mit ästhetischen Bildern, schönen Farben, schicken Icons professionell untermalt - das ist nutzerzentrierte Ansprache. **Ich will gar nicht hören, wie toll die von *Number26* sind, ich will hören, wie toll ich bin. Und wenn ich mit deren Produkt toll bin, umso besser!**

Der Kernnutzen spricht den *Kern im Nutzer* an und reflektiert ihn. Das Ziel ist, dass sich Ihr Nutzer von Ihrer App gesehen, in seinem Problem verstanden und von der App passend angesprochen fühlt. Auweia, denken Sie, wie soll ich das ohne eine fette Werbeagentur schaffen? Sie schaffen es, wenn Sie das Problem genau kennen (Kapitel 2, *Problem Watching*) und wenn Sie Ihre Ansprache testen (Kapitel 5, *Minimum Viable Product*).

Accessibility – Zugänglichkeit

Revangs UX Wheel bezieht sich auf Webseiten und spricht in diesem Abschnitt noch von Browsern. Für uns ist die **Zugänglichkeit** von Apps vielfältig. Zum einen erreichen wir native Apps über die App Stores, zum anderen sogenannte Web-Apps über unsere Smartphone-Browser.

Doch mit **Zugänglichkeit** ist noch etwas anderes gemeint: Wie kommen Menschen mit besonderen Bedürfnissen oder einem Handicap an die App? Wie nutzen sie dann diese App? Für jemanden, der körperlich mobil eingeschränkt ist, mag das Internet mit seinen Möglichkeiten viel anbieten. Aber was ist mit Menschen, die nicht sehen oder hören können? Smartphones bieten Taubstummen tolle Kontaktmöglichkeiten, denn über Chatten können sie sich gut vernetzen - dazu braucht es nicht mal eine besondere App. WhatsApp tut's. Und was ist mit Menschen, die nicht sehen können? „BeMyEyes"[8] ist eine App-Idee, die ich sehr ansprechend finde: Über Video kann sich ein Mensch mit Sehbehinderung mit einem sehenden Menschen verbinden und das Problem in der Umgebung zeigen. Der Sehende beschreibt dem Blinden die Situation - z. B. ob die Milch abgelaufen ist, in welcher Richtung die Tafel mit den Zugabfahrtszeiten steht und wann der Zug geht, wo derjenige ist, falls er sich verlaufen hat. Auf der Seite von REHADAT[9] kann man darüber lesen, in welchen Situationen Apps Menschen mit Behinderungen helfen können.

Und Zugänglichkeit bezieht sich auf das Gerät. Hat es Zugriff auf das Internet, auf GPS? Sind das Dienste, auf die Ihre App angewiesen ist? Dann sollten Sie in der Konzeption entsprechende Vorkehrungen mit unterschiedlichen Szenarien treffen. Fragen, die Sie sich hierzu stellen können, finden Sie in der Checkliste am Ende dieses Kapitels.

[8] *http://www.bemyeyes.org/*
[9] *http://www.rehadat-hilfsmittel.de/de/infothek/informationen-produktbereiche/apps/index.html*

Findability – Auffindbarkeit

Bei der **Auffindbarkeit** angekommen sind wir einmal um die UX rum. Ehrlich gesagt hätte ich auch bei der Auffindbarkeit anfangen können, denn wie ich Ihnen schon mehrmals schmackhaft machte: Sie testen Ihre Idee oder die Ihres Kunden am besten vorher; bevor das wirklich Aufwendige begonnen hat. Mit diesem Test, z. B. im Web mit einer schlanken Website, hätten Sie die Auffindbarkeit Ihrer App im Vorfeld prüfen und schrittweise verbessern können. Das heißt, wenn Sie sich mit der Auffindbarkeit der App beschäftigen, bevor die App in der Welt ist, dann können Sie stressfrei experimentieren, welche Keywords, welche Themen zu der App am besten passen. Und wenn Sie damit Nutzer erreicht haben, dann können Sie diese ganzen Erkenntnisse natürlich zur weiteren Vermarktung nutzen, weil Sie Ihre Kundengruppe kennengelernt haben.

3.3 Checkliste zu Ihrer App

Usefulness Nützlichkeit, Kernnutzen	Welches Problem lösen Sie? Kennen Sie das Problem genau? Kennen Sie die Zielgruppe? Sind Sie die Zielgruppe? Oder Freunde von Ihnen?
Credibility Glaubwürdigkeit	Passen die Features oder Inhalte zur Zielgruppe? Wie verstehen Nutzer Ihren Kernnutzen? Was erwarten die Nutzer von der App? (Das können Sie fragen.) Wird diese Erwartung bei der Nutzung erfüllt?
Usability Nutzbarkeit	Kommt der Nutzer überhaupt leicht zur Benutzung der App? Muss er davor erst noch etwas tun? Sich anmelden, registrieren, Fragen beantworten etc. → und muss das an dieser Stelle wirklich sein? Werden Fehler konstruktiv ausgegeben? So sagt z. B. „Es ist ein Fehler aufgetreten. Bitte noch mal versuchen." nicht, was genau passiert ist. Sagt nicht, wie es behoben werden kann. Und wenn es rot ausgegeben wird, bekommt der Nutzer mehr Angst als Hilfestellung. Ihre App sollte daher kooperativ und freundlich sein und vor allem dem Nutzer die Schuld abnehmen. „Wir konnten das Bild nicht auf den Server laden, tut uns leid. Sieht so aus, als gäbe es keine Internetverbindung auf Ihrem Telefon. Wir speichern das Bild zwischen und versuchen den Upload später." Das kommt Ihnen lang vor? Was würden Sie denn gern hören, wenn Ihr Zug ausgefallen ist? „Ihr Zug ist ausgefallen." Das wussten Sie auch schon. Oder vielleicht noch, ob es einen nächsten gibt, wann dieser bereitgestellt wird? Wenn Sie unterhaltsame und verständliche Fehlermeldungen ausgeben, wird es zu Ihrem Vorteil sein. Deswegen gestalten Sie den Fehlerscreen. Und Ihr Programmierkollege schreibt den Text einfach ab. Er hat so schon keine Lust, sich Fehlermeldungen auszudenken, glauben Sie mir. Deswegen sind die ja so kurz und nichtssagend. Es ist Ihr Job, weil Sie mit dem Nutzer sprechen.
Desirability Attraktivität	Wollen sich Nutzer mit Ihrer App identifizieren? Fühlen sie sich von der App optisch/gestalterisch und inhaltlich angesprochen? Geben Sie den Nutzern das Gefühl, sie verstanden zu haben? Spiegelt sich das in Ihrer Wort-, Bild- und Farbwahl wider? Haben Sie es der Zielgruppe als Entwurf/Prototyp vorgelegt und Reaktionen getestet? (Sie können die Attraktivität der App schon ganz am Beginn mit dem Schalten der Launch-Website testen.)

Accessibility Zugänglichkeit	App-Typen: ▪ Native, Hybrid, Web-App? ▪ Für welche Plattformen biete ich meine App an? ▪ Für welche Geräte ist meine App benutzbar? Welche Betriebssystem-Versionen unterstützt die App? Internet: ▪ Braucht meine App Internet, um initial Daten zu laden? ▪ Braucht meine App Internet, um einen Kauf zu Ende zu bringen? ▪ Kann ein Upload in meiner App auch später fortgesetzt werden? Biete ich dieses Feature an? Wie wichtig ist es? GPS-Signal: ▪ Was tut die App, wenn das GP-Signal ungenau ist? Was biete ich dem Nutzer stattdessen an? ▪ Was tut die App, wenn das GPS gänzlich ausfällt?
Findability Auffindbarkeit	▪ Wird der potenzielle Nutzer auf Ihre App aufmerksam? ▪ Gibt es überhaupt die reelle Chance, dass er Ihrer App in seinem Alltag über den Weg läuft? ▪ In welchen Situationen? ▪ Wird Ihre App im Internet gefunden – bei einer Google-Suche? Mit welchen Keywords? An welchen Positionen steht die App? ▪ Wie sehen die aufgerufenen Inhalte im Web dazu aus? (Möglicherweise gibt es eine App Store-Seite, auf der Ihre App zu sehen ist.) ▪ Geben die Suchergebnisse und verlinkten Inhalte Ihre App passend wieder? Oder bekommen Sie den Eindruck, es ist eine „fremde" App?

3.4 UX-Reise mit Number26

Als ich von dem *Number26* Smartphone-Girokonto hörte, brauchte ich weder ein kostenloses Konto noch eine Kreditkarte, mit der man überall abheben konnte. Ich hatte beides. Ich war also weder auf der Suche noch besonders beeindruckt von Banken und ihren Angeboten. Ich war versorgt und achtete nicht auf Banken, denn sie kamen mir einfach nur verstaubt vor. Doch dann kam Number26 mit seinem Angebot, das mich sofort in den Bann zog.

Meine UX-Reise mit Number26 stelle ich Ihnen als Beispiel zum Nachvollziehen vor, denn sie haben mich mit ihrer attraktiven Ansprache und ihrer Umsetzung geentert. Number26 ist in seiner Produktpräsentation und in der Kundenakquise vortrefflich vorgegangen – dabei spielt die User Experience die Hauptrolle.

Passende Zielgruppenansprache und huch, ich gehöre ja dazu!

Ich abonniere den Newsletter von *t3n – digital pioneers*, der regelmäßig über neue Begebenheiten, Tools und Tipps aus dem digitalen Business schreibt. Ich scrolle den Newsletter einmal von oben nach unten durch und falls mich etwas interessiert, öffne und überfliege ich den Artikel dazu.

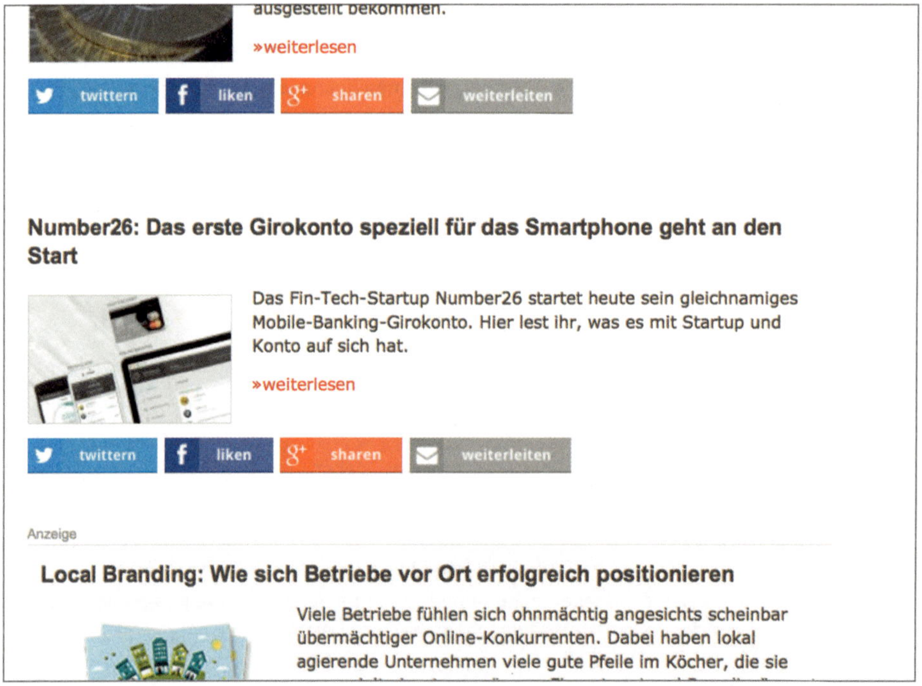

Bild 3.5 Hmm, ich brauche kein Girokonto, aber ein Girokonto *speziell* für das Smartphone? Das brauche ich unbedingt!

Was mich in dem Newsletter ansprach, war „das erste Girokonto *speziell* für das Smartphone". *Wie mag das wohl aussehen? Kann ich dann Überweisungen auf dem Smartphone machen? Das wäre echt cool! Und was ist mit Datensicherheit? Und die ganzen Skandale mit elektronischen Bankgeschäften? Aber ich könnte es vom Smartphone aus machen – das wäre soooo cool!*

Fazit zur Begegnung mit dem Produkt:

- Ich gehöre zur Zielgruppe und werde über das Magazin für digitale Pioniere (o ja, natürlich will ich das sein!) darauf aufmerksam.
- Ich fühle mich tatsächlich angesprochen von den Worten „Girokonto speziell für das Smartphone". Und ich finde den Namen *Number26* interessant. Kein GiroSmart oder GiroX, was ich schon 100 Mal gehört hatte. Ein neuer Reiz, sozusagen, nicht etwas, das ich schon in eine schnelle Schublade packen könnte.
- Banking auf dem Smartphone interessiert mich. Ich mache sowieso schon Online-Banking und als digital Native interessieren mich technische Lösungen, die etwas für mich einfacher machen, immer.

Bedürfnisse und Ängste – wecken und nehmen

Ganz praktisch, dass die *t3n* einen Artikel über *Number26* geschrieben hat - quasi als dritte Unabhängige, zumindest nach außen wirkte es so. Natürlich lassen sich Artikel einkaufen oder das Thema als interessant verkaufen.

Der Artikel spricht also die Vorteile dieses Girokontos an - zum Beispiel kann man seine Kreditkarte bei Verlust über die App sperren und entsperren, das klingt so unkompliziert. Kein anrufen, warten, einfach sperren, wenn's passiert ist. Gleichzeitig werden auch die Themen Sicherheit im elektronischen Banking angesprochen. So habe ich das Gefühl, das Produkt wurde von einer dritten Instanz bereits angesehen und für okay befunden. Schön.

Im Artikel war ein hübscher Screen abgebildet. Weißes iPhone, verwaschener Instagram-Fotostil im Hintergrund, so eine Art aufgepimpte Retro-Farben im Screen und Ordnung, reduziert, wenige Elemente. So etwas spricht mich an, ich bin die Zielgruppe. Mitte 30, unabhängig, mit einem weißen Samsung Galaxy S5 mini. Ich will es unkompliziert, schlau, reduziert, ohne Schnörkel. All das erkenne ich in diesem Screenshot.

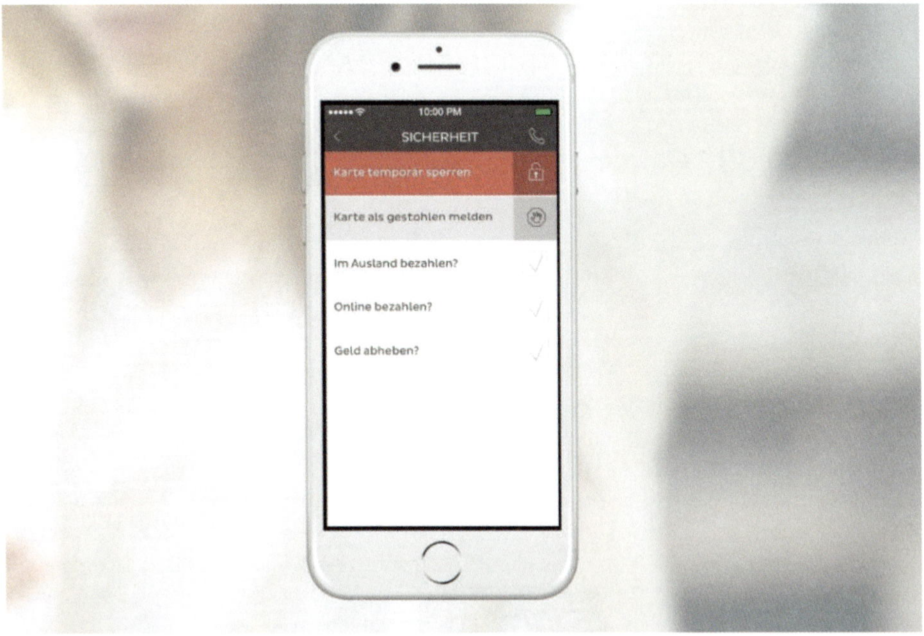

Bild 3.6 Online-Banking auf dem Smartphone. Schlank, schlau, übersichtlich, schick, immer dabei, jederzeit, modern, unkompliziert - genau das, was ich passend zu meinem Mitte-30-Leben empfinde. Quelle: *http://t3n.de/news/number26-girokonto-590312/number26/*

Fazit für den weiteren Verlauf der Begegnung:

- Jemand Drittes schreibt über das Produkt einen Artikel und begutachtet es, dabei schneidet es gut ab. Dieser Artikel dient zum einen als Referenz für das Produkt, zum anderen natürlich als Werbung. Schlau daran: keine schreiende Eigenwerbung machen.
- Der Artikel spricht Bedürfnisse und Ängste des potenziellen Nutzers an. Meine Bedürfnisse (ich könnte unabhängig und frei wie der Wind sein) werden durch die Aufzählung der Features zum Leben erweckt. Gleichzeitig werden meine Ängste, dass irgendwas an

diesem Produkt faul sein könnte, durch die Ansprache der Probleme mit elektronischem Banking genommen. Also ein ehrlicher Artikel, der nichts verschleiert.

- Ich finde das Produkt überzeugend, der Screen spricht mich an, jetzt will ich es haben. *Jetzt*. Das heißt, ich gehe auf die Website, auf die Landing-Page, die vermittelt, dass alles noch total frisch ist.

Die erste Version der Website glich einer Landing-Page. Dort gab es einige Infos zum Produkt und ein zentral gehaltenes Feld, in das ich meine E-Mail-Adresse eintragen und mir eine „Einladung sichern" konnte. Das klang begrenzt – klar will ich eine Einladung und zum Kreis der auserwählten Smartphone-Banking-Pioniere gehören!

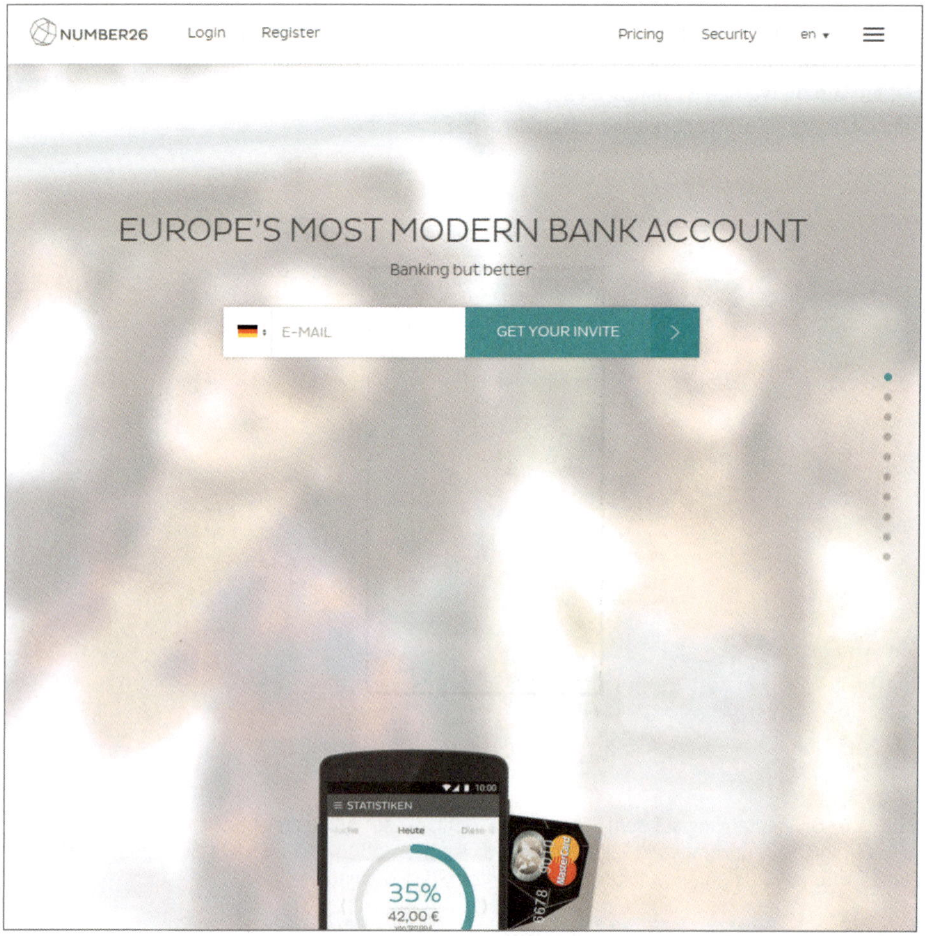

Bild 3.7 Auf Deutsch hieß es „Einladung sichern" und klang für mich so, als müsse ich mich beeilen. Habe ich getan, indem ich meine E-Mail hinterlegte.
Quelle: *http://productstrategyblog.com/wp-content/uploads/2015/02/number26-Landing.png*

Nach dem Eintragen auf der Website bekomme ich sofort eine Bestätigung meiner Anmeldung als E-Mail. Bei dieser Einladung per E-Mail fiel mir deutlich auf: Die Optik transportiert das Produkt. Die Optik muss stimmen. Zum Nutzen, zur Zielgruppe, zum Lebensstil der Zielgruppe. Hier zu patzen ist wirklich ein No-Go. Gleichzeitig wäre es auch riskant, zu viel zu versprechen, hohe Erwartungen zu setzen und diese dann nicht zu erfüllen. Das Produkt muss stimmen, denn jetzt sind meine Erwartungen hoch. Es handelt sich für mich nicht um eine Beta-Phase und es geht um mein Geld – da hätte ich Bugs sehr ungern.

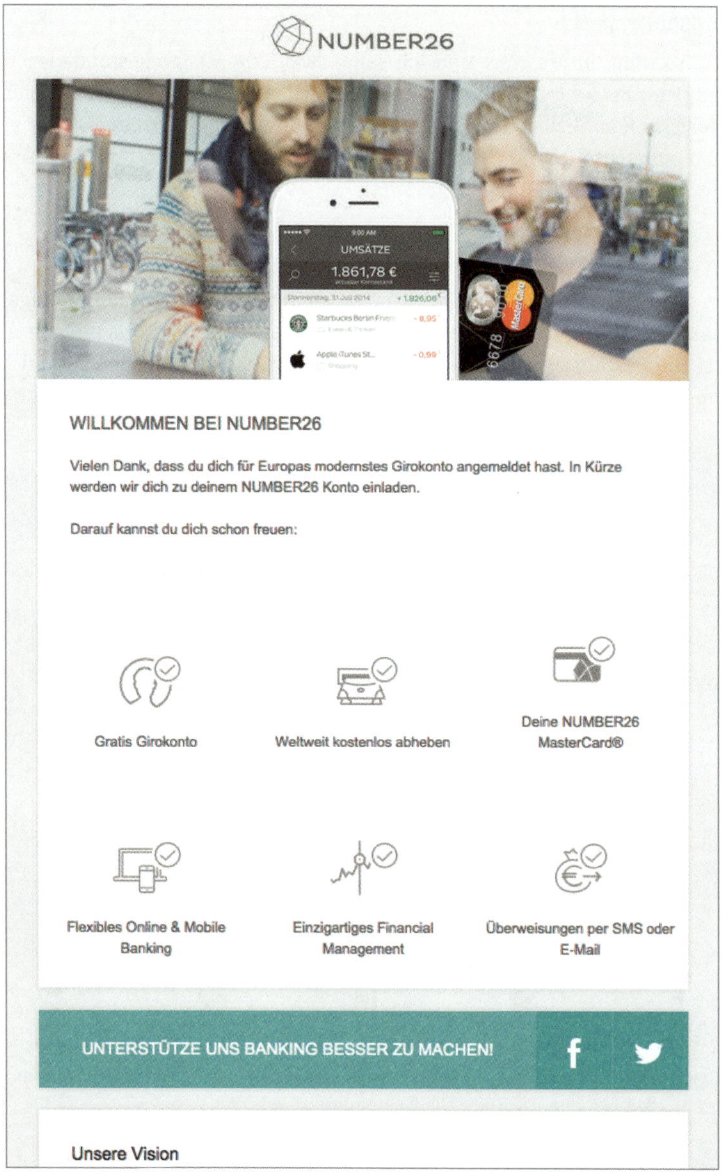

Bild 3.8 Ankündigung der Einladung zu *Numer26* per E-Mail. Aufzählen der Vorteile und der Sicherheiten, die mir *Number26* bietet.

Sympathisch finde ich, dass sie von „Vision“ sprechen, nicht von „Mission“. Und dass ihre Vision klar und zielgerichtet ist. Keine langen Phrasen, kein Säuseln, kein Sich-selbst-gefallen-Wollen. Es wirkt authentisch - auch das spricht mich an. Denn ich gehöre zu der Zielgruppe der Leute, die nicht auf fette Konzerne steht. Ich will nicht das Gefühl haben, ein schnöder Konsument zu sein - eine grob benannte graue Masse, der man was verkaufen kann. *Number26* vermittelt mir das Gefühl, dass ein Team - eine Gruppe junger Menschen aus Berlin - dahintersteckt. Kein fetter Bankkonzern, der mein Geld will. Die Oberfläche ist sympathisch. Wenn ich bequem und oberflächlich bleibe, dann interessiert es mich nicht weiter, wer dahintersteckt.

Mich hat es trotzdem interessiert und ich sehe, dass jede Menge gestandener, männlicher Investoren mit im Boot sitzt. Die eigentliche Bank ist die *Wirecard Bank*, die sich ebenfalls leicht, modern, unkompliziert und guten Gewissens präsentiert. *Number26* ist also so eine Art Zwischenanbieter mit einer besonderen Kundenkommunikation und ihrer App-Idee, das Banking speziell fürs Smartphone zu gestalten.

Persönlich – so einfach!

Was mir bei dem ganzen Konzept der Ansprache auch noch sehr angenehm aufgefallen war, sind diese Ansprechpartner-Boxen am Ende jeder E-Mail. Hier ist der lächelnde Alex immer für mich da. Die Gestaltung ist ansprechend, mit dem handgeschriebenen Font tatsächlich sympathisch. Natürlich freue ich mich, wenn mich jemand aus der E-Mail anlächelt.

Bild 3.9 Alex lächelt mich aus jeder E-Mail-Fußzeile freundlich an und verspricht mir, meine aufkommenden Fragen zu beantworten. Die Gestaltung ist sehr gelungen.

Warten, vergessen, angenehm erinnert werden

Wie das so ist, mit dem Habenwollen, vergaß ich es auch wieder, dass ich meine E-Mail-Adresse hinterlassen hatte. Wochen strichen ins Land. Ab und zu kam eine Info darüber, auf welcher Warteliste ich momentan war. Dann konnte ich eine hübsche Website anklicken und nachsehen. Unaufdringlich bekam ich die Option, meine Wartezeit zu verkürzen, indem ich *Number26* in meinen Social-Media-Netzwerken erwähne. Witzige Idee. Sie nutzten also das Haben-wollen-Gefühl, das sie mit ihrem Produkt ausgelöst hatten, als Mittel, um sich selbst prominenter zu machen. Das ist ein Schneeballsystem.

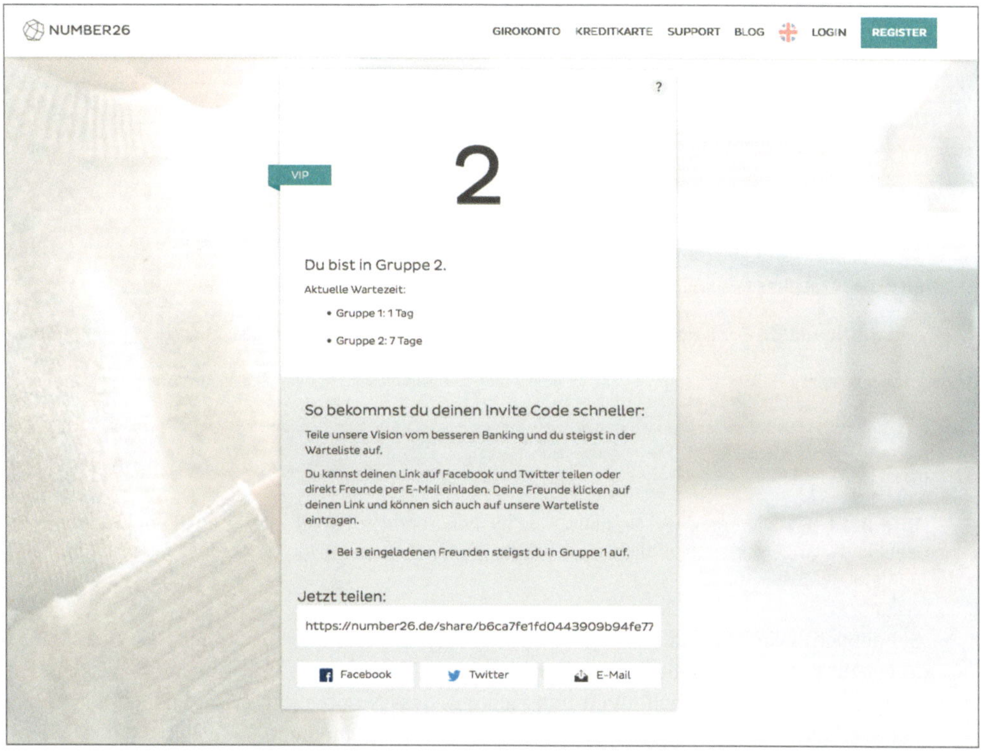

Bild 3.10 Auch das ist UX. Ich sehe meinen Status an, auf welcher Warteliste ich bin. Die große Zahl „2“ ist animiert. Das kleine „VIP“ links davon lässt mich kurz einer wichtigen Gruppe zugehörig fühlen, und wenn ich will, kann ich selbst dazu beitragen, meine Wartezeit zu verkürzen, indem ich *Number26* mit meinem Netzwerk teile. Schlau, schlau.
Quelle: *https://number26.de/status/b6ca7fe1fd0443909b94fe778103b9e0/*

E-Mail-Benachrichtigungen mit System

Ich merkte, dass das Team von Number26 eine ausgeklügelte Mailingstrategie hatte. Wenn ich mir die Mails auflisten lasse, kann ich die zeitlichen Abstände, die inhaltlich strategischen Schritte und das sich aufbauende Vertrauensverhältnis zwischen dem Produkt und mir sehen. Von unten nach oben. Achten Sie auf das Datum – und auch auf die Erinnerungsmails. Denn ich habe die exklusive Number26-Einladung erst nach dem vierten Mal angenommen. Das heißt: Ich musste an mein Habenwollen immer wieder erinnert werden – mit

„Deine exklusive Einladung" gaben sie mir das Gefühl, ich bekäme etwas, statt dass sie etwas von mir bekommen.

Update zu deinem Konto - number26.de/?utm_source=email&utm_campaign=doi&utm_term=header Hey Karol	3. Juni
Dein Konto wartet auf dich - number26.de oder per Telefon unter +49 (0) 30 364 286 880. Lass uns gemeinsam	13. Mai
Dein Konto wartet auf dich - number26.de oder per Telefon unter +49 (0) 30 364 286 880. Lass uns gemeinsam	10. Mai
Registrierung erfolgreich abgeschlossen - number26.de oder per Telefon unter +49 (0) 30 364 286 880. Lass ur	8. Mai
Passwort vergessen - number26.de mit oder ruf uns an unter +49 (0) 30 364 286 880. Schöne Grüße, WIR SIN	4. Mai
Verifiziere deine Identität - number26.de oder per Telefon unter +49 (0) 30 364 286 880. Lass uns gemeinsam E	3. Mai
Verifiziere deine Identität - number26.de oder per Telefon unter +49 (0) 30 364 286 880. Lass uns gemeinsam E	30. Apr.
Herzlich Willkommen bei NUMBER26 - number26.de oder per Telefon unter +49 (0) 30 364 286 880. Lass uns	26. Apr.
Deine exklusive NUMBER26 Einladung - number26.de/?utm_source=email&utm_campaign=invite_friends&utm	25. Apr.
Deine exklusive NUMBER26 Einladung - number26.de/?utm_source=email&utm_campaign=invite_friends&utm	18. Apr.
Deine exklusive NUMBER26 Einladung - number26.de/?utm_source=email&utm_campaign=invite_friends&utm	12. Apr.
Deine exklusive NUMBER26 Einladung - number26.de/?utm_source=email&utm_campaign=invite_friends&utm	29. März
Update deiner Wartezeit - number26.de/?utm_source=email&utm_campaign=doi&utm_term=header Hey! Die V	26. Feb.
Number26 ist live - number26.de/?utm_source=email&utm_campaign=doi&utm_term=header Hey! Wie du sich	6. Feb.
Willkommen bei NUMBER26 - number26.de/?utm_source=email&utm_campaign=signup_confirmation&utm_te	27. Jan.

Bild 3.11 E-Mail-Verlauf von Number26. In kleinen Schritten näherten sie sich ihrem Ziel, mich als Neukundin zu gewinnen. Natürlich alles automatisiert, aber so gut vorbereitet, dass ich die Roboter dahinter vergesse.

Schließlich bekomme ich meine echte Einladung mit dem Code – ich habe sie nicht sofort angenommen, sondern musste noch drei weitere Mal an mein Glück erinnert werden. Ich war nicht genervt, im Nachhinein finde ich gut, dass Number26 gewissermaßen den Fokus gehalten hat – natürlich in ihrem Interesse, aber auch in meinem.

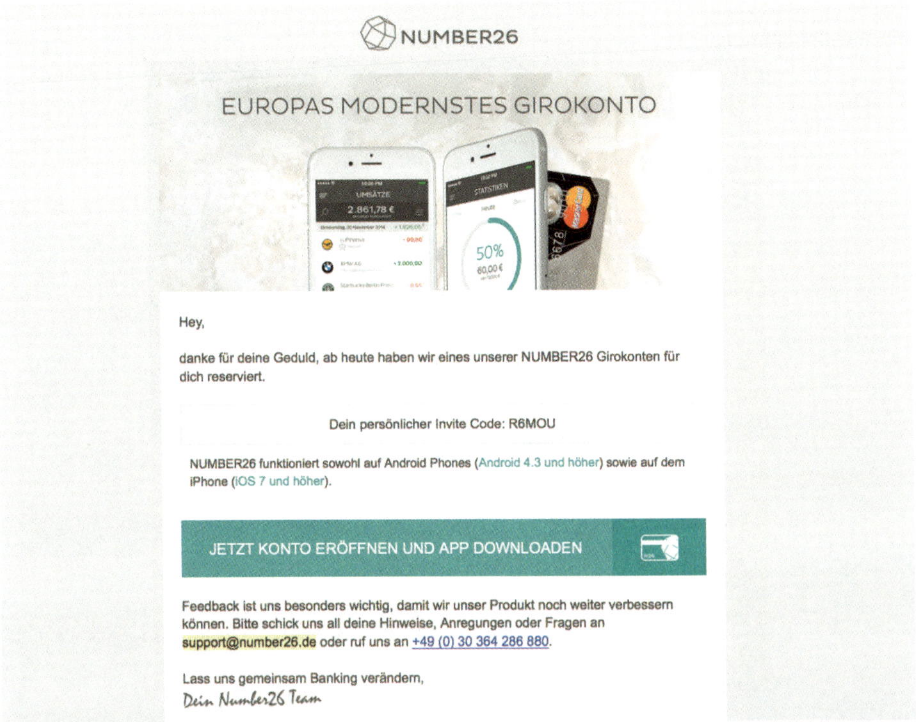

Bild 3.12 Ja, mein persönlicher Invite-Code. Im Kopf der E-Mail werden mir die App und ihr Nutzen noch einmal bildlich schmackhaft gemacht, falls ich mittlerweile vergessen haben sollte, worum es ging. „Europas modernstes Girokonto" war auf mich ein so stark wirkender USP (Unique Selling Proposition), dass ich erst gar nicht nach Alternativen gesucht habe. Modern? Ich bin dabei!

Versprechen halten – auch in den kleinsten Details, die nicht direkt mit dem Produkt zu tun haben

Wissen Sie, wie die Verifizierung meiner Identität ablief? Über meine Webcam. Ich klickte auf einen Link, merkte gar nicht, dass bereits ein Mitarbeiter bereit war, mit mir die Identifikation durchzuführen. Ich sollte auf bestimmte Art meinen Personalausweis in die Webcam halten, der Mitarbeiter machte ein Foto meines Bildes, gab mir Anweisungen, die Nummer oder meine Unterschrift in die Kamera zu halten. Nach gefühlt fünf Minuten war die Identifikation abgeschlossen. *Das* hatte mich beeindruckt. Das war's? Ich muss nichts ausdrucken, nicht zur Post gehen und dort irgendein Post-Ident-Verfahren machen? Wie cool! Ich muss das Haus nicht verlassen? Das ist wirklich modern!

Die Karte kommt

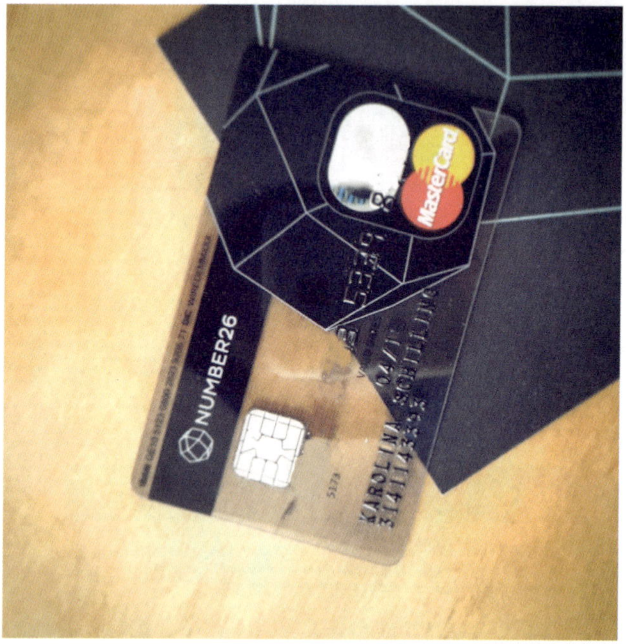

Bild 3.13 Und dann kam sie, die ungewöhnlich gestaltete Karte von Number26. Durchgestylt wie die Webseite und die E-Mails.

Ich kann mich an so kleinen Dingen erfreuen. Die durchsichtige Karte von *Number26* sieht cool aus. Sie hat die Anmutung und Nummer einer Kreditkarte, ist es aber nicht, denn ich habe kein Kreditlimit bei dieser Bank. Zu der Karte gehört ein Konto mit IBAN. Auf das Konto kann ich also normale Überweisungen tätigen, von dort überweisen und Geld abheben. Für mich perfekt, denn ich lebe nicht gern auf Kredit, habe gern ein gedecktes Konto und bin froh, wenn ich dort abheben kann, wo ich gerade bin, in der Währung, die ich gerade brauche. Für mich eine gelungene Zusammenstellung von Produkteigenschaften.

Alltagseinbindung

Mittlerweile habe ich das Konto von Number26 in regem Betrieb - es gehört zu meinem Alltag, und solange ich zufrieden damit bin und es mir gute Dienste leistet, gibt es keinen Grund, irgendetwas daran zu ändern. Das Team von Number26 wird jetzt mit den App-Updates, neuen oder besseren Features dafür sorgen, dass ihr Produkt immer geschmeidiger in mein Leben passt. Zum Beispiel wenn ich Geld auch in Supermärkten abheben oder einzahlen oder Rechnungen bezahlen kann - wer weiß, was da noch kommt. Es sieht zumindest so aus, als hätte dieses Produkt der Banking-Szene einen Ruck gegeben und viele Menschen angesprochen. Dass sie gestalten und unterhalten können, haben sie mir in der Kundenakquise bewiesen. Und es war eine angenehme Nutzererfahrung, die Sie als Vorbild für Ihre App nehmen können.

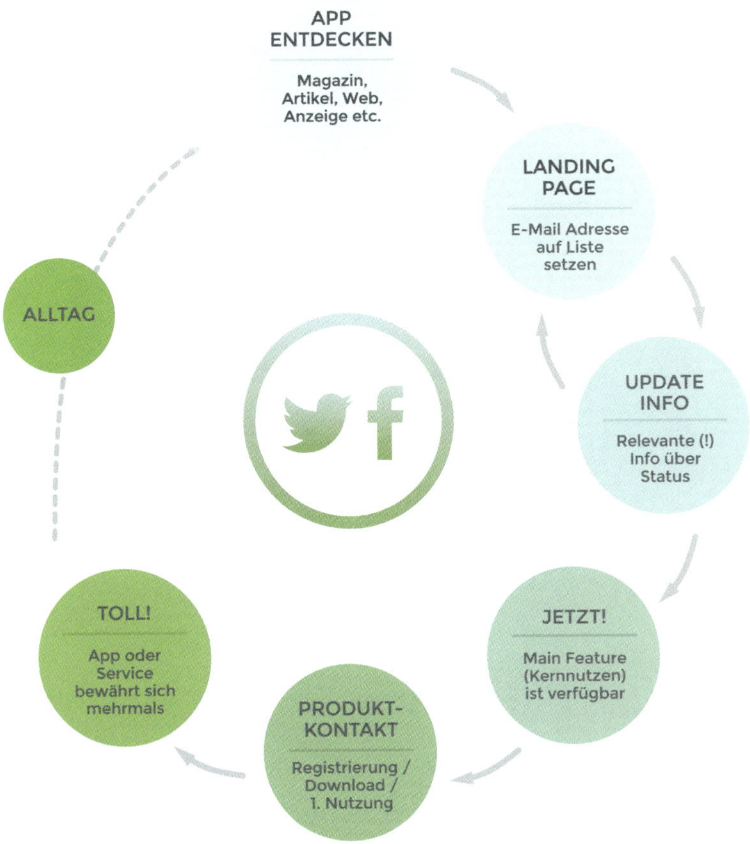

Bild 3.14 Schema des Kontaktzyklus mit dem Produkt von Number26

UX-Strategien beobachten

Begeben Sie sich in die Rolle des UX-Detektivs. Beobachten Sie, wie unterschiedliche Marken die Erfahrung des Nutzers mit dem Produkt zu einem angenehmen Erlebnis werden lassen. Denken Sie nicht „Wow, das haben die toll gemacht!", sondern fragen Sie sich, *wie* sie es gemacht haben! Welche Idee steckt dahinter? Mit welchen Mitteln wurde diese Strategie umgesetzt?

Egal, ob Sie an Automarken, Cremes, technische Produkte, das Café um die Ecke oder eine bestimmte Sorte Tee denken. Wann fühlen Sie sich angesprochen – wirklich persönlich angesprochen, nicht genervt? Und was ist die Voraussetzung dafür?

Und dann beobachten Sie Apps oder Webanwendungen, die mit dem (Neu-) Kunden in Kontakt treten. Wann hat Sie das letzte Mal eine App in den Bann gezogen und *wie* hat sie es geschafft? Benutzen Sie sie immer noch?

„Ihr Nutzer steht immer im Mittelpunkt"

4 Das App-Team oder Hybrid Thinkers

„People think that design is styling. Design is not style. It's not about giving shape to the shell and not giving a damn about the guts. Good design is a renaissance attitude that combines technology, cognitive science, human need, and beauty to produce something that the world didn't know it was missing"

Paola Antonelli, senior curator of architecture and design, Museum of Modern Art[1]

Es gibt eine Plattform namens QUORA, auf der man Fragen in die Welt stellen kann, und beliebige Menschen antworten darauf. Dort habe ich danach gesucht, woraus für die Allgemeinheit ein App-Team besteht. Unter dem vorhandenen Eintrag „What are the typical team compositions for different types of mobile applications?" gab es vier Antworten, die sich alle ziemlich ähnelten. Etwa so:

- ein **Product Owner**, der vor allem daran interessiert ist, diese App zu haben (meist ist es der Kunde selbst oder seine Agentur)
- ein **Projektmanager**, der auf Zeit, Budget und Kunde achtet
- ein **Team Lead** *oder* **Senior Developer** *oder* **Software-Architekt**, also meist jemand mit technischem Hintergrund und möglichst erfahren in der (App-)Entwicklung
- ein oder mehrere weitere **Programmierer**, die vom Team Lead geführt werden
- ein **User Experience (UX)** und **User Interface Designer (UI)** und ein **Information Designer**
- ein **Qualitätsmanager**, der prüft, ob die App gemäß den spezifizierten Anforderungen funktioniert
- ein **Usability Tester**, der (möglichst während der Entwicklung) prüft, ob die Nutzer mit der App zurechtkommen, sowie Hinweise zur Usability macht und Validierungen vornimmt

In einer der vier Antworten war kein Designer aufgezählt. Mit dem, was ich draußen in der Welt zum Thema *User Experience* an Thematisierung, Befürchtung und Beschäftigung mitbekomme, entsteht bei mir der Eindruck, dass außerhalb des Universums, in dem Apple, Google und alle möglichen Autohersteller hoch attraktive Consumer-Endprodukte erschaffen, Design immer noch eine Art „notwendiges Übel" ist. In der durchschnittlichen Agentur ist

[1] Sie sollten sehen, wie Paola Antonelli über Design und Kunst spricht – toll! Geben Sie einfach ihren Namen auf YouTube ein.

der Designer *immer noch* jemand, der einem Projekt halt die Optik gibt – muss ja irgendwie aussehen. Den Designern selbst und dem Team fehlt häufig die Wahrnehmung und Wertschätzung dafür, was Design überhaupt *ist*; und was ein App-Designer leisten kann.

Fortschrittliche Firmen haben längst begriffen, dass sich Design und das, was der Nutzer mit dem Produkt verbindet, erfolgreich verkaufen. In diesen Vorreiter-Firmen sind Designer auf strategischer Ebene zu finden und tragen dazu bei, die Zukunft des gesamten Unternehmens, der Produktpalette, der Botschaft an die Konsumenten auszurichten.

Bei diesen Firmen haben Designer einen hohen Stellenwert. Ohne Designer keine Formen, Farben, keine Ästhetik und für den Nutzer attraktiv konzipierte Produkte. Ohne Designer gibt es keine neuen Lösungen für heutige Probleme. Ohne Designer keine Transformation von der Idee bis zum Prototyp, bis zum Produkt. *He, das alles machen Designer?*

In diesem Kapitel wird es mir deshalb vor allem darum gehen, das App-Team und eine der wichtigsten Personen darin – den App-Designer – vorzustellen und das Verhältnis der Team-Member untereinander neu aufzubauen. Apps ändern auch hier die Strukturen und verlangen neue Denkweisen, weitere Horizonte, ein empathischeres Miteinander.

Wenn Sie selbst Designer in einem App-Projekt sind, dann benötigen Sie den Blick fürs große Ganze *und* für Details. Eben für beides. Sie verbinden Input und Output, Anbieter und Nutzer, Design und Technik, UX und Business in Ihren Screens miteinander. Sie verbinden alles mit allem und formen daraus etwas Neues. Damit haben Sie eine Schlüsselposition. Je kleiner das Team, desto stärker wird diese Position zu sehen sein. Sie werden es merken, wenn Sie sich nicht auf bloßes Screen-Design beschränken (lassen), sondern daran interessiert sind, ein echtes Produkt für die Nutzer in die Welt zu bringen.

Schnallen Sie sich an – das wird ein Fest!

4.1 Was *sind* Designer?

Ich beginne von der einfacheren Seite – der Wortherkunft. Das Lateinische *designare* wird als *bezeichnen*, *bestimmen*, auch *anordnen* ins Deutsche übertragen und ursprünglich meinte es, *jemanden zu einem Amt* zu bestimmen. Interessant finde ich vor allem das *signare* darin. *Signare* heißt signieren, wieder: etwas bezeichnen und: *etwas kenntlich machen*. Und das verwandte *Signum* heißt *Zeichen*. Im Deutschen sagen wir: *ein Zeichen setzen*, wenn wir meinen, dass jemand, gemäß Duden, etwas *Richtungweisendes* tut, einen *Anstoß* gibt. Richtungsweisend klingt danach, als würde unsere *Aufmerksamkeit* dem folgen – da sehen alle hin –, und Anstoß klingt nach *Bewegung* – ein Stoß ist ein Impuls und *etwas* wird danach passieren.

Der bekannteste Designer, der mir einfällt, ist Leonardo da Vinci. Er hat Menschen mit seiner Malerei (von ihm sind die Mona Lisa, das Abendmahl, der vitruvianische Mensch) beeindruckt und in seinen Zeichnungen Ideen und Konzepte ausgedrückt. Ihm wurde nachgesagt, er wäre seiner Zeit weit voraus gewesen (richtungsweisend), und er hinterließ Konzepte für Kugellager, Tauchanzüge, U-Boote, Kriegsmaschinen und Panzer, Flugobjekte wie Paraglider und Helikopter, beschäftigte sich mit Frisch- und Abwasserzuläufen in der Stadtplanung und hatte sogar erste Ideen für Roboter. Da Vinci lebte vor 500 Jahren. Und die meisten seiner Erfindungen gehören heute zu unserem Leben.

Da Vinci haben wir als Universalgenie bezeichnet. Er konnte mehrere Disziplinen miteinander kombinieren, war ungeheuerlich vielseitig und hat unzählige Schriften, Zeichnungen, Ideen hinterlassen - sein Schaffen und sein Gestaltungswille sind überwältigend.

Leonardo war ein Freigeist, ein *esprit libre*, wie es im französischen Original heißt. Der Begriff Freigeist wurde im Deutschen erst im 18. Jahrhundert geprägt und bezeichnet die Haltung des sich Losmachens von dem, was schon da ist, was als Tradition und Moral gilt, was bekannt ist. Freigeister brauchen Mut und Stärke, denn sie werden vermutlich auf Unverständnis stoßen, während sie den Rahmen des Bestehenden erweitern wollen; außer sie sind gut getarnt und machen aus ihren Ideen beispielsweise Must-have-Konsumgüter ...

Meine Bewunderung gilt dieser enormen Leistung, diesem Mut, dem Dranbleiben, dem Erkämpfen oder Bewahren seiner Unabhängigkeit. Ich befürworte nicht alle Ideen und nicht jedes Ausmaß, das sie angenommen haben. Und nicht alle Freigeister hatten gute Absichten, bedauerlich. Doch allen ist gemein, dass sie etwas anderes vor Augen hatten, als ihre reale Welt ihnen zeigte. Daher sind Freigeister auch Visionäre. Sie haben eine Vision, ein Bild von etwas, das sie antreibt, ihnen zeigt, wohin ihre Aktion sie führen wird. Eine Vision kann sich auf etwas Großes wie die Gesellschaft oder eine Sache, einen Aspekt in einem Bereich beziehen.

Designer aus den letzten zwei Jahrhunderten haben sich häufig auf ein Feld spezialisiert. Lagerfeld und Prada auf Fashion, Miedinger auf Helvetica und Typografie, Le Corbusier auf Architektur, Jone Ivy auf iPhones und iMacs. Es gab und gibt viele Designer, und wenn sie nicht rundum Freigeister waren, dann jedenfalls in ihrer Disziplin. Allen bleibt gemein, dass sie andere Menschen angesprochen und Produkte aus einer anderen Sicht kreiert haben.

Das 21. Jahrhundert mit seiner Globalisierung, mit dem Internet und der allgemeinen Verschmelzung von Technik und Ästhetik und seinen ökologischen Grenzen ist ein tolles Feld für Freigeister. In der Start-up-Szene ist gut zu sehen, dass die Möglichkeiten des Tätig- (und Erfolgreich-)Werdens vielfältig sind. Zusätzlich zu den klassischen Wegen (Zahnarzt, Pfleger, Bürokauffrau ...) hat sich ein riesiges Feld von neuartigen Studiengängen und Berufen um die technische, ökologische und digitale Ära gebildet, in der wir heute leben. Von Online-Journalismus, Sustainable Agriculture, Human Computer Interaction, allem, was mit „Nano" beginnt, Life Science, Lebensmitteltechnologie bis hin zu Mobile Computing ist es ein weites Spektrum.

Die Idee dahinter ist, die komplex gewordene Welt, in der wir leben, besser zu verstehen und durch Verbindung mehrerer Disziplinen zu einem ganzheitlichen Denkansatz *zurückzufinden*. Leonardo da Vinci & Co. dachten ganzheitlich - diese menschliche Fähigkeit ist urig, alles andere als neu.

Neu hinzugekommen und angesammelt sind aber die von der westlichen Zivilisation geschaffenen Komplexitätsschichten in der Um-Welt, die durchdrungen werden müssen auf der Suche nach Lösungen moderner (und damit gemeint: heutiger) Probleme. Oder treffender: auf der Suche nach Problemen selbst, also dem Erkennen, dass es sich um ein Problem handelt, das unsere Lebensqualität schmälert. Wie beispielsweise genmanipuliertes Essen, schlecht hergestellte Lebensmittel, platzende Atomkraftwerke, von Produktion verseuchte Flüsse und überarbeitete, unausgeschlafene Menschen, die keine Zeit mehr für ihre individuelle Entwicklung und ihr persönliches Wachstum haben, und so weiter und so fort.

Es fühlt sich so an, als hätten uns die vergangenen Freigeister vieles ermöglicht und wir haben alles dankbar und neugierig gekauft, ausprobiert - und jetzt ist der Moment gekommen, da es alles ein wenig zu viel ist. Viel gefällt uns, aber das, was darüber ist, wird unangenehm *zu* viel. Nun braucht es wiederum Freigeister, die sich von diesem vielen und auch Selbstverständlichem (Auto, iPhone, Arbeit, Geld, Haus, Pool ...) lösen und schlankere Wege aufzeigen können. Reduziertes ist im Design eine Kunst. Es ist perfekt, wenn man nichts mehr weglassen kann, meint Antoine de Saint-Exupéry - der Erschaffer des kleinen Prinzen, mit *Perfection is achieved, not when there is nothing more to add, but when there is nothing left to take away.*

In vielen Menschen gibt es die Sehnsucht nach Einfachheit und Detox, aber es gibt das One-Way-Zurück nicht mehr. Mit dem, was uns jetzt an Technik und Überfluss umzingelt, müssen wir zurechtkommen und es neu gestalten. Diese Neugestaltung geht besser mit dem Blick auf das große Ganze und der Fähigkeit, verschiedene Gebiete miteinander zu verknüpfen, Dinge zu vereinfachen und mit anderen Menschen empathisch zu kommunizieren.

Und hier - in diesem Buch - geht es darum, Apps für diese heutige Zeit und die heutigen Menschen zu konzipieren. Apps sind überall, sie machen alles, sie werden noch eine Weile da sein und sie werden sich noch mehr ausbreiten. Wenn Sie ein guter App-Designer sein wollen, haben Sie eine Art Verantwortung gegenüber Ihren Kunden, Ihren Nutzern, Ihrem Team. Die Verantwortung ist: gute Apps zu machen. Das vorhandene Viel nicht mit weiterem Schnickschnack zu belasten, sondern Apps zu erschaffen, die sinnvoll, hilfreich, nützlich sind, indem sie zu unserer alltäglichen Entlastung, einem gefühlvollem Miteinander oder persönlichem Wachstum beitragen.

Dazu müssen Sie nicht Farbpaletten und Schriften studieren, sondern verstehen, was heute los ist und was es braucht - und was es *nicht* braucht. Und dann finden Sie die Form, in der das Gebrauchte sich am besten seinem Publikum gegenüber ausdrückt. Und *dazu* studieren Sie dann Farbpaletten und Schriften ...

4.2 App-Designer – das Epizentrum

Derjenige, der die App haben will - sei es Ihr Kunde, der *Product Owner* oder Sie selbst -, ist wie das Hypozentrum bei einem Erdbeben, also der Erdbebenherd, der Kern, von dem das Beben ausgeht. Dieser Mensch initiiert die Umsetzung einer Idee, hält etwas für möglich und sucht nach Menschen, die diese Vorstellung visualisieren und umsetzen können. Wenn Sie dafür bereit sind und Glück haben, begegnen Sie einem echten Visionär. Die Arbeit mit ihm könnte anstrengend werden, aber Früchte tragend und herausfordernd. Dann werden Sie sehr viel lernen.

Der App-Designer im Projekt ist das Epizentrum zum Hypozentrum, also der Startpunkt des Erdbebens oder Projekts an der sichtbaren Oberfläche. Die Power des Hypozentrums wird vom App-Designer in ein sicht- und spürbares Produkt transformiert. Dieses wird von anderen wahrgenommen, kritisiert[2] und genutzt.

[2] Kritik an sich ist noch nichts Schlimmes. Das französische Wort critique geht zurück auf griechisch κριτική [τέχνη]. kritikē [téchnē] abgeleitet von κρίνειν krínein bedeutet [unter-]scheiden und trennen. Es ist also eine kulturelle Einfärbung, dass Kritik mit Bemängelung gleichgesetzt wird. Ich hoffe, dass Kritik mithilfe von Empathie bald eine Justierung erfährt.

Beispielsweise empfand ich Steve Jobs als Hypozentrum und den Hauptdesigner von Apple, Jonathan Ivy, als Epizentrum. Seine Interpretation, seine Symphonie, sein Design hat Steve und die potenziellen Nutzer angesprochen und berührt. Jonathan hat Steves Vision verstanden und dafür eine Form gefunden.

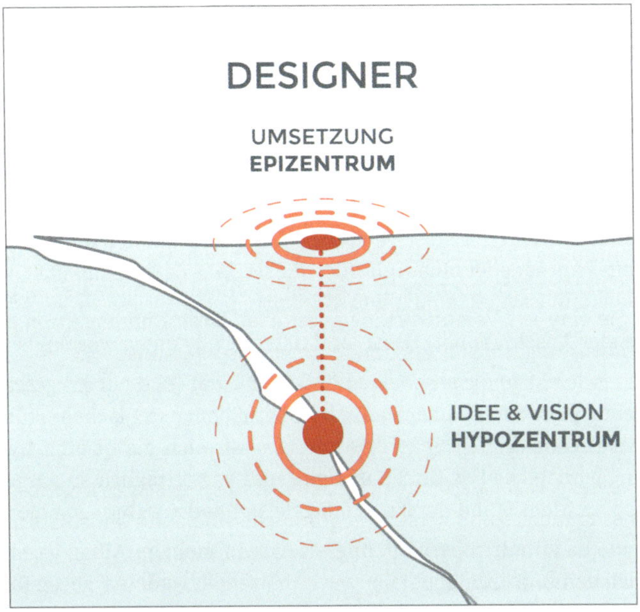

Bild 4.1 App-Designer-Epizentrum. Das Hypozentrum repräsentiert die Idee und die Vision. Das Epizentrum wirkt an der Oberfläche und macht die Vision real.

Kritik ist Reaktion

Da Sie als Designer etwas Sichtbares erschaffen, ist es klar, dass Menschen darauf reagieren werden. Reaktion *ist* Kritik. Sie sammeln wohlwollende Kritiken, aber auch scharfe. Je nachdem, was der reagierende Mensch mit dem, was Sie geschaffen haben, verbindet. Je nachdem, was es bei ihm auslöst. Dafür sind Sie nie im Ganzen verantwortlich und können es auch nicht sein. Es allen recht zu machen, ist unmöglich – lassen Sie das. Und lassen Sie sich nicht auf einen Kunden ein, der es allen recht machen will. Daraus resultiert meist ein undefinierter Brei.

Im Kapitel *Do not seek praise. Seek criticism.* seines Buches *It's not important how good you are, it's important how good you want to be* schreibt Paul Arden zu Kritik Folgendes: „If, instead of seeking approval, you ask, what's wrong with it? How can I make it better?', you are more likely to get a truthful, critical answer. You may even get an improvement on your idea. And you are still in a position to reject the criticism if you think it is wrong."

Das Zitat von Paul Arden zeigt, dass Sie – wenn Sie etwas in die Welt bringen wollen – kritikfähig, und kritik-empfangend sein müssen, um Kritik aussortieren und ablehnen zu können.

Wertschätzung als Door-Opener

Vor einiger Zeit arbeitete ich mit einem Kunden aus San Francisco an der Konzeption und dem Design seiner App. Unter einer Handvoll Freelancern hatte er mich über LinkedIn ausgewählt, weil er meine Referenzen mochte und das Gefühl hatte, ich würde besser Englisch sprechen als die anderen Kandidaten. Im Verlauf des Projekts fiel mir auf, dass dieser US-Amerikaner eine ganz andere Art zu kommunizieren hatte, als ich es bis dahin von meinen deutschen Kunden gewohnt war. Seine Feedback-E-Mails folgten etwa diesem Schema:

1. Dank für die bisherigen Screens. Lob eines bestimmten Aspekts; z. B.: „Der Login-Screen ist toll geworden!"
2. Konkrete Ideen zur Verbesserung bestimmter anderer Screens. Meist in dieser Form: „Lass uns auf das Dashboard noch den Punkt xy legen und von dort nach z verlinken." Es gab keine schüchternen „Könntest Du bitte ...?", bei denen mir oft nicht klar ist, ob es eine Frage oder ein Wunsch oder eine Aufforderung ist. Was da von ihm kam, war direkt und dadurch leicht, unmissverständlich und effizient.
3. Wertschätzender Abschluss mit „Great job!" und „I really enjoy working with you.".

Selbst wenn es ein leicht zu durchschauendes Schema war (und wir als geschichtsträchtige Europäer oft genug über die US-amerikanische Oberflächlichkeit lächeln), fühlte es sich für mich als dienstleistende App-Designerin so an, als wäre ich ein ebenbürtiges Gegenüber. Nicht selbstverständlich, weil es Geld dafür gibt und es vertraglich so ausgemacht wurde, sondern weil ich als Mensch mit dem, was ich geleistet hatte, wahrgenommen wurde.

Diese Energie, die da zu mir rüberkam, fing an, sich in meinem Alltag gegenüber anderen auszubreiten. Ich selbst wurde ebenfalls wertschätzender anderen gegenüber und erhielt immer mehr Wertschätzung zurück. Ein schöner Kreis.

Mein Kunde hatte die Aspekte des Ergebnisses, die ihm gefielen, betont und es schlauerweise in Worte gekleidet, ausgedrückt, mitgeteilt. Das reicht schon, keine große Wissenschaft. Damit ging bei mir ein Kanal auf, am Ball zu bleiben und mich weiteren Herausforderungen in der App zu stellen. Das ist Motivation.

Als gegensätzliches Beispiel las ich von einem deutschen Kunden nach der Präsentation eines Entwurfs: „Einiges gefällt uns schon ganz gut, wir sind aber noch lange nicht am Ziel." Der konstruktive Aspekt von „noch lange nicht am Ziel" blieb mir verborgen. In der weiteren Zusammenarbeit begriff ich immer mehr, dass der Kunde aus seiner Perspektive gesprochen hatte. Er brauchte mehrmals mehrere Wochen, um mit seinem Part im Projekt voranzukommen. Mit der Zeit verstand ich, dass wir aufgrund seiner langsamen Geschwindigkeit tatsächlich lange brauchen würden, um ans Ziel zu kommen. Für mich ein weiteres Beispiel dafür, Botschaften anderer wahrzunehmen, aber nicht mehr zu denken, ich müsse noch mehr aufdrehen, damit wir ans Ziel kommen.

Kritik braucht Resilienz – Widerstandskraft

Resilienz ist in letzter Zeit eines meiner Inhalts-Lieblingsworte. Es leitet sich vom lateinischen *resilire* ‚zurückspringen' ‚abprallen' ab und wird in vielen Disziplinen, wie Medizin, Ingenieurwissenschaften, Ökologie, gebraucht. Mich interessieren an dieser Stelle Psychologie und Ingenieurwissenschaften, denn es geht um Sie als Designer und um die App. Erst Sie, dann die App.

Es ist eine Crux – der Kernpunkt, der nun einmal mit Ihrer Rolle als Designer verbunden ist –, dass besonders Sie mit Kritik umgehen werden *müssen*, wenn Sie etwas erschaffen wollen, das berührt und Aufmerksamkeit einfordert. Das liegt in der Natur der Sache. Außerdem sind Sie als Designer persönlich an der Sache engagiert. Sie färben die App mit Ihrer Erfahrung, Ihrer Weltsicht, Ihrem Wissen und Vermögen ein. Wenn Sie es nicht mehr tun, befinden Sie sich in einer tödlichen oder bequemen Routine. Gleichzeitig sollen Sie sich von Ihrer Arbeit distanzieren können, um Ihr Ergebnis selbst zu bewerten und es anderen beherzt zeigen zu können, ohne zu befürchten, dass *Sie* persönlich kritisiert werden.

Um Kritik fruchtend handhaben zu können, benötigt es zuvor genannte Resilienz. Vielleicht kennen Sie das aus einem anderen – privaten – Kontext. Ein, zwei giftige Bemerkungen können Sie ab, Sie bleiben bei sich, aber die dritte geht gerade durch Sie durch und Sie spüren ihr Herzrasen, eine Art Wut kommt hoch, Sie fühlen sich verletzt. Gedanken poppen hoch: Was habe ich jetzt wieder gemacht? Wieso werde ich so angemotzt? Was soll das? Und oftmals ist die erste Reaktion *Rechtfertigung* oder *Zurückhauen*. Beides mag kulturell gewohnt und akzeptiert sein, vorwärts bringt es Sie leider nicht. Für die ersten beiden Male, die Sie *standhalten* (also aufrecht bleiben) konnten, hatten Sie Resilienz, Widerstandskraft. Beim dritten reichte die Kraft nicht mehr aus – es kam zum Einbruch.

In einem App-Projekt brauchen Sie Resilienz. Gegenüber verschiedenen Akteuren und verschiedenen Arten von Kritik. Kritik auf das große Ganze („Das soll eine App-Konzeption sein?!") und für Mini-Kram („Die Bilder, die Du geliefert hast, sind total falsch in den Größen. Ich brauche die noch mal."). Und von dem heutigen Tempo gar nicht zu sprechen – „Geht das nicht schneller?!"

Sie können Ihre Resilienz üben und immer mehr davon bekommen. Es wird Sie stärken, ohne dass Sie sich vom Spielfeld entfernen müssen oder alles nur noch als graugrüner Zombie mitmachen. Sie sind trotzdem dabei, Sie sind aktiv und Sie sehen das Geschehen aus Ihrer persönlichen Perspektive *und* von oben. Oben heißt, Sie sehen, *wie* das Spiel läuft. Sie sehen die Teambeziehungen untereinander, Sie verstehen, was Ihre Programmierkollegen brauchen, um gut zu arbeiten, Sie verstehen, was den Nutzer anspricht, Sie verstehen, was Ihren Kunden anspricht. Sie sehen aber auch, wann Sie nichts tun müssen, wann Sie Dinge nicht komplizierter machen müssen, als sie sind, und wann der Kunde das Ruder hält und Sie Ihren Job einfach so gut machen wie möglich. Dann muss es nicht nach Ihrer Nase gehen oder Sie können bei einer Sache nicht zustimmen, und trotzdem wird es am Ende passen. Das gibt es auch.

Egal, ob Sie Freelancer sind oder in einer Agentur arbeiten oder selbst Kunde sind: Die Mitspielenden zu verstehen und das Spiel von oben so zu sehen, dass Sie ein Miteinander möglichst einfach gestalten können, ist wichtig. Wahrscheinlich ist es in jedem Projekt das Wichtigste. Manchmal gibt es jemanden, der Sie und das Team gut führt. Und manchmal ist es sehr sinnvoll, die Strukturen selbst zu sehen, um zu verstehen, woran man ist und wie viel Lebensenergie man für das Projekt einsetzt.

Um Resilienz aufzubauen, benötigt es Empathie. Über Empathie kommen wir erst zum Kunden, zu unseren Teammitgliedern und schließlich zum begehrten Nutzer. Empathie, das *Mitfühlen*, verleiht uns die erweiterte Perspektive, die wir benötigen, um mit anderen etwas auf die Beine zu stellen. *Human Centered Products* und *Design Thinking* brauchen und setzen auf Empathie.

Empathie steigert Resilienz

The great gift of human beings is that we have the power of empathy. - Meryl Streep

Sie erinnern sich an Daniel Colemans internationalen Bestseller *Emotionale Intelligenz* aus den 90er-Jahren? Seine Botschaft: „Ohne ein intaktes Gefühlsleben taugt der beste Intellekt nichts, denn beide Systeme, das emotionale und das rationale, stehen in beständiger, hochkomplexer Wechselwirkung, deren Erforschung neue spannende Perspektiven für uns bietet.“ Mit seinen Beispielen, Studien und persönlichen Geschichten von Menschen zeigt Coleman, was mit emotionaler Intelligenz alles geht.

Mit-fühlen „ist die Fähigkeit, in den Schuhen eines anderen zu stehen, mit seinen Augen zu sehen, mit seinem Herz zu fühlen“, schreibt Daniel H. Pink in seinem genialen Buch und Bestseller *A Whole New Mind - Why right-brainers will rule the future*. In meiner Sicht stimmt der Titel nicht ganz, ist eher provokant gemeint. Insgesamt meint Pink, dass Menschen, die beide Hirnhälften nutzen, also Logik *und* Gefühl einsetzen können, die Vorreiter sein werden. Als Menschen haben wir so oder so die Fähigkeit zu beidem, dennoch wird in unserem Schul-, Lehr- und Arbeitssystem immer noch die linke Hirnhälfte mehr gefordert als die rechte. Die rechte Hälfte, die mitfühlende, die kreative, die bildhafte, die scheinbar ungreifbare, wird immer noch ein wenig ins Abseits gestellt. Natürlich, wichtige Entscheidungen in einem Anfall von Gefühlsduselei zu treffen, ist äußerst schwierig. Und Entscheidungen ohne Herz zu treffen, ist äußerst kurzsichtig. Rational ist gut. Aber nicht nur. Rational und emotional ist die Nutzung unseres gesamten Potenzials. Beides. Analytisch *und* synthetisch. Sieht gegensätzlich aus, ist aber in unseren Köpfen wunderbar vereint: das Hirn. Warum also nicht aus der Völle leben, wieso nur halb?

Wenn Sie sich das Lesen kurz machen wollen, sehen Sie sich Daniel Pinks Video[3] auf YouTube an. Dort erklärt er sein Grundprinzip auf sehr unterhaltsame und einprägsame Art - interessant vor allem ab Minute 13:00.

Pink argumentiert, das Besondere an unserem Zeitalter sei, dass wir als (digitale) Arbeiter längst austauschbar geworden sind. Automatisierung und Asien erledigen die wiederkehrenden Arbeiten für uns. Worauf es ankäme, ist das Konzipieren. Konzipieren neuer Lösungen, neue Denkansätze finden, neue Ideen, Produkte in der Masse unterscheidbar machen. Sein witziges Beispiel ist das der Klobürste. Der Markt für Klobürsten ist gesättigt. Man müsste nun entweder den Preis radikal senken (was schon passiert ist) oder mit einer technischen Innovation der Klobürste die Konkurrenz in die Knie zwingen (scheint noch nicht passiert). Doch womit sich eine Klobürste noch differenzieren lässt, ist das Design. Die Besonderheit liegt nicht mehr in der Funktion (linke Hirnhälfte), sondern in der Form, Farbe und im Anfühlen (rechte Hirnhälfte); zum Beispiel durch einen Silikongriff, der sich quasi in die Hand schmiegt, sodass die Benutzung *dieser* Klobürste sich von der Benutzung anderer unterscheidet. Auch der Preis für eine designte Klobürste kann wieder angehoben werden, denn selbst in einer Klobürste lässt sich Status erkennen; spätestens wenn der Griff aus Gold ist. Dieses Design-Prinzip hat Apple natürlich wunderbar kapiert, forciert und etabliert, sodass es jeder kopiert.

Designer, die schicke Screens machen können, gibt es zuhauf und auch Programmierer gibt es viele, wenn man sich Outsourcing[4] zumutet. **Doch das, was nicht ersetzbar ist, ist die**

[3] *https://www.youtube.com/watch?v=CUDqN7MNsRw*

[4] Outsourcing bedeutet „auslagern“.

Fähigkeit, ein ansprechendes Produkt zu konzipieren und zu visualisieren. Und dort kommt unsere Fähigkeit *mitzufühlen* **ins Spiel.** Das Produkt aus einer anderen Perspektive als der eigenen zu sehen. Mit dieser emotionalen Intelligenz für den Auftraggeber, den Nutzer der App und das Team zu agieren. Alles hängt miteinander zusammen. Und das ist es, das hinter *Human Centered Design* und *User Experience* steckt.

Warum Sie? Weil Sie Designer sind. Weil Sie etwas für Menschen erschaffen. Weil Sie mit anderen zusammenarbeiten und ein Team sind. Weil Sie Apps machen und Apps einen Sinn haben (sollen). Weil Sie im 21. Jahrhundert leben. Weil Sie ein Hybrid Thinker sind - jemand, der vermag, beide Hirnhälften für sein Ziel einzusetzen.

Resilienz - Stärkung Ihrer Kritikfähigkeit

Malen wir ein Szenario. Sie haben 20 Screens gestaltet und präsentieren diese. Ihr Chef oder Kunde ist am Ende nicht besonders begeistert. Aus Ihnen unerklärlichen Gründen - und das kann so ziemlich alles sein, von Streit zu Hause bis zu Selbstzweifeln, die niemand vermutet - patzt er oder sie Sie an; z. B. „Na, das hab ich mir aber besser vorgestellt!" oder „*Das* haben Sie in den letzten vier Wochen gemacht?!" oder „Und Sie wollen Designer sein? Das kann ja mein Sohn besser!"

Wenn Sie wissen, dass Ihnen so etwas nahegeht, und Sie nicht zu den Menschen gehören, die Nashornhaut besitzen, dann lassen Sie sich auf das folgende Beispiel ein. Gerade wenn dieses eben beschriebene Szenario Ihnen schon Unbehagen bereitet.

Es gibt nämlich einen Trick, mit herausplatzenden und angreifenden Aussagen anderer umzugehen. Der Trick nennt sich „aktives Zuhören"[5] und besteht darin, dem anderen seine Worte zu spiegeln, statt in die Rechtfertigung zu fallen oder um sein Leben zu kämpfen.

Stellen Sie sich also einen solchen Dialog vor und achten Sie darauf, wie geschickt Sie mit den Befindlichkeiten des Gegenübers umgehen (Sie sind nicht ironisch, niemals!):

Sie: „Sie meinen, dass Sie die Arbeit nicht gut finden?"

Kunde: „Ja, völlig hingerotzt." (Bei Aussagen, die nicht konstruktiv sind und angreifen, wissen Sie, dass Sie jemanden gegenüber haben, dem es schwerfällt, das, was er ausdrücken will, angemessen zu formulieren. Da müssen Sie herausfinden, was der wunde Punkt ist.)

Sie: „Hmm, okay, was genau verstehen Sie unter *hingerotzt*?"

Kunde: „Die Farben stimmen gar nicht, die Fotos sind Mist! Das sieht gar nicht aus wie unsere CI." (Offenbar geht es gar nicht wirklich um die Qualität Ihrer Arbeit, sondern darum, dass der Kunde meint, die CI würde nicht ausreichend zu sehen sein.)

[5] „Aktives Zuhören" wurde von Carl Rogers geprägt, der die auf Klienten zentrierte Gesprächstherapie entwickelt hat. Auch im Coaching ist aktives Zuhören ein geniales Werkzeug, um mit dem Klienten zu arbeiten.

Sie: „Wenn ich richtig verstehe, sieht es Ihnen zu wenig nach Ihrer Firma aus?"

Kunde: „Ja genau! Das ist nicht unser Rot – das sieht billig aus. Und auch die Schrift ist ganz anders." (Der Kunde nähert sich mit Ihrer Hilfe dem eigentlichen Punkt – es sieht nicht so aus, wie er es erwartet hatte. Vielleicht hat er noch nicht verstanden, dass der Nutzer das eigentliche Produkt dem Firmenbranding vorzieht.)

Sie: „Ah okay, ich verstehe. Sie möchten, dass Ihre Firma mehr zum Tragen kommt. Gleichzeitig kreieren wir ja ein Produkt für Ihre Kunden. Die kennen Ihr Branding und möchten sich auf die Funktionalität der App konzentrieren. Die App soll ihnen ja das Ablesen der Verbrauchskosten einfacher machen – das war doch die Aufgabe?"

Kunde: „Ja, schon ..."

Sie: „Ich verstehe sehr gut, dass Sie die Firma gern präsenter haben möchten. Das ist völlig klar. Gleichzeitig bietet ja genau Ihre Firma eine tolle App-Idee an, die als Produkt hervorragend selbst funktioniert."

Kunde: „Ja, ja schon, aber wir dürfen unsere Firma nicht aus den Augen verlieren ..." (Was auch immer für Ängste beim Kunden mitsprechen, Sie stellen fest, es hat mit Ihrer Arbeit nur am Rande zu tun. Jetzt bieten Sie einen Kompromiss an, den Sie für machbar halten.)

Sie: „Ich habe einen Vorschlag: Wir machen eine Serie Screens mit deutlicherem Firmenbranding und testen alle Screens mit einigen Ihrer Kunden. Wir prüfen einfach, was sich für die Kunden besser anfühlt. Wie finden Sie das?"

Kunde: „Okay ... aber die Bilder ... die gehen echt gar nicht!"

Wenn Sie einmal durchschaut haben, dass die andere Seite einfach nicht toll im Kommunizieren ist, Wünsche hat, die sie nicht ausdrücken kann, und patzig wird, weil einfach *irgendetwas* (häufig bei ihr selbst) nicht passt, es aber nicht mit Ihnen persönlich zu tun hat, dann sind Sie in der Lage, solche Krisen konstruktiv sowie effizient zu handhaben. Das ist professionell. Ihre Arbeit wird angegriffen und Sie fragen den Angreifer, wo *ihn* genau der Schuh drückt. Das ist groß, das ist vernetztes Denken, das ist Empathie.

Hören Sie sich die Kritik in Ruhe an, kritisieren – *bewerten* – Sie sie intern und wählen Sie sich das Hilfreiche daran aus, um es in das App-Produkt einzuarbeiten. Zum Arbeiten in einem Projekt, in dem Sie eine Schlüsselrolle spielen, ist es enorm sinnvoll, dass Sie selbst Ihre Persönlichkeit von dem Ergebnis *getrennt* betrachten. Sie haben zwar die Screens gemacht, aber **Sie sind nicht die App**. Stehen und fallen Sie nicht mit der App. Sind Produkt und Ihr Selbst vermengt, werden Sie sich oft gekränkt fühlen, und auch das Team wird Sie als anstrengend empfinden. Die App ist die App. Sie sind Sie.

4.3 Rollen - Sie sind eine Matrjoschka

Kennen Sie die? Matroschkas oder eben Matrjoschkas, das sind diese aus Holz gefertigten, mit Verzierungen bemalten, russischen Puppen, die man ineinander schachteln kann. Kaum öffnet man eine, kommt die nächste heraus und dann die nächste und die nächste. Die kleinste kann man nicht mehr öffnen, die darf einfach so aus Vollholz sein.

Bild 4.2 Matrjoschkas und App-Designer haben eines gemein: Sie sind viele.
Quelle: „Russian-Matroshka2". Lizenziert unter CC BY-SA 3.0 über Wikimedia Commons, *https://commons.wikimedia.org/wiki/File:Russian-Matroshka2.jpg#/media/File:Russian-Matroshka2.jpg*

Würde man superkorrekt sein wollen - in den meisten Agenturen geht es aber nicht superkorrekt zu -, bräuchte man allein für die Konzeption einer App ähnlich wie für die Konzeption von Software mehrere Rollen. Diese will ich Ihnen vorstellen, weil sie hervorragend zeigen, wie viele unterschiedliche Dinge es zu bedenken gibt. Wie viele dieser Rollen Sie selbst letztendlich einnehmen werden, hängt von Ihnen und Ihren Fähigkeiten ab. Wenn Sie merken, dass Sie etwas nicht erfüllen können, benötigt es an dieser Stelle eine Wissenserweiterung in Ihnen, von extern (z. B. durch einen erfahrenen Freelancer) oder intern - vielleicht auch bei Mitarbeitern, bei denen Sie es nicht gleich vermutet hätten. Beispiel: Jemand aus dem Marketing kann super Tests vorbereiten und Nutzer akquirieren und diese Tests auswerten.

Der Sinn der folgenden Abhandlung ist: Wertschätzen Sie Ihre Leistung. Erkennen Sie, dass Sie ein Mutant sind, ein Multitalent, ein hybrides Wesen. Oder erkennen Sie, dass Sie es (noch) nicht sind, und fordern Sie mehr Kapazitäten an. Reden Sie mit Ihrem Chef oder suchen Sie geeignete Leute. Das ist besser, als ein App-Projekt zu unterschätzen und dann einen enttäuschten Kunden vor sich zu haben.

Ihr Matrjoschka-Team besteht aus folgenden Rollen und Know-how:

- **User-Centered Requirements Engineer** zum Aufnehmen der Anforderung an den sicht- und erfahrbaren Teil der App; sprich: *Was* kann der Nutzer alles mit der App tun? Das sind die Features der App. Der Übergang zu den technischen Anforderungen ist fließend (wenn der Nutzer z. B. Daten anfordert, werden diese von einem Server geladen - da wird's technisch) und deshalb gehört zu dieser Rolle technisches Verständnis und die Fähigkeit, sich technische Infos aus dem Team zu holen.
- **Interaktionsdesigner** beantwortet die Frage, *wie* der Nutzer das, was er mit der App tun kann, tut. Welche Navigations- und Interaktionselemente dazu genutzt werden. Diese sind plattformspezifisch für iOS, Android, Windows, Blackberry & Co., manchmal ähnlich, häufig dokumentiert in den Human-Centered Guidelines der jeweiligen Plattform. Es ist also nicht notwendig, ständig Neues zu erfinden, es reicht, häufig Vorhandenes zu kombinieren, da sich die Anbieter der jeweiligen Plattform bereits Gedanken darum gemacht haben. Eine Ausnahme sind Spiele. In Spielen kann neuartige Interaktion rocken. Für Apps, die als Tools gedacht sind, empfiehlt es sich, die Interaktion auf bekannten Elementen aufzubauen, da sie zur effizienten Nutzung beitragen. Das führt hervorragend über zur nächsten Rolle ...
- **Usability Engineer**, der sich darum sorgt, dass der Nutzer effizient, frustfrei und zielführend seine Bedürfnisse in der App auf Screen-Ebene erfüllen kann. Vielleicht kann man es so ausdrücken: Ein Interaktionsdesigner hat den Spaß im Fokus, ein Usability Engineer die Effizienz. Hand in Hand kreieren diese beiden Rollen die User Experience für die Bedienung der App, denn Spaß und Effizienz sind verwandt und mögen einander.
- **Informationsarchitekt**, dessen Aufgabe die Erstellung einer Struktur zum Auffinden von Informationen und die Darstellung derselben in der App ist. Er achtet darauf, dass die Navigationsstruktur in einer App *konsistent* ist - dem Nutzer also in allen Übergängen sinnvoll erscheint. Außerdem legt er auch Wert darauf, dass die Navigationspunkte verständliche und *erwartungskonforme* Namen haben und richtig geclustert sind - also Gleiches zu Gleichem und nicht über die ganze App verstreut.
- **Informationsdesigner**, der sich vor allem bei komplexeren Darstellungen von Informationen darum kümmert, dass diese den Nutzer einnehmen, Daten überschaubar und gut zu merken sind, dass sie auch Lust auf mehr machen (und nicht Widerwillen auslösen), dass sie korrekt dargestellt sind - beispielsweise Proportionen stimmen. Informationsdesigner sind in zweiter Linie um die Ästhetik bemüht, in erster um die Verständlichkeit und die schnelle Erfassung seitens des Nutzers. Wozu? Unsere globale Datenmenge verdoppelt[6] sich jedes Jahr. Zusätzlich erfahren Sie in Kapitel 6, *App-Typen und mobile Technologien*, wie *Wearables* und das *Internet of Things* auf den Nutzer bezogene Daten produzieren. Diese Daten sollen im entsprechenden Kontext abgerufen und dargestellt werden.

[6] *http://visual.ly/infographic-understanding-growth-information*

- **User Interface Designer**, der dem bisherigen Konzept auf Screen-Ebene eine Anmutung gibt, Kleidung überzieht, die zur Plattform und zum Nutzen der App passt. In meiner Wahrnehmung macht der UI-Designer hier einen Kompromiss aus folgenden Anforderungen:
  - Den **UI-Guidelines** von Google, Apple & Co., die sehr umfangreiche Dokumentationen erstellt haben, wie das User Interface einer App für die spezifische Plattform beschaffen sein soll. Sie definieren Größen, Farben und Interaktionselemente sehr konkret - also (density-)pixelgenau - und machen Vorschläge zu Buttons, Listen, Feldern, Text etc. Sie müssen sich hier nichts aus den Fingern saugen und machen es sich leichter, wenn Sie diese Unterlagen studieren.
  - Dem, was gerade „**in**" ist. Die von Windows ausgelöste Flat-Welle ist immer noch da und Googles Material-Design mit seinem starken Schlagschatten ist in vielen Android-Apps zu sehen. Alles sieht ähnlich cool aus, also sind wir als Designer auch davon beeinflusst. Dennoch haben wir den Anspruch, etwas Eigenes einzubringen.
  - Den Erwartungen der Firma an das **Branding** oder das Einhalten einer **Corporate Identity**. Meine Gedanken hierzu haben speziell damit zu tun, dass ein vorhandenes Branding oder eine CI nicht immer mit dem Charakter einer App zusammenpasst. Klar, man kann eine Website in eine App hineinquetschen. Die App ist aber wie eine andere Spezies. Sie ist kein Print-Produkt, sie ist keine Webseite. Sie hat ihren eigenen Rahmen, in dem ihr eigener Charakter erschaffen wird. Ein in der Firma vorhandener Charakter, der sich für Print-Produkte super machte, kann in der App völlig verloren aussehen oder unzeitgemäß oder eben schlecht adaptiert sein. Finde ich beispielsweise so bei der easyJet-App. In meiner Wahrnehmung hat ein Webdesigner hier seine erste App gestaltet. Es ist zwar alles von der Größe angepasst, aber es sieht einfach nach einer leicht ranzigen Webseite aus - eine schicke easyJet-App zu machen, wäre gar nicht so schwer und hätte möglicherweise *weniger* Zeit in Anspruch genommen. Ein Überarbeitungsbeispiel dazu kommt auf den nächsten Seiten.
- Und schließlich gehört die Rolle des **Usability-Testers** hinzu, der dafür sorgt, dass die App - oder besser noch ein Prototyp der App - rechtzeitig mit Nutzern getestet wird. Mit *rechtzeitig* meine ich wirklich recht zeitig. Am besten nach den ersten fünf bis sieben relevanten Screens. *Relevant* heißt: Screens, die die Hauptfunktionalität abbilden. Im Falle von easyJet ist der Haupt-Business-Kern „einen Flug buchen". Das sollte in der App super easy gehen. Mehr zur Rolle des Usability-Testers sehen Sie in der Box auf den nächsten Seiten.

In meiner Erfahrung lassen sich für die meisten Projekte die ersten vier Rollen, also **User-Centered Requirements Engineer**, **Interaktionsdesigner**, **Usability Engineer** und **Informationsarchitekt** zu einem **App-Konzepter** zusammenfassen. Auf Wikipedia findet man unter dem Eintrag „Konzepter" das „typische Anforderungsprofil", das ich ein wenig kommentiert habe, um es auf Apps zu justieren:

Aufgaben und Know-how eines App-Konzepters

- Kreativität → *yes!*
- Breite Allgemeinbildung → *ja, vor allem über das analoge und digitale Zeitalter*
- Strategisches, analytisches und strukturiertes Denken → *o ja, die [wirren und ausufernden] Ideen des Kunden müssen sortiert, geordnet, strukturiert werden, eine Form finden (MindMap, Wireframes etc.).*
- Expertise in der Marketing-Kommunikation und in der Informationsvermittlung → *yep, als Konzepter sollte man auch mit der Marketing-Abteilung sprechen können und ebenfalls Konzepte anderer Produkte analysiert und verstanden haben.*
- Interdisziplinarität → *und noch besser: Hybrid Thinking; also mehrere Disziplinen miteinander verbinden können; allgemeingültige Prinzipien erkennen können*
- Professionelle Schreibfähigkeiten, gutes Ausdrucksvermögen → *klar, man muss das Konzept ja gut verstehen können; immerhin wird das ganze Team sich darauf stützen.*
- Hohe Team- und Kommunikationsfähigkeit → *o ja! Sie verbinden den Kunden und seine Wünsche mit der Zielgruppe, Sie verbinden die Ansprache mit den Features, und das alles, indem Sie mit allen anderen im Projekt effizient kommunizieren.*
- Beherrschung von Präsentationstechniken → *ja. Sie setzen sich für die Nutzer ein und brauchen dementsprechend eine klare Linie, die Sie am besten mit Testergebnissen unterstützen können.*
- Gute Kenntnisse in allen für das jeweilige Feld relevanten und angrenzenden Bereichen → *Apps und Smartphones, Phablets, Internet, ähm ... und ein wenig Programmierung - wenigstens, was da grob geht und was nicht. Developer-Talk ist angesagt, yeah!*

App-Konzepter denken und arbeiten in Abläufen

Jemand, der Apps konzipiert, braucht prozedurales Vorstellungsvermögen - also eine gute Vorstellung für Abläufe - und den Willen zur Vereinfachung. Das heißt: „Was passiert als Nächstes“ oder „Was passiert, wenn ich durch den Bestellvorgang gehe?“ und „Wie kann ich es so *einfach wie möglich* für den Nutzer (und auch die Entwickler) machen?“

Ich habe die Erfahrung gemacht, dass wenige Kunden sich diese Schrittabfolge selbst vorstellen können. Oft begreifen sie es erst mit den Wireframes und sehen, wie viele (logische) Schritte noch notwendig sind, um beispielsweise an das Ende einer Bestellung oder eines Foto-Uploads zu kommen.

Als Konzepter verstehen Sie, *wann* und *was* die App mit dem User kommuniziert, und Sie verstehen auch, was im Hintergrund passiert. Dass zu einem bestimmten Zeitpunkt ein Server angesprochen wird oder Daten geladen werden. Je mehr Sie selbst Bescheid wissen, desto mehr freuen sich die Entwickler über ein Konzept, das ihnen zuspielt. Um das Zusammenspiel von Anfang an auf einer soliden Basis zu entwickeln, holen Sie sich die Programmierkollegen für eine (und gern mehrere) Session dazu. Sie stellen ihnen Ihr Konzept vor, zeigen den Ablauf der App und freuen sich über deren Feedback. Genauso machen Sie es mit den Kollegen vom Marketing, mit dem Kunden und, falls es doch einen separaten Designer geben sollte, mit diesem. Das Team soll das Konzept kennen, dazu beisteuern und möglichst früh in den Entstehungsprozess der App integriert werden. So verbinden Sie die verschiedenen Perspektiven in der Konzeption. Mit dem Prototyp können Sie dieses Rundum-Konzept dann am Nutzer testen.

Usability-Tests testen den Output des gesamten Teams

Nach dem User-Interface-Beispiel möchte ich den Usability-Tester genauer ansehen, der häufig eine undankbare, wenig geschätzte oder gar völlig vergessene Rolle hat. Aus meiner Beobachtung verteilt sich diese Rolle oft kurz vor Launch auf 5-vor-12-Klicktests im ganzen Team. Oder ein externer Dienstleister soll die Anwendung vor dem Launch durchchecken. Da wird in meiner Wahrnehmung etwas missverstanden. Der Usability-Test ist kein Pflichttest wie in der Schule, den man einfach hinter sich gebracht haben muss. Der Usability-Test ist die Verifikation der Konzeption, der Interaktion, der Gestaltung und ebenfalls der Programmierung. **Der Usability-Test ist eine Verifikation der gesamten Teamarbeit.** Nun ist verständlich, dass sich davor gedrückt wird. In einem Team, in dem die Mitglieder beispielsweise mit dem Schuldkonzept arbeiten und dieses hin und her schieben, um selbst ja keinen Fehler begangen zu haben, ist das Auffinden von Fehlern wie ein persönlicher Angriff. Doch Fehler sind das, woran wir wachsen und worauf das *Lean-Start-up-Konzept* basiert. *Trial-Error-Correction*. Das geht besser, wenn die geplante Anwendung noch im Bau ist. Etwas Fertiges zu testen tut natürlich mehr weh! Etwas im Aufbau zu testen, bringt wertvolle Erkenntnisse. Daher immer und immer wieder die Empfehlung, auch von Steve Krug[7], dem Usability-Gott, mit dem Testen quasi sofort zu beginnen. Was klar und deutlich für einen Prototypen spricht, der zu einem Produkt auswachsen kann.

Usability-Tester

In diesem Fall wäre es tatsächlich gut, wenn jemand anderes diese Rolle einnehmen und Sie sich die Ergebnisse oder ein Video des Tests ansehen könnten. Diese Tests sollten von jemandem vorbereitet werden, der Schwachstellen im User Interface herausfinden *will* und nicht die positive Bestätigung seiner tagelangen Arbeit einheimsen möchte.

Außerdem sollte es jemand sein, der gut mit Menschen kann und den Testern auf jeden Fall das Gefühl erspart, sie wären dumm, wenn sie etwas nicht finden. Wenn etwas Wichtiges in der App nur mit Mühe gefunden werden kann, ist da ein Konzeptions- und/oder Design-Fehler. Statt Fehler nenne ich es auch gern *Hindernis*, weil es den Nutzer daran hindert, das Wichtigste in der App zu tun. Genau dazu ist der Test da: um Hindernisse zu finden; nicht, um Hindernisse *nicht* zu finden.

[7] Steve Krug schrieb das Buch „Don't make me think". Jetzt schon ein Kult-Buch über Web-Usability. Die neue Ausgabe bezieht auch mobile Webseiten und Apps ein.

Um das Testen einer konkreten Funktionalität auf technischer Ebene geht es hier auch nicht - es geht um das Testen dessen, wie gut (leicht, effizient, ohne Anstrengung, ohne Frustration!) eine Funktionalität gefunden werden kann, die in einem bestimmten Nutzungskontext (an der Bushaltestelle, im Laden, an der Kasse, ...) steht. Und dann geht es darum, *wie* diese Funktionalität *genutzt* wird. Es muss nicht tatsächlich ein Flug gebucht, ein Taxi gerufen, eine Pizza bestellt werden - es soll mit dem Test herausgefunden werden, wie es möglich ist, am *effizientesten* einen Flug zu buchen, ein Taxi zu rufen, eine Pizza zu bestellen.

Das heißt also tatsächlich, dass Sie für diese wichtigen Tests keine fertig programmierte, sondern lediglich eine gut *simulierte* App benötigen. Testen ist heutzutage befreit vom Warten darauf, dass die Entwickler mit irgendwas ankommen, was funktioniert. Heute können Designer Apps selbst testen. Und testen ist früh dran und es geht so viel einfacher als noch zu Anfängen des App-Hypes. Tools stelle ich Ihnen im weiteren Verlauf vor.

Aufteilung der Matrjoschkas

Wir haben zusammen also sechs Rollen, die notwendig sind, um eine runde App-Konzeption und einen klickbaren Prototypen auf die Beine zu stellen und zu testen. Von sechs Personen, die diese Rollen besetzen sollen, rede ich gar nicht. Unter Umständen wäre das für ein mittelgroßes App-Projekt viel zu viel.

Wie viele dieser Rollen werden wirklich *bewusst* von uns App-Designern eingenommen? Sind wir uns dessen klar, was wir da leisten? Jede dieser Rollen benötigt ein bestimmtes Knowhow. Woher kommt es? Wann schaffen wir, es uns anzueignen?

Zu oft erlebe ich, dass Designer selbst und die restlichen Team-Member nur das User Interface Design auf dem Schirm haben. Als würden Interaktion, Usability und die Informationsarchitektur von Unsichtbaren gemacht. Gleichzeitig ist völlig klar, dass die Frage auftreten wird, *wie* sich die gestalteten Screens *verhalten*.

Viele von den genannten Rollen beinhalten logisch-strukturelle, organisierende, sortierende Aufgaben, die zum Entstehungsprozess einer App gehören, aber nicht direkt sichtbar sind - diese werden nahezu überall unterschätzt. Es ist wie der riesige Eisberg unter der sichtbaren Spitze. Wertschätzen Sie selbst Ihre Arbeit. Geben Sie auch Ihrem Team die Chance, diese Vielfältigkeit zu sehen. Vor allem, wenn Sie als Designer allein an dem Projekt arbeiten. Sie sind nicht nur ein schnöder Screen-Designer. Sie sind App-Designer. Sie sind digitaler Produktdesigner. Sie sind das **Epizentrum**.

4.4 Aufgaben eines App-Designers

YOU ARE IN A POSITION TO BE THE MOST VALUABLE PERSON IN YOUR TEAM. GO KICK SOME ASS. Ran Segall, Full Stack Designer in The Full Stack Designer Manifesto[8]

Lassen Sie mich mit einer Mind-Map beginnen, die Ihnen klarmacht, wo Sie als App-Designer stehen und welche Fähigkeiten in Ihnen in welchem Projektschritt gebraucht werden, um ein modernes App-Produkt zu erstellen.

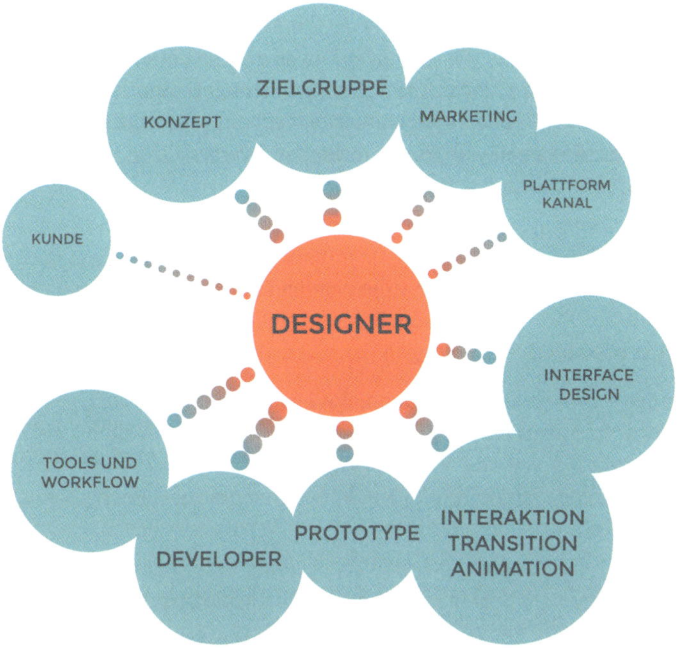

Bild 4.3 App-Designer und ihre vielfältigen Aufgabengebiete. Häufig wird angenommen, Designer würden vor allem das User Interface gestalten. Doch App-Produkte erfordern wegen der Vielseitigkeit in der Nutzung und Bedienung enge Zusammenarbeit mit der Zielgruppe, Kenntnis in Interaktion und Prototyping sowie eine hervorragende Zusammenarbeit mit Programmierern.

Ich habe Sie in die **Mitte** gesetzt, denn Sie halten letztendlich die Fäden in den Screens und dem Prototyp, den Sie erstellen, zusammen. Sie drücken das Produkt aus, Sie verarbeiten die Anforderungen, die da aus allen Richtungen auf Sie einprasseln, und geben diesen eine Form. Sie sind der Mensch, der die App-Idee lebendig macht - ein toller Job, nur eben mit viel Drumherum. Und dem Beben unter Ihnen ...

---

[8] *http://de.slideshare.net/RanSegall/the-full-stack-deisgner-manifesto*

Kunde – Lernen Sie Ihren Kunden kennen

Auf **10 Uhr** habe ich Ihren **Kunden**, den Auftraggeber, das bebende Hypozentrum gesetzt – das ist die Person, die die App beauftragt hat oder haben möchte; in der Fachsprache auch *Stakeholder* genannt.

Selbst wenn Ihr Team größer ist und Ihr Projektleiter den Kundenkontakt macht, ist es gut, wenn Sie als Designer mit bei dem Gespräch sind und die Persönlichkeit des Kunden *scannen*. Ob Sie wollen oder nicht, der Kunde wird derjenige sein, der Ihre Arbeit abnimmt. Wenn Sie ihn als Mensch einschätzen können, wird es Ihnen mit diesen Infos leichter fallen, den Kompromiss zwischen **Zielgruppe** und Ihrem Kunden einzugehen. Sie erinnern sich: Der Kunde gehört nicht unbedingt zur Zielgruppe. Und Sie sind Advokat der User und handeln in deren Interesse. Da wird's ab und an Kompromisse brauchen.

Ihr Kunde sollte sich schon *vor* der Beauftragung einer App-Entwicklung die Gedanken aus dem Kapitel 2 – *Das Potenzial Ihrer App* – gemacht haben. Und mit Gedanken meine ich in Wirklichkeit *Antworten* auf die zehn Schlüsselfragen. Wenn Sie begeisterungsfähig sind und nicht für die Schublade bauen wollen, dann stupsen Sie Ihren Kunden freundlich auf diese Fragen an und fordern Sie Antworten ein.

Weiterhin wird es Ihre Aufgabe sein herauszufinden, was sich Ihr Kunde selbst unter seiner App *vorstellt*. Und wenn er keine detaillierten Vorstellungen als Konzept ausdrücken kann, ist es umso wichtiger, dass Sie mit ihm in persönlichem Kontakt sprechen.

Konzept – Durchdringen Sie die App-Idee und das vorhandene Konzept

Oft hat der Kunde eine Art Konzept – oder meint eines zu haben – und Sie bekommen es zum Ansehen. Wenn es in PowerPoint ist, haben Sie noch Glück ...;) Ich habe viele Konzepte gesehen und muss feststellen, dass häufig eine grundlegende Sache fehlt: die vernetzte Ansicht, das große Ganze, *the big picture*. Häufig handelt es sich um zusammengeschusterte Screens, die vermitteln, was die App *tun* soll.

Der gegenteilige Fall ist, es gibt das große Ganze, eine tolle Vision, aber nichts, was diese herunterbricht in machbare Schritte. Machbare Schritte sind bei einer App *Screens*.

Es ist nun Ihr Job, über die Screens hinaus zu denken oder die Idee auf Screens herunterzubrechen. Im ersten Fall sollten Sie die Idee und eventuell auch schon das Business dahinter verstehen. Keine Sorge, Sie müssen nicht noch nachts BWL[9] studieren. Sie sollten einfach Ihren gesunden Menschenverstand anschalten und sich immer wieder diese Fragen stellen: „Was ist der Kernnutzen dieser App? Gibt es dazu eine Zielgruppe? Wie ist die Zielgruppe drauf?"

Ich garantiere Ihnen, dass Sie das Konzept auseinandernehmen und verstehen müssen und unter sehr wahrscheinlichen Umständen sich selbst noch mal als Wireframe aufzeichnen werden. Möglich, dass Sie ein großes Blatt an Ihrem Arbeitsplatz aufhängen werden, um die Ausmaße der App überhaupt begreifen zu können – vermutlich sind Sie hier der erste Mensch in Ihrem Team, der in diesem Projekt mit dem *echten* Ausmaß konfrontiert wird. Wenn nicht Sie, sind es Ihre Programmierkollegen, die mit der Realität konfrontiert werden.

---

[9] Wenn Sie eh schon ein Interesse für Business haben oder dieses ausbauen oder modernisieren wollen, dann empfehle ich Ihnen das Buch *Business Model Generation* von Alexander Osterwalder und Yves Pigneur. Macht Spaß.

Es hängt also eher davon ab, wer diesen App-Auftrag zuerst sortiert und real werden lässt. Die anderen wiegen sich noch in nichtwissender Begeisterung oder dem tollen Geschäft, aber Sie werden sehen, aus wie vielen Screens die App *wirklich* besteht.

Sie sind in der Phase der *Grobkonzeption*[10], und dass Sie hier das erste Mal mit Ihren Programmierkollegen in Kontakt kommen werden, ist klar und logisch. Sie müssen ja wissen, was alles geht und wie groß der Aufwand sein wird. Hier beginnt das Team-Work Designer & Programmierer. Ziemlich früh, nicht wahr? Zeit, sich mit Entwicklern anzufreunden und die ersten groben Wireframes durchzusprechen.

Zielgruppe – Wer sind die Nutzer?

Nun zur **Zielgruppe**. Das sind die **Nutzer** der App. Das muss also nicht zwingend Ihr Kunde sein – wobei es wirklich besser wäre, wenn Ihr Kunde zur Zielgruppe gehörte. Sie werden sehen, dass Sie sich über die Zielgruppe erst einmal belesen werden oder diese kennenlernen müssen. Vor allem, wenn die App für eine Nische gedacht ist. Sie müssen verstehen, wer die Zielgruppe ist, wie die Zielgruppe drauf ist, mit welcher bildlichen Sprache, mit welchen Features, Farben, Worten Sie diese Zielgruppe ansprechen. Und Sie sind Super-D, immer im Einsatz für die Nutzer. Bei jedem Screen, jedem Button denken Sie an die Nutzer. Keiner im Projekt wird so viel und intensiv an den Nutzer denken wie Sie. Sie sind praktisch eine Art Advokat für den Nutzer.

Bemühen Sie sich also, der Zielgruppe persönlich zu begegnen. Am besten bereiten Sie dazu einen Mini-Fragenkatalog vor. Führen Sie ein kleines Interview durch, in dem Sie den Nutzer fragen, welche Erwartungen er an einen Service oder ein Produkt hat. Fragen Sie, ob er oder sie sich vorstellen könnte, diesen Service in einer App zu nutzen, und dann, was das *Wichtigste* dabei wäre. Sprich: Wie stellt sich der Nutzer die Nutzung vor? Was soll sie ihm einfach machen? Sie können weiter fragen, ob der Nutzer bereit wäre, für diese Lebensvereinfachung Geld auszugeben, und wenn ja, wie viel ungefähr? Schließlich fragen Sie noch, ob er oder sie für Tests mit einem Prototyp zur Verfügung stehen würde.

Diese Art Interviews sind Aufgaben der Vertriebsmitarbeiter, denn diese haben Bezug zu Produkten, Kunden und Nutzern. Wenn Sie Glück haben, sind Sie in einem Umfeld tätig, das Ihnen diese Interview-Ergebnisse als Briefing zur Verfügung stellt. Wenn nicht, machen Sie sich auf die Socken und notieren Sie alles ganz genau – möglich, dass Sie es im weiteren Projektverlauf als Argumente einsetzen wollen.

Marketing – Mit welchem Kernnutzen wird die Zielgruppe angesprochen?

Als Nächstes empfehle ich Ihnen, eine Sitzung einzuberufen, in der Sie Ihre Neustrukturierung des Grobkonzepts Ihrem Projektleiter und den Leuten vorstellen, die das Marketing durchführen werden. Der Projektleiter bekommt eine Idee des Ausmaßes und die Kollegen vom Marketing können Ihnen Input zu ihren Erfahrungen mit der Vermarktung bisheriger Produkte geben. Das hat zwei Vorteile: Erstens, Sie beziehen sie mit ein und lassen sie am Produkt mitwirken, statt sie am Ende (nur) ein fertiges Produkt verkaufen zu lassen, das sie womöglich erst noch kennenlernen müssen. Das bringt Ihnen Pluspunkte – garantiert. Und zweitens, Sie können sich Erfahrung von Menschen holen, die den Kommunikationskanal

[10] Im Kapitel „Das App-Projekt“ beschreibe ich ausführlich den Unterschied zwischen Grob- und Feinkonzept. Beide Konzepte sind in einem anderen Projektschritt und haben einen unterschiedlichen Fokus.

mit den potenziellen Nutzern Ihres Produkts haben! Eigentlich braucht es hier keine weiteren Argumente. **Sie und Ihre Marketingkollegen sind die Schnittstelle zum Nutzer – also kooperieren Sie. Immer!**

Ich wette, Sie werden auch die Person sein, die das **App-Icon** und die Screenshots für die App-Store-Einträge erstellen wird. Das ist noch mal ein Brocken. Das App-Icon ist ein bisschen wie ein Logo, aber eben nicht ganz. Es ist wie eine virtuelle Verpackung, die man nicht anfassen kann. Es wird meist überall recht klein angezeigt, aber Sie müssen es riesig erstellen, weil Apple & Konsorten es im Store (und auf mir noch unbekanntem, nie gesehenem Terrain) in 1024 × 1024 Pixeln anzeigen wollen. Diese Größenunterschiede machen Ihr App-Icon anfällig für Disproportionalitäten.

Daher empfehle ich Ihnen dringend, eine Vorlage zu benutzen. Ich teste das App-Icon gern auf diese Arten:

- Ich baue eine Fake-App-Store-Seite zusammen und zeige sie herum, gucke sie mir immer wieder und wieder mit einem frischen Geist an.
- Ich drucke das Icon aus und zeichne darin herum; sehe es mir von nah und fern an.
- Ich nutze beispielsweise InVision als Prototyping-Toll und InVision legt das Icon als Lesezeichen auf dem Desktop des Geräts ab. So sieht es aus wie eine echte App und ich kann sehen, wie es unter all den anderen Icons wirkt.

Das App-Icon ist ein wichtiges Marketing-Element, zusammen mit dem Namen der App. Beides muss die Zielgruppe ansprechen und berühren. Daher arbeiten Sie mit den Menschen zusammen, die für das Marketing zuständig sind. Jemand muss das App-Icon und den Namen der App testen ... tja, wer wird das sein?

Tools – Grafiken für Apps exportieren

Sie brauchen ein Tool, ein Grafikprogramm, in dem Sie die App gut gestalten und die Grafik für die Entwickler *einfach* und für alle relevanten Screen-Auflösungen exportieren können. Es gibt Plug-ins für Illustrator, Photoshop, Sketch, die Ihnen unter die Arme greifen. Trotzdem werden Sie Zeit einplanen, um herauszufinden, wie Sie die Dateien am besten anlegen, um den Export richtig zu machen. Sie kommen also nicht umhin, ein paar Recherchen vorzunehmen, sich anzusehen, was es da gibt, und dann einen Live-Test durchzuspielen. Sie werden Zeit brauchen, um Ihre Tools auf App-Design einzustimmen. Und am besten, Sie zeigen die exportierten Grafiken einem Ihrer Entwicklerkollegen und lassen sich diese kommentieren. Wählen Sie dafür den Kollegen, der am meisten App-Erfahrung hat. Grafik in der App ist etwas, womit die Entwickler selbst erst Erfahrungen sammeln müssen.

Nein, denken Sie nicht: „Ach, das wird schon irgendwie gehen!“ Wenn's stressig wird im Projekt, alle auf das Ende zu hecheln und Sie Ihre Lebensenergie in die Nacht versprühen, weil Sie sich immer noch fragen, wie Sie jetzt alle Icons in die richtigen Auflösungen für Android-Geräte bekommen ... furchtbar! Lassen Sie das! Lesen Sie lieber weiter. Ich gebe später Empfehlungen, wie man sich mit gelungenen Exporten guten Schlaf holt.

Plattform – Sie müssen wissen, auf welche Nutzer Sie sich einstellen

Die Frage nach der **Plattform** tritt ziemlich früh auf, weil davon die zu suchenden oder die vorhandenen Ressourcen und das Team abhängig sind. Ein iOS-Entwickler, der bisher native iOS-Apps gemacht hat, wird kaum von einer Minute zur anderen auf die Android-Entwicklung umsteigen können – und vielleicht noch weniger *wollen*. Das ist die eine Schwierigkeit. Die andere ist: Welche Plattform nutzt Ihre Zielgruppe?

Dann stellen sich zum einen die Fragen nach Marktpotenzial – es gibt weitaus mehr Android-Nutzer als iOS-Nutzer – und zum anderen nach der Kaufkraft – lange galten iOS-Nutzer als bessere Käufer. Aber vielleicht stimmt das im Segment dieser App nicht. Das muss *vor* der Prototypisierung herausgefunden werden.

Weiter geht's mit: für Smartwatches, für Smartphones, für Phablets und/oder Tablets? Oft – und gerade bei Android – möchten Kunden alle Gerätetypen bedienen. Dass allein die Layout-Konzeption (also die Ver- und Aufteilung der Elemente auf dem Screen) von einem Smartphone-Display zum Tablet noch mal eine Extra-Runde beansprucht, wird häufig nicht bedacht. Vom Kunden selbstverständlich nicht, aber vom Team auch nicht. Dann werden die Entwickler Sie fragen: „Wie sollen wir das Menü eigentlich auf dem Tablet machen?" Und Sie stehen da, arbeiten in Windeseile irgendwas nach, was der Kunde nicht mal gesehen hat. Und dann will dieser, dass es doch anders aussieht. Dass es mit Nutzern nicht getestet wurde, brauche ich gar nicht zu erwähnen, oder?

Sie sollten das also vorbereiten. Einen Fragenkatalog zu dieser MindMap finden Sie am Ende des Kapitels.

Dann werden Sie wissen, welche Screengrößen es gibt, welche Auflösungen, in welchen Größen Sie die Grafiken ausliefern. Das ist gerade beim Einstieg in diese Materie ziemlich viel Wissen. Aber es gibt jede Menge schöner Tools, die uns dabei helfen. Genauer beschreibe ich sie im Kapitel „Das App-Projekt".

Prototype – Machen Sie anfühlbar, worüber alle anderen reden

Falls Sie sich fragen, wozu Prototyping gut sein soll, dann sind hier meine Argumente:

- Statische Screens können keinen **Nutzungsfluss** abbilden. Erst wenn Screens klickbar werden, wird die Reise durch die App erfahrbar. Und genau das bringt die großen Erkenntnisse. Das ist wichtig für die interne Besprechung der App.
- Der Prototyp ist eine tolle **Motivation** für alle Beteiligten im Team. Für den Kunden, für Sie, für die Entwickler und für das Marketing. Alle Seiten können schon was anklicken, bekommen ein *Gefühl* für das Produkt. Genau darum geht's. Der Prototyp ist die erste Version Ihres Produkts – ab da haben Sie schon das Produkt und müssen es nur noch verbessern.
- Der Prototyp ist Ihr Tool für die **Nutzertests**. Sie testen mit dem **klickbaren, schlicht gestalteten Prototyp** anfangs die Funktionalität, den Navigationsfluss, die Verständlichkeit und ob der Use-Case der App gut herausgearbeitet ist. Es gibt also keine Zeit für ausschweifendes Design und Pixelschieberei. Sie testen das Konzept. Die Optik verfeinern Sie später, viel später. (Trotzdem sollte der Prototyp nicht ranzig, liederlich oder hingerotzt aussehen. Dazu behelfen Sie sich fertiger Vorlagen, Icon-Sets, die es wie Sand am Meer oft kostenlos gibt. Selbst wenn Sie es für $ 5 oder $ 10 kaufen, sparen Sie damit wertvolle Arbeitszeit.)
- Mit einem Prototyp müssen Sie später den **Programmierern** nicht mehr so viel erklären. Sie können ihn anklicken und werden gut verstehen, was sich hinter der App und jedem einzelnen Screen verbirgt. Der Prototyp ist wie das zum Leben erwachte Konzept und wird Ihnen in Kapitel 8, *Konzeption, Prototyping und Tests*, vorgestellt.

Nun gibt es für Sie nur zwei Schwierigkeiten zu überwinden. Erstens, wie genau machen Sie den Prototypen? Und zweitens, mit welchen Tools, welchem Framework erstellen Sie den Prototypen? Es gibt mittlerweile so viele. Je genauer der Prototyp werden soll, desto mehr Zeit werden Sie benötigen.

Interaktionen, Transitionen, Animationen – UX pur

Interaktion, ja natürlich. Aber eh, Moment mal ... Transitionen *und* Animationen? WAS?!

Sehen Sie, wenn Sie die einzige Person im Projekt sind, die das Frontend gestaltet, dann werden Sie beim ersten Klicktest alle anderen fragen, was für einen Übergang es von dem einen zum anderen Screen gibt – ob es flippt, zur Seite wegfährt, ob es sich ausblendet, wie lange es dauert und so fort. Während der Präsentation finden Sie verbal schnell eine Antwort und können dabei eine schicke Geste machen. Später jedoch – wenn es an die Programmierung geht – werden Fragen auf Sie einprasseln. Oder es kommt die totale Stille, weil die Programmierer sich die Übergänge zwischen Elementen auf einzelnen Screens und zwischen den Screens selbst festlegen. Das kann gut klappen. Und es kann auch sein, dass der Kunde beim Ansehen der App unbequeme Fragen stellt. *Muss das so sein? Können wir das auch anders machen? Kann der Nutzer nicht so und so machen und dann kommt das und das?*

Jetzt wissen Sie, dass es diese Übergänge gibt – man nennt sie Transitionen – und dass jemand dafür sorgen muss, dass sie passen. Sie werden also zu Transitionen gefragt, auch wenn Sie sich explizit nicht dafür entschieden haben, diese auch noch zu bedenken. Es ist einfach so. Zu modernem Screen-Design gehört die Konzeption des Verhaltens *auf* und *zwischen* den Screens mit dazu. Und je mehr die Plattform anbietet, desto mehr kann man den Nutzer entzücken. Und desto mehr Lebenszeit kann man bei der Visualisierung verbringen ...

Deshalb fangen Sie mit den simpelsten Transitionen für das Prototyping an – möglichst einfach zu prototypisieren, und orientieren Sie sich an dem systemspezifischen Standard. Damit sind Sie sicher und machen die App nicht zu quirlig. Das heißt, lernen Sie die einfachsten Transitionen kennen. Und wenn Sie die draufhaben, dann checken Sie erst einmal mit Ihrem Lieblingsprogrammierer, wie viel Aufwand bestimmte Transitionen und Animationen in der programmatischen Umsetzung machen. Doch checken Sie das alles **vor** der Programmierung. Danach kostet es exorbitant mehr Ressourcen.

Googles UI-Empfehlungen haben einen ganzen Abschnitt zu Transitionen und Animationen, die Erfahrung mit der App auf Nutzerseite positiv verstärken sollen. Sie können sich die Beispiele[11] erst einmal ansehen und dann das Tool heraussuchen, mit dem Sie am besten und einfachsten prototypisieren können. Und Tools gibt es viele: InVision, Proto.io, Prott, Flinto, ... ach, so viele!

Developer und Programmierer

Da Sie im Verlauf des Projekts konkrete Vorstellungen der App haben und umsetzen werden, sind Sie natürlich auch die beste Quelle, um mitzuteilen, wie bestimmte Features in der Anwendung wirken und funktionieren sollen. Dazu benötigen Sie zum einen technischen Input bzw. Check-ups aus dem Entwicklerteam, um sicherzugehen, dass Dinge, die Sie sich

[11] *http://www.google.com/design/spec/animation/authentic-motion.html*

ausdenken, funktionieren oder den Aufwand nicht exorbitant erhöhen. Zum anderen teilen auch Sie die Feinheiten der Oberfläche mit dem Entwickler, um das Produkt für den Nutzer so attraktiv wie möglich zu gestalten.

Im Jahr 2015 sind so viele tolle Tools auf den Markt gekommen, die die Zusammenarbeit zwischen Designern und Entwicklern vereinfachen, dass es ein Spaß und eine Erleichterung im Austausch von Daten wird. Doch gute und respektvolle Kommunikation ist weiterhin das Wichtigste und ausschlaggebend für das Gelingen des Projekts.

Tools und Workflow, Kollaboration – Dateien und Informationen leicht zugänglich machen

Schließlich werden Sie sich noch mit den Entwicklern abstimmen, auf welche Art die **Dateiübergabe** stattfinden wird. Denn die Entwickler werden von Ihnen Größen, Farben, Abstände etc. wissen und die konkreten Dateien in Form von Grafiken (Icons, Buttons etc.) haben wollen. Das heißt, einerseits geht es um konkrete Dateien, die in einer sinnvollen Ordnerstruktur liegen sollten, an die Sie und die Entwickler mühelos herankommen. Zum anderen werden Sie pure Informationen ausliefern: Schriftgrößen, Schriftfarben, Farben, Verläufe etc. Das können Sie natürlich hübsch in einer PowerPoint- oder JPG-Datei aufbereiten und sich noch mal Extra-Arbeit machen oder ein Tool nutzen, das genau dafür konzipiert wurde. Jedenfalls sollten Sie nicht verlangen, dass irgendein anderer Mensch sich durch Ihre Layer schaufeln muss, um genannte Infos zu bekommen. Das ist meines Erachtens ziemlich out.

Für die **Dateien** brauchen Sie also eine Art Dropbox oder noch besser ein **Versionierungssystem**. Das können Sie mit Ihren Programmierkollegen gemeinsam aufsetzen und kommen gleich ins Gespräch. Ihr Kollege wird sich über Ihre entgegenkommende Professionalität freuen (er hat sicher nicht erwartet, dass ein Designer mit einem Versionierungssystem arbeiten will!) und Ihnen gern helfen. Im gleichen Zug können Sie Ihren Horizont erweitern und ein wenig über Code plauschen, um schon den ersten Grundstein für ein gelungenes Team-Working zu setzen.

Für die **Eigenschaften** der Screens benötigen Sie etwas anderes. Ein tolles Tool, das Abhilfe leistet, ist beispielsweise ZEPLIN. ZEPLIN importiert Dateien aus Sketch3 und stellt anderen Team-Membern eine flache Version dieser Dateien mit allen Größen und Farben der genutzten Elemente dar. Ich habe ZEPLIN in seiner Beta-Phase entdeckt und war ganz berauscht von der simplen Handhabe. Ich musste dann nur noch meinen Export aus Sketch nach ZEPLIN richtig einstellen, und schwupp, keine Fragen mehr zu Größen, Farben, Abständen. Herrlich!

FullStack-Designer

Sie sehen, im Verlauf eines App-Projekts sind Sie mit vielen unterschiedlichen Aufgaben konfrontiert. Aus diesem Grund nenne ich Sie nicht Screen-Designer, sondern Full-Stack-Designer[12]. Sie hauchen dem App-Produkt Leben ein. Sie erschaffen es, Sie skizzieren es, Sie machen es fühlbar, benutzbar, ästhetisch, Sie verstehen die Zielgruppe. Ihr Spirit geht in die App über und begeistert andere. Wow!

---

[12] *https://medium.com/@edenvidal/the-rise-of-the-full-stack-designer-and-the-tools-he-uses-3daf015eb3fc#.kfa38rpf0*

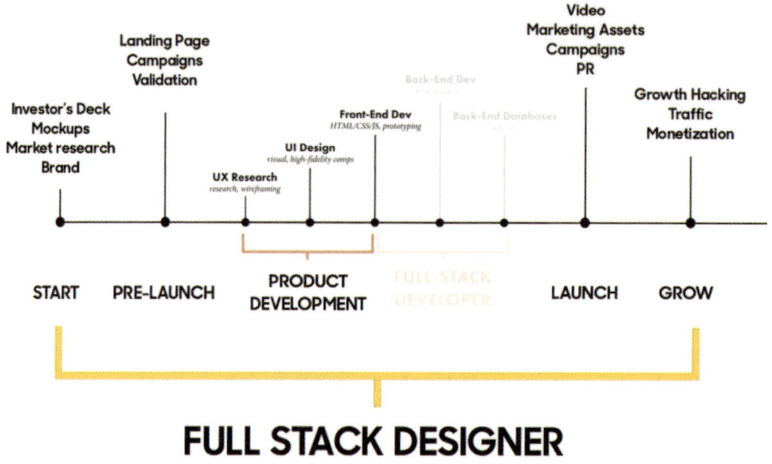

Bild 4.4 Mit „Full-Stack-Developer" wurden ursprünglich Programmierer bezeichnet, die sich in den Schichten einer Anwendung - vom Backend bis zum User Interface - auskannten und in jeder Schicht tätig werden konnten. „Full-Stack-Designer" sind auf mehreren Schichten eines digitalen Produkts tätig: von der Interaktion mit der Zielgruppe bis zur Implementierung des Front-Ends und vielleicht sogar mehr. Sie begleiten heutzutage ein großes Stück des Produkt-Entwicklungsprozesses.

4.5 Das MVT – Minimum Viable Team

Wenn ich an ein Team denke, dann denke ich an die Zahl 2. In der Natur kommt sie oft vor - zwei Augen, Ohren, Beine, Lungen, Arme, Hände. Paare bestehen aus zwei Einzelnen. Zwei ist die einzige gerade Primzahl ... und das ganze System, auf dem Computer fußen - das Binärsystem -, besteht aus zwei Zuständen. 0 und 1. Aus oder an.

Abgesehen davon, dass unsere gesamte Schöpfung - Himmel und Erde, Land und Wasser und unsere ganze Bewertung auch - gut und böse, groß und klein, arm und reich - auf der Dualität basiert. Gegen Land und Wasser können wir nichts tun, gegen unsere Bewertungssysteme schon. Groß ist nicht gleich groß, klein kann groß sein, groß kann klein sein. Arm ist nicht gleich arm und reich kann unter besonderem Aspekt auch unglaublich arm sein.

Wenn *zwei* Menschen miteinander arbeiten, können sie sich gut aufeinander einstellen. Sie haben jeweils ein Gegenüber. Sie können sich gut abgrenzen, aber auch gut Pingpong spielen. Pingpong kann aufhalten: „Du bist doof!", „Nö, Du bist doch doof!", aber auch schnell Probleme klären: „Ich fühle mich gekränkt." „Oh, warum?"

Ich will auf Folgendes hinaus: Ein minimales App-Team besteht für mich in der Basis aus einem Designer und einem Programmierer, die sich gegenseitig wertschätzen. Nichts ist spannender als zwei Pole, die miteinander kommunizieren können. Ich vergleiche das gern mit der Paarkommunikation, die zwischen Frauen und Männern, Eltern und Kindern so häufig bemängelt wird. Würden beide auf die Eigenarten des Gegenübers eingehen und sich dementsprechend klarer ausdrücken, würden einige Konflikte sie gar nicht mehr heimsuchen. Teamarbeit und Paarbindung funktionieren gut, wenn zwei Egos miteinander reden können und präsent sind, aber nicht auf ihrem Weg beharren. Den anderen anzuhören und sich inspirieren zu lassen, ist der konstruktive Weg. Es ist der Weg der *Empathie*. Und jetzt kommt's: Jemand muss damit anfangen. Eine Seite muss aus Ihrem sicheren Häuschen herauskommen und sich für das höhere Ziel einsetzen. Meist ist genau der Mensch, der fragt: „Wieso immer ich?“, derjenige, der etwas bemängelt. Und der etwas beheben kann, weil ihm der Mangel auffällt.

Durchbrechen Sie das Klischee

In der Praxis sieht es so aus, dass man sich als Designer aus Photoshop herausbewegt und einen Entwickler in ein Gespräch verwickelt. „Hey, was ist für Dich die größte Herausforderung an einer App?“ oder „Wie war es, Deine erste App zu machen?“ und „Wie würdest Du gern mit einem Designer zusammenarbeiten?“ Brechen Sie das Klischee des von Technik gelangweilten, hochnäsigen Designers auf und sprechen Sie mit den Entwicklern wie mit alten Kumpels. Das hilft. Ihnen, Ihrem Horizont, der App, dem Kunden, dem Entwickler. Wenn Sie wollen, dass die App so aussieht, wie Sie sie gestalten, dann krempeln Sie sich die Ärmel hoch und lassen Sie sich begeistert ein Stück Code zeigen. Das ist, als ob Sie jemandem einen designten Screen zeigen. Selbst wenn die Person keine Ahnung davon hat, wie man Form und Farbe ästhetisch vergibt, kann sie Fragen so stellen, dass Sie merken: „Aha, da ist ein wacher Geist!“ Sie nehmen ein Interesse wahr und sind glücklich, dass jemand wissen möchte, *wie* Sie arbeiten. Das ist Empathie. Dafür braucht man kein Fachwissen.

Es reicht allein, wenn ich Sie fragen würde, wieso Sie sich in einem Logo für diese Form entschieden haben oder warum gerade diese Farbe und was Sie damit bezwecken. Einem Programmierer geht es im Code genauso. Ich gebe zu, dass es von außen schwerer zu sehen ist als bei einem Logo[13] und gleichzeitig sind die Prinzipien gleich. Als Designer sehen Sie beispielsweise Formen sehr gut und könnten sich die Optik eines wohlgeformten Codes zeigen lassen. Fragen Sie Ihren Kollegen einfach: „Woran erkennt man guten Code?“

Und wenn Sie anfingen, im Quellcode zu lesen, würden Sie wahrscheinlich auch etwas verstehen. Wenn das so ist, ist es guter Code und Sie haben einen Anknüpfpunkt: „O stimmt, Dein Code ist gut, ich versteh was!“

Bei vielen Dingen müssen wir nicht vom Fach sein, um zu verstehen, worauf es ankommt. Wir brauchen lediglich etwas Mut, um zu zeigen, dass wir hier nichts Fachliches *wissen*. Na und? Ist das so schlimm? Wenn wir interessierte Fragen stellen, zeigen wir die Bereitschaft, etwas Wesentliches verstehen zu wollen. Meistens reicht genau das aus, um in Kontakt mit anderen Menschen zu sein.

Meines Erachtens sollte eine App so schlank und schlau konzipiert werden, dass zwei professionelle Menschen es schaffen können, sie umzusetzen. Wenn zur Umsetzung einer App eine Handvoll Programmierer benötigt wird, ist es in meiner Erfahrung schon eine Riesen-App und noch mal genau zu prüfen, ob diese Riesen-App in ihrer ersten Version so auf den Markt geworfen werden soll. Mehr dazu schreibe ich im Kapitel 5, *MVP - Minimum Viable Product*.

4.6 App-Entwickler und -Programmierer

Entwickler[14] und Programmierer sind die Handwerker des 21. Jahrhunderts. Sie sind begehrt, weil sie unsere digitale Welt bauen. Sie sind Fachleute, spezialisiert - wie echte Handwerker auch - auf Ihre Gebiete. Und natürlich stehen sie auch immer wieder neuen Anforderungen gegenüber - wenn ein Tischler ein Eckregal bauen wird statt eines Wandregals, dann ist das für ihn auch ein individuelles Problem, das gelöst werden will.

Ähnlich ist es mit einer App. Je nachdem, für welche Plattform eine App entwickelt wird und auf welche Art sie umgesetzt werden soll - Stichwörter, die ich im Kapitel 6, App-Typen und mobile Technologien, auseinandernehme, sind: native App, Web-App, hybride App. Der Entwickler muss also wissen, welches Werkzeug für welche Plattform gebraucht wird. Und er sollte dieses Werkzeug kennen bzw. damit gearbeitet haben. Programmieren an sich ist eine Denkweise. Ein Entwickler kann diese Denkweise auch aus anderen Projekten mitbringen. Zusätzlich zu dieser Denkweise muss er die Eigenarten der jeweiligen Programmiersprache, des Projektaufbaus, der Entwicklungsumgebung und der Entwicklungskonzepte für die Plattformen kennen. Das alles zusammen ist viel Know-how.

Vielleicht lässt es sich ein wenig vergleichen mit jemandem, der viele Sprachen spricht. Er kennt die Gemeinsamkeiten und Unterschiede, versteht, was in der einen Sprache strukturell funktioniert, in der anderen aber nicht. Und kann sie auch kulturell richtig einsetzen. Er wird also in Deutschland kein deutsch-österreichisches Wort verwenden, sondern sich an die Sprachgepflogenheiten in Deutschland halten. Der Vergleich hinkt etwas, aber er läuft. Je mehr Sprachen ein Programmierer kennt, desto mehr Sprachkonzepte kennt er und kann dementsprechend auch schnell neue Konzepte lernen.

Das Kapital des Programmierers ist also seine Erfahrung, seine Bereitschaft, sich selbst zu einem guten Entwickler zu entwickeln - immer einfacheren, effizienteren, kürzeren, schlankeren, verständlicheren Code zu schreiben und die App sinnvoll, ausbaufähig und nachhaltig aufzuteilen, damit sie erweiterungsfähig und aktualisierbar bleibt - sowie die Entwicklung der Konzepte zu verfolgen und Neuerungen, Verbesserungen nachzugehen.

Das heißt kurzum: Sie haben nichts von einem Entwickler ohne Erfahrung und Sie haben auch nichts von einem Entwickler, der irgendwo auf einer Stufe stehen geblieben ist und noch keine App gemacht hat. Sie brauchen Entwickler, die schon Apps gemacht haben. Und möglichst diese Art App, die Sie entwickeln wollen.

---

[13] Im Übrigen ist das für mich auch der Grund, warum jeder meint, zu Design etwas sagen zu können. Weil es sichtbar ist. Welcher Aufwand dahintersteckt, ist dem Betrachtenden oft nicht klar. Programmierer haben es in diesem Punkt einfacher und genießen eine Art Hoheit, weil nur wenige in den Quellcode blicken und dort die Ästhetik wahrnehmen können. Aber diese Ästhetik gibt es. Und Programmierern gehen die Herzen auf, wenn jemand danach fragt.

[14] Ich verwende in diesem Buch Entwickler und Programmierer synonym. Programmierer sind Quellcode-Gurus, die echten Handwerker. Entwickler bedenken auch das große Ganze mit und sind häufig organisierend unterwegs.

Es hilft Ihnen nicht, wenn Sie eine native App mit einem Webentwickler bauen wollen. Und es hilft auch nicht viel, mit einem Java-Entwickler eine Web-App bauen zu wollen – wobei es mir so herum schon lieber wäre. Sie würden beispielsweise ein Logo, das auf eine LKW-Plane soll, nicht mit einem Photoshop-Experten bauen und gleichzeitig würden Sie Fotos nicht mit einem Illustrator-Experten bearbeiten wollen. Sie würden sich den passenden Experten holen, um damit Ihre Aufgabe am besten zu erfüllen. Und Sie würden möglicherweise Menschen finden, die beides können – dann haben Sie Glück. Bei Programmierern ist es genauso, nur denken die Auftraggeber nicht daran, weil sie sich mit der Technik nicht auskennen. Und manchmal denken die Programmierer auch nicht daran, weil sie die Herausforderung einfach toll finden, oder sie wollten schon immer eine App machen und unterschätzen, wie viel Expertise es braucht, eine qualitativ hochwertige App umzusetzen. Die Devise ist also:

Finden Sie einen *passenden* Programmierer!

Als Designer oder Kunde ist es schwer, die Arbeit von Programmierern einzuschätzen. Wenn Sie jedoch Entwickler für Ihr Projekt suchen, sollten Sie unbedingt nach guten Leuten Ausschau halten. Gute Entwickler sind teuer und meist ausgebucht, mittelgute könnten in einem App-Projekt wachsen und, wenn sie motiviert sind, tolle Erkenntnisse sammeln und Ergebnisse produzieren. Und Einsteiger sollten Sie nur beschäftigen, wenn ein Projekt nicht kritisch ist und wenn Sie Unmengen von Zeit und Geduld haben. Wie auch immer Sie mit dem Budget des Kunden umgehen, Sie können schon vor dem Start der Entwicklung abschätzen, mit welcher Art Entwickler Sie es zu tun haben werden.

Mein Fragebogen wird möglicherweise über Ihre bisherigen Kenntnisse hinausgehen. Das macht nichts. Wenn Sie weiterlesen, wird sich Ihnen dieser Fragenkatalog ganz einfach erschließen.

Erfahrungen des Entwicklers

Sollte ein Entwickler keine Referenzen oder diese z. B. nur aus dem Bereich Web vorzeigen können, ist es möglich, dass derjenige keine App-Erfahrung hat und Sie es mit einer Jungfrau auf diesem Gebiet zu tun haben. Sie sollten aufhorchen. Von Webseiten auf native Apps umzusteigen, ist ein Riesensprung und erfordert eine steile Lernkurve. Diese wird von Enthusiasten häufig unterschätzt. Na(t)ive App-Entwicklung ist einfach etwas anderes. Sollte derjenige mit einem FrameWork arbeiten wollen, das App-Entwicklung mit Webtechniken erlaubt, sollten Sie sich unbedingt eine Referenz zeigen lassen, diese genau ausprobieren – ansonsten Finger weg! Lesen Sie auch das Kapitel 6, *App-Typen und mobile Technologien*, denn darin beschreibe ich, welche verschiedenen technischen Entwicklungswege es gibt, um eine App zu erstellen, und welche Vor- und Nachteile diese bieten.

Fragenkatalog an App-Entwickler

- **Seit wann** entwickeln Sie Apps?
- Für welche **Plattformen** haben Sie bereits entwickelt? Für welche entwickeln Sie lieber?
- **Wie viele** Apps haben Sie schon fertig programmiert? Drei bis fünf wirkt solide, wenn sie nicht wie Kopien aussehen, sondern unterschiedlich in ihren Kernnutzen sind.

- Welche besonderen **Features** hatten die Apps? Besonders könnte sein:
  - User Handling wie Login, Login mit Facebook, Profile verbinden
  - Daten (Fotos, News, ...) von einem Server holen, anzeigen
  - Daten an ein Backend schicken: Fotos hochladen, Daten auswerten
  - Hat die App eine besondere Logik, einen schlauen Algorithmus? Berechnet sie z. B. den Kalorienverbrauch auf einer Joggingstrecke oder kann an einem Geo-Marker Audio-Dateien abspielen?
- Haben Sie Erfahrungen mit **Hybrid-FrameWorks** (PhoneGap, Titanium, ...) gesammelt?

Tipps zum Entwickler-Check

- Sie *sollten* sich die Referenzen des Programmierers unbedingt ansehen (können). Zumindest für Android kann eine App leicht außerhalb des Stores verfügbar gemacht werden. Wenn Ihr potenzieller Entwickler rumdruckst, ist das komisch.
- Hat ein Entwickler mit einem Hybrid-FrameWork eine App für mehrere Plattformen entwickelt, schauen Sie sich die jeweiligen Apps an und vergleichen Sie sie. Es kann sein, dass Sie daran erkennen, welches die Stärke des Entwicklers ist – wenn beispielsweise die Oberfläche der iOS-App total toll aussieht, die von Android aber leicht ranzig wirkt, dann ist klar, mit welcher Plattform er besser arbeiten kann.
- Fragen Sie nach, was dem Entwickler schwergefallen ist, und auch, was ihm leichtgefallen ist; was ihm Spaß gemacht hat.

Projektzeitplan und Arbeitsorganisation

- Nach welcher agilen[15] **Methode** entwickeln Sie? Scrum, Kanban?
- Wie sieht der **Projektzeitplan** von Ihrer Seite aus? Ab wann können Sie die App umsetzen? Wie lange dauert ein Projekt dieser Art im Durchschnitt?
- Mit welchem **Fokus** würden Sie an der App arbeiten? 50 % Ihrer Zeit oder mehr? Falls Sie mit einem Freelancer arbeiten, sollte Ihnen klar sein, dass er noch andere Projekte nebenbei laufen hat. Dies wiederum kann dazu führen, dass er Ihr Projekt schubweise oder in kleinen Schritten bewältigen wird – oder sogar mal gar nichts macht, weil er ein anderes Projekt schnell fertig machen muss. Das wiederum sollten Sie in Ihrer Zeitplanung ausreichend puffern.
- **Testen**. Ein ernst zu nehmender Entwickler wird Zeit für Tests reservieren und auch Zeit für die Überarbeitung puffern. Sollten Sie das Wort *Test* nie aus seinem Mund hören, sehen

[15] *Agil* bedeutet beweglich, wendig. *Agile Software-Entwicklung* (SWE) meint, dass Ergebnisse schnell erzeugt, gezeigt und angepasst werden. Es wird sich also an den Wunschzustand schrittweise angenähert, statt die gesamte Software klassischerweise einmal fertig zu programmieren und dann vorzuzeigen. Der Vorteil agiler Methoden ist der Realitätscheck, der auf das Vorzeigen folgt. Die Software kann z. B. im Front-End an die Bedürfnisse des Nutzers angepasst und so verbessert werden.

Sie ihn skeptisch an und fragen mit einem Pokergesicht, wo er die Testphase eingeplant hat.

Tipps zur Projektorganisation

- Sollte der Programmierer den Eindruck machen, das Wort *Projektzeitplan* noch nie gehört zu haben, denkt er nicht an seine Ressourcen. Das wiederum ist ein Hinweis darauf, dass er entweder nicht gezwungen ist, seine Ressourcen zu planen, oder er arbeitet chaotisch. Jeder professionell Arbeitende wird sich um seine Ressourcen Gedanken machen und diese mitteilen und wenigstens grob planen wollen.
- Erkunden Sie sich *vor* jedem Software-Projekt, wer Herr des Codes sein wird, Und auch, ob der Entwickler fertige Bibliotheken anderer Anbieter nutzt (z. B. Media-Player, PDF-Generator etc.), die Sie unter Umständen später Geld kosten.
- Und Sie sollten klären, wo der Code liegt, wie die Zugänge sind. Sichern Sie sich ab: Falls Ihr Entwickler verhindert ist, wer macht dann an der App weiter? Das ist die erste Frage. Die zweite ist: Wo liegt der Code? Und die dritte: Findet sich jemand anderes überhaupt in diesem Code zurecht?
- Weitere Fragen: Setzt Ihr potenzieller Entwickler Versionierungssysteme wie *Git* oder *Subversion* ein? Und wie würde ein Vertretungsprogrammierer da rankommen? Das schreit nach einer kurzen und transparenten Dokumentation, auf die Sie Zugriff haben sollten.

Zusammenarbeit

- Was **benötigen** Sie zuallererst von mir? Sollten Sie hier ein Schulterzucken zu sehen bekommen, ist das verdächtig. Was ein Programmierer als Erstes einfordern sollte, sind die von Ihnen gesammelten und sortierten sowie priorisierten **Anforderungen**. Wenn Sie dazu schon ein Grobkonzept zeigen können, in dem Ihr Grips steckt, kann er für sich das App-Projekt einschätzen und Ihnen detaillierte Angaben machen. Andererseits müsste er sich die App-Anfrage des Kunden erst noch erarbeiten.
- Arbeiten Sie mit anderen Entwicklern zusammen? Wer steht zur Verfügung, falls Sie ausfallen?
- Welche **Tools** (Excel, trello, Papier) nutzen Sie, um die Sprints bzw. Projektabschnitte zu managen? Hierbei geht es darum: Der Entwickler wird hoffentlich nicht mit den Anforderungen im Keller verschwinden und dann mit der fertigen App zurückkommen und Ihnen das (unveränderbare) Endergebnis zeigen. Sollte sich so etwas anbahnen, verhindern Sie es auf konstruktive Art. Sie brauchen einen Entwickler, mit dem Sie **Sprints** (also Läufe) im Projekt planen können. Das könnte so aussehen:
- Sprint 1: Fitnessübung machen; Datum speichern, Übungen zusammenstellen
- Sprint 2: Übungen als Favoriten markieren, Übungen über den App Store kaufen
- Sprint 3: Übungen über Social Media teilen, Freunde zum Training einladen

- Sprint 4: eigene Übungen hochstellen
- Sprint 5: …

Tipps zur Zusammenarbeit

- Es ist sinnvoll, diese Sprints so zu planen, dass Sie die Entwicklung des **Kernnutzens** zuerst starten. Vereinbaren Sie mit dem Entwickler, dass er mit dem wichtigsten Feature beginnt und sich dann den immer weniger priorisierten Features nähert. So können Sie bei Zeit- oder Geldknappheit trotzdem live gehen - *verschieben Sie nicht den Launch, reduzieren Sie den Umfang!* [37signals, Getting Real]
- Einigen Sie sich rechtzeitig, für welche Screengrößen Grafiken gebraucht werden. Liefern Sie zuerst einen **Testordner mit Grafiken** zu einem ausgewählten Screen und lassen Sie sich diese vom Entwickler abnehmen - idealerweise gibt er Ihnen einen Screenshot, sodass Sie auch mal gesehen haben, wie es aussieht. Erst wenn das klar ist, sollten Sie sich an das Exportieren der ganzen Grafiken machen.
- **Reinreden**. Sollte Ihr Entwickler nach gemeinsamer Abstimmung der Feinkonzeption im Verlauf der Entwicklung *immer wieder* etwas über den Haufen werfen wollen, finden Sie heraus, woran es liegt, um eine Lösung mit ihm zu finden. Hat er sich verschätzt und will es jetzt anders machen, damit es einfacher geht, oder ist er sprunghaft und will seine neuen Ideen umsetzen und geht womöglich einer Aufgabe aus dem Weg?
- Wertschätzen Sie die tollen Ideen Ihres Entwicklerkollegen, aber lassen Sie sich nicht von der Faszination toller technischer Möglichkeiten wegreißen - bleiben Sie bei Ihrem Projekt! Wichtig ist, dass Sie das liefern, was Sie Ihrem Kunden versprochen haben.

Verträge für App-Projekte

Verträge sind prima, um grundsätzliche Fragen zu klären und Ziele festzuhalten. Ich werde keine Tipps zur Ausarbeitung von Verträgen geben, sondern möchte auf einige Aspekte aufmerksam machen, die ich aus meiner Erfahrung für wichtig erachte. Sie können sich in die Verträge vertiefen, sobald Sie mit anderen Menschen (Freelancern, Firmen) zusammenarbeiten.

Ich empfehle, Folgendes zu regeln:

- Einen **Zeitplan**. Es ist für Besteller und Dienstleister sinnvoll, dem Projekt einen zeitlichen Horizont zu setzen; einen realistischen. Realistisch heißt für mich geschätzte Zeit plus Puffer. Wie viel Puffer, nun, das hängt von der Komplexität und dem Umfang der Aufgabe ab. Je komplexer und je umfangreicher, desto mehr Puffer. Damals zu Agenturzeiten hatte ich etwas Sonderbares beobachtet: Frauen schätzten Zeitpläne mit zu viel Puffer, Männer mit zu wenig. Vielleicht ergäbe sich aus der Mitte eine gute Zahl. Im Übrigen können Sie auch Leute schätzen lassen, die nicht unmittelbar an der Umsetzung beteiligt sind. Sie müssen nur wissen, worum es geht. Unsere besten Schätzungen gelangen, als wir verdeckte Zettel mit einer Tages- oder Wochenangabe auf den Tisch legten und daraus das Mittel berechneten. *Die Intelligenz der Masse*[16] eben.

- Eine **priorisierte Feature-Liste**. Welche Features werden in welcher Reihenfolge umgesetzt? Das soll dem programmierenden Dienstleister nicht vorschreiben, wie er zu arbeiten hat, sondern ist eine strategische Festlegung. Wenn die Zeit um ist, von zehn Features aber die ersten vier umgesetzt sind, können Sie möglicherweise trotzdem live gehen, weil diese Features den relevanten Kernnutzen der App in sich tragen. WAS? Mit einer unfertigen App live gehen? Nein. *Fertig* ist bei Software sowieso eine Illusion. Aber wenn die App-Entwicklung so aufgeteilt ist, dass die erste Version 1.0 schlank ist und sich rund anfühlt, dann bieten Sie die anderen Features schrittweise als Updates (1.1, 1.2, 1.3 ...) an. Diese Vorgehensweise hat mehrere Vorteile. Sie sparen Zeit und Geld, Sie bauen das Feedback von Nutzern in die Updates ein (wenn ausreichend Nutzer eine bestimmte Verbesserung eingefordert haben), Sie beobachten, wie sich das Projekt entwickelt, und können zwischendurch den Kurs anders ändern, als wenn Sie ein fettes App-Schiff programmiert haben, das sich nur noch in eine Richtung bewegt.
- **Quellcode**
  - Wem gehört er beim Abschluss des Projekts?
  - Wo wird der **Quellcode** abgelegt? Und in welchen Abständen? Wem gehört dieser Account (z. B. bei Github, Bitbucket & Co.) und wer zahlt u. U. dafür?
  - Wem gehört der Account, in dem die App publiziert wird, und wer zahlt dafür? Beispiel: Um eine iOS-App in den App Store zu stellen, brauchen Sie einen Developer Account, der ca. $ 90 im Jahr kostet. Im Gegensatz dazu kostet ein Play Store Developer Account einmalig $ 25.
  - Wie kommen **andere Programmierer** – falls der Dienstleister unerwartet ausfällt – an den Quellcode, um weiter zu entwickeln? Dafür empfehle ich eine Mini-Dokumentation, in der Sie als Besteller alle Zugänge zu den genutzten Services aufgelistet sehen und notfalls einem anderen Programmierer Zugriff gewähren können.
  - Wie gehen Sie mit **Fremdbibliotheken** um? Im Web tummeln sich viele fertige Features für App-Projekte herum. Diese kann man häufig kostenlos nutzen, manchmal aber kosten sie pro Jahr oder App oder Developer Geld. Manchmal sind sie das erste Jahr kostenlos und kosten *dann* Geld. Im Eifer der programmatischen Umsetzung kann es sein, dass ein Entwickler nicht darauf achtet, wie die genauen Konditionen sind. Daher ist es wichtig, dass Sie diesen Punkt in Ihrem Bewusstsein haben und ab und zu nachhaken oder gleich vereinbaren, was mit Fremdbibliotheken sein soll. Sie können eine Liste einfordern, auf der die Namen, Anbieter und Konditionen festgehalten sind.
  - **Dokumentation des Quellcodes**. Alle, die in den Quellcode blicken – andere Programmierer und der Autor des Quellcodes auch –, benötigen eine Übersicht, wie der Quellcode aufgebaut ist. Das geht beispielsweise gut mit einem Datenmodell. Darin kann man die Beziehungen der Objekte untereinander und ihre jeweiligen Eigenschaften sehen. In so einem Fall könnte in einer Chat-App ein `Chat` als Objekt gelten. Auch der `User` wäre ein Objekt. Dem `User` gehören mehrere `Chats`. All das bildet ein Datenmodell ab und ist für einen Programmierer, der die App durchsteigen muss oder sich wieder einarbeitet,

[16] Anspielung auf das Buch *Die Weisheit der vielen: Weshalb Gruppen klüger sind als Einzelne* (The wisdom of crowds, 2004) von James Surowiecki

hilfreich. Er weiß dann, welche Komplexität ihn erwartet. Daher empfehle ich, dass Sie sich versichern, dass Ihre App gut dokumentiert ist. Auch wenn *Sie* die Doku nicht lesen werden und wollen, sie ist eine wichtige Vorsorge für später und für unerwartete Ausfälle. Mit einer guten Dokumentation sparen Sie sich Stress im Nachhinein und vermeiden Frust auf allen Seiten. Denn der ausgefallende Programmierer würde mit Fragen bombardiert, der neue Programmierer müsste sich mühevoll einarbeiten und Sie stünden dazwischen und wüssten nicht, was eigentlich los ist.

- Wie sind die **Zahlungsvereinbarungen**? Ich teile meine Projekte beispielsweise gern in Meilensteine auf und vereinbare Zwischenzahlungen als Tranchen der Gesamtprojektsumme. Die Zahlungszeitpunkte sollen sich für beide Seiten fair anfühlen. Der Besteller will meist erst etwas sehen, bevor er bezahlt. Der Dienstleister möchte für sein Engagement wertgeschätzt werden und nicht auf die Zahlung warten oder das Gefühl haben, hingehalten zu werden. Meilensteine und damit verknüpfte Zahlungsziele können da eine Brücke bauen.

4.7 Neue Tools verändern unsere Rollen und unser Denken

Bist Du ein programmierender Designer oder designender Programmierer?

Und schon wieder Apple! Apple schreibt auf seiner Webseite: „Swift ist eine leistungsstarke und intuitive neue Programmiersprache, die von Apple für die Erstellung von iOS und Mac Apps entwickelt wurde. Sie gibt erfahrenen Entwicklern die Freiheit und Funktionen, die sie brauchen, um eine neue Generation innovativer Apps zu entwickeln. Und auch für alle anderen bietet Swift völlig neue Möglichkeiten. Swift ist leicht zu lernen und zu verwenden, selbst wenn du vorher noch nie programmiert hast. So kann jeder aus einer Idee etwas Unglaubliches machen."

Darunter wird statt eines nerdig bebrillten, sozial isolierten Programmierers eine junge, attraktive Frau gezeigt, die in einer hellen, freundlich wirkenden Umgebung konzentriert blickend vor einem großen Monitor sitzt. Tja, da ist es passiert. *Jeder* kann programmieren – auch junge Frauen! Was passiert da? Haben Apps die Programmierung entmystifiziert? Macht Apple mit seinem App-Geschäftsmodell etwas zugänglich, was früher nur Freaks (und Männern) vorbehalten war? Was passiert in einer Welt, in der jeder (Frauen und Kinder[17]) programmieren kann?

Ich höre Aufschreie von allen Seiten! „*Echte* Programmierer haben Informatik studiert, nicht nur ein Video-Tutorial von Apple!" und „Echte Designer haben doch nicht noch Zeit zu programmieren! Wir wollen was Kreatives machen, nicht diesen langweiligen Quellcode-Kram!" Und ich überhöre sie, denn ich weiß, dass in der modernen Welt alles miteinander zusammenhängt.

[17] Gründer aus dem Silicon Valley animieren zum Programmieren: *https://www.youtube.com/watch?v=STRPsW6lY8k*; Programmierkurse für Kinder: *https://www.tynker.com/*; Code Kids: *https://www.youtube.com/watch?v=6JGy8zmskbM*

Vernetzte Welt, vernetztes Denken, vernetztes Hirn

Als ich vor mehr als einem Jahrzehnt aus Versehen eineinhalb Semester Informatik in Nürnberg studierte, weil ich Computer toll fand und was damit machen wollte, sah es sehr grau für mich aus. Unter 400 Studenten waren vielleicht fünf Frauen. Sei's drum, heute sind's mehr. Aber die Schwierigkeit für mich war, dass ich einfach keine Begeisterung für Mathematik und Logik hatte. Es ging um die Berechnung von n-dimensionalen Vektoren in einem n-dimensionalen Raum. Ich fragte meinen Tutor während einer Übung: „Wie kann man sich das vorstellen?", und der Tutor antwortete mir: „Wir stellen uns hier nichts vor, wir rechnen bloß." Und nach diesem Tag habe ich das Uni-Gelände nicht mehr betreten.

Wir rechnen bloß. Na gut, es gibt Bereiche, da geht es darum. Da braucht's krasse Algorithmen für die Berechnung von Planetenoberflächen. Und ich verstehe auch, dass Programmierung eine gewisse Strukturierung, Modularisierung, Ordnung benötigt. *Und* ich glaube, dass man diese Ordnung auch zugänglicher lernen kann als über ein Informatikstudium, so wie es damals angeboten wurde. Für mich als freigeistigen Menschen war das ein Horror. Gleichzeitig kann ich sehr analytisch und logisch sein und mich auf Partys in Gespräche mit Physikern und Mathematikern begeben und Prinzipien sehr wohl nachvollziehen, manchmal sogar entdecken! Was also war so schlimm für mich am Informatikstudium? Warum gelang mir das damals innovative Studium der Medientechnik an der Georg-Simon-Ohm Fachhochschule – ein neu konzipierter Studiengang bestehend aus flacher Mathematik, Physik, Logik, Programmierung, Elektrotechnik und aus Typografie, Fotografie, Animationstechnik, Medienkonzeption – besser?

Weil mein – und möglicherweise jedes? – Gehirn einfach mehr **Spaß** hat, wenn beide Hirnhälften genutzt werden. Wenn es vernetzt denken darf und nicht nur ein Bereich permanent rot leuchtet. Dann funktioniert von allem getrennt unterrichtete Informatik für mich nicht, weil ich mich die ganze Zeit frage: *Wozu*? Dann funktioniert für mich auch völlig losgelöste Kunst nicht, weil ich mich frage: *Wozu*? Nur links mit Logik und Analyse wird langweilig, nur rechts mit Emotionen und Bildern wird langweilig. Beides zusammen rockt! Die Mitte rockt! Wir haben zwei Hirnhälften, um zwei Hirnhälften zu benutzen. Diese Hirnhälften haben unterschiedliche Stärken und Aufgaben, ja. Und sie sind zu Kommunikationszwecken miteinander über den *Corpus Callosum*, einen dicken Nervenstrang, den wir auch Balken nennen, verbunden. Was für eine absurde Idee, einer Hälfte den Dienst abzusagen (häufig der rechten, der mit den Bildern und Gefühlen) und nur noch *einhirnhälftig* durch die Welt zu tapsen! Was für ein Verlust – quasi die Hälfte der Welt und ihrer Möglichkeiten wie ausgeblendet.

Die Spezialisierung ist tot – es lebe die Spezialisierung im Tutorial-Age

Haben Sie gemerkt, wie viele Video-Tutorials es auf YouTube gibt? Und wie viele Plattformen, auf denen man sich zu verschiedensten Kursen eintragen kann? Zum Beispiel auf *edx – Free online courses from the world's best universities* oder *Udacity – Online Courses and Nanodegree Programs to Advance Your Career* oder *Udemy – Online courses anytime, anywhere*? Wir sind mittendrin im Tutorial-Age. Das ist krass! Die Vision vom Internet, zu dem jeder beiträgt, aus dem sich jeder etwas Nützliches ziehen kann, ist erreicht. Das Netz vernetzt unsere Kontinente, unsere Länder und Häuser und uns und es gibt uns alles an die Hand, um unser Hirn durch vernetztes Denken wieder auf Trab zu bringen. Also tatsächlich ein Inter*net*.

Raus aus den Mono-Disziplinen, hinein in den Pool des großen Ganzen! Belegen Sie Kurse wie *How to build a Startup, Creative Problem Solving And Decision Making* oder *Developing*

Android Apps oder *Full Stack Web Developer* oder *Marketing for non-marketers* oder *Introduction to Game Design*, mein Gott, Sie können alles lernen. Alles. Wissen ist kein Geheimnis mehr, Spezialisten teilen es mit uns und wir können es in unser Weltbild einbauen. Was zählt, ist der offene Geist dazu, der willig ist, alles miteinander zu kombinieren.

Es passiert bereits. Programmierung wird in amerikanischen Schulen eingeführt und bald als ein zugehöriges Unterrichtsfach behandelt. Die digitale Gesellschaft wächst, die Produkte darin wachsen, alles wird über Software vernetzt. Das ist der eine Weg. Und der andere Weg sind Design-Tutorials[18] für Programmierer. Denn um ein erfolgreiches digitales Produkt zu erschaffen, das in unsere komplexe Welt passt und dem Nutzer Spaß macht und Sinn gibt, braucht es Kenntnis über den Menschen als Wesen. Vor allem über seine Bedürfnisse. Design erfüllt Bedürfnisse - diese zu verstehen ist Aufgabe des Designers.

Design Thinking

Design Thinking bezeichnet eine Vorgehensweise zur Lösung von Problemen und zur Entwicklung neuer Ideen.[19] Neben digitalen Agenturen bemühen sich vor allem Konzerne, Design Thinking als Methode in ihre Prozesse einzubauen, um neue Produkte zu entwickeln oder alte besser zu machen. Generell ist die Idee dahinter, dass der Nutzer des Produkts im Vordergrund steht - nicht mehr das Produkt selbst. Das heißt, wir sind längst aus den Zeiten herausgewachsen, in denen es bestimmte Produkte einfach nur gibt (z. B. Autos und Computer). Jetzt ist es wichtig, welche besonders guten Erfahrungen Nutzer mit diesen Produkten machen können. Und dazu ist es wichtig, die aktuelle Lebenslage oder das aktuelle Bedürfnis des Nutzers anzusprechen. Je besser das Produkt in den Handlungsfluss des Nutzers eingewoben ist, desto besser seine Erfahrungen damit. Stocken ist im Gegenteil dazu keine tolle Erfahrung.

Die Konkurrenz ist so enorm, unsere Welt so voll von Konsumgütern, dass die Unternehmen unter Druck stehen, Produkte anzubieten, die den Nutzern *gefallen* und ihr Leben *bereichern*. Gäbe es nur *einen* Autohersteller - also ein Monopol - müsste er sich kaum bemühen, seine Autos besonders toll zu gestalten und sie in 1000 Farben anzubieten, dabei noch die neuesten Features zu erfinden, um ein Alleinstellungsmerkmal anzubieten. Das erinnert mich an die DDR, meine Heimat, in der unsere Trabbis in vornehmlich drei oder vier Farben zu finden waren: Weiß, Hellblau, Gelb, Ocker. Als Kind war mir nicht klar, dass der Trabbi so klein ist, keine Kopfstützen, hinten nicht mal Gurte hatte und man das Radio - mein Vater hatte unglaublicherweise eines eingebaut - gar nicht hörte während des Fahrens über Kopfsteinpflaster (was weit verbreitet war) oder mit Teer zusammengeklebte Betonplatten, deren Rillen in regelmäßigen Abständen das Auto zum Hüpfen brachten.

Die heutige freie Marktwirtschaft ist so frei, dass sich Konzerne mit Konsumgütern um die Kunden prügeln müssen. Um das auf zivilisierte Art zu machen, verbessern sie ihre Produkte kontinuierlich, immer feiner und entdecken, dass der Nutzer ein ganzes Universum ist. Eigentlich kommt die Industrie zum Ursprung zurück: dem Menschen. Der Mensch als Konsument ist komplex und daher als Wesen ein spannendes Gebiet, das es zu erforschen gilt. Nicht die ideelle Absicht, sich dem Menschen wieder zu nähern, aber dennoch auf gewisse

---

[18] *http://hackdesign.org/lessons*

[19] *https://de.wikipedia.org/wiki/Design_Thinking*

Art fruchtbar. Für Wellness und Meditation muss man sich heutzutage nicht mehr schämen. Es darf „auch mal sein."

Alle Wissenschaften kommen aus dem Menschen heraus und alle fließen in ihn zurück. Physik, Biologie, Chemie, Biochemie, Physiologie, Pharmazie, Psychologie und so weiter und so fort. Daher braucht es interdisziplinäre Teams, die den Menschen aus ihren jeweiligen Richtungen verstehen und dann in Zusammenarbeit entsprechende Lösungen für ihn am besten zusammenführen. Das mündet dann in ergonomischen Möbeln, iPhones, bequemen und multifunktionalen Autos, pharmakologischen Produkten, die unser Leben verbessern sollen, Touch-Screens, eZigaretten und besserer Software, die sich einfacher benutzen lässt ... ach ja, richtig, und in Apps.

Doch mir reicht *Design Thinking* nicht aus. Eine Gruppe von Menschen aus verschiedenen Disziplinen, die gemeinsam etwas erschaffen, ist toll. Es bedarf sehr viel Kommunikation, und was mich ein wenig stört, ist, dass es wieder verteilte Rollen gibt, die von unterschiedlichen Menschen eingenommen werden.

Ich suchte nach einem Begriff, der *einen* Menschen bezeichnet, der in der Lage ist, in verschiedene Rollen zu schlüpfen. So wie es damals Da Vinci als Universalgenie getan hat. So wie Sie es als App Designer während der Konzeption tun. Weil *Sie* mehrere Disziplinen und deren Anforderungen *zusammenführen*.

Was, wie kann ich Sie mit Da Vinci vergleichen? Wir denken, da Vinci war eine Art Einhorn? Aber im 15. Jahrhundert lebten auch andere Einhörner wie Gutenberg, Jeanne d'Arc, Kolumbus, da Gama, Machiavelli, Dürer, Kopernikus, Michelangelo, Magellan, Martin Luther, Raffael, Adam Ries, Botticelli, Paracelsus ... ihnen allen war ein visionäres Element gemein, das die Welt begriff und geformt hat.

Heutzutage sind wir viel mehr Menschen, wir sind besser vernetzt und wir haben über das Internet besseren Zugriff auf alles, was schon da ist. Wir können permanent unser Weltbild updaten und Neues integrieren, das dann einfach dazugehört und in unser kreatives Hirn eingespeist wird, um es zu verarbeiten. Das Internet mit seinem Lehrangebot, Tools und Frameworks bringt uns dazu, aus der Spezialisierung herauszukommen und zu erschaffen.

Hybrid Thinking – Many in one

Vielleicht kennen oder fahren Sie ein Hybridauto mit Hybridantrieb, haben schon mal das Wort Hybridtomaten gehört und schon den Schenkel oder das Ei eines Hybridhuhns gegessen? Gut. Dann haben Sie ja schon Ihre Eselsbrücke für das griechische Wort *hybris*. In der griechischen Mythologie werden mit *Hybriden* Wesen bezeichnet, die Körperteile verschiedener Spezies haben. Das Lateinische *hybrid* bezeichnet ebenfalls einen *Mischling*, allerdings auch den *Bastard* und das *Frevelkind*, aus dem Griechischen wird *hybris* auch mit *Übermaß* oder *Arroganz* übersetzt.

Wenn wir uns bewusst machen, dass ein Hybrid die Stärken unterschiedlicher Eigenschaften, Technologien oder Denkweisen vereint, und damit von dem Altbekannten, dem *Vertrauten* Abstand nimmt, um etwas Neues hervorzubringen, dann wird verständlich, warum Menschen es mit *Arroganz* verbunden hatten. Doch Arroganz können wir gemäß Duden auch ersetzen mit *Hochmut*. Da stecken ein besserer Ausblick und *Mut* drin. Es braucht Mut, den Kopf höher zu strecken, als es die anderen tun, und dadurch *mehr* zu sehen.

Mehr zu sehen und mehr Zusammenhänge zu sehen ist ein Vorteil, der auch erschrecken kann. Unangenehm: Oh, wir exportieren Müll, der Menschen im Ausland vergiftet? Und importieren Müll, aus dem wir Baustoffe für unsere Häuser herstellen, in denen wir dann genüsslich wohnen?

Aber auch Angenehmes funktioniert: Ich habe meiner Kollegin in der letzten Woche jeden Tag ein Lob gemacht. Und jetzt ist sie total aufgeschlossen und freundlich zu mir. Bekannt ist: Die hat schlechte Laune. Unbekannt ist: Wenn sie gesehen wird, sieht sie auch und wird zu einem Sonnenschein.

Hybrides Denken meint nicht mehr interdisziplinäre Teams, sondern interdisziplinäre Menschen. Und auch nicht Multitalente, die auf *fachlicher* Ebene alles können, sondern Menschen, die Fachliches mit *Empathie* verbinden können. Menschen, die die Lebenssituation anderer Menschen und deren Bedürfnisse erkennen und Produkte konzipieren, um das Leben dieser Menschen leichter zu machen. Und wie könnten wir mit den menschlichen Bedürfnissen besser kommunizieren als mit einem MVP - *Minimum Viable Product*?

Kultivieren Sie Ihre Empathie für die nutzerzentrierte Gestaltung

In unserer Kultur werden Mitleid und Mitgefühl (Empathie) häufig verwechselt oder gleich genutzt. Doch zwei Worte sind nie gleich, sonst wären sie nicht entstanden. *Mit-leid* hat offensichtlich das Leiden mit jemandem zur Aussage. Das heißt, das Leid des anderen mitzutragen, sich dort hineinzubegeben. Das bindet unsere eigenen Kräfte und verringert diese, um sie für uns selbst an anderer Stelle zu nutzen. In Summe keine gute Strategie, weil Kraft investiert wird und für uns selbst fehlt.

Mit-fühlen, also empathisch zu sein, heißt zu **erkennen**, in welcher Lage sich jemand befindet, und herauszufinden, was derjenige benötigt, um diese Lage eigenständig verlassen zu können. Es kann eine Hilfestellung sein, die uns selbst nicht viel Kraft kostet, wie z. B. eine lösende Frage oder das aktive Zuhören, das Sie auch bei Tests und Interviews mit Ihrer Zielgruppe anwenden werden. Aktives Zuhören ist *das* Mittel für die meisten zwischenmenschlichen Situationen. Egal, ob im privaten oder beruflichen Kontext. Dem anderen zuzuhören und dabei zielführende Fragen zu stellen ist für beide Seiten ein Benefit. Der Sprechende fühlt sich angenommen, der Zuhörende bekommt Informationen. Diese Informationen können für die Verbesserung einer App, eines Produkts, einer Strategie oder Methode wertvoll sein.

Aktives Zuhören wertet nicht. Aktives Zuhören ist ein wenig wie Dekodieren. Hinter den häufig vorwurfsvollen oder sich beschwerenden Worten des anderen sind Botschaften verborgen. Diese Botschaften tragen die eigentliche Information in sich.

Beispielsituation: Sie führen einen Test mit Ihrem App-Prototyp durch. Sie haben sich Mühe gegeben, es so gut gemacht wie irgend möglich und nun sitzt ein verstimmter Tester vor Ihnen, der die ganze Zeit seufzt und stöhnt, weil er scheinbar mit der App nicht zurechtkommt:

T: „Boah, also ich verstehe das hier überhaupt nicht?! Was soll Sign Up überhaupt heißen? Wieso ist das nicht auf Deutsch?!"

Sie: „Verstehe ich richtig, dass es Ihnen auf Deutsch lieber wäre?"

T: „Na hören Sie mal, das ist doch meine Muttersprache! Ich mag dieses ganze Englisch überall gar nicht!"

Sie: „Okay danke, ich habe mir das notiert. Es ist möglich, mehrere Sprachvarianten zu machen. *Sign Up* heißt sich anmelden. Wenn Sie noch kein Nutzerkonto haben, können Sie sich hier eines erstellen."

T: „Ach so! Na gut … E-Mail. Ich finde das @-Zeichen nie, das nervt."

Sie: „Ja, das ist oft ein bisschen versteckt."

T: „Ach, da isses ja!"

Ich kann mir vorstellen, dass Sie selbst Situationen erlebt haben, in denen sich jemand schwertat, und egal, was dann auf ihn zukam, was ihm angeboten wurde, führte es zu weiteren Beschwerden.

Wenn so jemand vor uns sitzt, haben wir oft den Impuls zuzuschlagen – physisch oder mit Worten. Verständlich, denn derjenige klemmt tatsächlich in einer Stimmung fest, die ihm und allen anderen offensichtlich nicht guttut. Die Schwierigkeit ist, dass wir selbst nicht in Missstimmung oder Angriff verfallen, sondern die Energie des anderen in konstruktiven Output umwandeln.

Schritte zum Umwandeln:

1. Gehen Sie davon aus, dass die Grundtagesstimmung Ihres Gegenübers nichts mit Ihnen zu tun hat. Sie sind nicht dafür verantwortlich, dass jemand jedes Mal vom Suchen des @-Zeichens angenervt ist oder des Englischen nicht mächtig.
2. Nehmen Sie wertfrei wahr, dass Ihr Gegenüber sich selbst unwohl fühlt, wenn es nach außen giftig wird. Das ist ein Grundprinzip, das Sie nicht hinterfragen müssen: Menschen, die mit sich im Reinen sind, schimpfen nicht herum. Punkt.
3. Erkennen Sie an, dass Ihr Gegenüber Unterstützung statt zusätzlicher Schläge benötigt. Geben Sie diese Unterstützung („Verstehe ich richtig, dass es Ihnen auf Deutsch lieber wäre?") und halten Sie sich nicht länger auf. Geben Sie zu verstehen, dass Sie Ihr Gegenüber ernst nehmen – egal ob Sie später die Sprache wirklich ändern oder nicht. Es spielt keine Rolle.
4. Gehen Sie weiter auf Ihr gehabtes Ziel zu. Jemand, der schimpft, ist zunächst schwieriger zu handhaben, kann Ihnen aber mehr Input geben als jemand, der es Ihnen versucht, recht zu machen.

Marshall B. Rosenberg, der das Konzept der gewaltfreien Kommunikation entwickelt hat, brachte zwischenmenschliche Kommunikation auf den Punkt **„Willst Du recht haben oder glücklich sein? Beides gleichzeitig geht nicht."**

Ihrer App ist es egal, ob Sie oder Ihr Tester recht hat. Sie sind zu dritt ein Team für ein tolles Produkt.

5 MVP – Minimum Viable Product

„Biggest risk: making something no one wants." – Drew Houston, Founder of Dropbox

Etwas tun, das keiner haben will? So ein Quatsch! Wer wäre so drauf, seine Lebensenergien, Geld und Zeit in ein Produkt zu stecken, das am Ende in der Schublade landet? [Kunstpause] Ich höre Sie schon im Hintergrund schmunzeln. Wir beide wissen genau, dass es immer und immer wieder vorkommt, und wahrscheinlich ist es uns beiden auch schon mal passiert.

Um für die Welt draußen zu entwickeln, kommt das MVP ins Spiel. MVP heißt übersetzt *kleinstes realisierbares Produkt*. Konsequent gesehen, sollte es sich tatsächlich um ein benutzbares Produkt handeln, allerdings wird in der Webwelt der Begriff MVP auch häufig für Vor-Tests, für Prototypen und zur Datenerhebung genutzt. In meiner Wahrnehmung sinnvoll, denn heutzutage kann man eine App oder einen Webservice besser simulieren als noch vor ein paar Jahren – ohne Codekenntnis ging da nichts.

Das heißt also, das Wesen des MVP ist fließend, denn es *ist* ein benutzbares Produkt und es ist *kein* benutzbares Produkt. Das hängt davon ab, welchen Ansatz man wählt. Das MVP kann eine Fassade des Produkts sein. Eine in die Realität gegossene Vision einer App, eines Produkts[1] abgebildet als Flyer, Website, Video, Prototyp oder Beta. Oder eine Form, die vielleicht Sie erfinden?

Das MVP muss in seiner Wirkung so stark sein, dass es die Idee und deren Nutzen transportiert, vermittelt und einen Anreiz schafft, das *echte* Produkt haben zu wollen – gegen Geld. Das macht das MVP aus – ohne diese Eigenschaft ist es wertlos.

> *Ich erhalte eine Anfrage: Ein paar Leute suchen einen Senior-UX/UI-Designer für ihre Android-App. Ich bekomme ein paar Infos zu der Plattform, die seit 2011 betrieben wird, und zwei Videos. Ich sehe mir die Website an, versuche das Produkt zu verstehen. Ich raff's noch nicht. Gehe dann über zu den mitgeschickten Videos. Im Video sind bunte Animationen mit wilden Sounds, die auf mich wirken, als wären sie für kleine Kinder gemacht. Ich verstehe nicht, worum es geht! Ich sehe mir das zweite Video an. Mir wird das Problem vieler Dating-Plattformen erklärt … wenige Frauen, viele Männer, Schnittmengen aus Bubbles bauen sich auf, ich soll viel lesen, nachvollziehen, Text, Text, Text. Okay, jetzt kenne ich das Problem vieler Dating-Plattformen. Und anscheinend bietet* diese *Plattform eine Lösung an – allerdings habe ich irgendwie nicht mitbekommen, welche. Hmm. Im Mail-Kontakt mit dem Initiator*

[1] Machen wir aus der App in diesem Schritt ein Produkt, ein digitales Produkt.

erfahre ich, dass er bereits 100 000 € in die Programmierung investiert hat – und es knallt nicht. Es läuft einfach nicht! Schon im Voraus erzählt er mir, dass er nun nicht mehr so viel Budget habe und wie viel ich denn kosten würde …

Ich habe zwei Hauptgedanken. Erstens, die Suche nach einem Senior UX/UI ist vollkommen richtig. Zweitens, der Moment ist vollkommen falsch – oder anders gesagt: zu spät. Ich schätze, für ein Fünftel des nun versenkten Budgets hätte ein schick aufgebautes MVP richtig was reißen können. Es wäre gleich zu Beginn eine Produktkonzeption enthalten gewesen mit angemessener Präsentation des Produkts zum Beispiel als schlanke Website. Auf dieser hätten schicke Screens der App gezeigt, wie diese funktioniert und was der Vorteil für den Nutzer ist. Das Invest in ansprechende Texte und Fotos, einen guten Sprecher und einen guten Designer wäre weit besser angelegt gewesen als in *Code*. **Code ist nicht gerade das, womit man User auf sich aufmerksam macht.** Eine schwierige Situation, Ressourcen und Geld verschwendet.

Aus diesem Grund widme ich ein ganzes Kapitel des Buches dem MVP und zeige verschiedene Wege, wie Sie Ihre App-Idee für die Nutzer ausarbeiten und präsentieren, um sie zu testen. Sie erfahren, welche Tools es gibt, um zeitnah etwas auf die Beine zu stellen, das in die Welt kann und dort Feedback sammelt. Auf diese Art finden Sie unglaublich viel über Ihre App heraus, und zwar:

- Erstens, ob Sie Ihre App-**Idee** überhaupt **fassen** und in Worte für die Zielgruppe verpacken können.
- Zweitens, ob Sie mit Ihrer **Idee** überhaupt **gefunden** oder **wahrgenommen** werden. Wenn die Zielgruppe nicht zu Ihnen kommt, gehen Sie zur Zielgruppe. Dafür brauchen Sie eine Form, einen Kanal und etwas, das Ihr Produkt zeigt.
- Drittens, ob Sie über Texte und Bilder auf der Website oder im Video so sprechen, dass Menschen **Freude**, das Verständnis für den **Nutzen** und einen **persönlichen Vorsprung** gegenüber anderen empfinden.
- Viertens, ob Sie ein **Bedürfnis** in anderen Menschen wecken. Direkt gesagt: ob Sie mit Ihrer Dreifaltigkeit aus Freude, Nutzen und persönlichem Vorsprung einen wunden Punkt beim Nutzer treffen, zu dem Sie Ihr Angebot zur sofortigen Abhilfe machen können. Bei einer Dating-Plattform ist die Ausgangssituation: Du bist einsam? Hier gibt's Menschen.
- Fünftens, ob Ihr Angebot so wirkt, als könnte es das angesprochene **Bedürfnis erfüllen**. Also ist Ihr Produkt *glaubwürdig*? Wird es dem Nutzer *wirklich* Erfüllung bringen (können)? Wie kann der Nutzer sicher sein, dass Sie ihn nicht veräppeln oder, ja, mit seinen Gefühlen spielen?
- Sechstens, wie viel ist anderen Menschen diese **Bedürfniserfüllung** monetär **wert**? Wie viel ist ihnen Ihr Angebot wert? Und sind Sie sich Ihr Angebot selbst wert? Das hat mit der Zielgruppe zu tun, die Sie ansprechen (wollen).

Diese Schritte haben eine Reihenfolge, ja. Sie beginnen bei erstens und Sie arbeiten sich immer weiter vor. Sie optimieren Ihre Kommunikation mit den potenziellen Nutzern so lange, bis Sie auf der nächsten Stufe landen – immer in der Waage, Ihrem Produkt treu zu bleiben und biegsam zu sein, um es für die Nutzer besser zu machen!

Das ist so toll daran: Sie machen hier nichts umsonst. Sehen Sie diesen Schritt nicht als Hindernis oder Zeitverschwendung, die Sie mit strotzender Macherenergie lieber in Quellcode pumpen würden. Sehen Sie diesen Schritt als Voraussetzung zum Erfolg. Und als Chance, Ihr Produkt zu *formen*, bevor Sie anfangen, Geld in seine Produktion zu investieren. Sie minimieren Ihr Risiko und werden trotzdem tätig! Und Sie entwickeln mit dem Feedback der User wahrscheinlich etwas noch Besseres, als Sie ursprünglich angenommen hatten. Das ist genial! Welch' grandiose Vorstellung, ein Produkt aufzubauen, auf das Ihre Kunden *warten*!

Gut, nicht jede App hat die Absicht, Geld zu verdienen, aber jede App will benutzt werden. Dazu sollte klar werden, ob es eine interessierte (und zahlende) Kundschaft gibt. Daher ist diese Vorgehensweise des MVP für *jede* App sinnvoll. Das MVP ist die erste wohl überlegte Variante Ihres Produkts, angelegt als Test. Und gerade deswegen schon aufwendig, aber in seinen Kosten nicht zu vergleichen mit einer fertig erstellten App.

Freuen Sie sich auf ein Kapitel mit bunten Beispielen, totaler Praxis, dem Wechseln der Perspektive und einem unkomplizierten Herangehen ans Machen.

5.1 Bedürfnisse ansprechen

„**Trends kann nur setzen, wer Bedürfnisse erkennt**“[2], sagt die mir unbekannte Anja Stöcker zur Zukunft des Journalismus in einem Interview mit dem Magazin für digitales Business *t3n*. Aber ich finde es gut. Für mich ist ihre Aussage für alle Bereiche passend – auch Apps.

Das heißt also, all die Mark Zuckerbergs, Steve Jobs', Bill Gates' und Richard Bransons haben etwas über unsere menschlichen Bedürfnisse kapiert, sie haben uns durchschaut und daraus schlicht ein Geschäft gemacht, indem sie uns eine Art Lösung anbieten. Oder das Abbild einer Lösung – wie auch immer, irgendetwas bewirkt, dass wir die Lösung annehmen. Eventuell so lange, bis eine bessere kommt.

Das heißt, um etwas in die Welt zu setzen, das von anderen konsumiert werden soll, müssen wir als Designer und Unternehmer verstehen, welche Bedürfnisse es da draußen gibt. Okay, dann sehen wir uns in einem kurzen Exkurs an, welche Bedürfnisse Menschen haben und wie diese zusammenhängen. Maslow hat sich vor mehr als 45 Jahren fruchtende Gedanken darüber gemacht, und zumindest in der Psychologie gilt seine Bedürfnispyramide noch immer. Doch ich nehme mir diesmal die dynamische Darstellung der Pyramide vor, denn darin kann ich sehen, welche Intensitäten den Bedürfnissen zugesprochen werden – das ist spannend!

[2] *http://t3n.de/news/zukunft-des-journalismus-stoecker-620323/*

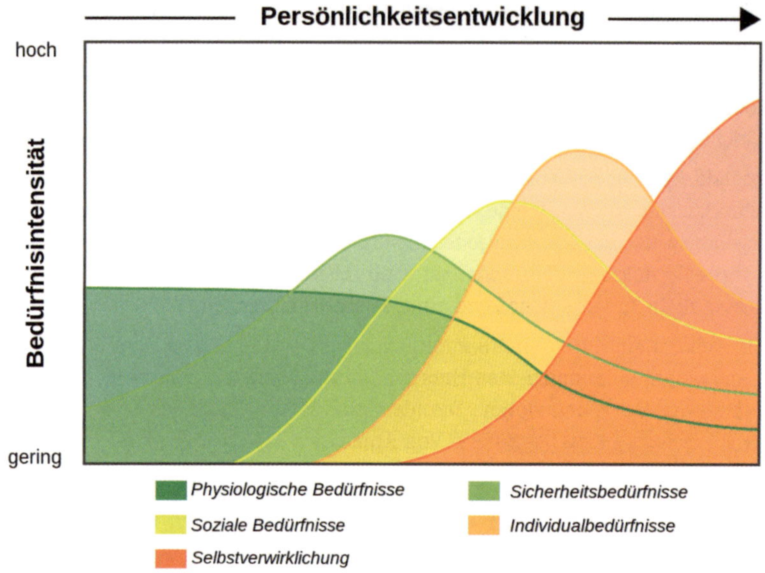

Bild 5.1 Die klassische Maslow´sche Bedürfnispyramide dynamisch dargestellt als Bedürfnishierarchie und Bedürfnisintensität. Individualbedürfnis und Selbstverwirklichungsbedürfnis kommen in der Persönlichkeitsentwicklung zwar erst später, dafür aber mit hoher Intensität.
Quelle: Wikipedia *http://bit.ly/1N9Ucfl*

Wenn physiologische Bedürfnisse, die uns am Leben erhalten, gedeckt sind, interessieren wir uns für **Sicherheitsbedürfnisse**. Wenn wir uns in unserer Umgebung, unserem Alltag sicher fühlen, dann erleben wir einen starken Drang nach **sozialen Beziehungen** und danach, in sozialen Beziehungen eine Rolle einzunehmen. Soziale Beziehungen gehen wir über Kommunikation ein und dabei scheint es zunächst keine Rolle zu spielen, ob wir die anderen persönlich vor Ort oder in einer App treffen. Hauptsache, die anderen sind irgendwie da. Das würde erklären, wieso *WhatsApp* einen Nerv getroffen hat. Vielleicht ist gar nicht das Chatten das Besondere daran, sondern die Angabe, wann die Person zuletzt *online* war? Gibt uns das ein Gefühl von Beruhigung, wenn unsere Freunde online - also am Leben - sind? Und wenn sie uns zwischendurch ein Herzchen oder Küsschen schicken, bekommen wir eine Liebesbestätigung und fühlen uns geschmeichelt - vielleicht ausreichend, um den Tag zu überstehen. Haben wir erst einmal ausreichend soziale Bindungen (z. B. in einer glücklichen Beziehung oder auf Zeit in 5012 Facebook-Freunden), dann fühlen wir uns sicher genug, uns selbst auszudrücken, dann kommt die Stufe der **Individualbedürfnisse**. Diese gibt es gemäß Maslow in zwei Ausprägungen:

1. Den Wunsch nach körperlicher (Fitness-Apps) und mentaler Stärke (IQ-Apps, Quiz-Apps), nach Erfolg (Spiele-Apps und Twitter), Unabhängigkeit und Freiheit (Coaching-Bücher und Apps, die uns suggerieren, frei zu sein ...) - bezogen auf Apps sind mir diese beiden Werte unerfüllbar, da wir für Apps Smartphones und oft Internet brauchen, die uns beide abhängig machen.
2. Den passiven Wunsch nach Ansehen, Prestige, Wertschätzung und Achtung, die uns andere entgegenbringen - also genau das Gegenteil von Freiheit. Denn in dem Fall *brauchen* wir die anderen für die Bedürfniserfüllung. Nun, ich denke unter den 1,4 Milliarden

monatlich aktiven Nutzern auf Facebook dürfte sich eine Handvoll finden, die dem Individualbedürfnis der zweiten Ausprägung nachgeht. „Facebook ermöglicht es dir, mit den Menschen in deinem Leben in Verbindung zu treten und Inhalte mit diesen zu teilen", so Facebooks Motto.

Kognitive Bedürfnisse können durch Rätsel, durch Schach, Sudoku, Krimis, unterschiedlichste On- und Offline-Spiele (also im Web oder als App oder sogar als anfassbare Pappvariante), durch alles, was unser Denken fördert, uns noch schlauer macht, unsere linke Hirnhälfte noch dicker werden lässt, abgedeckt werden. Kann man lesen und schreiben und hat Zugang zum Internet, dann ist es möglich, in ein Meer aus Tutorials, Kursen, Erkenntnissen, Do-it-yourself-Videos zu jedem erdenklichen Thema einzutauchen und sich den Rest seines Lebens zu bilden.

Wir hier schwimmen in einem Meer aus wirtschaftlichen Angeboten, die unsere **ästhetischen Bedürfnisse** erfüllen wollen. Die Idee ist, uns über das Design, nicht die selbstverständliche Funktionalität zu begeistern. Von Apple über Ikea bis zur Landlust bekommen wir das Gefühl, schöne Farben und Formen wert zu sein und zu einem besonderen Menschenschlag zu gehören. Taschen, Smartphones, Kopfhörer, Tücher und Schals, Shirts, Fahrräder, alles kann in uns das Gefühl wecken, es haben zu wollen, weil es so schön aussieht. *Schön* ist relativ und passt sich Ort und Zeit an. Was heute schön ist, muss es nicht immer bleiben. Was einst schön war, wird aber auch wiederentdeckt. Ein ewiger Kreislauf. Die Frage bleibt: Empfinden wir uns selbst ohne Hilfsmittel als ästhetisch? Erkennen wir die Schönheit dessen, was vor uns da war, auch noch? Ja. Naturfotos auf Instagram rocken ohne Ende.

Die Pyramide steigt höher und erreicht das Bedürfnis der **Selbstverwirklichung**. „Es geht dabei um den Wunsch bzw. die Tendenz, das eigene Potenzial auszuschöpfen, also das zu werden, was einem anlagebedingt überhaupt möglich ist. In welcher Form sich dieses Bedürfnis letztlich ausdrückt, ist somit im höchsten Maße vom Individuum selbst abhängig", so Wikipedia.

Die Suche nach Glück, nach dem Ankommen, nach der inneren Ruhe ist hier ein zentrales Thema. Funktioniert immer wieder als Buch oder Film. In der westlichen Welt stehen eher Moral, Tradition und das Arbeiten für andere der Selbstverwirklichung im Wege. Woanders sind es Staat, Gesetze und Hexenverbrennung – bis heute.

Und schließlich endet die Pyramide mit der **Transzendenz**, der Loslösung vom materiellen Sein, der Loslösung von der Erfüllung aller anderen Bedürfnisse und dem puren Dasein. In meiner Wahrnehmung hört hier die Wirtschaft auf, ist hier das Ende von Produkten, Angeboten.

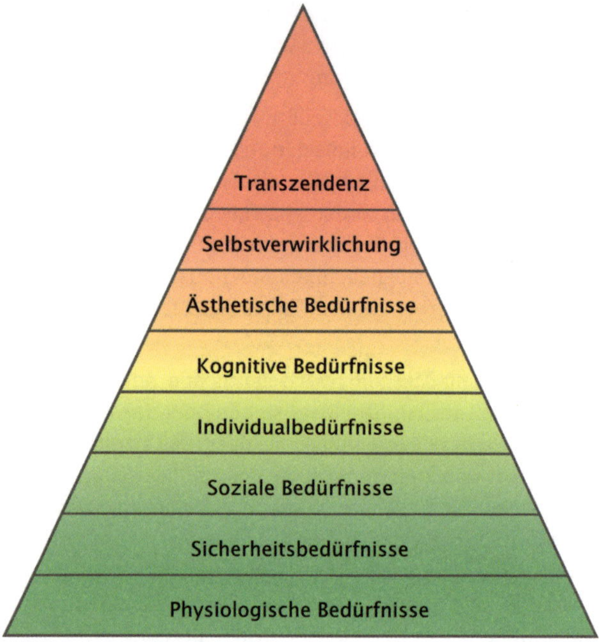

Bild 5.2 Die Maslow'sche Bedürfnispyramide von physiologischen Bedürfnissen bis hin zur Transzendenz.
Quelle: Wikipedia *http://bit.ly/1GaHkpu*

Das Schwierige an Bedürfnissen ist, dass sie nicht immer gut zu sehen sind. Sie können Menschen unbewusst sein, sie können ihnen peinlich sein oder sie können denken, dass irgendetwas nie besser wird, als es jetzt ist. Doch ein Indikator für Bedürfnisse sind Probleme. In Kapitel 2 hatte ich im Abschnitt *Das Problem ist der Kernnutzen, der Kernnutzen ist das Problem* darauf hingewiesen, wie wichtig es ist, dass Sie ein Lösungsangebot zu einem relevanten Problem finden. Und hier entsteht die Verbindung zu den Bedürfnissen. **Wenn Sie ein Problem für sich lösen, haben Sie ein Bedürfnis erfüllt.** Wenn Sie diese Erfüllung auch anderen an die Hand geben wollen, dann machen Sie die anderen auf das Problem aufmerksam, indem Sie nicht das Problem lang und breit thematisieren, sondern das Bedürfnis zu diesem Problem in anderen ansprechen. Und das Bedürfnis sprechen Sie am direktesten an, wenn Sie gleich zur Erfüllung des Bedürfnisses übergehen.

5.2 Bedürfnisse erfüllen

Ich komme noch einmal zu meinem Einstiegsbeispiel der Dating-Plattform zurück. Ich fragte den Gründer, was der emotionale Nutzen seiner Plattform sei. Diese Frage brachte ihn aus dem Konzept. „Emotionaler Nutzen? Ehm, tja …“ Ehrlich gesagt, ich war überrascht. Er hatte vor, eine Dating-Plattform in die Welt zu setzen, und hatte sich nicht einen Gedanken zu emotionalem Nutzen gemacht?! Nicht einmal gewusst, was das ist!

Die Schwierigkeit war, dass er in seinem gesamten Web-Auftritt und in den Videos an den Verstand des Nutzers appellierte. Das mag bei einer Steuererklärungssoftware noch funktionieren, aber doch nicht bei einer Dating-Plattform! Keine der Apps wie *Facebook*, *Twitter*, *tinder* und wie sie alle heißen appelliert an die Vernunft des Nutzers! Meines Erachtens ist das auch der Vorteil der US-amerikanischen Start-ups. Sie wissen, dass es um Emotionen geht. Hier in Deutschland denken wir häufig noch, dass die Vernunft uns weiterbringt. Nicht bei Produkten für die Endkonsumenten. Mein Gott, jedes andere Produkt, das auf dem Markt ist wie Rama, Nimm2, Nutella, Kinder-Riegel, Perwoll, Palmolive, Landliebe-Joghurts und Pizza von Dr. Oetker macht es schon seit Jahrzehnten. Emotionalisieren. *Gefühle* mit dem Produkt verknüpfen. Wohlfühlen, sicher fühlen, geborgen fühlen, besonders fühlen, sauber fühlen. Auto-Spots werden für horrende Summen gedreht, damit so etwas Technisches wie ein Auto *emotional* wird. Das hat die deutsche Industrie kapiert und exportiert munter fröhlich ein Auto nach dem anderen. Nur der kleine Mann zu Hause denkt noch, dass Vernunft Trumpf ist.

In alten deutschen Werbespots kann man herrlich sehen, wie Gefühle - beispielsweise die Angst, den Ehemann zu verlieren, weil dieser nur Dr.-Oetker-Pudding isst - mit dem Produkt verknüpft werden. Wenn Sie elf Minuten Zeit haben, schauen Sie ruhig mal hinein in eine Auswahl von Spots aus den 50er- und 60er-Jahren: *https://www.youtube.com/watch?v=9R4wS7RzpXw*.

Und wenn das nicht reicht, dann gibt's hier noch ein paar Schmankerl aus den 70er-Jahren: *https://www.youtube.com/watch?v=pBFzIZGeqWg*.

Probieren Sie, pro Spot herauszufinden, welche Gefühle angesprochen werden. Sicher, bei einigen dieser alten Werbungen ist die Verknüpfung ziemlich plump. Das ist heute oft geschickter und schneller gemacht - die Werbezeit ist ja teurer.

Das Emotionalisieren ist der Schlüssel zu unserer Aufmerksamkeit und erst, wenn es für uns persönlich emotional *relevant* ist, spricht uns eine Sache an. Das sollten Sie wissen und beachten, wenn Sie mit einer App auf Menschen zugehen. Emotionalisieren Sie; in Text und Bild.

Einige zeitgenössische Beispiele:

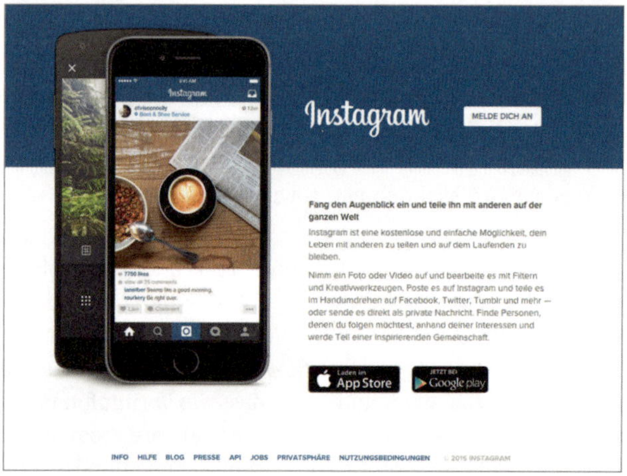

Bild 5.3 Instagram emotionalisiert eindeutig mit den geposteten Bildern. Ästhetik, Wohlgefühl, Party, Business, Reisen – das sind die Foto-Hauptthemen. Um die Bilder herum ist es schlicht – das ist Absicht. Die Gründer stellen die Plattform, die User erstellen die Unterhaltung selbst. Willkommen im Foto-Emo-Age!
Quelle: *https://instagram.com/*

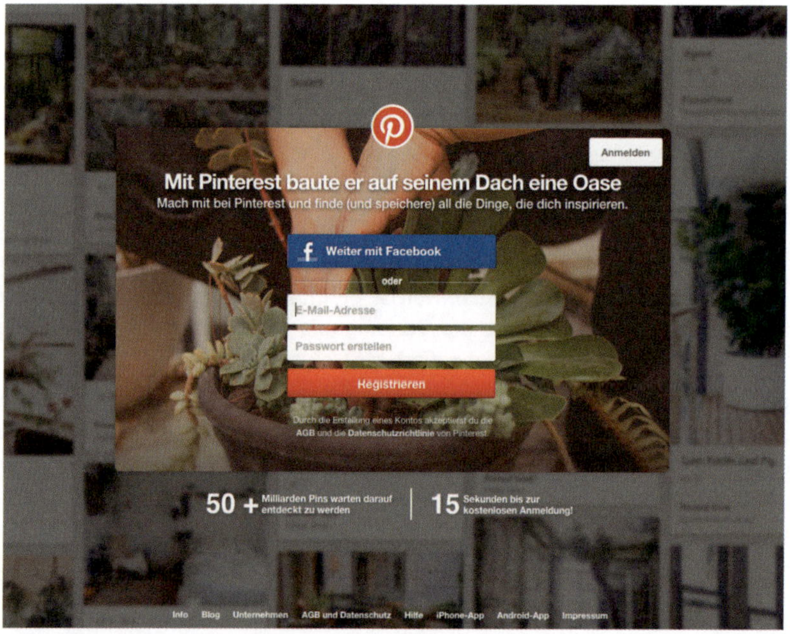

Bild 5.4 Pinterest setzt auf Inspiration. Urban Gardening, Reisen, ungewöhnliche Projekte, Up-Cycling – alles unter dem Claim „Kreative Ideen entdecken und speichern". Großer Wert liegt auf der Ästhetik der Bilder, dem Layout von Pinterest und der Sammlung schöner & berührender Dinge. Die Gründer stellen auch hier die Plattform und die Nutzer emotionalisieren sich mit ihren Inhalten gegenseitig.
Quelle: *https://de.pinterest.com/*

Bild 5.5 Katzen, Hunde oder andere Tierarten haschen auf Pinterest viel Aufmerksamkeit ein. Emotionalisierende Bilder bereichern, erweitern und erhalten die Plattform. Und die User machen mit. Unaufhörlich.
Quelle: *https://www.pinterest.com/explore/katzen-923755763075/*

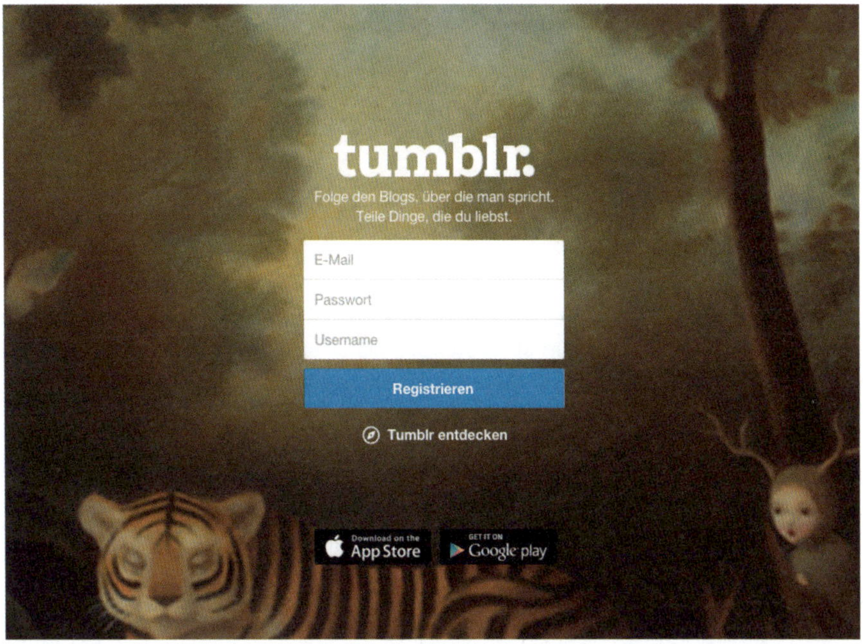

Bild 5.6 Wow, tumblr kommt sogar mit einer ganz ungewöhnlichen Ästhetik daher. „Teile Dinge, die Du liebst." Spricht Gefühle an, löst Bilder in unserem Kopf aus. Spielt mit dem Wort *Liebe*, an dem wir als Bindungswesen Mensch immer irgendwie interessiert sind.
Quelle: *https://www.tumblr.com/*

Bild 5.7 Spotifiys Idee ist der Hammer! Sie stellen weder den Content her noch die Cover – sie bieten im Kern lediglich eine App, die Bilder anzeigt und Tracks abspielt. Und sie emotionalisieren ihre App mit unserem Ur-Bedürfnis nach Musik. Genial! Sie sind mittlerweile so etabliert, dass sie den alten Slogan „Everyone loves music" von 2009 nicht mehr einsetzen.
Quelle: *https://www.spotify.com/de/*

Bücher, Filme, Musik, Musikvideos, Fotos, Kunst und sonstige Schöpfungen haben den Sinn, uns zu berühren. Wenn Sie sich emotionalisieren wollen, um das Wesentliche zu sehen und zu verstehen, dann schauen Sie sich dieses Video an: *https://www.youtube.com/watch?v=wzhzkKccBi8*. Der Mann, der da im Hintergrund so eindringlich spricht, ist Tony Robbins, einer der erstaunlichsten Motivationssprecher unserer heutigen Zeit. YOU DON'T HAVE TO BE PERFECT, ist seine wichtigste Botschaft. Es wurde über 14 Millionen Mal angesehen – und ich denke an die Weisheit der Gruppe.

Unerfüllte Bedürfnisse erzeugen Frustration

Letztens suchte ich intensiv nach einem Ausgabenmanager. Mein Bedürfnis war, auf meinem Smartphone schnell und einfach meine Ausgaben festzuhalten, um mich mit einem Überblick meiner Ausgaben *sicherer zu fühlen*. Ich fühlte mich vorher diesbezüglich unsicher und ich spürte ein riesiges Hindernis: Ich kann einfach keine Einkaufszettel sammeln und daraus tabellarische Übersichten per Hand oder in Excel machen – ich bin einfach nicht bereit, dafür Zeit zu investieren, etwas anzusammeln, es abzuarbeiten, bäh!

Ich verglich mehrere Apps miteinander – es gibt ja genügend Apps, die mir helfen *wollen*, dieses Bedürfnis zu erfüllen. Je mehr ich sie mir jedoch ansah, desto klarer wurde mir, dass mir viele nicht helfen *können*. Ich lud eine nach der anderen herunter, installierte, öffnete sie, wollte die erste Ausgabe festhalten und … löschte die App wieder von meinem Gerät. Für schlechte Tools habe ich keine Geduld.

Ich bin ein digital Native und nicht bereit, auch nur eine Sekunde lang in einer App etwas herauszufinden, wenn ich weiß, es gibt 1000 andere Apps, die das auch können. Ich bin eher bereit, nach einem guten Tool zu suchen – nicht, ein schlechtes zu benutzen.

Mit jeder weiteren App, die mir nicht passte, merkte ich, dass ich etwas ganz Eindeutiges suchte:

- Ich will nicht erst irgendwelche Kategorien durchsehen, anklicken, dann dort meine Ausgabe eintragen. Ich will *zuerst* die Ausgabe festhalten!
- Ich will sie dann einfach einem Bereich zuordnen: Lebensmittel, Transport, Essen gehen und so weiter.
- Ich will die Ausgabe speichern, sofort addiert sehen, fertig.

Erstes Gebot eines Designers: Frust vermeiden, Spaß bereiten!

Es war für mich unglaublich zu sehen, wie viele Apps diese Schritte – eine Ausgabe festzuhalten – unsäglich kompliziert gemacht haben. Das ist fern jeglicher Freude. Offenbar haben die Macher ihre App nie einer Hausfrau, einer Mutter, einem Kind, einem älteren Mann in die Hand gedrückt, um zu sehen, wie leicht oder umständlich es in der Nutzung ist. Offenbar haben viele Anbieter nicht mal eine Woche lang selbst ihre eigene App *benutzt*, um im Alltag ausreichend von Vorauswahlen genervt zu sein und diese dann abzuschaffen. Damit ist der Nutzen relativiert. Die App mag generell *nützlich* sein, aber sie ist nicht *von Nutzen*, weil sie sich umständlich *benutzen* lässt. Offenbar waren ihnen die Bedürfnisse, die hinter dem Festhalten einer Ausgabe auf dem Smartphone stecken, nicht gänzlich klar. Darüber steht die Bedürfniserfüllung quasi jeder App: **einfach und schnell in der Nutzung zu sein**.

Schließlich fand ich eine App – den Ausgaben Manager von Markus Hintersteiner. Diese App macht es so, wie ich es mir vorstellte. „Verwalte Deine Ausgaben – schnell und einfach“. Ja, sie hält ihr Versprechen. Juhu!!! Toll ist auch, dass das Hauptfeature der App kostenlos angeboten wird, während man sich Zusatzfunktionen für 1,89 € dazukaufen kann. Nicht umsonst wurde diese App über 1 Million Mal heruntergeladen – und in meiner Wahrnehmung ohne fettes Marketing. Die Weisheit der Masse.

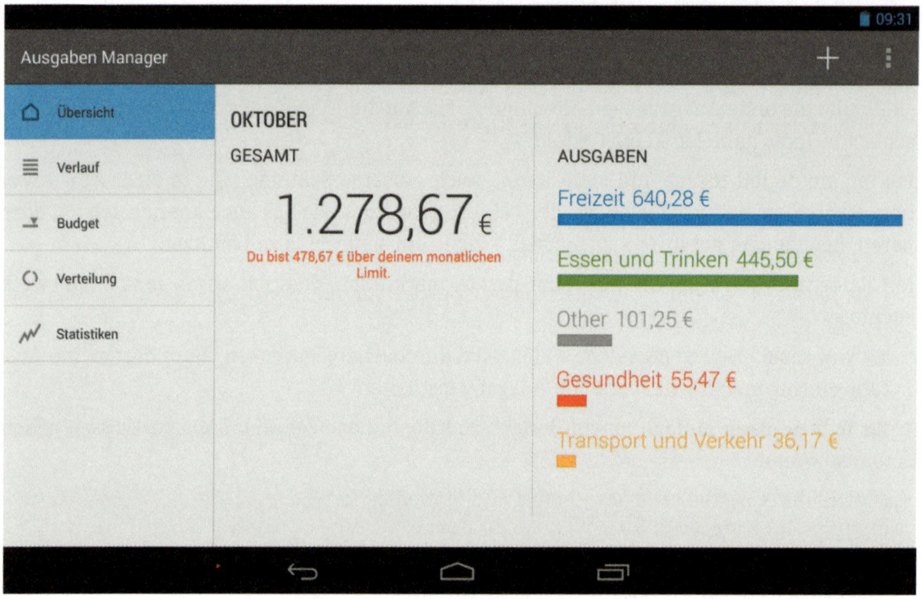

Bild 5.8 Schnell und einfach kann ich meine Ausgaben festhalten. Kein Schnörkel, kein Schnickschnack. Aber angenehm in der Optik - hier als Tablet-View. Ein von den Features unspektakuläres, total simples App-Beispiel, das im Play Store mehr als 1 Million Downloads und mehr als 25 000 Bewertungen hat. Ein Ein-Mann-Projekt mit einfachem und klarem Anwendungsfall.
Quelle: Chip *http://bit.ly/1Mo5dqg*

5.3 Buyer Personas – das Konzentrat Ihrer Käufer-Zielgruppe als Profil

Jedes Mal, wenn ich „Zielgruppe" schreibe, überfährt mich ein kleiner Schauer. Denn „die Zielgruppe" klingt so wie eine abstrakte Masse, die irgendwo dort draußen herumschwimmt und sich je nach Argumentation für oder gegen ein Produkt entscheidet. So einfach ist das nicht.

Doch es gibt eine tolle Methode, um die Zielgruppe in Profilen zu konzentrieren und ihre Probleme sowie Motivationen zu einer Lösung zu skizzieren. Die Methode heißt *Personas* und wurde von der US-amerikanischen Agentur für Design und Strategie mit Namen *Cooper* entwickelt, um für alle Projektbeteiligten die Zielgruppen in ihren Eigenschaften konkret darzustellen. Kurz gesagt, werden die wichtigsten Eigenschaften der Zielgruppe zu einem Profil zusammengefasst, als wäre es *eine* Person. Mit Foto, Namen, demografischen Daten und Eigenschaften, die für Ihre App relevant sind.

In einer *Buyer Persona* werden potenzielle Käufer Ihrer App zusammengefasst, die auf der Suche sind, ein bestimmtes Problem zu lösen. Sie suchen also im besten Fall etwas, wofür Sie mit Ihrer App eine Lösung anbieten - den Kernnutzen Ihrer App.

Woher kommen die Daten für das Buyer-Persona-Profil?

Es gibt mehrere Möglichkeiten, die Sie auskosten können, um *Buyer Personas* zu erstellen oder erstellen zu lassen – die Reihenfolge der Aufzählung hat nichts zu sagen:

1. Analyse der **Kundenansprache der Konkurrenz**. Wenn es eine App gibt, die eine Konkurrenz zu Ihrer ist, dann sehen Sie sich an, wie diese vermarktet und die Zielgruppe angesprochen wird. Sie können analytisch vorgehen und sich Schlüsselwörter und Argumente der Ansprache herauspicken. Sehen Sie sich auch an, mit welchen Bildern und Idealen gearbeitet wird – denken Sie an *tinder*.
2. À la *Basecamp* (ehemals *37signals*): eine App-Idee für eine App, die man selbst benutzen würde; also praktisch die Ansprache für sich selbst und ähnliche Leute entwerfen. Damit kann man im eigenen Netzwerk prüfen, ob die Ansprache überzeugend gelingt und objektiv Interesse weckt.
3. **Early Adopters** aufspüren und befragen. Kennen Sie Menschen, die immer irgendein neues Produkt besitzen, bevor es die anderen überhaupt entdecken? Und dann, nach ein paar Monaten, haben es alle. Diese Menschen haben häufig eine gute Einschätzung, was Produkte angeht. Wenn Sie so jemanden kennen, stellen Sie diesem Menschen Ihre Idee ansprechend vor.
4. **Marktpotenzialforschung** und Statistiken sind ebenso Wege, um Daten einzuholen. So etwas kann man sich auch von spezialisierten Firmen erstellen lassen. Ich fühle mich immer wieder bestätigt, wenn Gründer diese Daten selbst erheben oder einfach ihrem Instinkt folgen.
5. Wenn vorhanden und passend: **Bestandskunden** befragen und interviewen. Oder
6. mit **improvisierten** Buyer Personas arbeiten. Wenn Sie nicht gerade das Profil einer eierlegenden Milchsau erstellen, dann können Sie sich mit Ihrem Team auch auf eine Handvoll real wirkender Annahmen konzentrieren und damit beginnen – zum Beispiel mit dem nachfolgenden Punkt. Während des Tests verfeinern Sie das Profil, zurren es konkret und verfeinern damit auch die Ansprache. Es braucht Zeit.
7. **Lean**: Mit einer Annahme starten, diese schrittweise verfeinern. Das kann eine Anzeige sein, eine Produktseite, ein Video, ein MVP! Darum geht es in diesem Kapitel.

Persona Lebenszyklus

In meiner Erfahrung ist die Erstellung der Buyer Persona die größte Hürde und erfordert am meisten Kreativität. Denn sie ist mit dem Produktnutzen, dem Präsentieren des Nutzens, der Kommunikationsstrategie und dem Einhalten des Produktversprechens verbunden. Das alles zusammen sind viele Schritte, die zwischendrin durchaus einmal in eine falsche Richtung laufen können. Es ist auch der Teil, der mehr Zeit kostet, als je darüber gesprochen wird. Und es ist der Teil, der viele Gründer dazu bringt, wieder aufzuhören. Weil es einfach Durchhaltevermögen und immer wieder das Ansehen, Justieren, Messen erfordert, um den „richtigen" Weg zu finden, den zukünftigen Nutzern das Produkt schmackhaft zu machen. Aus Buyern sollen User werden, aus Usern Customer. Das ist das Ziel.

Personas – das Konzentrat Ihrer Zielgruppe

Personas fassen die Eigenschaften Ihrer Zielgruppe elegant in einem Profil zusammen, damit Sie immer den Fokus auf die Bedürfniserfüllung dieser exemplarischen Persona setzen können. Auch wenn diese im Profil zusammengefasste Persona nicht real existiert oder nicht einmal auf echten Daten beruht, erfüllt sie die Aufgabe der ständigen Erinnerung daran, für welche Bedürfnisse Sie die App entwerfen. Das Geheimnis ist der Fokus, nicht die Echtheit. Deshalb ist es sinnvoll, die Buyer Persona groß an die Wand zu hängen und sie immerfort zu ergänzen und zu verfeinern, um schrittweise die Ansprache verbessern zu können.

Die Käufer Ihrer App (Buyer Persona):

Als Buyer Persona wird das konzentrierte Profil Ihrer Käufer bezeichnet. Käufer sind diejenigen, die auf das Produkt aufmerksam werden, weil sie danach suchen oder der Nutzen sie anspricht. Käufer und Nutzer können identisch sein, müssen es aber nicht. Im Firmenkontext beispielsweise kauft jemand eine Software, meist nicht der, der sie dann benutzen wird.

Die Nutzer Ihrer App (User Persona):

Die User Persona eignet sich hervorragend für Usability-Fragen und die Abwägung der Notwendigkeit von Features. Voraussetzung ist hier, dass es die App in der ersten Variante als Prototyp gibt, denn dieser Prototyp wird getestet. Die Testergebnisse werden auf wiederkehrende Verhaltensmuster der Nutzer ausgewertet und mit dem Ziel optimiert, dass die meisten Nutzer die App einfach bedienen können und Freude damit haben.

Die Stammnutzer Ihrer App (Customer Persona):

Hier werden die Eigenschaften der Bestandskunden zusammengefasst. Nachdem Sie erfolgreich Buyer und User Personas eingesetzt und wiederkehrende Kunden für Ihre App gewonnen haben, geht es nun darum, diese Kunden immer und immer wieder für das Produkt zu begeistern. Das kann mit besonderem Service, neuen nützlichen Features, zusätzlichen Angeboten oder besonderem Inhalt geschehen. Mehr Informationen hierzu erhalten Sie in Kapitel 7, *Scenarios, Storys und Personas*.

Zur Not improvisierte Nutzerprofile: Provisional Personas

Der Gründer und Chef von Cooper, Alan Cooper, empfiehlt wärmstens, lieber improvisierte Personas zu nutzen als gar keine. Wie eingangs erwähnt, verhelfen Personas vor allem dazu, den Fokus bei der Entwicklung zu halten. Für Informationen zur Erstellung improvisierter Personas können der Kunde, das Team oder Bestandskunden befragt werden. Wird daraus ein Profil zusammengestellt, auf das sich alle einigen können, trägt diese Persona auch noch zur gemeinsamen Vision im Projekt bei.

5.4 Ihre App-Idee in Worte fassen

Eine Idee ist wunderbar biegsam, ungreifbar groß und herrlich abstrakt, solange sie im Kopf umherschwirrt und ihre unausgesprochene, unkritisierte Form beibehalten darf. Daher hat das Realwerden tatsächlich auch einen schmerzhaften Aspekt: Man muss sich verabschieden von dem, was es *hätte* alles werden können, und in eine **konkrete Richtung** gehen. Das kann schwerfallen, natürlich. Und gleichzeitig ist es das, was „Macher" tun. Sie entscheiden sich und machen.

Um Ihre App in Worte zu fassen, bietet sich folgende Schrittfolge an:

1. Finden Sie den Satz, der beschreibt, welches Problem Ihre App löst. Dieser Satz darf völlig technisch klingen, Hauptsache er ist so kurz es geht.
2. Transformieren Sie diesen Satz in einen Slogan, der für den **Nutzer** gedacht ist. Nicht mehr aus Ihrer und der Problemperspektive, sondern aus der Perspektive der Freude, des Nutzens, des Vorteils für den App-Nutzer.
3. Finden Sie nun mehrere Varianten für den Claim aus der Perspektive des Nutzens. Erstellen Sie beispielsweise drei Varianten A, B, C.
4. Suchen Sie je dazu ein Bild, das Sie emotional anspricht. Sie können Stock-Foto-Plattformen wie *fotolia.de, istockphoto.com, pixelio.de, thinkstockphotos.de* nutzen. Gehen Sie sicher, dass Sie lizenzfreie Bilder aussuchen, die Sie später *wirklich* verwenden dürfen.

Ich habe einige Beispiele für die Lösungen von Problemen mit Apps für Sie zusammengesucht. Sie beschreiben ihre Hauptaufgabe in sachlicher Form. Erst im zweiten Schritt geht es um die Emotionalisierung.

Problem	Technische Lösung
Ich will mir keine Musik *kaufen* müssen, um sie zu hören.	Spotify – *Gratis* Musik auf Handys, Tablets und PCs hören
Ich will (mir) keine fetten Dateien *per Mail* schicken.	Dropbox – Dateien auf Geräten *synchronisieren* und mit anderen *teilen*
Ich will *jetzt* und *hier* ein Auto mieten und nicht ewig vorher *reservieren* und mir den *Schlüssel* irgendwo abholen und zurückgeben müssen.	DriveNow – mit der App Autos in der *Nähe* finden, mit der DriveNow-Kundenkarte *öffnen*, losfahren, stehen lassen.

Die technische Lösung zu formulieren, ist nicht so schwierig. Das Problem und die dazu passende Lösung zu beschreiben, ist relativ einfach.

Slogans für die Nutzer

Das Spannende ist nun, wie die zuvor genannten Anbieter ihre Lösung als Bedürfniserfüllung verpacken. Denn Sie übernehmen nicht 1:1 die Lösung und kauen diese dem Nutzer vor, nein. Sie komprimieren die Lösung in einen ansprechenden Satz, der für den Nutzer einen **Vorteil** darstellt. Manchmal hat es mit der App selbst gar nichts zu tun – sie dient nur als Medium, um dem Nutzer etwas in sein Leben zu bringen. Das ist beispielsweise bei *Spotify* so. Spotifiy erklärt nicht, wie toll die App Musik streamt, sondern sie sagen einfach nur: „Musik für jeden Moment." Verstehen Sie den Unterschied? Sie sagen nicht, wie toll ihre

App irgendetwas macht, sondern sie bringen das Ur-Bedürfnis nach Musik auf einfache Art zu den Nutzern. In Wort und Bild und schließlich in der App.

Einleuchtend, und gleichzeitig habe ich mehrmals erlebt, wie schwer sich ein Kunde damit tut, seine technische Lösung emotional ansprechend zu verpacken. Bei dem Beispiel am Anfang des Kapitels mit der Dating-Plattform war überraschend, dass der Anbieter in seinem Produktvideo nur zeigte, was für ein Problem die App löste. Dabei wurde das Problem lang und breit, fachlich, erklärt. Nicht mit einem Wort wurde der Nutzen so dargebracht, dass ich verstanden hätte, welchen Vorteil es für mich persönlich hat, diese Plattform zu nutzen. Den Nutzer interessiert das Problem nicht – das kennt er ja. **Den Nutzer interessiert sein persönlicher Vorteil, wenn er Ihre App nutzt.**

Aus den technischen Sätzen werden emotionale Ansprachen, die aus der Lösung eine Bedürfniserfüllung machen:

Technische Lösung	Emotionaler & persönlicher Nutzen
Spotify – *Gratis* Musik auf Handys, Tablets und PCs hören	Musik für jeden Moment.
Dropbox – Dateien auf meinen Geräten *synchronisieren* und mit anderen *teilen*	Mach Dir das Leben einfacher (2011) Ihre Dateien – überall dabei (2015)
DriveNow – mit der App Autos in der *Nähe* finden, mit der DriveNow-Kundenkarte *öffnen*, losfahren, stehen lassen.	Deine Autos für alle Fälle Hinfahren. Abstellen. Feierabend. Einfach stehen lassen. Keine festen Rückgabestationen. Carsharing von BMW i, MINI und Sixt ab 24 Ct/Min

Bild 5.9 Hier wird die positive Nutzungssituation gezeigt. Eine gut gelaunte Frau sitzt im Auto vor ihrem Haus. Ob sie gerade losfährt oder ankommt, ist offen. Schönes Wetter, weißes Elektro-Auto, die Stromtanksäule gleich vor dem Haus, volles Wohlfühlen ist angesagt – die Welt könnte nicht besser sein. Ich weiß, dass BMW sich die besten Agenturen leisten kann. Andererseits kommt es auf die Idee an. Fotos zu machen, ist heute keine Frage der Technik mehr. Und eine schicke Website gestalten, können Sie vermutlich selbst.
Quelle: *https://de.drive-now.com/*

Don't sell features!

Denken Sie an „Weniger ist mehr" - überall scheint es Anwendung zu finden außer bei monetärem Reichtum und Software-Features.

Wie es Josef Mayerhofer in seinem Buch *Apps erfolgreich verkaufen* sagt: „Sie verkaufen dem Nutzer keine Features, sondern einen Nutzen, der das Leben des Kunden besser machen wird." Exactly! Im Rückschluss heißt das, dass die Anzahl der Features keine Rolle spielt, solange der Nutzen funktioniert. Und das ist der Punkt: Seien Sie geizig mit Features! Es macht Ihnen weniger Arbeit, kostet weniger und der Nutzer kann sich auf das Wesentliche fokussieren. In einer Welt mit 1000 Müslisorten ist das eine angenehme Abwechslung und bei Apps *der* Erfolgsfaktor.

Show - don't tell!

Das ist ein oft verwendeter Praxis-Tipp aus Schreibratgebern für Romanautoren. Statt sich in ellenlangen Beschreibungen aus der Erzählperspektive zu ergehen, wird geraten, Handlung und Dialog die Szene erklären zu lassen. Es kommt dem filmischen Erzählen nahe, bei dem die Absicht ist, Figuren in den Vordergrund zu stellen, damit sich der Leser besser mit ihnen identifizieren kann.

Und so machen Sie es. Die Apples, Spotifys, tumblrs & Co - sie erschaffen mit ihren Figuren den perfekten Wohlfühlmoment vor unserem geistigen Auge. Und wir fahren darauf ab.

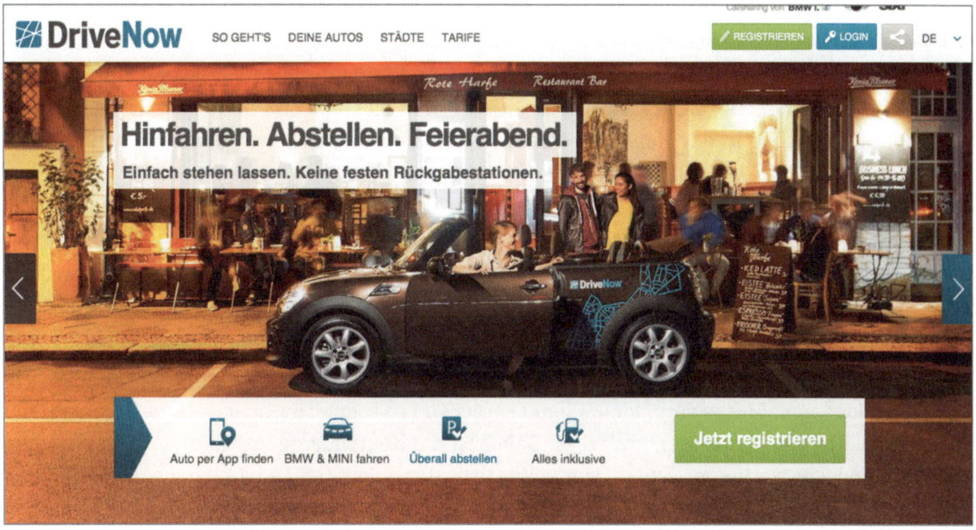

Bild 5.10 Und noch eins. Ein realistischer Anwendungsfall - mit dem Auto hin und mit dem Taxi betrunken zurück. Oder vielleicht sehen Sie ein anderes Szenario? So oder so. Aktiv sein, cool sein, feiern, Freunde treffen (die sich schon auf einen freuen - zu sehen an der erwartungsvollen Haltung) - alles unkompliziert mit DriveNow, juhu! Wären Sie da nicht gern in diesem Bild? Ich schon, habe aber ein eigenes Auto ...
Quelle: *https://de.drive-now.com/*

Varianten und Bilder

Nun geht es darum zu testen. Erstellen Sie einfach drei große Papiervarianten Ihres Slogans und fragen Sie Menschen in der Fußgängerzone oder auf dem Uni-Campus, welcher der Slogans sie am meisten anspricht. Führen Sie eine Strichliste. Bitten Sie sie, den Nutzen in eigene Worte zu fassen. Damit versichern Sie sich, ob die Botschaft und das Verständnis angekommen sind. Wenn nicht, haken Sie nach, welches Wort unklar war.

„Was macht dieser Satz/dieses Bild mit Ihnen?", ist eine gute Frage. Was passiert im Inneren des Betrachters? Lassen Sie die Person aussprechen, erzwingen Sie nichts, hören Sie einfach zu und nehmen Sie es auf, wenn Sie können. Ich garantiere Ihnen, dass dieses Feedback wertvoll für Ihr Produkt sein wird.

Und nun gehen Sie dazu über, Bilder zu suchen; entweder je eines für jede Variante oder aber Ihre Variante, die den Test am besten bestanden hat, mit verschiedenen Bildern. Bilder haben ihre eigene Wirkung. Und diese dringt schneller durch, weil wir Meister im Entschlüsseln visueller Informationen[3] sind. Das Bild drückt meist sofort etwas aus, spricht sofort ein Gefühl in der emotionalen Welt des Betrachters an. Die Worte kommen *danach* - sie verknüpfen das Gefühl, das das Bild ausgelöst hat, mit dem Slogan Ihrer App. Deshalb ist es wichtig, dass Ihr herausgesuchtes Bild eine **angenehme Wirkung** hat. Wenn Sie etwas Abscheuliches oder Angstmachendes zeigen, wird Ihr Slogan damit verknüpft und Sie haben unter Umständen eine Verbindung geschaffen, die der Nutzer in Zukunft *vermeiden* will. Niemand setzt sich freiwillig Unangenehmem aus. Wenn Sie sich erinnern, wie schwer Bilder aus dem Gedächtnis zu löschen sind (zum Beispiel nachdem man sich einen Horrorfilm angesehen hat), dann empfehle ich, Bilder immer mit Bedacht zu wählen.

Testen Sie die Bilder zu dem besten Slogan ebenfalls. Welches Bild kommt bei den meisten Menschen in Ihrem Freundes- und Bekanntenkreis am angenehmsten, am attraktivsten, am passendsten und so am besten an?

Damit haben Sie eine Basis für Ihr MVP geschaffen. Das garantiert zwar noch nicht, dass Ihre Zielgruppe ebenfalls darauf abfährt und sich gleich massenweise anmeldet. Sie haben jetzt aber den Anfang in der Hand. **Sie haben einen Nutzen mit einer Emotion verknüpft - wow!**

Die erfolgreiche Trinität: Freude, Nutzen, persönlicher Vorsprung

Bei allem, was Sie über Ihr App-Produkt ausdrücken wollen, beachten Sie das Prinzip, das auch Armin Reins in seinem Buch *Corporate Language* erklärt. Reins hat für alle erdenklichen Marken, Coca-Cola, Warsteiner, Opel, Fiat, Nivea, Mars, Ferrero, Kampagnen erstellt. „Die Kaufentscheidung hängt davon ab, welche Bilder und Vorstellungen wir mit einem Unternehmen oder einer Marke verbinden." Bilder sprechen uns schnell an, aber Sprache verankert die ausgelöste Emotion besser, erklärt er. Daher ist die Kombination aus Bild und Sprache sinnvoll und weit verbreitet. Zu fast jedem Wort aus der linken Gehirnhälfte haben wir eine bildliche Entsprechung in der rechten Gehirnhälfte. Wird das Wort aufgerufen, überfallen uns sogleich Erinnerungen in Form von Bildern, aber auch Gerüche, haptische Empfindungen und Emotionen. Wir können gar nicht anders, denn so lernen wir als Kinder die Welt - indem wir alles in den Mund nehmen, es schmecken, es dabei ansehen, es drücken, bis es quietscht - und von unseren Eltern die Bezeichnung dessen - Quietsche-Entchen - als Ton speichern.

---

[3] *http://neomam.com/interactive/dreizehngrunde/*

Doch wir nehmen auch die Beziehung unserer Eltern zu diesem Ding wahr und merken uns, wie *sie* darauf reagieren. Ob sie schimpfen – Igitt! – oder wohlwollend grinsen und dabei gurren, während wir sabbernd daran lutschen. So lernen wir als Kinder und im Kleinkindalter am schnellsten und am meisten. Wir lernen die Welt. Bis zur Einschulung dürfen wir alle Sinne verwenden. Dabei werden beide Hirnhälften angesprochen und sie arbeiten zusammen. Ab einem gewissen Alter bringt unser System uns bei, vorrangig mit der linken Hirnhälfte zu lernen. Dann wird es uns langweilig. Gerade so spannende Fächer wie Physik laden zur Sinneserfahrung ein, doch in der Schule wird so getan, als seien Physiklehrer Außerirdische mit nur einer schädelfüllenden, linken (!) Hirnhälfte. Ein furchtbarer, langweilender Irrglaube! **Genau dann, wenn wir beide Hirnhälften nutzen dürfen, steigt die Intensität der vermittelten Botschaft und wir nehmen sie besser – oder überhaupt – auf.** Je kürzer die Information, desto schneller und einfacher entschlüsseln wir sie.

Reins erklärt weiter, dass wir besonders gut lernen und Neues aufnehmen, wenn wir dabei Freude haben. Freude entsteht, wenn wir an etwas Angenehmes, Lustbereitendes denken. Denn dann wird Dopamin ausgeschüttet, das uns *belohnt*. Diese Belohnung soll uns dazu bringen, uns immer und immer wieder Freude auszusetzen, diese zu suchen. So sind wir konstruiert, so *sollten* wir leben. Wenn wir jemandem ein Wohlfühlen bereiten, ist das ein Geschenk. Damit zu geizen, wäre nicht zielführend. Abscheuliche Bilder zu zeigen, Angst zu machen ist keine freudvolle Form. Versicherungsspots sind manchmal so aufgebaut und ich merke, wie mir persönlich das Unternehmen unsympathisch wird, weil es mir zuerst Angst machen *will*, damit ich *dann* deren Produkte (als Angstaus- bzw. -auflöser) kaufe. Diese Vorgehensweise finde ich veraltet.

Die Abschaffung von viel und voll

Selbst wenn Sie begeistert sind von den tollen Features, die Sie oder Ihr Kunde sich ausgedacht haben oder von denen die Programmierer jetzt schon schwärmen: Es ist Wurst. Die echten Features interessieren nicht bei der ersten Ansprache. Womit Sie den Nutzer angeln, ist ein rein persönlicher, ja, egoistischer **Vorteil** für ihn selbst. Das macht Ihre App erst interessant für ihn.

Es gibt Menschen und Gründer (wie die von Dropbox oder Instagram), die dieses Prinzip erkannt haben und keine riesige Werbeagentur brauchten, um den Nutzen herauszustellen. Sie haben den Nutzen beispielsweise für sich selbst gesehen oder einfach mit der Zeit bemerkt, dass das, was sie dort tun, andere anspricht.

Ich denke dabei gern an *37signals*, die Software entwickelt und zu Produkten gemacht haben, die sie *selbst* haben wollten. Eines davon ist das Projektmanagement-Tool *Basecamp* und es ist so erfolgreich, dass sie ihren Firmennamen nun in Basecamp ändern. Die Gründer – Jason Fried und David Heinemeier Hansson – haben mit *Rework* vor Jahren ein wundervolles Buch herausgegeben, das Unternehmertum in einfachen Prinzipien ausdrückt. Völlig unspektakulär, ohne heiße Luft. Sollte ich das Prinzip mit meinen eigenen Worten ausdrücken, dann geht es darum, Dinge *einfach* zu machen. Einfach zu denken, einfach auszudrücken, einfach umzusetzen. Das Gegenteil von viel und voll.

Viel und *voll* sind in meiner Wahrnehmung vorbei. Wir sind und gehen immer tiefer in das Detox-Age hinein. Wir sind so satt von Informationen, Werbung, Produkten, Anforderungen, Neuem, von Features, Käsesorten, Keksen. Wir haben so viel ausprobiert, getestet, Feedback gegeben, verkostet, abgewählt. Jetzt geht es um uns, um unser persönliches Leben. Wir haben keine Toleranz mehr für die Vorteile, die sich Unternehmen versprechen. Wir wollen jetzt Vorteile für uns. Und so werden Produkte jeder Art gestrickt sein.

5.5 Der Weg in die Welt

Sie haben Nutzen - Worte - mit einer Emotion - Bilder - verknüpft. Beides hängt als Papier-Prototyp an Ihrer Wand oder liegt als Photoshop-Collage auf Ihrem Rechner. Was weiter? Sie brauchen nun eine Form, in die Sie das Erarbeitete gießen und weiter testen. Diese Form wird gleichzeitig Ihr erster Kanal zu den Nutzern sein. Das Ziel ist immer noch: Herausfinden, ob potenzielle Nutzer Geld zahlen würden. Nicht nur, ob sie sich dafür *interessieren*, sondern ob sie Geld in die Hand nehmen. Kanäle gibt es viele:

- Als **Print** in Form von Kärtchen, Flyern, Plakaten, Aufstellern oder auch als Anzeige oder Artikel in einem passenden Magazin oder einer Zeitschrift
- Als **Podcast** oder Radiobeitrag in Form eines Interviews
- Als **Video** auf YouTube, Vimeo - Beispiel ist das *Dropbox* MVP
- Als **Website**, die eigenständig im Netz stehen kann - Beispiele sind das winzige *Buffer* MVP und das schlanke *Product to Profit* MVP
- Als **Crowd-Funding-Kampagne** auf Kickstarter und Co. - Beispiel ist eine Kampagne von Paul Jarvis für eines seiner eBooks
- Als **Prototyp**, den andere als eine Art Gamma benutzen können, noch vor dem Beta - Beispiel das *Instagram* MVP
- Als etwas, das Sie erfinden oder woran ich nicht gedacht habe

Die Schwierigkeit ist, ich kann Ihnen nicht sagen, welches die beste Form für Ihr MVP ist. Aber für Sie ist die beste Form dennoch die, die Sie selbst **schnell** aufbauen, einfach **messen** und in der Sie eine **Aktion** des Nutzers entgegennehmen können. Das ist der Sinn.

Das Dropbox MVP[4] – Video und Mini-Website

TechCrunch[5] hat 2011 einen Artikel dazu veröffentlicht, wie der Gründer von Dropbox, Drew Houston, sein persönliches MVP aufgebaut hat. Und zwar hat er ein Video erstellt, in dem er zeigt, wie Dropbox funktionieren soll. Nichts davon war fertig programmiert - er simuliert es mehr anhand vorher angelegter Bilder, Ordner auf dem Mac und mithilfe von HTML-Dokumenten. Zum einen war das interessant - sehen Sie sich das Video an, suchen Sie *Dropbox MVP* auf YouTube. Zum anderen hat er aber - bewusst oder unbewusst, aus Spaß oder in völligem Ernst - etwas Schlaues in sein Video eingebaut. Er hat in den Dateinamen der sichtbaren Dateien Mini-Anspielungen für die Digg-Community gemacht. *Digg* ist eine Plattform, die sich mit Internetkultur und dem, was gerade im Web als Thema aktuell ist, beschäftigt, digitale Kuriositäten, Kunterbuntes, Kultur, technische Spielereien und nützliche Tools. Drews hat in seinem Dropbox-Video sogenannte *Tongue-in-cheeks* auf Themen gemacht, die

[4] *http://techcrunch.com/2011/10/19/dropbox-minimal-viable-product/*

[5] Ein Nachrichten-Portal mit technischen News.

in der Internetkultur gerade aktuell waren. Das heißt humoristische Anspielungen auf einen bekannten Song, Zitate aus einer Serie *Office Space* und so weiter. Möglicherweise zeigte es den Leuten von Digg, hey, ich bin einer von Euch und ich habe eine coole Idee.

Die Digg-Community bestand damals aus Early Adopters. Menschen, die neue Tools oder Trends nutzen, bevor es die Masse tut. Wenn eine kritische Anzahl der Early Adopters überwunden ist, wird ein Ding populär, für die Population, also fürs Volk. Es ging auf. Dropbox bekam Aufmerksamkeit und die Zahl der Interessierten, die ihre Mail-Adresse in einem „Ich möchte am Beta teilnehmen"-Formularfeld hinterließen, stieg von 5000 auf 75000 – geradezu über Nacht. Das Gründerteam entschied sich, den Service zu programmieren.

Dropbox ist seit 2008 aktiv und wird im Silicon Valley als vielversprechendes Unternehmen eingestuft. Investoren erhoffen sich viel Wachstum, noch ist nichts entschieden, noch ist auch nicht klar, ob sich das Geschäftsmodell unter diesen Gegebenheiten selbst tragen wird. Wenn Sie *Dropbox revenue 2014* im Web suchen, kommen Sie auf einige Artikel, die darüber spekulieren, Zahlen vergleichen, die Konkurrenten in Dropbox' Wachstum einbeziehen.

Dropbox fährt die fette Nummer. Mit so vielen Nutzern – 200 Millionen – muss einfach etwas gemacht werden. Und jetzt geht es darum, ob Dropbox sich in Features so aufstellen kann, dass es attraktiv bleibt und schrittweise mehr Geld einfährt.

Bild 5.11 Dateien teilen – ein bekanntes Phänomen; und die mit Humor betrachtete Lösung dazu. Quelle: TechCrunch *http://techcrunch.com/2011/10/19/dropbox-minimal-viable-product/*

Das Buffer-MVP – winzige Webseite mit Preis-Check

Es geht noch schlanker. Noch minimaler. Und noch valider. Mich beeindruckt die Geschichte von *Buffer*. Buffer ist ein Tool, um seine Social-Media-Aktivitäten zu planen. Man kann beispielsweise Uhrzeiten einstellen und zu bestimmten Zeiten automatisch Beiträge posten. Buffer löst damit das Problem des *Live Postens*. Buffer hatte angefangen, seine Idee und den Bedarf daran auf minimale Art zu testen. In zwei Schritten:

- *Schritt 1:* Wie kommt die reine Idee an?
- *Schritt 2:* Würde jemand dafür Geld ausgeben? Und wie viel?

Buffer zeigte nicht einmal Screens von ihrer Applikation, nicht einmal ein Wohlfühl-Bild, kein Video. Nur den Nutzen. Was sie zeigten, war ein pures Konzentrat eines Konzentrats:

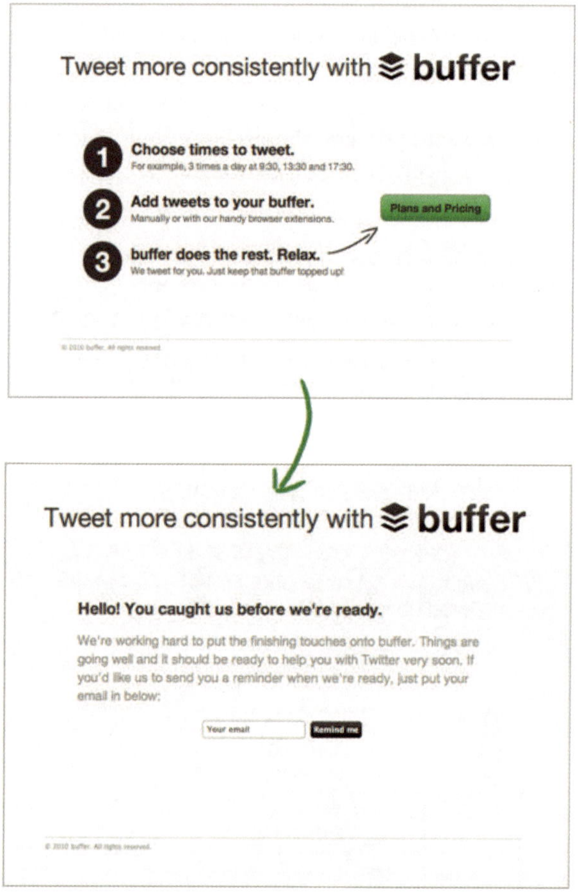

Bild 5.12 Tiny-MVP von Buffer in Schritt 1: die Idee checken und prüfen, ob jemand auf die Preismodelle klickt.
Quelle: Buffer Blog *https://blog.bufferapp.com/idea-to-paying-customers-in-7-weeks-how-we-did-it*

In seinem ersten Blog-Artikel über den Werdegang von Buffer schreibt Joel Gascoigne, dass der nächste Schritt daraus bestehen müsse zu prüfen, ob Menschen ernsthaft Geld zahlen würden. Also haben die Gründer noch eine Ansicht zwischen diese beiden Seiten gestellt, die drei Preisboxen enthielt:

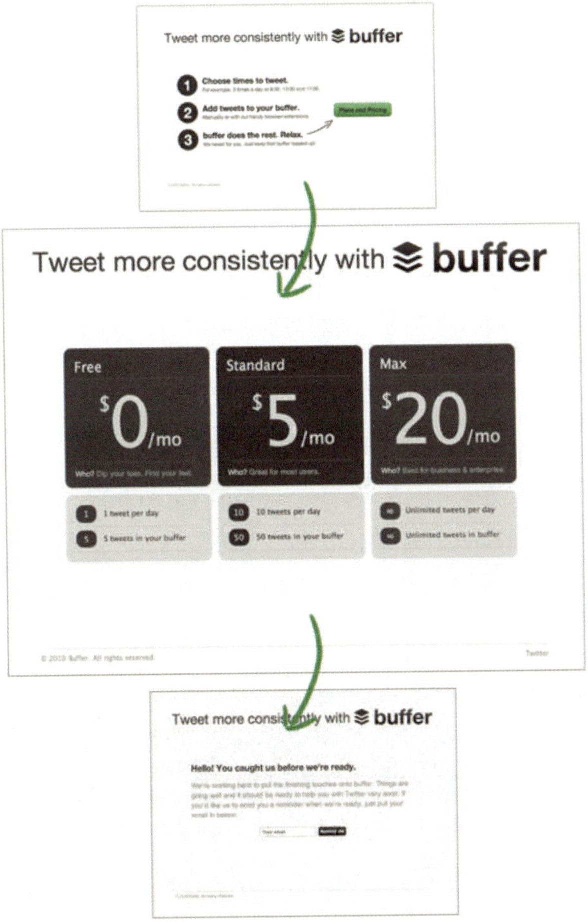

Bild 5.13 Schritt 2 beim Buffer-MVP-Test. Würden die Interessenten ernsthaft Geld ausgeben? Quelle: Buffer Blog *https://blog.bufferapp.com/idea-to-paying-customers-in-7-weeks-how-we-did-it*

Das Ergebnis dieses Tests war, dass Menschen immer noch bis zum letzten Screen durchdrangen und ihre Mail-Adressen hinterließen. Sie mussten sich dazu für eine Preisbox entscheiden, um ihre Mail-Adresse zu hinterlassen. Und letztlich haben die Preismodelle sie nicht abgeschreckt. Ich finde es genial! Warum werden nicht mehr digitale Produkte so getestet? Wie kann es sein, dass immer noch Geld für Software ausgegeben wird, die keiner haben will? Wieso wird angenommen, dass Werbung und teures Marketing ein Produkt rechtfertigen werden? Und wieso vergessen wir, dass alles klein angefangen hat? Woher diese Angst, gleich zu Anfang jemandem zu zeigen, was man vorhat?

Heute las ich in dem Beitrag *When feedback becomes dangerous* von Jason Zook auf Crew Blog[6], dass Freunde und Familie nicht unbedingt unsere besten Feedback-Quellen sind. Weil sie häufig nicht unserer Kundengruppe entsprechen und uns - das ist meine Erfahrung - vor schlechten Erfahrungen bewahren wollen, indem sie uns gern „auf den Boden der Tatsachen" zurückholen und uns am liebsten nur abgesicherten, also ihren eigenen erfolgreichen Lebensstrategien aussetzen. Eine Strategie für den einen Menschen mag gut sein, für einen anderen wirkt sie einengend. Deshalb würde ich beispielsweise meinen Vater nicht fragen, was er zu einer noch zarten App-Idee von mir denkt. Es könnte sein, er antwortet gar nicht direkt auf meine *Idee*, sondern auf *meine* Idee - und da hängt der ganze Rattenschwanz unserer Vater-Tochter-Beziehung dran. Vielleicht hätte mein Vater das Bedürfnis, mich vor *irgendwas* zu schützen, und würde mir die Risiken statt die Chancen aufzählen. Daher empfehle ich: Fragen Sie Freunde und Familie dazwischen oder zuletzt.

Pre-Order Landing Page für neuen Service

Die Gründer von *The Grid* (thegrid.io) stellen auf ihrer umfangreichen Landing Page ein ziemlich komplexes Produkt vor. Unterteilt in einzelne Boxen, bestückt mit Kommentaren von mehr oder weniger bedeutenden Menschen aus der digitalen Szene, gespickt mit großen Worten beschreiben sie ihren Service: intelligente Webseiten, die sich selbst bauen. Ein System, das Inhalte aller Art in einer Website eigenständig zusammenstellt. Der Betreiber muss sich weder mit Design noch mit Code auskennen. Die Seite ordnet die Inhalte eigenständig an, optimiert sie (auch Bilder!) und passt sie auch noch der Hauptaufgabe der Seite an - ob es ein Blog, eine Verkaufsseite oder eine Landing Page ist, spielt keine Rolle.

Worauf ich nun hinauswill, ist die Aufforderung an den Besucher der Seite *Werde stiftendes Mitglied Nr. 55960* als schlichter Button:

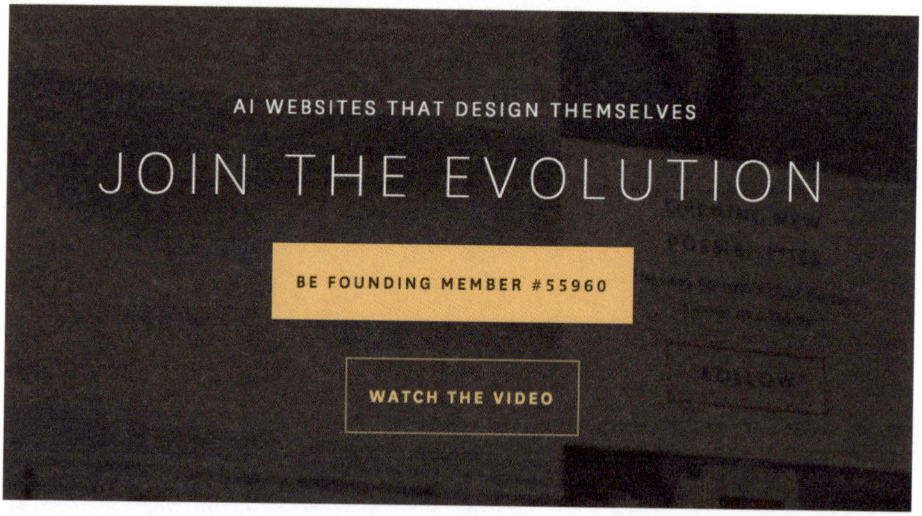

Bild 5.14 thegrid.io validiert das Produktinteresse mit einer echten Vorbestellung.
Quelle Screenshot: *https://thegrid.io/*

[6] *http://blog.crew.co/when-feedback-becomes-dangerous/*

Danach öffnet sich ein Formular, das allerhand Vorteile und Benefits aufzählt, wenn ich mitmache, und direkt meine Kreditkarten anfordert – für mich der valideste aller Tests, denn es geht um eine echte Vorbestellung. Ich kann jetzt den Service kaufen, obwohl er noch nicht existiert. Ein ziemlich starker Beweis dafür, dass ich am Produkt – und der Produktentwicklung – interessiert bin. Und es den Anbietern zutraue. Ach so, und Sie sehen – es läuft sogleich als jährliches Abonnement – $ 96 sind ein größeres Commitment und aussagekräftiger als $ 8 pro Monat; sozusagen noch mal ein Test im Test:

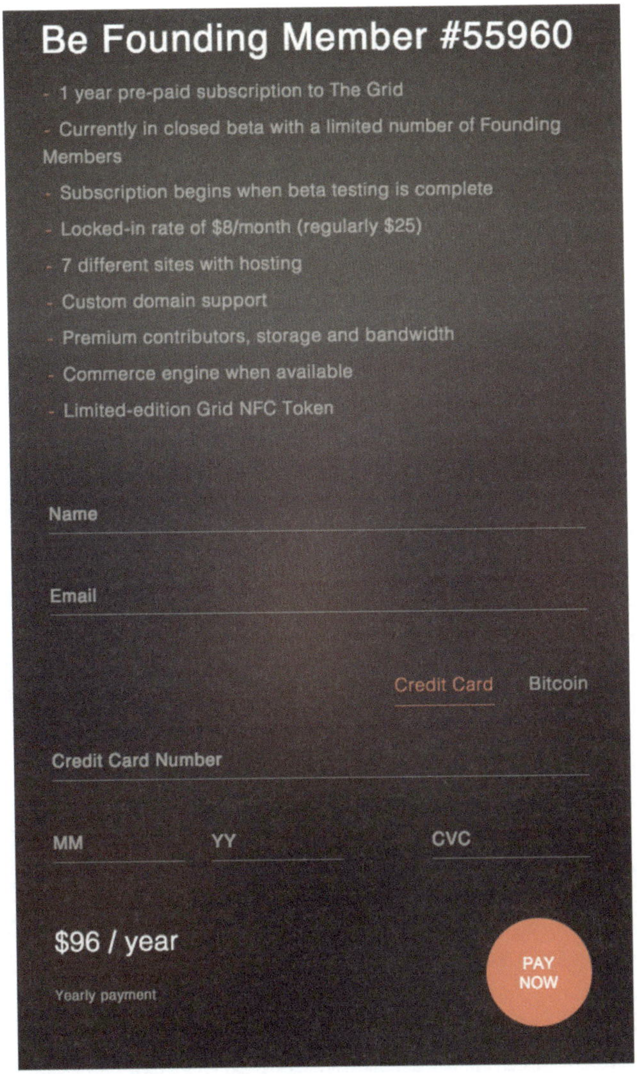

Bild 5.15 Das MVP – echtes Geld als Beweis für das Interesse am Produkt und seiner Entwicklung. Quelle Screenshot: *https://thegrid.io/*

Zielgruppenspezifische Landing Page mit Preisstrategie

Ich möchte ein weiteres Konzept vorstellen, das sich von den zuvor genannten unterscheidet. Der Unterschied ist, dass hier ein Produkt einer Zielgruppe – z. B. einer Nische – angeboten wird, die über das Abonnement eines Newsletters aufgebaut wurde und diesen regelmäßig bezieht. Es ist ein langfristiges Konzept, dafür aber für Einzelkämpfer oder Teams geeignet. Bevor Sie denken, dass Newsletter tot sind, lesen Sie weiter. Ich dachte es auch.

Es gibt einen Kanadier (es sind also nicht nur US-Amerikaner mit tollen Ideen!), Paul Jarvis, der von digitalen Produkten wie Templates, eBooks und Webseiten lebt. Er verkauft sein 20-jähriges Freelancer-Wissen auch als Kurs – und diese Kursseite ist ebenfalls als MVP aufgebaut. Alles beginnt damit, dass er einen kostenlosen Newsletter anbietet, in dem er wertvolle Erfahrungen aus seinem Arbeitsleben mit seinen Lesern teilt. Es sind keine halbherzig geschriebenen Newsletter, sie haben Hand und Fuß und *echten* Inhalt, bei dem man nicht das Gefühl hat, mit unnötigen Infos abgespeist zu werden. Paul Jarvis' Credo ist: Der Content der Newsletter muss der beste sein, seine Abonnenten erhalten seine hochwertige Gedanken, *bevor* diese Texte auf bekannten Web-Portalen als Artikel veröffentlicht werden. Ein Produkt ist also bereits der Newsletter. Mit ihm kann Paul testen, ob das, was er von sich gibt, überhaupt für andere interessant ist. Und für wie viele. Und wenn sich diese Leute für Gedanken zum Thema *Was ist ein guter Designer?* interessieren, dann kann man ihnen vielleicht verschiedene Produkte zu diesem Thema anbieten.

Paul Jarvis fährt eine hochwertige Content-Strategie, mit der er sich eine Leserschaft aufbaut, die dann schrittweise zu seiner Kundschaft wird. Was er dann verkauft, sind meist Kurse und Bücher. Kurse darüber, wie man ein guter Designer wird, ein guter Freelancer etc. Alles, was er anbietet, ist aus seiner eigenen Erfahrung und professionell aufbereitet – seine Texte sind schon Produkte. Und mit diesen Produkten verkauft er weitere Produkte. Und seine Hauptstrategie ist Ausprobieren-Testen-Nachbessern. Er baut sich häufig eine Website als MVP auf.

Und testet damit eine neue – meist digitale – Produktidee. Wenn es funktioniert, toll. Wenn nicht, wird es wieder abgeschafft und er probiert etwas anderes aus. Der Aufwand war da, aber er war überschaubar. Als Benefit gibt es für Paul ein weiteres Learning – oder etwas, dessen Zeit einen Tick später besser passt. Das ist eine Strategie, die man mit Konsequenz und guten Tools durchaus als One-(Wo)Man-Show fahren kann.

Sein letztes MVP, über das ich gestolpert bin, ist der Online-Kurs *Product to Profit*[7]. Ich glaube, dass es den vollständigen Kurs noch gar nicht gibt. Paul hat bisher einfach eine Seite aufgebaut, einige Inhalte aufgezeigt, aufgelistet, was man für sein Geld bekommt, und bietet ein E-Mail-Feld an, in das man sich eintragen kann, um benachrichtigt zu werden, wann die Tickets für die Anmeldung verkauft werden. Er sammelt also Adressen von Menschen, die potenziell Interesse zeigen. Wenn es *genügend* Interessierte sind, dann erst gibt er mit seinen Kollegen Jason Zook und Nathan Barry den Ticketverkauf frei. Wann sind es genügend Menschen? Ab wann lohnt es sich, den Aufwand, den Kurs aufzubauen, zu betreiben?

Der Clou ist, dass sie den Online-Kurs öffentlich auf einen Wert von 499 Dollar schätzen und dabei die Anmeldung bei $ 1 beginnen. Das heißt, der Erste, der sich anmeldet, zahlt einen Dollar, der Zweite zwei, der Dritte drei usw. Das ist ziemlich schlau, denn die Einstiegshürde für den Einzelnen ist deutlich geringer als $ 499. Der Verdienst aber ist durchaus ansehnlich,

[7] *http://masterclass.bumpsale.co/*

wenn es tatsächlich 499 Leute sind, die sich anmelden. Die Summe aus 1 + 2 + 3 + 4 + 5 + … + n heißt Gauß'sche Summenformel und sieht so aus:

$$1+2+3+4+\ldots+n=\sum_{k=1}^{n} k=\frac{n(n+1)}{2}=\frac{n^2+n}{2}$$

Ich habe mir das durchgerechnet:

n, also Anmeldungen	Verdienst
100	5050 $
200	20 100 $
400	80 200 $
499	124 750 $

Und hier – wie bei jedem Business – müssen die drei Herren mit Annahmen und dem Potenzial ihrer vorhandenen Leserschaft rechnen. Wenn sie wollen, dass sich 499 Menschen zum Kurs anmelden, und sie nehmen eine Conversion-Rate von 10 % an, dann brauchen sie 4990 Leser, an die sie ihren Newsletter mit der Kursvorstellung schicken können. Wenn Sie eine Conversion-Rate von 5 % haben, brauchen sie schon das Doppelte an Lesern. Diese Zahlen können sie aus ihren Erfahrungen mit den bisherigen Newslettern und Aktionen und ihren Statistiken aus *Mail-Chimp*[8] ziehen, das sie für Ihre Anmeldungen nutzen. *Mail-Chimp*, ein komfortables und weit verbreitetes Newsletter-Tool, zeigt an, wie viele Menschen den Newsletter geöffnet haben. Daraus lassen sich Annahmen zur Conversion-Rate treffen.

Dieses Content-Modell fährt auch die Kanadierin Danielle LaPort. Sie hat sich eine Leserschaft für ihre Newsletter aufgebaut, die aus Erfahrung, Lebensphilosophie und Motivation zusammengestellt eine Art Coaching-Newsletter sind. Danielle verkauft so ihr Buch, ihre App bis hin zu Schmuck, schicken Accessoires und Coaching-Kursen. Ihr Auftritt ist sehr umfangreich und professionell gemacht, aber auch sie hat als Einzelne vor mehreren Jahren angefangen, einen Newsletter zu versenden. Mit der Zeit wurden es immer mehr Abonnenten, die zu ihrer potenziellen Zielgruppe wuchsen.

Ich mag diese Konzepte, denn sie ermuntern Sie und mich, etwas Eigenes aufzubauen, das nicht gleich ein weltumspannender Konzern sein muss und mit Facebook, Google, Dropbox konkurrieren will. Worum es geht, ist, ein modernes Business-Modell zu finden, das im Kleinen funktioniert und dann wachsen kann – sofern der Gründer das überhaupt möchte. Denn wenn es knallt, haben Sie auch gleich eine Menge Aufgaben und Management um die Ohren.

[8] *http://mailchimp.org*

Bild 5.16 Product to Profit-Website[9] MVP (Kopf der Website) zum Tracken der Interessenten. Bitte beachten Sie das durchgestrichene und erneuerte Datum zum Stattfinden des Life-Kurses. Würden Sie einfach etwas durchstreichen? Ich mag das Unkomplizierte daran.

Ich habe Ihnen Beispiele gezeigt, die digitale Produkte oder Services, aber keine mobile App sind. In meiner Wahrnehmung ist das Prinzip dasselbe. Sie stellen immer eine Idee vor – nicht die Features. Eine App abzubilden, ist, die Idee in eine alltagstaugliche Form zu bringen. Dazu noch ein paar Beispiele.

Aufbau einer Landing Page zu Ihrer App

Für den Aufbau der Landing Page können Sie ebenso das WHAT-, WHY-, HOW-Prinzip nutzen und für jedes davon einen Abschnitt aufbereiten. Gefragt wird aus der Nutzerperspektive:

WHAT	▪ Was bringt sie mir? (Claim/Bild) ▪ Was tut die App? (Claim) ▪ Wie heißt die App? (Name)	Einen knackigen, klaren **Titel** – möglichst interessant für die Zielgruppe und auf ihr Begehr zugeschnitten
WHY	▪ Wobei hilft sie mir? ▪ Wie hilft sie mir? Wie macht sie das? ▪ Was passiert danach mit mir? ▪ Was wird besser? ▪ Was ist das App-Versprechen?	Einen *persönlichen* **Nutzen** der App (alles, was in Abschnitt 5.1 und 5.2 herausgearbeitet wurde). Ein Satz, höchstens zwei. Kurze Sätze, klare Sprache, einfache Worte. Auch möglich als Liste.

[9] *http://masterclass.bumpsale.co/*

HOW	▪ Wie genau macht sie das? ▪ Und was braucht es von mir? ▪ Wie kann ich sie ausprobieren/ sehen/fühlen? ▪ Wie komme ich daran? ▪ Was muss ich dafür tun?	Ansprechende **Bilder** im Hintergrund, die ein **Gefühl** transportieren und idealerweise einen oder zwei **Screens** der App in einem **Smartphone** oder Tablet zeigen. Ihre Funktionsweise muss nicht *logisch* sein; es geht wirklich um die Ästhetik, um die Idee, wie sich das App-Produkt *anfühlt*.

Es gibt mittlerweile so viele Tools für das Erstellen von Landing Pages und das Tracking mit Auswertungen, dass Sie sich das Einfachste und Günstigste aussuchen können – hier ein Auszug:

- Unbounce, *http://unbounce.com/*
- Generator, *http://designmodo.com/generator/*
- Lander, *http://landerapp.com/*
- Quick MVP, *https://quickmvp.com/*
- LaunchRock, *https://www.launchrock.com*
- InstaPage, *https://www.instapage.com/*

Crowdfunding

Crowdfunding heißt übersetzt „Mengenfinanzierung". Dieser Ansatz ist spannend, denn auch hier können Interessierte aus den angebotenen Staffelungen wählen, wie viel sie beitragen möchten. Es geht um konkretes Geld, wenn auch in Staffelungen. Für die unterschiedlichen Staffelungen gibt es dann einen Gegenwert – je mehr jemand finanziert, desto größer der Gegenwert. Das kann im Falle eines Buches das Buch als Hardcover sein; im Falle einer App beispielsweise ein Apple-Coupon oder Gutschein oder eine Erwähnung in der App.

Plattformen gibt es mittlerweile wie Sand am Meer. Crowdfunding ist jetzt *in*. Ein Projekt selbst auf die Beine stellen, ist *in*. Aktiv sein, ein Business fahren, ist nicht mehr irgendwelchen Freaks in den USA vorbehalten – wir alle dürfen uns etwas suchen, das uns Spaß macht und ein Einkommen bringt. Eine Übersicht deutschsprachiger und internationaler Plattformen finden Sie hier: *http://www.crowdfunding.de/plattformen/*

Die Website, die Sie dort für Ihr Projekt anlegen, ist dann quasi vom Anbieter der Crowdfunding-Plattform zur Verfügung gestellt. Dadurch spart man sich die technische Umsetzung und hat gleich für eine Zielgruppe gesorgt, denn die Plattform selbst zieht Besucher an, die Lust auf Neues haben, investieren wollen. Wenn Sie es schaffen, einen Betrag für die Umsetzung Ihrer App zu akquirieren, wissen Sie, dass es potenzielles Interesse gibt. Und Menschen mit ihrem Geld, die dazu bereit sind, zur Umsetzung Ihrer Idee beizutragen. Was Sie in diesem Fall benötigen, ist eine gute Aufbereitung des Produkts. Also auch hier gewinnen Sie Interessierte über die **emotionale Ansprache** und den **persönlichen Nutzen**.

Ich habe mir einige Projekte auf *https://www.startnext.com/* angesehen – das ist ein deutschsprachiges Portal für Deutschland, Österreich und nun auch für die Schweiz. Dort rief ich die erfolgreichen Projekte ab. Vieles dreht sich um ökologische, nachhaltige Projekte. Dabei geht es um Film, Kultur, Mode, Design, Nahrungsmittel. Ich habe mir Projekte aus der Kategorie *Technologie* angesehen. Erfolgreich finanzierte App-Beispiele habe ich auch gefunden –

z. B. den „EnergieCheck", eine App zum Energiesparen unter *https://www.startnext.com/energiecheck*. Die Aufbereitung ist sehr brav und fachlich argumentativ unterlegt. Vom Design her finde ich die App mittelmäßig, der rationale Nutzen ist sehr klar.

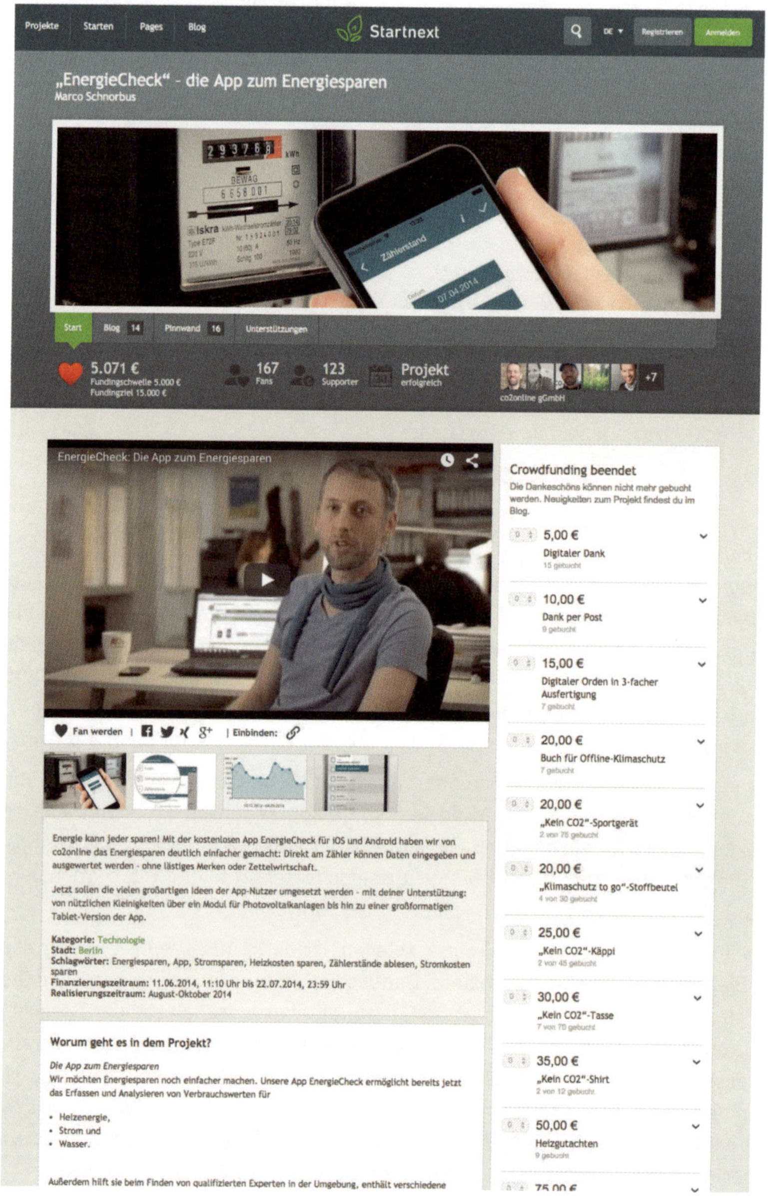

Bild 5.17 EnergieCheck – erfolgreiches App-Crowdfunding-Projekt

Oder „selfster - coach yourself!“. Die Websoftware soll als App umgesetzt werden. Unter *https://www.startnext.com/selfster* können Sie sich die Aufbereitung für die Crowd-Kampagne ansehen. Gute Strategie, eine attraktive junge Frau voran zu setzen, die ihre Lebensziele verwirklichen will. Danach spricht einer der Gründer etwas steif, aber gefasst in die Kamera. Ich nehme ihm das, was er sagt, ab - und darum geht es.

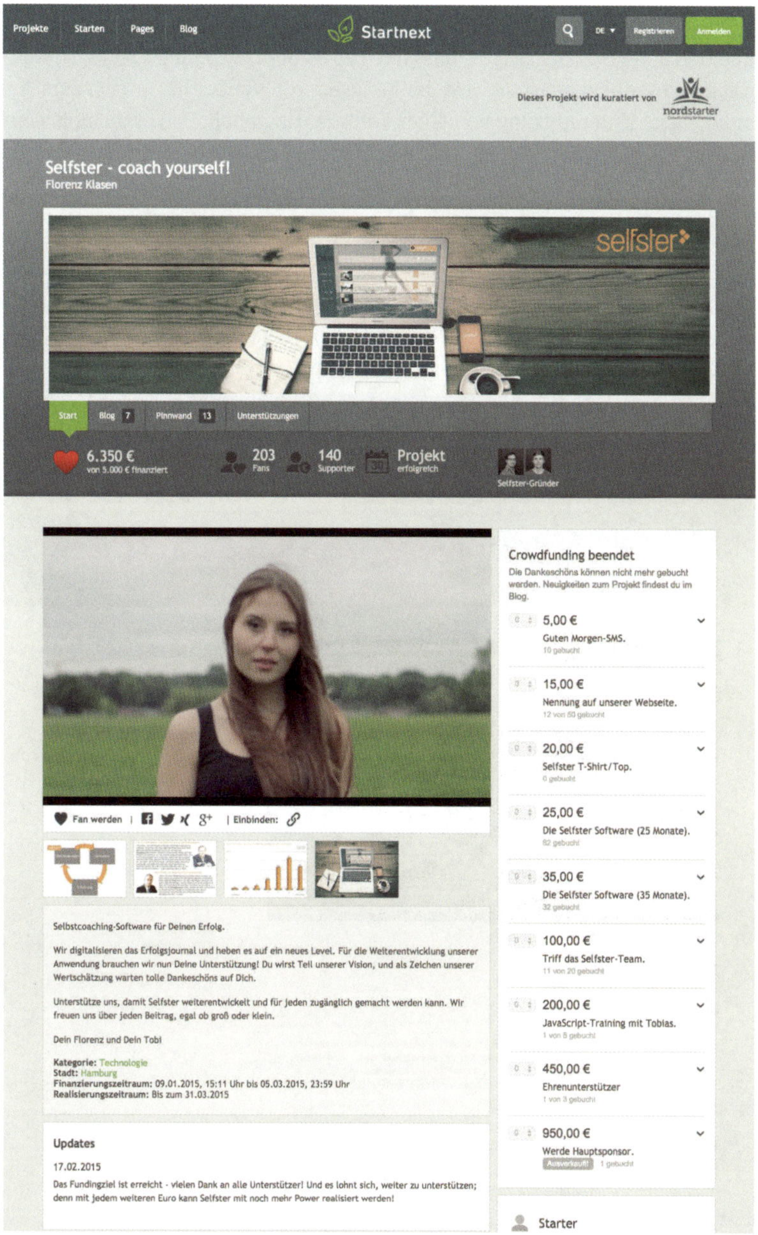

Bild 5.18 Erfolgreiche App-Crowdfunding-Kampagne, die ich auch selbst unterstütze. Ich finde den persönlichen Nutzen sehr hoch.

Ein Funding-Beispiel, das noch mehr Geld eingesammelt hat, ist „HBN – My Nutrition System – Die App“ unter *https://www.startnext.com/hbn-app*. Mit gewollten 29 000 € sind 55 663 € tatsächlich finanziert, also fast doppelt so viel. Ich interpretiere das fertige Nutrition-Produkt und das Buch des Gründers, das er im Video erwähnt, als starke Faktoren für die Glaubwürdigkeit dieser Unternehmung. Mit seinem trainierten Äußeren und seiner authentischen Art zu sprechen, nehme ich Holger ab, dass er die App mit Erfolg umsetzen *will*. Ich interessiere mich wenig für diese Art Fitness und bin skeptisch gegenüber Ernährung, die aus dem Labor kommt, aber ich kann trotzdem sagen, dass der Typ es überzeugend präsentiert. Noch dazu in einem Fitness-Studio, also quasi *im* Nest der Zielgruppe. Offenbar hat er sich zum Aufbau der Crowdfunding-Seite Unterstützung von einer Webagentur geholt. Das braucht es nicht immer, aber in seinem Fall investiert Holger, um sein Business als echtes Business zu präsentieren.

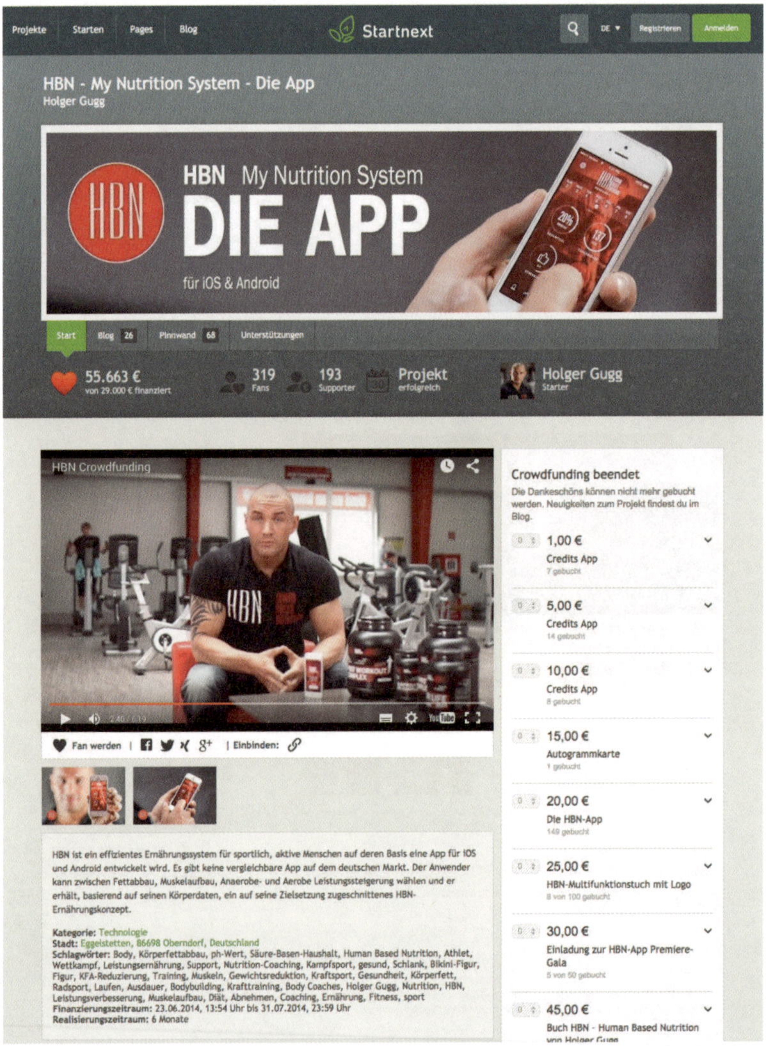

Bild 5.19 Überaus erfolgreiches Crowdfunding für eine Fitness-App. Es wurde fast doppelt so viel unterstützt wie angefragt. Fitness und Nutrition sind im Moment hochattraktive Produkte.

Das Projekt „Max und Eni - Gebärden lernen am iPad“ unter *https://www.startnext.com/lehrmedienwerkstatt* scheint keine professionelle Hilfe in Anspruch genommen zu haben. Video und Ton wirken selbst gemacht, auch der Teaser oben auf der Seite sieht für mein gestalterisches Auge etwas „schräg“ aus. Egal, funktioniert trotzdem - oder im Falle eines sozial engagierten Projekts vielleicht gerade *deshalb*. Wer würde wollen, dass bei einer idealistischen Idee das Design glatt ist und einem kommerziellen Produkt ähnelt? Die Kampagnen haben gemeinsam, dass die Gründer sich die Mühe gemacht haben, ein Video zu drehen, in dem sie auch selbst zu sehen sind. Wir Menschen wollen wissen, wer das macht, wer dahintersteckt und wie derjenige ist. Es ist kein Zwang, dass derjenige professionell rüberkommt. Es ist uns wichtig, dass derjenige authentisch und passend zum Vorhaben rüberkommt. DAS ist es, was meines Erachtens die Kampagnen erfolgreich macht oder nicht.

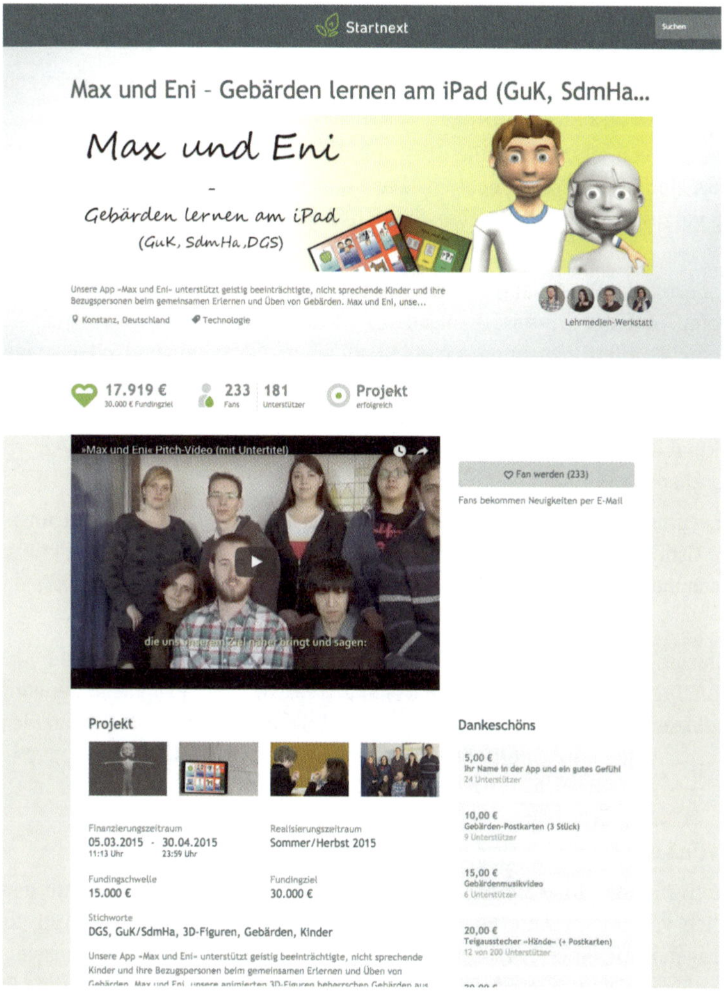

Bild 5.20 Erfolgreiche Crowdfunding-Kampagne ohne wirtschaftliche Ziele. Förderer belohnen ernst gemeintes Engagement und die Authentizität des Teams. In diesem Fall ist der persönliche Nutzen der für eine Nische. Die Empathie der Menge ermöglicht die Finanzierung eines weiteren Abschnitts auf dem Weg zu einer nützlichen Software.

Der Aufbau der Crowdfunding-Seiten ist immer ähnlich – das gibt das Portal vor, die Gründer geben Inhalt des Projekts, die Zielgruppe, den Grund, warum man es unterstützen sollte, den Zweck und wer dahintersteckt ordentlich an. Und alle eben genannten Projekte auf *Startnext* untermauern ihr Produkt mit Referenzen anderer Art in der rechten Seitenleiste in einzelnen Boxen. Da gibt es beispielsweise:

- die Box mit den Fans von der Funding-Plattform
- die Box mit der eingebetteten Facebook-Fanbox oder den letzten Tweets aus dem Twitter-Kanal
- die Box mit einem Auszug der letzten **Blog-Artikel**
- die Box mit der Vorstellung des **Teams**
- die Box mit anderen **Unterstützern** wie Business-Angels
- die Box mit **Erwähnung** in anderen Medien oder auf anderen Portalen
- die Box mit **Referenzen** aus anderen Finanzierungen (sofern das Projekt schon länger läuft)

Ich finde es sinnvoll, aber nicht alle Crowdfunding-Plattformen machen das so. *Kickstarter* aus den USA sieht diese Boxen nicht vor. Das heißt, wenn Sie ganz frisch anfangen und noch keine Fans vorzuweisen haben, suchen Sie sich eine Plattform, auf der die Nutzer Fans *nicht* erwarten.

Ich sehe generell viel Potenzial für App-Projekte, die noch mehr persönlichen Nutzen für den User anbieten. Auf der US-amerikanischen Plattform *https://www.kickstarter.com/* gibt es einige Versuche, allerdings finde ich nicht alle Texte überzeugend oder hingebungsvoll geschrieben. Oder ich finde das Profil des Gründers gar nicht oder halbherzig ausgefüllt. Halbherziges Engagement wird nicht belohnt, das ist hier besonders gut ersichtlich. Ich habe vier Projekte miteinander verglichen und wollte meine Vermutung bestätigen, wann es Förderungsbereitschaft gibt und wann nicht.

Ich habe herumgefragt. Florenz z. B., Gründer bei *selfster*, teilte seine Erfahrungen mit mir. Seine erste Crowdfunding-Kampagne war ein Schnellschuss, die zweite war gut vorbereitet. Das Fazit aus meinen Umfragen und Studien zahlreicher Artikel ist folgendes:

> Starten Sie eine Crowdfunding-Kampagne nur, wenn Sie daran glauben und von Ihrer Idee begeistert sind. Lassen Sie es, wenn Sie es mit Anstrengung, viel Seufzen und Ungeduld tun müssen. Wenn Sie begeistert sind, werden Sie die notwendige Energie aufbringen, die Kampagne vorzubereiten.

Was Sie für eine Crowd-Finanzierung benötigen

1. Sie benötigen eine **Story** zu Ihrem Produkt. Eine Story verrät, dass Sie mit dem Produkt persönlich verbunden sind. Ein Beispiel: Eine Dating-Plattform oder -App könnte man hervorragend mit einer persönlichen Erfolgsgeschichte untermalen. *Jahrelang war ich Single, sehnte mich nach einer Beziehung. Ich probierte alle möglichen Dating-Plattformen aus, hatte unendlich viele Dates. Aber nichts davon berührte mich, ich war einfach nicht verliebt. Ich dachte darüber nach, woran es für mich fehlte, und kam auf die Idee …* [Nun folgt die Lösung, die als App angeboten wird.] Und so fort. Wir Menschen wollen unterhal-

ten werden oder unterhalten; wir wollen Geschichten hören oder erzählen. **Wenn Sie etwas anbieten, erzählen Sie Ihre persönliche Geschichte dazu.** Mit Gefühl, aber ohne Schmalz.

2. Ein **Netzwerk**. Sie brauchen vor dem Start der Kampagne Menschen, die darauf warten. Es ist vorteilhaft, wenn Sie Menschen in Ihrer Umgebung schon als Unterstützer ansprechen können. Ihr Netzwerk ist wichtig - die Besucher kommen meist nicht einfach so. Betreiben Sie *vorher* Content-Marketing, indem Sie Artikel auf bekannten Portalen veröffentlichen. *Gründerszene*, *Deutsche Startups* sind dafür geeignet.
3. Sie benötigen eine **konkrete Produktvorstellung**. Das Produkt kann klein sein, aber es sollte konkret sein. Der Nutzen muss glasklar heraustreten, die potenziellen Unterstützer wollen nicht erraten, worum es geht, und für Wischiwaschi gibt keiner Geld. Ihr Name der App, Ihr Claim, Ihre Bilder vertreten das Produkt *und* Ihre Story. Ihre Story und Ihre Lösung dazu werden realistisch, greifbar, nutzbar für andere.
4. Bemühen Sie sich um **Screens**, die aufzeigen, wie Ihre App **funktioniert**. Selbst wenn Sie später davon abweichen - das macht nichts. Es muss für diesen Moment in Ihrem Kopf schlüssig sein und auf den Screens schlüssig wirken. Gestalten Sie die Screens *professionell* oder binden Sie dafür einen Designer ein. Mir wurde gesagt, dass ein Logo des Produkts darüber hinaus dazu beiträgt, das Produkt konkret wirken zu lassen. Als wäre es schon da.
5. Erstellen Sie ein **Video**, in dem Sie als Gründer selbst sprechen. Es geht nicht darum, wie professionell das Video gemacht ist. Es geht darum, wie **glaubwürdig**, **authentisch**, **engagiert** und **vertrauenswürdig** *Sie* darin wirken. Ich habe zwei Beispiele, die simpel gemachte Videos sind, aber authentisch bei mir ankamen:
   - **TripSaver** - eine Budget-App fürs Reisen: *https://www.kickstarter.com/projects/572663770/tripsaver-the-ultimate-travel-budgeting-app*
   - **Everything I know** - ein eBook über die Herausforderungen des Freelancer-Daseins: *https://www.kickstarter.com/projects/pjrvs/everything-i-know*
6. Setzen Sie einen zu finanzierenden **Betrag** fest, den Sie erreichen möchten. Manchen fällt es leicht, manche tun sich schwerer damit. Wenn der Betrag für Ihr Vorhaben zu niedrig angesetzt ist, kann es wirken, als wären Sie unseriös, weil Sie nicht richtig schätzen - oder schlimmer, weil Sie es sich nicht zutrauen. Wenn der Betrag zu hoch angesetzt ist, kann es sein, dass Sie die Finanzierung einfach nicht abschließen können, selbst wenn es Interessenten gibt.
7. Einen Text mit Ihrer Story und Ihrer **Vision**. Was wollen Sie mit dieser App besser machen? Wofür ist sie gut? Wohin stellen Sie sich die Reise vor? Es braucht einen **Ausblick** zu Ihrem Projekt.
8. **Wieso sollte jemand Ihr Projekt unterstützen?** TripSaver grenzt sich beispielsweise damit ab, dass die App ein Feature anbietet, das andere Apps dieser Art nicht haben. Das ist ein USP. Und es zeigt, dass der Gründer etwas besser machen will.
9. **Wofür genau wird die Finanzierung eingesetzt?** Je genauer Sie es darlegen, desto durchdachter wirkt Ihre Vorgehensweise. Möglicherweise haben Sie sogar eine richtige Strategie? Die Förderer wollen wissen, was sie damit tun werden. Sie wollen auch wissen, ob Sie mit dem Geld *umgehen* können. Das heißt, an dieser Stelle geht es um die Glaubwürdigkeit Ihres Vorhabens, denn es geht um *Ihre* Glaubwürdigkeit. Wirken Sie wie jemand, der kapiert, was er da tut? Wenn ja, ist das Erfolg versprechend.

10. **Wer sind Sie?** Wo kommen Sie her, warum machen Sie das? Plauschen Sie ein wenig über sich, aber bitte mit Bezug zum Projekt. Hier können Sie den Raum nutzen, um vorzustellen, warum gerade Sie geeignet sind, diese Sache umzusetzen. Wieso machen Sie diese App? Sie sehen vielleicht, dass es hier eine direkte Verbindung zu den zehn Schlüsselfragen Cagans aus Kapitel 2 gibt – das Potenzial Ihrer App. Sie können also das, was Sie dort erarbeitet haben, hervorragend nutzen.
11. Was gibt es im **Gegenzug** zu dem Funding? Also was haben diejenigen davon, die Geld geben? Hier ist Platz für viele Ideen: vom Stoffbeutel bis hin zum digitalen Dank. Aber auch Gutscheine oder die App kostenlos zu vergeben oder eine kostenlose Mitgliedschaft oder eine Unterseite in der App, in der die Förderer erwähnt werden, sind geeignete Dankeschöns. Was hätten Sie denn gern im Gegenzug, wenn Sie Geld geben? Eine Rendite? Auch das ist möglich.
12. In einigen Artikeln wird empfohlen, dass Sie sich ebenfalls eine Landing Page anlegen. Von dieser verweisen Sie auf Ihr Netzwerk, auf die Crowdfunding-Aktion und umgekehrt. Eine Website zu haben, gibt den Eindruck, dass Sie präsenter sind, dass Sie seriöser unterwegs sind. Allerdings kann sie wirklich sehr simpel gehalten werden.

Startnext bietet an, eine Kampagne anzulegen und ausgewählten Leuten für ein Feedback zuzuschicken. So können Sie die Kampagne noch etwas verfeinern, bevor die Zeit aktiviert ist. Sie finden auch ein paar Tipps auf den Plattformen selbst, z. B. *https://www.kickstarter.com/help/handbook/hello*

Sie haben nun Möglichkeiten kennengelernt, in denen Sie ein App-Produkt aufbereiten und vorstellen. Selbst wenn der erste Versuch nicht knallt: Probieren Sie es noch mal. Verbessern Sie es. Wenn Sie das Projekt wirklich umsetzen wollen, dann verbessern Sie es so lange, bis es gut ist. Das ist der ganze Trick dahinter. Dafür braucht es Durchhaltevermögen. Und Zeit. Aber der Vorteil ist ungeheuerlich: Menschen, die auf Ihre App warten, die Gewissheit, dass es richtig ist, was Sie tun, und – sogar eine Finanzierung.

Erfolgsfaktoren für Crowd-Finanzierungen

- Die **Wahl der Plattform** hat ebenfalls einen Einfluss auf den Erfolg Ihrer Kampagne. Ihr Projekt sollte zur Plattform passen, also auch zu den Besuchern der Plattform – eine Übersicht der Plattformen finden Sie hier: *http://www.crowdfunding.de/plattformen/*
- Informieren Sie sich, wie viele Projekte auf dieser Plattform eine Finanzierung bekommen – also wie viele es *schaffen*. Denn es gibt unterschiedliche Ansätze, die den Erfolg beeinflussen. Ein interessanter Artikel – *How likely is your crowdfunding campaign to succeed?* – dazu auf Englisch hier: *http://crowdfunding.cmf-fmc.ca/facts_and_stats/how-likely-is-your-crowdfunding-campaign-to-succeed*
- Gemäß einer Infografik[10] von GoGetFunding vom Februar 2015, die ich Ihnen sehr empfehle, erreichen Kampagnen, die ihre **Förderer regelmäßig informieren**, 126 % mehr Funding als andere.
- Weiterhin bekämen **Teams 38 % mehr Funding** als Einzelkämpfer-Kampagnen. Man traut Teams einfach umfangreichere Fähigkeiten und mehr Durchhaltevermögen zu.
- Ein **persönliches Video**, in dem der Gründer zu sehen und zu hören ist, würde 105 % mehr Finanzierung bringen als ohne Video. Es braucht ein Video und es braucht *Sie* im Video.

[10] *http://www.crowd101.com/crowdfunding-success-statistics-raise-money-online/*

- Eine **Zeitspanne zwischen 20 und 40 Tagen** sei ideal, wobei empfohlen wird, die Spanne kurz und *dringend* zu halten. Dringlichkeit würde die Geldgeber zu schnellerer Aktion bringen.
- Projekte mit **aufschlussreichen Beschreibungstexten** zwischen 300 und 500 Worten würden mehr Geld erhalten als andere.
- Geldgeber würden sich länger auf Seiten aufhalten, die **schon zu 40 % finanziert** wären. Das heißt, gemäß GoGetFunding, Sie sollten die ersten 40 % aus Ihrem persönlichen Netzwerk auftreiben, um die Kampagne für Fremde attraktiv und glaubwürdig zu machen.
- Und, eine eigene Feststellung: Ich hatte bei einem Projekt unterstützt und kein persönliches **Dankeschön** erhalten. Ich merkte, dass ich mich darüber sehr gefreut hätte. Möglicherweise hätte ein Dankeschön von dem Gründer mir sogar Lust gemacht, noch mal etwas zu geben. Wertschätzung öffnet Türen.

Prototyping – das Instagram MVP

Wenn Sie selbst an einer Idee basteln wollen und dabei vielleicht noch eine neue Technologie lernen möchten, dann können Sie es ähnlich machen wie der Initiator von Instagram, Kevin Systrom. Ich finde die Instagram-Geschichte in diesem Bild etwas lückenhaft dargestellt, aber sie zeigt, worauf ich hinaus möchte: das Bauen eines Prototyps, an dem man sofort testen und den man vorzeigen kann; möglichst auf Partys, auf denen sich Investoren herumtreiben …

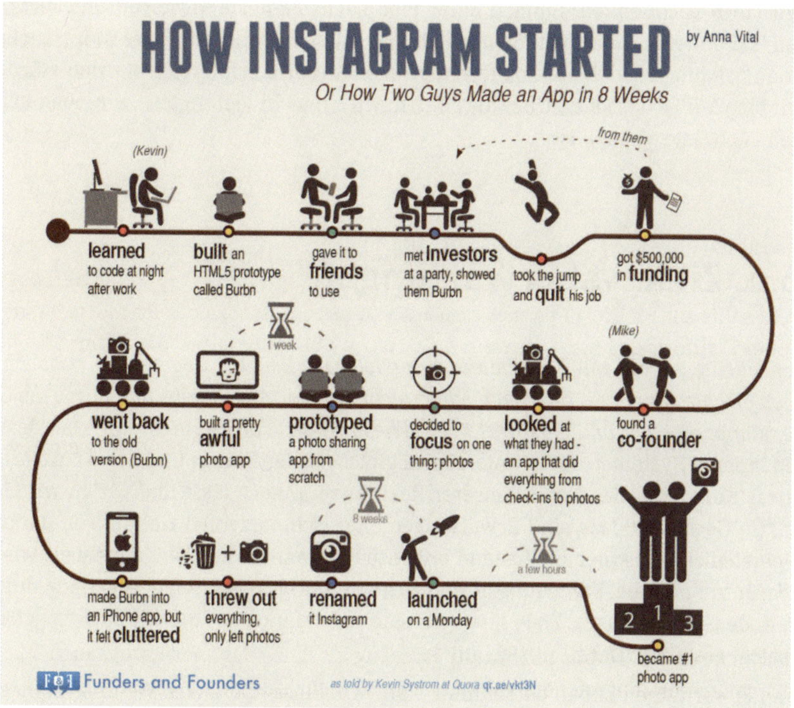

Bild 5.21 Nicht die gesamte Abfolge bezieht sich auf die acht Wochen. Alles zusammen hat über ein Jahr gedauert.[11]

[11] *http://www.quora.com/What-is-the-genesis-of-Instagram*

Wenn Sie ein Händchen dafür haben, können Sie sich in eines der zahlreichen, zur Verfügung stehenden Frameworks einarbeiten. Prototyping ist aus jeder erdenklichen Richtung möglich: aus der HTML5-Richtung, der Design-und-Klick-Richtung, der Ich-lerne-SWIFT-Richtung. Es kann total Spaß machen, vielleicht gehen Sie richtig darin auf. Tutorials, Videos und Video-Tutorials zeigen Ihnen, wie es geht.

Kevin Systrom und sein Companion Mike Krieger hatten zuerst eine eierlegende Wollmilchsau-App und starteten damit, eine Art *Foursquare* nachzubauen. Doch dann empfanden sie ihren Prototyp als vollgestopfte Sackgasse und schmissen alles raus, was ihnen zu viel war. Daraus resultierten nur noch diese Features: Bild (möglichst schnell) hochladen, Bild bearbeiten (und zwar so, dass die ranzigsten Bilder mit einem entsprechenden Filter toll aussehen), Bild posten, Bild liken und Bild kommentieren. Fertig.

Eine von Systrom erzählte Geschichte von einem Strandspaziergang mit seiner Verlobten verrät, warum die Nutzer Instagram so lieben. Seine Verlobte meinte, ihre Fotos sähen nicht so toll aus, als dass sie sie in die Community stellen würde – Kevins Fotos wären viel besser. Kevin nutzte zum Bearbeiten seiner Fotos Filter – so entstand die Idee, Filter in die App einzubauen, sodass Nutzer schon beim Upload ihre Bilder bearbeiten konnten. Und das war's. So hatten Leute das Gefühl, etwas Stylisches zu posten, und hörten auf, sich für ihre Heimaufnahmen zu schämen. Die Community wurde sozusagen fotografisch entprofessionalisiert und war dadurch massentauglich.

Ich denke, was Instagram zusätzlich auszeichnet, ist die Leichtigkeit des Tuns. Einfach tun, nicht zu lange nachdenken. Einfach einer Idee nachgehen, sie verfolgen und nicht davor scheuen, sie anderen zu zeigen. Schließlich, das ist sehr verkürzt, hatte Marc Zuckerberg Instagram gekauft, als sich abzeichnete, dass die Plattform erfolgreich werden würde. Und zwar für eine Milliarde Dollar. Über die Zahlen will ich nicht viel sagen – wir leben in Zeiten, in denen auch Geld virtuell ist.

5.6 Ziele vs. Erwartungen

Komisch, dachte ich mit Mitte 20, *immer, wenn ich ganz klar vor Augen habe, dass ich etwas erreichen möchte, klappt es. Und wenn ich es nicht klar vor Augen habe und durch die Gegend wabere, klappt es nicht und frustriert mich. Wieso ist das so?* Heute ist mir klar, dass es in unseren inneren Systemen einen Unterschied gibt zwischen **Zielen** und **Erwartungen**. Ziele sind etwas Konkretes, das sich in unserer Realität verankern lässt und woran wir glauben können. Im Gegensatz dazu sind Erwartungen eher (schmerzvolle) Hoffnungen darauf, aus einem persönlich unbequemen Zustand erlöst zu werden; am liebsten, ohne dass wir selbst etwas dafür tun müssen. Erwartungen sind passiv – das lässt sich leicht erkennen durch das *Warten* in den Er-*Wartungen*. Ziele hingegen sind eine Marke, auf die wir *aktiv* zugehen und Dinge selbst gestalten. Das fühlt sich gut an.

Ziele und Erwartungen haben beide ihren Sinn, ihre Einsatzbereiche. Wenn es regnet, ist es sinnvoller, darauf zu warten, dass es aufhört, als (in einem Anfall von Größenwahnsinn) zu versuchen, das Wetter zu ändern. Wenn wir unzufrieden sind mit unserem Job oder davon träumen, ein eigenes Projekt umzusetzen, dann ist das aktive Zugehen auf die Änderung oder Erfüllung angebracht, statt zu warten. Möglicherweise nehmen wir dabei nicht sofort den effizientesten Weg, aber wir wissen, wo wir hinmöchten, wir wissen, was wir am Ende davon haben wollen.

Insofern bin ich davon überzeugt, dass sich Erwartungen nicht validieren lassen. Ziele hingegen schon. Jedoch nur, wenn ihnen nicht Erwartungen - unbewusst - beigemischt sind. Ein Beispiel: Sie wollen, dass sich innerhalb von zwei Wochen 10 000 User auf Ihrer Seite anmelden. Ist das wirklich ein realistisches Ziel in Ihrer aktuellen Situation oder doch eine Erwartung, die Sie erhoffen, um eine Bestätigung für Ihr Projekt *und* damit Ihrer selbst zu bekommen? Und wie lassen Sie diese User anmelden? Sammeln Sie schnöde E-Mail-Adressen ein oder verlangen Sie vom Besucher sogar eine Verbindlichkeit, die den Wert Ihrer App festigt? Welchen Weg gehen Sie - welchen Weg *trauen* Sie sich zu gehen?

Als Coach beobachte ich immer und immer wieder: Als Menschen sind wir so gestrickt, dass wir das Weltbild, mit dem wir aufgewachsen sind, immerfort bestätigt haben *möchten*. Das ist völlig logisch und natürlich. Es wäre schmerzhaft, wenn wir das, was wir gelernt haben und nun so gut kennen, einfach sausen lassen und für mindergültig abtun müssten. Dennoch ist unsere eigene Wahrnehmung fehlbar und bildet unsere eigene Realität. Darin sind bestimmte Dinge möglich - oder (noch) nicht. Davon hängt ab, ob wir auf unser Ziel losgehen oder vor Angst wieder hoffen, dass eine gute Fee kommt und etwas in unserem Namen ändert.

Eine der ersten Übungen im Coaching ist es, die eigenen Glaubenssätze zu hinterfragen. Nationale Glaubenssätze wie „Ohne Fleiß kein Preis" oder „Erst die Arbeit, dann das Vergnügen" bis hin zu familiären Glaubenssätzen wie „In unserer Familie wird nicht über Geld gesprochen" oder „Geld ist etwas, das man sich nur mit Mühe verdienen kann" oder „Sobald wir erfolgreich sind, passiert etwas Schlimmes" und so fort. Das Hinterfragen der eigenen Glaubenssätze ist auch für die erfolgreiche Auseinandersetzung mit Ihrer App von Bedeutung.

> *You know, throughout my years in business, I discovered something. I would always ask why you do things. The answers that I would invariably get are: 'Oh, that's just the way things are done around here.' Nobody knows why they do what they do. Nobody thinks very deeply about things in business.*
> Steve Jobs in „The Lost Interview" mit Robert Cringley, aufgearbeitet in einem Artikel der Forbes[12].

Die meisten von uns werden Situationen so eingehen, dass ihnen die vertrauten Weltbilder bestätigt werden. Doch um etwas in die Welt zu bringen, ist es notwendig, sich von Teilen der alten Funktionsweise der eigenen Welt zu verabschieden. **Überprüfen Sie als Erstes, ob das, was Sie mit der App erreichen wollen, ein konkretes Ziel oder diffuse Erwartungen sind.**

Woher kommen unerreichbare Ziele?

Wenn Sie sich für Ziele entschieden haben - seien sie auch noch etwas wackelig -, setzen Sie sie so, dass Sie *nicht* frustriert werden. Das mache ich im Coaching mit meinen Klienten - und davon handelt das Coaching an sich. Meine Klienten sind häufig Leistungsträger, die sich (zunächst enthusiastisch) sehr viel vornehmen. Oft wollen sie mehr leisten, als sie erfül-

---

[12] *http://www.forbes.com/sites/stevedenning/2011/11/17/the-lost-interview-steve-jobs-tells-us-what-really-matters/*

len können. Oft überschätzen sie sich am Anfang. Mit der Zeit geraten sie in eine Spirale aus To-dos, die sie nicht mehr erfüllen können. Dann beginnt der Frust. Die Kunst ist es, diesen Frust zu vermeiden. Gerade in einem App-Projekt können Sie Frust nicht gebrauchen – Sie wollen ja, dass Ihr Projekt erfolgreich wird!

Stellen Sie sich vor, wie es sich anfühlt, wenn Sie jeden Tag einen Liegestütz machen sollten statt z. B. 20, die Sie gern täglich machen würden, es aber nicht einmal schaffen, damit anzufangen. Vielleicht denken Sie „Peh, einen Liegestütz, den kann ich ja so!" – ja, natürlich! Darum geht es! Machen Sie jeden Tag einen Liegestütz so lange, bis Sie Kraft und Willen haben, zwei zu machen. Dann drei, vier, fünf ... Meine Klienten sehen mich zuerst irritiert, ungläubig und schräg an und wollen *unbedingt* ihre 20 (imaginären) Liegestützen behalten. Das Problem ist nur, dass sie es gar nicht schaffen, die 20 Liegestützen jeden Tag zu machen. Häufig aus drei Gründen nicht:

1. Die Klienten denken, sie müssten auf den *Moment* warten, an dem sie *Lust* verspüren, diese Liegestütze machen zu wollen. Sie erwarten, dass der Moment auf *sie* zukommt, statt den Moment zu gestalten und selbst aktiv zu werden.
2. Sie setzen ihr Ziel zu hoch, um sich dafür motivieren zu können. Sie berauben sich damit ihrer eigenen Motivation. Sie wissen noch nicht, dass sie Motivation genauso trainieren wie ihre Muskeln oder ihren Willen. Und Training beginnt überall mit kleinen Schritten. Im Training lernen wir, immer und immer wieder in kleinen, geduldigen Schritten auf unser Ziel zuzugehen. Am Anfang kommt es uns albern und kleinkindlich vor, aber so sind wir: Wir lernen in kleinen Schritten und irgendwann sind wir überrascht, wie viel daraus geworden ist.
3. Die Klienten wollen sich an den 20 Liegestützen festkrallen, weil sie *glauben* (aha, ein Glaubenssatz!), dass dies eine „echte", anerkennenswerte Leistung sei. Dass sie diese Leistung auf andere Art – über einen leichteren Ansatz als den bisherigen – tatsächlich erreichen *könnten*, ahnen sie (noch) nicht. Genau dazu dient Coaching. Um den bisherigen Horizont zu erweitern, um neue Möglichkeiten zu sehen.

Ziele mit Ihrer App

Was die Ziele mit Ihrer App angeht, coachen Sie sich gleich einfach selbst. Noch eine Info mit auf den Weg, bevor ich Ihnen mit einigen Tipps aus dem Coaching zur Zielerreichung einen guten Weg wünsche.

Angenommen, Sie *glauben*, dass 10 000 Interessierte in zwei Wochen ausschlaggebend für Ihren Erfolg sind, dann wird genau *davon* Ihr Erfolg abhängen. Im Umkehrschluss heißt das häufig in unserer Welt: Wenn Sie es nicht erreichen, scheitern Sie. Wenn Sie mit Scheitern so umgehen, dass Sie daraus Schlüsse ziehen – statt das gescheiterte Opfer zu bleiben –, dann können Sie Ihr Ziel anpassen, um es realistischer zu machen, und weitergehen. Scheitern ist eine Frage der persönlichen Interpretation, nicht der Realität.

Als wir unser Start-up *Storytude* aufbauten, hatten wir keine konkreten Ziele gesetzt, um prüfen zu können, ob wir Erfolg hatten. Wir hatten weder die Art des Erfolgs festgelegt (z. B. Anmeldungen, erstellte Touren, Feedback etc.) noch die Menge (1/Woche, 100/Woche usw.). Wir hatten diffus gehofft, dass es knallt. Aber was genau beim Knall passieren sollte, war uns auch nicht klar. Und es knallte. Aber nicht wirtschaftlich. Größte deutsche Tageszeitungen fanden die Idee, die *Storytude* verkörperte, toll, berührend, schrieben ausschweifende Artikel, machten eine Story daraus. Wir standen im Rampenlicht, wir hatten Interessierte. Aber wir hatten kein realistisches Business-Modell. Trotz mehrerer Finanz-Coaches und drei Investoren. Im Nachhinein wurde mir klar: Wir als Team hatten keine echten Ziele, sondern *Erwartungen*. Diffuse Erwartungen einer Berühmtheit, die alle Probleme lösen würde, auf der einen Seite. Auf der anderen Seite auch den Unglauben „Wir? O Gott, wie könnte es sein, dass *wir* Erfolg haben würden?“

Diese No-Strategie brachte mehr Komplikationen als Sinn. **Realistischen Zielsetzungen auszuweichen ist – für mich jetzt völlig klar – eine Verhinderungsstrategie. Ziele zu setzen und loszugehen, eventuelle Rückschläge einzustecken, erfordert Mut und Kraft.**

> *„The first principle is that you must not fool yourself, and you are the easiest person to fool.“*[13]
>
> Richard P. Feynman, Nobelpreis Physik 1965 und einer der großen Physiker des 20. Jahrhunderts, der wesentliche Beiträge zum Verständnis der Quantenfeldtheorien geliefert hat.

Erreichbare Ziele für Ihre App setzen mithilfe von Fragen

Dem erwartenden (und blinden) Zielesetzen steht das offene Fragen gegenüber. Als Kinder haben wir Mut und Kraft, Fragen zu stellen. Fragen sind insofern „gefährlich“, weil wir Antworten bekommen könnten, die uns nicht gefallen; die vielleicht sogar so schmerzhaft sind wie ein „Nein“. Als Kinder besitzen wir noch jene zuversichtliche Naivität, die uns immer und immer wieder fragen lässt. Das ist etwas, das wir unser ganzes Leben lang tun sollten. Doch irgendwann fallen viele von uns in den abgeklärten Modus und stellen immer weniger Fragen. Ihre Welt wird starr. Und sie suchen nur noch nach der Bestätigung, dass sie die Welt richtig so sehen, wie sie ihnen vorkommt.

Als Gründer sind wir wieder Kinder – wir lernen etwas Neues dazu, erforschen ein für uns neues Gebiet. Und da passt es, die offenen Fragen wieder herauszuholen. Statt „100 neue Nutzer pro Woche“ als blindes Ziel zu setzen, könnten wir fragen: „Glauben wir, dass wir es schaffen, 100 neue Nutzer pro Woche in unsere App zu bringen? Und *wie* schaffen wir es?“

Das Tolle an diesem Fragentypus ist, dass es eine Antwort geben wird. Ein „Ja“ ist erfreulich, natürlich. Ein „Nein“ ist eine Chance, die Frage neu zu stellen und zu überprüfen, ob alle im Team an ein gesetztes Ziel glauben können. Ein Gefühl wird uns die Antwort geben. Wenn kein klares, lautes Ja von allen kommt, dann fragen wir einfach weiter: „Schaffen wir es, 50 neue Nutzer pro Woche zu gewinnen?“ Hmm, vielleicht. Wir fragen so lange weiter, bis es sich glaubhaft für alle anfühlt: „Schaffen wir es, fünf neue Nutzer pro Woche zu gewinnen?“ Ja! Prima, dann fangen wir damit an und steigern uns, sobald mehr Ressourcen zur Verfügung stehen.

Es ist genauso mit dem Liegestütz oder etwas anderem, das für Sie persönlich eine Herausforderung darstellt: *Kann ich einen Liegestütz/einen User/eine geschriebene Seite pro Tag schaffen?* Na klar! Wenn es Ihnen eine Zeit lang gelungen ist, stellen Sie die Frage neu. *Kann ich drei Liegestützen/drei User/drei Seiten pro Tag schaffen?* Sicher! Wenn Ihnen das wiederum eine Zeit lang gelungen ist, stellen Sie die Frage wieder neu. *Kann ich zehn Liegestützen/User/Seiten pro Tag schaffen?* Möglich. Wir schaffen mit der Frage einen Raum und mit der Aktion verfestigen wir ihn. Wenn Sie einmal die Routine von drei Liegestützen/Usern/Seiten pro Tag eingeführt haben und es Bestandteil Ihres Lebens ist wie beispielsweise ein Früh-

[13] Quelle: *https://en.wikiquote.org/wiki/Richard_Feynman*

stück, dann lässt sich dieser Raum weiten und immer mehr Liegestützen/User/Seiten haben darin Platz. Sie haben ja herausgefunden, wie es geht. Sie haben herausgefunden, wie Sie fünf Nutzer in Ihre App bringen, also werden Sie auch herausfinden, wie Sie zehn und dann 20 und dann 30 in Ihre App bringen.

Fazit: Es ist erfolgversprechender, wenn Sie mit kleineren Schritten anfangen. Kleine Schritte kosten weniger Kraft, Zeit und Geld. Das haben alle getan, alle im Silicon Valley haben mit kleinen Schritten angefangen, auf ihr Ziel zuzugehen. Und Begeisterung hat ihnen die Ausdauer gegeben, immer weiterzugehen, nicht aufzugeben. Aber in den Medien sehen wir häufig das Ergebnis, nicht den Weg dorthin.

Ziele aufschreiben

Ein Artikel[14] auf Forbes von Ashley Feinstein, Money Coach und Gründerin von *Knowing Your Worth,* gibt eine aufrüttelnde und motivierende Auswertung zum Aufschreiben von Zielen. Demnach wurden in einer Umfrage an der Harvard Universität von 1979 Studenten dazu befragt, ob sie Ziele gesetzt und niedergeschrieben hätten. Nur 3 % hätten ihre Ziele schriftlich festgehalten, 13 % gaben an, Ziele zu haben, schrieben sie aber nicht auf, und 84 % der Studenten antworteten, keine Ziele zu haben.

Eine Auswertung zeigte, dass die 13 % der Studenten mit nicht niedergeschriebenen Zielen doppelt so viel verdienten wie die 84 % ohne Ziele. Die 3 % der Studenten, die ihre Ziele in schriftlicher Form verfestigt hatten, verdienten fast zehnmal mehr als die 97 % der Studenten aus den beiden anderen Gruppen zusammen. Wow!

Die Autorin konkludiert: **Konkrete, niedergeschriebene und messbare Ziele sind der Weg zu Erfolg.**

In einem Gründungsbüchlein oder Gründungsblog können Sie Ihre Ziele feststecken, immer wieder aktualisieren und neu ausrichten. Manche Menschen behaupten, dass allein die Beschäftigung mit den Zielen sie den Zielen ein Stück näher bringt. Das glaube ich auch.

Fragenkatalog für Ihre App-Ziele

Tony Robbins schreibt in seinem Buch *Awaken The Giant Within*, dass es wichtig ist, Fragen lösungsorientiert zu stellen. Statt zu fragen „Wieso hat unsere Konkurrenz so viele Nutzer und wir nicht?“, ist es fruchtender zu fragen: „Wie können wir mehr Nutzer haben als unsere Konkurrenz?“ Dieser Fragentypus befreit uns aus dem Jammermodus und bringt uns in den Aktionsmodus.

Ich möchte Ihnen für Ihre App-Ziele zwei Typen von Fragen mitgeben. **Der erste Fragentyp** prüft, ob Sie einen Arbeitsschritt überhaupt für machbar halten. Das Tolle an diesem Fragentyp ist, dass Sie sich dieses Arbeitsschritts bewusst werden und ihn als einen Teilschritt auf der ganzen Strecke sehen, der eine überschaubare Größe bekommt. **Der zweite Fragentypus** entspricht dem von Tony Robbins. Um in den Lösungsmodus zu gelangen, stellen wir die Frage nach dem WIE: *Wie* schaffen wir es, Nutzer in unsere App zu bringen? Das regt sofort zu Brainstorming an - und das ist es, was ich Ihnen sogleich empfehle zu tun.

---

[14] *http://www.forbes.com/sites/85broads/2014/04/08/why-you-should-be-writing-down-your-goals/*

- Schaffen wir es, unsere App-Idee in einem Satz zu beschreiben? Und wie schaffen wir das?
- Schaffen wir es, unsere App-Idee für den Nutzer emotional zu machen? Wie kann unsere App für den Nutzer emotional ansprechend sein?
- Schaffen wir es, ein oder zwei Bilder zu finden, die unsere App-Idee untermauern und ansprechen?
- Schaffen wir es, unsere App-Idee als Papiervariante in unserem Kollegen- und Freundeskreis zu testen? Wie können wir das tun? Auf welche Art? Wie gestalten wir den Test, wie machen wir den Test messbar?
- Schaffen wir es, dass 10, 20, 30 Menschen aus unserem Netzwerk Geld für die App bezahlen? Und wie können wir sie dazu anregen?
- Schaffen wir es, dass Nutzer 1, 2, 3, 4, 5 bzw. x € für unsere App zahlen? Wie schaffen wir es, dass unsere App ihnen das Geld wert ist?
- Schaffen wir es 10, 20, 30, 40 ... 100 % der Kosten für die App über eine Crowdfunding-Kampagne zu finanzieren? Wie können wir es schaffen?

Sie sehen, worauf ich hinauswill. Eine konkrete **Fragestellung** beinhaltet das Ziel. Die Frage zu stellen überprüft gleichzeitig die eigenen **Ressourcen** und den eigenen **Glauben** an die **Zielstellung**. Eine Antwort auf die konkrete Frage ermöglicht eine **Validierung**. Und die Validierung ermöglicht **Korrekturen**. Und Korrekturen ermöglichen neue Ansätze und die Auswahl besserer **Tools**. Beides verspricht einen effizienteren Weg zum Ziel.

5.7 Messbare Ziele setzen und validieren

„What gets measured, gets managed."[15]
Peter Drucker, US-amerikanischer Ökonom mit österreichischer Herkunft. In mehreren Rankings wurde er zum einflussreichsten Managementdenker aller Zeiten gewählt und galt als unabhängiger und origineller Denker in der Managementlehre.

Wie Peter es sagte, das, was messbar gemacht wird, wird auch handhabbar. Hinter diesem Prinzip liegt noch ein anderes: Dinge, die uns bewusst sind, können wir steuern. Wir finden Wege und Möglichkeiten, sie zu unseren Gunsten zu beeinflussen - und eine Möglichkeit, ein Tool, ist dabei das **Zielsetzen**. Das werden Ihnen Coaches und Unternehmer bestätigen.

Im Buch *The 4-Hour Body* von Timothy Ferris geht es genau darum, allerdings in einem anderen Bereich: Körperfett verlieren. Er stellt Vorgehensweisen und Tracking-Methoden von dicken ITlern vor, die von ihrer Dickleibigkeit die Nase voll hatten und auf ihre Art ein Programm zum Abnehmen aufgestellt haben. Die Variante, die mich am meisten beeindruckt hat, war die von Phil Libin aus dem Jahr 2008, als er 117 kg wog. Phil ist seit 2015 Chef von

[15] Quelle: *https://www.entheos.com/quotes/by_teacher/peter+drucker*

Evernote und gemäß Wikipedia einer der innovativsten EDV-Unternehmensgründer. Er wollte also weder seinen Essensplan ändern noch Sport machen und führte einfach nur ein, sich jeden Morgen zu wiegen. Dieses Gewicht trug er in ein Koordinatensystem ein, in dem eine maximale und minimale Gewichtskurve eingezeichnet waren. Solange er sich innerhalb dieses Bereichs befand, verlor er kontinuierlich an Gewicht. In sechs Monaten verlor er 12,7 kg an Gewicht, einfach weil er ein Auge darauf hatte und sich damit beschäftigte. Er hatte nichts an seinem Lebensstil geändert – nur das morgendliche Wiegen und Einzeichnen eingeführt.

Ich verbinde Tims Ideen und Beispiele mit meinen eigenen Erfahrungen, was Besucherzahlen auf Webseiten angeht, und dem, was ich über Ziele und Aufmerksamkeit dabei gelernt habe. Also gut, brechen wir es auf einzelne Schritte herunter!

1. Halten Sie den gegenwärtigen Zustand fest.
2. Setzen Sie ein für Sie erreichbares und realistisches Ziel (> = 1) und machen Sie es messbar, indem Sie ein Tool verwenden.
3. Machen Sie daraus eine Gewohnheit. Messen Sie die Besucher/Abonnenten/Downloads jeden Tag. Bleiben Sie dran, geben Sie nicht auf. Weitermachen!
4. Validieren Sie Ihr Vorgehen. Wenn Sie längere Zeit hintereinander keinen Fortschritt sehen, verbessern Sie *eine* Sache; zum Beispiel ein Keyword oder eine Überschrift. Notieren Sie kurz, was Sie verändert haben. Und beginnen Sie wieder bei 1.

1. Halten Sie den gegenwärtigen Zustand fest.

Damit Sie überhaupt eine Verbesserung, ein Delta, zwischen dem sehen, wo Sie angefangen haben, und dem, was täglich aktuell sein wird, benötigen Sie einen Ausgangspunkt. Das klingt total nachvollziehbar und doch wird im Drang des Handelns das Losgehen oft nicht mehr dokumentiert. Damit nimmt man sich als Leistungsträger einen beträchtlichen Teil der zu erntenden Früchte selbst weg. Seien Sie also schlau und dokumentieren Sie auf einfache Art, wann und mit welchem Zustand Sie loslegen. Beispiel:

> *12. Oktober 2015: MVP-Website in Version 1.0 online [Screenshot abgelegt], Google Analytics ist eingebaut und liefert Daten, Team ist gut drauf, Besucher: 0, Käufe/Abschlüsse/Bestellungen: 0*

Halten Sie Ihren Ist-Zustand als Foto, als Tabelle, als Tagebucheintrag fest – egal. Wichtig ist, dass es eine Form hat, die Ihnen entspricht und die Ihnen gut widerspiegelt, wie Sie angefangen haben. Und es sollte eine Methode sein, die Sie regelmäßig wiederholen können, ohne dass Sie sich davor drücken. Denn Sie werden immer wieder Zwischenstände festhalten, die Ihnen das Vorankommen zeigen. Das ist wichtig! Wenn es Sie so riesige Überwindung kostet, dann muss eine andere Form her oder jemand anderes im Team macht's.

2. Setzen Sie ein für Sie glaubhaftes Ziel und machen Sie es messbar

Angenommen Sie haben eine Website als MVP zu einer App erstellt, die Sie verkaufen möchten. Rechts im Bild die App auf einem Phone, schicker Screen. Links davon Ihr emotionalisierter Claim, ein Benefit-Text für den Nutzer, den Sie getestet hatten und der im Test gut abgeschnitten hat. Tja, und dann? Was genau messen Sie jetzt?

Denken Sie lieber an *Buffer* und arbeiten Sie gleich mit konkreten Aktionen. Beispielsweise indem Sie einen Launch-Newsletter anbieten, den der Besucher abonniert. Oder noch besser, indem Sie einen Button einbauen, der so etwas sagt wie „Für € 2,49 im App Store holen". Dahinter kommt dann eine humorvolle Page, die „Ups, wir bauen die App erst, aber gehöre zu den Ersten, die beim Launch benachrichtigt werden!" anzeigt. Oft ist das die erste mentale Hürde, weil es vielen von uns womöglich nicht leichtfällt, einen Preis für etwas aufzurufen, das noch nicht fertig ist. Mutig!

Je nachdem, für welches MVP Sie sich entscheiden – ob Flyer, Crowd-Kampagne oder Website: Die Wege erscheinen vielleicht unterschiedlich, aber das, worum es letztendlich geht, ist die Zahlungsbereitschaft des potenziellen Kunden. **Ihr Ziel ist also herauszufinden, wie viel Ihre Besucher für Ihr Produkt zahlen würden.** Und dieses Hauptziel hat mehrere Unterziele, die Ihnen die richtigen Besucher zu Ihrer Seite filtern. Es reicht ja nicht, *irgendwelche* Leute auf die Seite zu bringen – es müssen potenzielle Kunden sein, also an Ihrem Angebot Interessierte zu Ihrem Angebot. Und dazu muss auch Ihr Angebot interessant sein und sich entsprechend präsentieren.

Dazu stellen Sie sich Fragen und leiten davon Unterziele zu Ihrem Hauptziel ab, beispielsweise so:

- **Über welche Wege (Portale, Partner-Links, Newsletter, Blog-Artikel etc.) erreiche ich meine potenziellen Kunden?**
  - Wenn Sie die konkreten Kanäle herausgefunden haben, dann können Sie Ziele für die einzelnen Kanäle setzen und messen. Sie messen, über welchen Kanal die meisten Kunden kommen, die bereit sind, für Ihre App zu zahlen.
- **Über welche Begriffe – Keywords – erreiche ich meine Kunden?**
  http://blog.hubspot.de/marketing/google-2015-welche-rolle-spielen-keywords-noch-im-seo
  - Wenn Sie die Keyword-Gruppen zusammengestellt haben, dann können Sie für die Keyword-Gruppen ebenfalls eigene Ziele setzen. An die Keyword-Gruppen können Sie beispielsweise je eine einzelne Seite schalten. Sie machen praktisch einen A/B/C/...-Test für Keyword-Gruppen. Über welche Keyword-Gruppe kommen die meisten Besucher und wie ist davon der prozentuale Anteil derjenigen, die auf Ihren wichtigsten Button klicken? Das relativiert die Gruppen wiederum. Es zählt nicht Menge, sondern Ansprache. Welche Keyword-Gruppe hat die meisten Abschlüsse gebracht? Ein Tool zum Checken von ähnlichen Suchen: *http://ubersuggest.org/*
- **Wie viel sind sich meine Kunden selbst wert? Wie repräsentiere ich diesen Wert in meinem Angebot?**
  - Zahlen Kunden, die über Partnerlinks kommen, mehr als Kunden, die über eine Google-Suche auf die Seite stoßen? Wie weit ist die Spanne, wo ist das Minimum, wo das Maximum?
- **Wie bekomme ich die Website-Besucher dazu, mein Produkt zu teilen und anderen davon zu berichten? Wann teilen Menschen Inhalte mit anderen? Was bewegt sie dazu? Was haben sie davon? Eine interessante Studie dazu gibt es hier von der New York Times Insights**: *http://nytmarketing.whsites.net/mediakit/pos/*
  - Geben Sie den Nutzern einen weiteren Inhalt an die Hand – nicht nur Ihr Produkt, aber etwas, das thematisch damit zu tun hat –, beliebt sind Zitate, Motivationssprüche, kleine Business-Weisheiten. Sie können beispielsweise Inhalte erstellen, die mit den Keyword-

> Gruppen zu tun haben. Wenn diese Inhalte geteilt werden, sprechen sie eine erweiterte Zielgruppe an. Denken Sie daran, dass Inhalte so sind wie gutes Design: Der Nutzer muss einen Benefit empfinden, wenn er den Inhalt teilt. Er muss sich schlau, sozial, kompetent, hip oder cool fühlen[16].

Und jetzt braucht es Kreativität, denn es gibt keine Fertiglösung, die ich hier niederschreiben könnte. Es geht um das Prinzip und um das Probieren, bis Ihnen klar wird, dass dieses Prinzip gilt. Fangen Sie einfach an zu messen und sehen Sie, was passiert. Der Vorteil für Sie wird sein, dass Sie Ihre Vorgehensweise und Ergebnisse genau dokumentieren - und daran angeknüpft neue Entscheidungen treffen können. Sie optimieren. Das ist daran vielleicht der größte Trick, wenn man von einem „Trick“ sprechen will.

Google Analytics beispielsweise spuckt Ihnen solche Art Daten aus:

- Besucherzahlen
- Absprungraten
- Besuchsdauer
- Verweisende Seiten (Referrals oder Backlinks)
- Ein- und Ausstiegsseiten
- Demografische Daten etc.
- Zielerreichung (wenn vorher definiert)

Die Zielerreichung sagt Ihnen, wie gut Ihre Seite funktioniert. Die anderen Daten wie Besucherzahlen, Absprungraten etc. stellen Unterziele zu dem obersten Ziel dar. Sie wollen hohe Besucherzahlen, um möglichst viele Interessierte auf die Seite zu bringen. Sie wollen geringe Absprungraten, denn diese zeigen, dass Menschen auf Ihre Seite gekommen sind, dort aber nicht das vorgefunden haben, was sie wollten. Sie wollen wissen, welches die Ausstiegsseiten sind - auf welchen Seiten entscheiden sich die Besucher, wieder zu gehen, weil ihnen irgendetwas nicht gepasst oder sie nicht in Bann gezogen hat? So geht es weiter. Sie können die Unterpunkte optimieren und so zu Ihrem Hauptziel gelangen.

3. Machen Sie aus dem Messen eine Gewohnheit - Routine trägt

Ich bin wirklich nicht mit Routine befreundet, aber sie trägt Ziele. Um ein Ziel zu erreichen, kann man sogar ineffizient daran arbeiten, Hauptsache man macht es täglich. Das beinhaltet sogar den Raum, Fehler zu machen und zeitnah zu korrigieren.

Ein Beitrag[17] von James Clear auf *buffersocial* vom 11. Februar 2014 erzählt von dem Britischen Tour-de-France-Team Sky, dessen neuer Chef David Brailsford beschlossen hatte, dass die Briten das erste Mal in der Geschichte der Tour de France gewinnen sollten. Es geschah auch, zweimal hintereinander sogar, nämlich 2012 und 2013. Brailsford hatte einen einfachen Ansatz: die 1%-Optimierung; in jedem Bereich, der mit dem Radrennfahrer zu tun hatte,

[16] *http://www.business2community.com/facebook/why-do-facebook-users-share-content-01294967#jlqeXy6v1ySszCOk.97*

[17] *https://blog.bufferapp.com/what-would-happen-if-you-improved-everything-by-1-the-science-of-marginal-gains*

von Schuhen, dem Sitz, dem Rad, der Bemantelung bis hin zum Kopfkissen und Hygieneverhalten des Fahrers. Das Team suchte erpicht auf die Möglichkeit, irgendwo 1 % etwas zu verbessern, und war dabei ziemlich einfallsreich.

Ich hätte auch schreiben können: „Machen Sie daraus ein Spiel oder einen Wettkampf." Mit sich selbst oder mit anderen Mitarbeitern. Jeder nimmt sich eine Methode und die bessere Methode wird ins Portfolio übernommen. Das Spiel ist, ein noch effizienteres Tool zu finden und noch mehr Ideen zu entwickeln, mehr Besucher oder Downloads als der andere im Team zu finden.

Es ist Ihnen überlassen, auf welche Art Sie Ihre Ziele messen. Allerdings sollte das Tool einige Eigenschaften haben, die es Ihnen erleichtern, täglich damit zu arbeiten:

- **Übersichtlich** und für andere nachvollziehbar (Tabellen sind dafür super; Sie können ein Google Doc mit Ihrem Team teilen)
- Es lässt sich eine **visuelle Darstellung** generieren (z. B. ein Graph).
- Es muss zügig gehen und Ihnen **Spaß** machen.
- Ob Sie nun Strichlisten führen, Kärtchen sammeln oder eine Excel-Tabelle anlegen - wählen Sie ein Tool, mit dem Sie gut umgehen können und mit dem Sie **interaktiv** sind. Damit meine ich: ein Tool, in dem Sie selbst etwas eingeben, statt nur Daten abzulesen. Aktives Eingeben und Pflegen ist dann Ihre tägliche, fast schon ritualisierte Routine für Ihr Ziel.
- Machen Sie es **regelmäßig** über einen längeren Zeitraum.

4. Gehen Sie Babysteps und validieren Sie diese

Validierung erscheint oft wie ein riesiges, unergründliches Thema. Validierung wird außerdem zusätzlich als unangenehm empfunden und vermieden, weil sie vorher Festgelegtes infrage stellt. Doch die Validierung kleiner Schritte ist einfach und tut im Vergleich zu einer einzigen großen Fehlentscheidung nicht weh.

Ich beginne bei Fremdwörtern gern mit der Sinn offenbarenden Herkunft des Wortes - sie nimmt diesem Wort seine Größe und macht es zu etwas heimisch Greifbaren. *Validieren* hat das Deutsche von dem französischen Wort *valider* übernommen. Ein Blick ins Wörterbuch zeigt, dass *valider* mit *anerkennen*, *für gültig erklären*, *bestätigen* und schließlich mit *entwerten* übersetzt wird. Huch, wenn wir *validieren*, können wir also einer Sache einen Wert zu- *oder* absprechen. Klingt nach einer Selektion.

Im Synonymwörterbuch begegnen mir für *validieren* die deutschen Wörter *versichern*, *vergewissern*, *bestätigen*, *überprüfen*, zusätzlich werden *kontrollieren* und *verifizieren* als Fremdwörter angegeben. *Kontrollieren*, von dem englischen *to control*, bringt mir auf *Wiktionary* eine weitere Bedeutung: *beherrschen*, *steuern*. Und *verifizieren*, von dem mittellateinischen *verificare*, das vom Adjektiv *verus* mit der Bedeutung *richtig*, *wahr* abgeleitet wurde, verweist darauf, dass eine Sache *wahr* ist. Wahr ist für mich etwas, das in sich stimmig ist.

Validieren heißt in diesem Kontext also, seine Ziele und Methoden zu hinterfragen, zu bewerten und die besten Methoden beizubehalten, während die anderen abgestoßen werden.

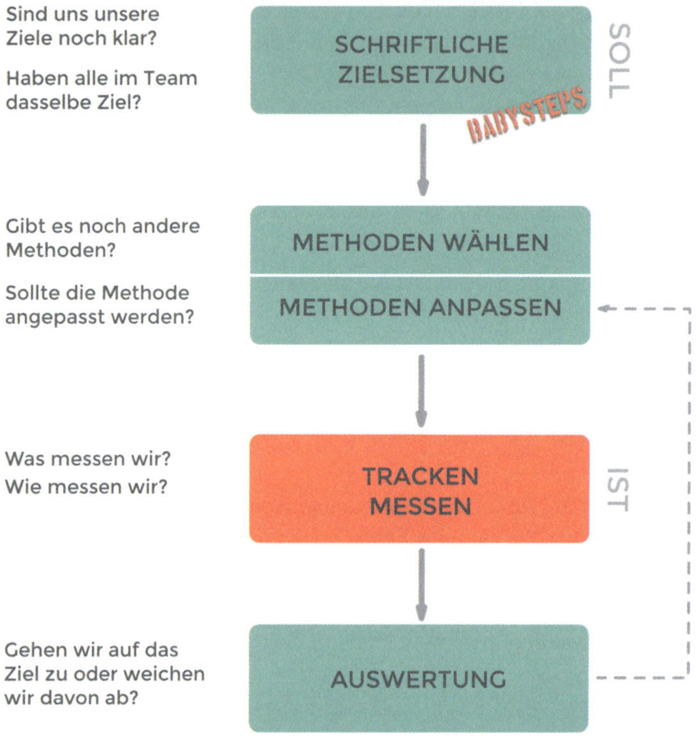

Bild 5.22 Validierung überprüft die Zielsetzung, die Wahl entsprechender Methoden zur Zielerreichung (Steuerung), das Tracken oder Messen und die Auswertung (Überprüfung der Werte und der Methoden), die aufzeigt, ob die Bewegung auf das Ziel gerichtet ist oder davon abweicht.

Ändern Sie immer nur eine Sache. Wenn Sie an drei Stellen Einstellungen oder Inhalte ändern, kann man nicht nachvollziehen, was genau welchen Einfluss hat. Ein gern gemachter Fehler, der das ganze Unterfangen sabotiert. Bonusgedanke zum MVP: Wir hassen und lieben Klischees?

Manchmal ist es kaum auszuhalten, nicht wahr? Wir wollen etwas Originelles erschaffen, alle Leute mit etwas Neuen, noch nie Dagewesenem quasi vor den Kopf schlagen … und dann kommt *tinder*. Der Einstieg in dieses Kapitel war die Dating-Plattform ohne den emotionalen Nutzen. Und jetzt schließe ich mit der Dating-Plattform, die den emotionalen Nutzen auf so typische, fast schon widerwärtig langweilige und funktionierende Art präsentiert, dass es einem peinlich ist, wenn man's schön findet. Oder nicht?

Das Bild 5.22 zeigt: Ein sich anbahnendes Pärchen, in seiner Körperhaltung schüchtern, vor dem Eiffelturm, er gibt ihr einen Strauß roter Rosen, den sie nehmen oder ablehnen kann – genauso wie ihn –, und darunter der absurd größenwahnsinnige Spruch „Any swipe can change your life". O Mann. Und es knallt. Der Archetyp wird an die Gegenwart angepasst. Sie die Prinzessin, die zu Erobernde, er der mutige Prinz. Paris. Die Stadt der Liebe. Neu ist daran der Stil, vielleicht deren Klamotten, der Fotofilter – das ganze Äußere, aber nicht das, was dahintersteckt. Das uralte Bedürfnis nach Liebe. So klischeehaft präsentiert wie in Filmen aus den 50er-Jahren. **Erfinden Sie nicht alles neu, um zu begeistern, setzen Sie es neu in Szene – das reicht schon.** Das ist professionell gedacht.

Sicher, aufgeklärt darf man hier nicht denken. Es geht tatsächlich darum, das Wunsch-Szenario der Zielgruppe aufzugreifen und idealisiert darzustellen. Hier ist die Zielgruppe eine Masse an Menschen, die zwischen 20 und 30 sind, in der Hochphase der Geschlechtsreife und Partnersuche. Natürlich wird der Betreiber dieser Dating-Plattform seiner Zielgruppe nicht auf die Nase binden, dass Partnerschaft auf lange Sicht Arbeit bedeutet oder der gut aussehende Partner seine Macken hat. Der Nutzen und Feature-Fokus liegen bei *tinder* in der Suche und der propagierten unbegrenzten Auswahl an - vielleicht temporär erträglichen - Prinzen und Prinzessinnen. *Das* ist der Nutzen. Partner wie Sand am Meer, und das neuzeitliche Ich kann frei wählen, juhu!

Hätte Mister X, der Betreiber der bisher misslungenen Dating-Plattform aus dem Anfang dieses Kapitels, nur ein wenig studiert, worum es beim Dating geht, dann hätte er eine eigene - möglicherweise auch etwas reifere - Ansprache erschaffen können. Doch er hat über *tinder* geschimpft, ohne sich anzusehen, wie perfekt sie ihre ausgewählte Zielgruppe ansprechen. Schade, damit hat sich Mister X ein Eigentor geschossen.

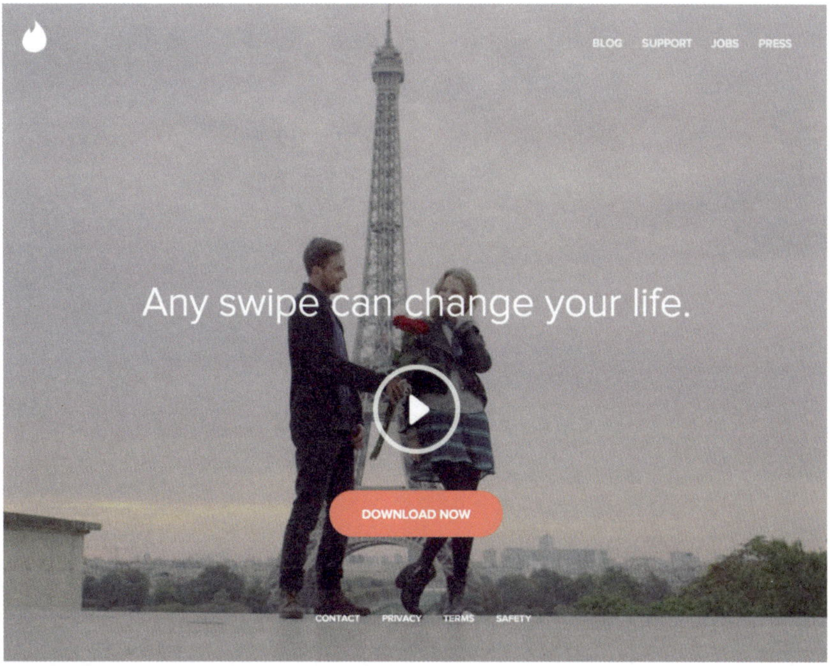

Bild 5.23 Uch, denke ich, soooo typisch. Paris, die Stadt der Liebe. Das schüchterne junge, angehende Pärchen, die roten Rosen, der Lila anmutende Himmel, Spuren der untergehenden Sonne. Kann man mehr Klischees in einem Bild unterbringen? Und bei *tinder* kann man sich seinen umwerfend aussehenden Prinzen und seine wunderschöne Prinzessin quasi unter Millionen aussuchen. Uralte Bedürfnisse neu aufbereitet rocken immer noch.
Quelle: *www.tinder.com*

„Jetzt kennen Sie Ihre App-Strategie."

6 App-Typen & mobile Technologien

I have not failed. I've just found 10,000 ways that won't work. – Thomas Alva Edison

Die UX! Sie ist abhängig von der Konzeption, vom Design, von der Interaktion und von der Geschmeidigkeit einer App. Und die Geschmeidigkeit, die flüssige, schlüssige Bedienung, die von leichter Hand geht, ist auch ein Anliegen der technischen Umsetzung. *Nun gut,* sagen Sie, *und was hat das mit mir zu tun? Sollen's doch die Entwickler geschmeidig machen!*

Genau hier beginnt ein heikler Punkt: Es gibt viele unterschiedliche Wege, eine App umzusetzen. Diese Wege haben ebenso unterschiedliche (qualitative) Ergebnisse. Und sie benötigen unterschiedliches Know-how – hier sind Sie und Ihr Kunde auf die Professionalität des Entwicklers angewiesen. Um diese besser einschätzen zu können, möchte ich Sie mit den möglichen Technologien zur Umsetzung einer mobilen App, die auf Smartphones, Tablets und Phablets läuft, vertraut machen.

Sie werden stabiler dastehen, wenn Sie etwas Wissen um die Technik mitbringen, die sich hinter der Erstellung von Apps verbirgt. Dadurch können Sie besser konzipieren, wissen, welche Grafiken es braucht und warum. Ihr Kunde kann besser kalkulieren, die Zielgruppe besser abpassen und Sie können mit den Entwicklern einfacher kommunizieren.

Web-Apps, Hybrid-Apps, Managed Hybrid Apps, Multi-Channel-Apps, Native Apps und Native Mixed Apps – was soll das alles sein? Keine Panik, vieles klingt neu und doch sind es gleiche Technologien, nur auf unterschiedliche Arten eingesetzt. Und was sind die Unterschiede, die Vor- und Nachteile? Wie wirken sich die App-Typen auf die Zielgruppe aus?

Moment, beginnen wir von vorn. Am Anfang jeden Weges stellen sich dieselben Fragen:

- Über welchen **Distributionskanal** erreichen wir die Zielgruppe am besten auf ihren Geräten? Sind es die App Stores oder doch das Internet in Form einer mobilen Webseite?
- Auf welchen **Geräten** und Betriebssystemen bewegt sich die **Zielgruppe** und welche Erwartung hat sie bei der Nutzung von Apps? Vergleichen wir Android- und iOS-Nutzer.
- Auf welche Hard- und Software des Geräts soll die App zugreifen? Kamera, Sensoren, Kontakte etc. Was wird für die Umsetzung des Kernnutzens benötigt, was für zusätzliche Features – wie z. B. Social Media Sharing?
- Welches **technische Know-how** haben wir als Anbieter für die Umsetzung der App? Und welches ist zusätzlich erforderlich?

- Welche der Entwicklungsvarianten ist für den Kunden und für uns als Dienstleister am besten im Verhältnis **Qualität** zu **Preis** zu **Nachhaltigkeit**?

Am Ende dieses Kapitels werden Sie ausreichend Wissen und Verständnis haben, um diese Fragen beantworten zu können.

Das erwartet Sie in diesem Kapitel:

Mobile Apps

Zuerst bedarf es einer Einigung auf den Begriff. Eine App ist jegliche Art von Anwendung (Applikation), egal auf welchem digitalen Gerät. Handelt es sich um Apps, die auf mobilen Geräten wie Smartphones, Tablets, Phablets und Smartwatches laufen, können wir von *mobiler App* sprechen. *Mobil*, weil wir mit dem tragbaren Gerät unterwegs sein können, während wir es benutzen.

Allerdings gibt's bei der Definition einen Haken. Denn auch auf neuen PC-artigen Fernsehern, sogenannten *Smart-TVs*, können Apps laufen. Und zwar sind es von der Code-Basis dieselben Apps, die auch auf dem Smartphone laufen. Natürlich sind sie an die Größe, Performanz und Funktionalitäten des Fernsehers angepasst: Aufnahmemöglichkeiten, Filme speichern, großer Bildschirm, der gut unterteilt werden kann in mehrere kleinere Screens. Und auch In-Vehicle-Apps sind ein Thema: Apps, die auf einer Konsole im Auto angezeigt werden. Das ist vermutlich der Inbegriff von mobil, allerdings anders als das Smartphone in der Hand des Nutzers. Der feststehende Fernseher wird meistenteils eine gute Verbindung zum Internet haben - so werden auch Web-Apps attraktiv, aber im Auto ist nicht sicher, wann das Netz gut ist und wann nicht - dann auf eine Interaktion warten zu müssen, macht keinen Spaß und ist vielleicht für die Verkehrssicherheit relevant.

Diese Faktoren, die für den Nutzer in der jeweiligen Situation wichtig sind, werden auch von der Art der technischen Umsetzung der App beeinflusst. Die Technik ist verzahnt mit dem Use Case und sie ist verzahnt mit dem Weg, der für die Entwicklung gewählt wird.

Geräte, Plattformen und Bildschirmgrößen

Als das erste iPhone herausgebracht wurde, war alles noch frisch und überschaubar. Wollte man eine App erstellen, dann erstellte man sie für *eine* Plattform (iOS), in *einem* Code (Objective C), mit den angebotenen Entwicklungswerkzeugen (Xcode[1]) von Apple und publizierte sie in dem *einen* App Store, dem Apple App Store. Ein klarer Prozess. Doch diese paradiesischen Zeiten währten nur einige Monate lang, denn andere Anbieter von Smartphones und Plattformen waren entweder schon selbst dabei, ähnliche Konzepte aufzubauen, oder sprangen auf den Smartphone-App-und-App-Store-Zug auf.

Die technische Entwicklung war seit 2007 so rasant, dass wir heute eine überfordernde Fülle mobiler Gerätevarianten (Phones bis Phablets), Hersteller (z. B. Apple, Samsung, Motorola, HTM, LG, Nokia etc.), Plattformen (iOS, Android, Windows, Blackberry etc.) und Bildschirmgrößen (es scheint kein Ende in Sicht; es begann mit 3,5 Zoll beim ersten iPhone, nun haben Tablets schon 12 Zoll) sowie -auflösungen (Retina, HD etc.) auf dem Markt haben.

[1] Für den Mac, was das erste Hindernis für klassische Programmierer war, die auf Windows oder Linux arbeiteten

Diese Diversität ließ die Entwicklergemeinde der Webtechniken und die der nativen Programmierung nach Tools und Frameworks suchen, mit denen man mehrere Plattformen und Geräte gleichzeitig bedienen kann, indem man nur *einen* Ausgangsquellcode hat.

Bild 6.1 Die Fragmentierung der Screengrößen allein bei Android. Klar, dass Entwickler nach Mitteln und Wegen suchen, um eine App auf allen möglichen Screens gut aussehen zu lassen. Kopfzerbrechen pur bei den Entwicklerkollegen.
Quelle: *http://www.idownloadblog.com/2013/07/30/the-terrible-state-of-android-fragmentation/*

Mit der Zeit sind die Webtechnologien HTML5, JavaScript und CSS in der App-Entwicklung stark und wegen ihrer Anpassungsfähigkeit an verschiedenste Screengrößen attraktiv geworden. Heute gehen sie in ehrliche Konkurrenz mit den Apps, die nativ oder nativ plattformübergreifend (*Cross Platfom Development*) entwickelt wurden. Für diese reichhaltige Landschaft von Tools gebe ich Ihnen einen Überblick mit, eine Sortierung, in die Sie später neue Tools hinzunehmen können.

Schließlich möchte ich Sie noch zum Abschnitt *Internet of Things* einladen, denn die Vernetzung mit Geräten, die bisher offline ihre Dienste geleistet haben, spielt für heutige App-Use-Cases eine große Rolle. Kühlschränke, Heizungssysteme, Garagentore, Lichtschalter, Futterspender für Haustiere und neuartige Geräte und Ideen werden in Zukunft über Apps geregelt. Hier brauchen Sie als Designer ein Verständnis unseres Alltags, der immer feiner von Digitalisierung durchdrungen sein wird.

Uns steht eine spannende Zeit bevor!

6.1 Native Apps

Ich beginne dort, wo die Apps ihren Anfang genommen hatten: auf den ursprünglichen Betriebssystemen wie dem *iOS* für Smartphones aus dem Hause Apple oder *Android* für Smartphones, dessen Leben maßgeblich von Google begonnen wurde. OS steht für *Operating System* und sagt damit, dass es die regelnde Software auf einem Gerät ist, die es uns überhaupt ermöglicht, andere Applikationen zu installieren und auszuführen.

Will man für irgendein Betriebssystem ein Programm schreiben – wie einen Taschenrechner, der auf Windows, auf dem OS eines Macs und auf einem Smartphone zu finden ist –, muss man dieses Programm in Code schreiben, der auf dem Betriebssystem ausgeführt, also interpretiert werden kann. Klar, klingt nachvollziehbar. Man unterhält sich also in der Sprache, in der das Betriebssystem zu Hause ist und einen versteht. Diese Art von Programmen nennt man *native* Applikationen, auch native Apps.

Die meisten Anbieter von Betriebssystemen stellen SDKs zur Verfügung. *SDK* steht für *Software Development Kit*, grob gesehen handelt es sich dabei um ein Programm, mit dem man Programme für das entsprechende Betriebssystem entwickeln kann. Also wie ein Meta-Programm! Toll an nativen Apps ist, dass sie mit dem Betriebssystem hervorragend kommunizieren können. Dadurch haben sie direkten Zugriff auf die Funktionalitäten des Geräts – und diese können je nach Hersteller bei einem Smartphone ziemlich üppig sein. Je nach Ausstattung kann eine App vom OS Zugriff erfragen auf:

- Netzwerkverbindungen
- Funkverbindungen wie Bluetooth, NFC, Infrarot
- GPS für die Position des Nutzers
- Multimedia: Aufnahme, Abspielen verschiedener Video- und Audioformate
- Kamera und Face-Kamera
- Verschiedenste Sensoren: Helligkeitssensor, Beschleunigungssensor, digitaler Kompass, Druckmesser, Annäherungssensor, Gyrometer (auch Drehzahlmesser), Gestenerkennung, Herzfrequenzmesser
- Akkuabfrage, Benachrichtigungen ausgeben (z. B. Twitter, Instagram, WhatsApp)

Und das ist auch die Stärke nativer Apps: Sie können so viel, wie das Gerät kann und das OS erlaubt. Außerdem sind native App-Konzepte darauf ausgelegt, sehr performant zu sein. Die Anbieter der Betriebssysteme haben diese so entwickelt, dass darauf ausgeführte Programme schnell sind. Zügig, flüssig sollen sie funktionieren und mit diesem Anspruch wurden die originären (die mit dem Betriebssystem ausgelieferten) Apps wie Kalender, Mail, Taschenrechner, Notizen, Rekorder, Player, Browser ebenfalls entwickelt. Die Nutzer wissen demzufolge: Native Apps sind schnell und reagieren sofort, juhu.

Native Apps nutzen häufig vorgegebene Grafiken des Betriebssystems bzw. benutzen Standards, die der Nutzer aus anderen Apps auf seinem Gerät kennt. Interaktionselemente wie Popups, Buttons, Regler sind einheitlich. Damit werden sie zum einen in der Entwicklung wiederverwendet, lassen sich gut aktualisieren, wenn eine neue Version des Betriebssystems herauskommt, und zum anderen bieten sie wenig mentale Leistung aufseiten des Nutzers. Alles, was dieser kennt, geht ihm leichter von der Hand, erhöht die positive Erfahrung, die der Nutzer macht – UX!

Native Cross-Plattform- oder Multi-Plattform-Entwicklung

Dank unserer freien Marktwirtschaft ist das Angebot an Geräten gigantisch – und überfordernd. Auf der Seite der Nutzer, die sich zwischen all diesen Geräten orientieren und entscheiden dürfen, gilt das ebenso wie auf der Seite der App-Anbieter, die ihre Zielgruppe erreichen wollen. Doch auf welchen Geräten treibt sich die gewünschte Zielgruppe herum? Wie kann man viele Nutzer erreichen, ohne für jede Plattform einen eigenen Programmierer suchen und dann Code entwickeln zu müssen? Und erst die Updates … für jede App ein eigenes Update! Nicht umsonst gilt die native App-Entwicklung als die teuerste. Dasselbe Programm, mit gleichen Funktionalitäten in verschiedenen Programmiersprachen – das hat auch ein wenig was Absurdes.

Das hat die Entwicklergemeinde erkannt und daraufhin auch für mobile Plattformen Software wie beispielsweise *Xamarin* entwickelt, mit denen man in einem Ausgangscode programmiert und dann diesen Code in größten Anteilen in die Programmiersprache der jeweiligen gewünschten mobilen Plattform übersetzt. Dabei hängt es wiederum von Xamarin & Co. ab, wie gut diese Übersetzung geschieht – und was alles übersetzt wird. Als Entwickler ist man im Falle der Cross-Plattform-Entwicklung also abhängig davon, wie gut diese Software die Ein- und Ausgangssprachen beherrscht. Und doch, bis zum Schluss ist nicht klar, wie viel noch manuell nachgebessert werden muss. Diese Art zu entwickeln nimmt einem also reichlich Arbeit ab, dennoch bleibt das Quäntchen Unsicherheit, wie viel nachgebessert werden muss.

Nach meiner Erfahrung ist das erste Projekt mit einem neuen Tool ein Haufen Arbeit. Erst wenn man schon einige Projekte auf diese Art umgesetzt hat, kann man Aussagen darüber treffen, wie einfach oder schwer eine App für verschiedene Plattformen gleichzeitig entwickelt werden kann und ob man noch die jeweiligen Programmierexperten für die Plattformen benötigt.

Meine Empfehlung an Sie: Checken Sie die Entwickler oder die Agentur genau auf Referenzprojekte und Plattformen, wenn behauptet wird, dass die native Entwicklung für mehrere Plattformen ein Klacks ist. Lassen Sie sich die Apps zeigen und benutzen Sie sie selbst auf verschiedenen Geräten, um ein Gefühl für die Qualität und Performanz der App zu bekommen.

Strategische Stärken nativer Single-Plattform-Entwicklung

Da Apps und ihre angepeilten Zielgruppen unglaublich unterschiedlich sein können, lassen sich schwer irgendwelche Vor- und Nachteile einer bestimmten Entwicklungstechnologie einfach so aufzählen und für allgemeingültig erklären. **Die Entscheidung, wie eine App umgesetzt wird, sollte von der Zielgruppe und dem Nutzungsfall der App abhängig sein** – nicht unbedingt von den Vorlieben der Chefs, Entwickler oder dem Anspruch, alle da draußen wären die Zielgruppe. Demgegenüber stehen allerdings die Ressourcen, die Sie am Markt bekommen können, und die dafür aufgerufenen Preise.

- **Direkter Zugriff** auf das Betriebssystem und dadurch auf die Funktionalitäten des Smartphones. Entwicklung findet so statt, wie sie ursprünglich von den Plattformanbietern gedacht war, und nahezu alles lässt sich machen. Das ist dann nur eine Frage des Entwickler-Know-hows.
- **Performantes und interaktives Konzept:** Native Apps sind hoch performant gedacht, denn natürlich wollten die Anbieter des Betriebssystems, dass die dafür entwickelten Programme schnell sind. Als Frisch-Entwickler kann es einem trotzdem gelingen, eine App unperformant zu programmieren, keine Sorge.

- **Fokus:** Alle im Team können sich auf das *eine* Produkt konzentrieren und verzetteln sich nicht mit verschiedenen Plattformen und Anforderungen. Alle Kräfte gehen in ein Produkt. Allein das ist schon eine gute Strategie. Updates, Erweiterungen finden in einem Quellcode statt und müssen nicht panisch für alles rausgeschoben werden. Das kann das Leben ungemein erleichtern, vor allem, wenn das Projekt klein beginnt und organisch wachsen darf.
- **Direkte Veröffentlichung** im App Store. Bei der nativen Entwicklung wird die App vom Entwickler direkt im App Store veröffentlicht. Als Ausnahme gibt es die Enterprise-Veröffentlichung für Unternehmen, die die App nur ihren Mitarbeitern zugänglich machen wollen.

  Apple: *https://developer.apple.com/programs/enterprise/*

  Google: *https://support.google.com/a/answer/2494992?hl=de*

  Windows: *https://msdn.microsoft.com/en-us/library/windows/apps/jj206943(v=vs.105).aspx*

Strategische Schwächen nativer Single-Plattform-Entwicklung

- Die Entwicklung benötigt für jede mobile Plattform ihre eigene Programmiersprache. Das wiederum ruft die Notwendigkeit hervor, Programmierer mit breitem Know-how und Erfahrung zu suchen, um mehrere Plattformen zu bedienen, *oder* auf eine spezielle Plattform spezialisierte Programmierer zu finden.
- Die Erstellung des Codes für jede nächste Plattform kostet demzufolge. Natürlich kann sich ein Android-Entwickler an der bestehenden iOS-App orientieren, denn das gesamte App-Konzept wurde bereits einmal umgesetzt, dennoch wird die Funktionalität noch einmal in einer neuen Programmiersprache ausgedrückt.
- Jede Plattform hat ihre Eigenheiten. So ist eine Android-App nie 1:1 wie eine iOS App und umgekehrt. Das heißt, dass auch das User Interface eine Anpassung erfährt und manche Screens neu designt sowie Grafiken neu angelegt und ausgeliefert werden müssen.
- Sie zahlen **Gebühren** für das Einstellen in den App Store. Bei Google sind es nur einmalig $ 25, aber Apple berechnet eine jährliche Gebühr von ca. $ 99 für App-Entwickler, die ihre Apps im Store veröffentlichen und dort behalten wollen. Klären Sie vorher, wer für diese Gebühren aufkommt.

Strategische Bedenken zur Cross-Plattform-Entwicklung

- Abhängigkeit von den Plattformbetreibern *und* den Cross-Plattform-Entwicklungstools. Wenn das Betriebssystem aktualisiert wird und neue Features mit sich bringt, kann es die Notwendigkeit eines App-Updates geben. Das ist eines. Das andere ist, dass man bei der Cross-Plattform-Entwicklung zusätzlich von der Aktualität des Übersetzungswerkzeuges abhängig ist. Die Anbieter der Cross-Plattform-Tools müssen zeitnah dafür sorgen, dass die Übersetzung für ein neues Feature angelegt wird – und das auch noch zeitlich unklar zwischen Apple, Google, Windows & Co.
- Die Komplexität einer App ist möglicherweise nicht immer abbildbar. Das hängt von dem Cross-Plattform-Tool ab, das eingesetzt wird. Die Erfahrung und Ehrlichkeit Ihres Entwicklers mit dem Cross-Plattform-Tool beeinflusst maßgeblich das Gelingen des App-Projekts.

Je mehr Erfahrung er mit einem Tool gesammelt und Apps entwickelt hat, desto besser kann er Ihnen sagen, ob Ihre App dafür geeignet ist.

- Eines kann man sich zu Herzen nehmen: Je komplexer die App, desto größer die Wahrscheinlichkeit, dass irgendetwas nicht einwandfrei auf allen Plattformen funktioniert.

Tools & Links

- **Xamarin**: native Cross-Plattform-Entwicklung mit C#, *http://xamarin.com/*
- **Codename One**: native Cross-Plattform-Entwicklung mit Java, *https://www.codenameone.com/*
- **RemObjects C#**: native Cross-Plattform-Entwicklung auch mit C#, *http://www.elements-compiler.com/elements/hydrogene/*
- **Appcelerator**: native Cross-Plattform-Entwicklung mit JavaScript. Dieses Framework ist insofern anders als die vorherigen, als dass es Webtechnologien nutzt und Webentwickler anspricht, die JavaScript schon beherrschen, *http://www.appcelerator.com/*. Das Ergebnis ist dennoch eine native App, keine Web-App und auch keine hybride App.

6.2 Mobile Web-Apps

Und nun komme ich zu der anderen Seite der Story mit den Apps. Das Web gab es lange vor den mobilen Apps und die Webentwickler-Community auch. Dass es da diesen App-Hype geben sollte, ohne dass die Web-Macher daran beteiligt wären, war undenkbar! Natürlich wollten sie mitmachen! Doch sie haben ganz andere Technologien als die App-Entwickler, eben Webtechnologien wie HMTL, JavaScript, CSS, PHP, Perl, Ruby ... Um den Weg von schnöden Webseiten zu mobilen Web-Apps zu beschreiben, möchte ich kurz ausholen. Danach dürfte der Begriff *mobile Web-App* in Ihrem Wortschatz einen festen Platz haben – und Sie wissen, was sich genau dahinter verbirgt.

Was sind Web-Apps?

Am Anfang des Webs gab es Webseiten, die nichts weiter konnten, als einen statischen Text anzuzeigen. Diese urigen Webseiten waren simple Dokumente, die einfach Informationen für denjenigen boten, der die Adresse zu dieser Webseite wusste. Nur derjenige, der das Dokument erstellt hatte, konnte es ändern, die geänderte Version auf (s)einen Server legen und anderen die Adresse mitteilen: `http://www.meineinfos.de`.

Der Besucher öffnete dieses Webdokument, diese Webseite, in seinem Browser. Vielleicht ist es vergleichbar damit, wie ein PDF-Dokument in einem PDF-Reader geöffnet wird. Der Browser ist ein Programm, darauf ausgelegt, Webseiten-Dokumente zu interpretieren und entsprechend darzustellen. Mit der Zeit und Wichtigkeit des Internets und dem Potenzial, das man darin erkannte, änderten sich auch Webseiten. Aus schwarz-weißen Textdokumenten wurden mit Bildern und Farben angereicherte Webseiten. Doch immer noch waren sie passiv-informativ. Als Skriptsprachen wie PHP dazukamen, konnten Nutzer auf Webseiten Dinge tun. Sie konnten Formulare abschicken, sie konnten Informationen aus einer Datenbank anfragen. Toll! Das holte Webseiten aus ihrer vollkommen statischen Existenz heraus. Doch brauchte es immer noch den einen Klick, das Neuladen des gesamten Dokuments, wenn ein Formular verschickt werden sollte. Denn die programmatisch intelligente Arbeit wurde auf dem Server erledigt. Durch einen Neuaufruf konnte der Server ein neues Ergebnis in Form eines weiteren statischen Webdokuments generieren. Als Nutzer hat man also immer nur das Ergebnis eines Prozesses gesehen.

Gute Beispiele für erste Webapplikationen waren der Maildienst GMX, Gmail oder Google Maps, auch Backends von Content-Management-Systemen. Ab diesem Moment wurden aus Webseiten Webapplikationen. Aus simplen Webdokumenten wurden Webprogramme. Webapplikationen sind also Programme, die im Browser genutzt oder ausgeführt werden können. Es sind Web-Apps, mit denen wir etwas *tun* können.

Mit der Zeit verlagerten sich immer mehr Aufgaben in das Web: Wir wollten kommunizieren, buchen, suchen, zeigen, etwas verschicken. Mit hinzukommenden Technologien wie beispielsweise JavaScript war es möglich, dem Nutzer mehr Interaktionen auf einer Webseite anzubieten, ohne immerfort das Dokument neu zu laden und ein Ergebnis zu rendern. Diese neuen Interaktionsmöglichkeiten dienten auch einer neuen Ära von Webseiten (dem Web 2.0, dem Mitmach-Web), die den Nutzer etwas beitragen ließen, er konnte die Inhalte des Webs als *Prosument*[2] mitgestalten, indem Fotos und Texte hochgeladen wurden. *Facebook*, *Pinterest*, *Google+*, *Twitter*, *Instagram*, *tumblr*, *dribbble* und alle möglichen Plattformen sind Beispiele hierfür. Hinzu kommen Kollaborationstools und -plattformen wie Kalender, Wikis, Content-Management-Systeme (WordPress, Silverstripe und 1000 andere), Versionsverwaltungen (git, bitbucket), Projektmanagement-Software (Basecamp, taiga, ...), sozusagen alle Tools, die wir heute im Web nutzen, wobei wir uns nie einen Kopf darüber machen, ob es schon immer so war. War es nicht.

Und was sind *mobile* Web-Apps?

Der Unterschied zwischen Webapplikationen und *mobilen* Webapplikationen ist, dass das User Interface mobiler Web-Apps vorrangig für *mobile* Endgeräte gedacht, optimiert und gestaltet ist; also für Smartphones, Tablets, Phablets.

Als die Welle der Smartphones mit ihren Apps aufkam, wollte auch die Web-Community mit ihren Webtechniken HMTL, JavaScript und CSS am App-Hype teilnehmen, ohne die eigenen Techniken in die Tonne zu werfen und sich umzuschulen. Also war es eine naheliegende Idee, Apps im Web nachzuahmen. Wenn man selbst keine native App programmieren konnte, weil einem schlicht das Wissen dazu fehlte, konnte man immer noch Web-Apps so anpassen, dass sie sich weitestgehend wie Apps *verhielten* oder besser gesagt: Apps *simulierten*. Denn die im Browser ausgeführten Web-Apps waren anfangs enormen Beschränkungen unterworfen: kein Kamerazugriff, keine Fotos hochladen, keinen Zugriff auf die Geo-Position des Handys. Tja, alles die tollen Features, die mobile Apps zum Hype machten.

In meiner Wahrnehmung kamen die mobilen Web-Apps den echten Apps nicht hinterher – und je mehr sie es versuchten, desto schlimmer. Das damalige iOS wurde beispielsweise 2010 von Sencha Touch[3] in seiner Optik und seinem Verhalten imitiert. Es hätte auf allen

[2] Eine Wort- und Inhaltsmischung aus Produzent und Konsument. Menschen, die Inhalte konsumieren und selbst erstellen; z. B. in Form von Kommentaren, Bildern etc.

[3] Weitere Beispiele finden Sie hier: *http://dev.sencha.com/deploy/touch/examples/production/index.html*

Geräten nach einer iOS App ausgesehen und versucht, App zu sein. Dass die Screen-Übergänge nicht so flüssig liefen, dass sich die Browser-Adressleiste, die mühsam ausgeblendet und versteckt sein sollte, immer wieder einblendet und dass sich die Interaktion einfach nicht so flüssig wie in einer echten App anfühlte, machte Web-Apps anfangs nicht besonders attraktiv. Eher wurden sie verspottet. Der Spalt zwischen der Performanz und Funktionalität einer nativen App und einer mobilen Web-App war riesig, sodass Web-Apps sich darauf beschränkten, nur einfache Dinge anzuzeigen - zum Beispiel Listen. Listen, Listen, Listen.

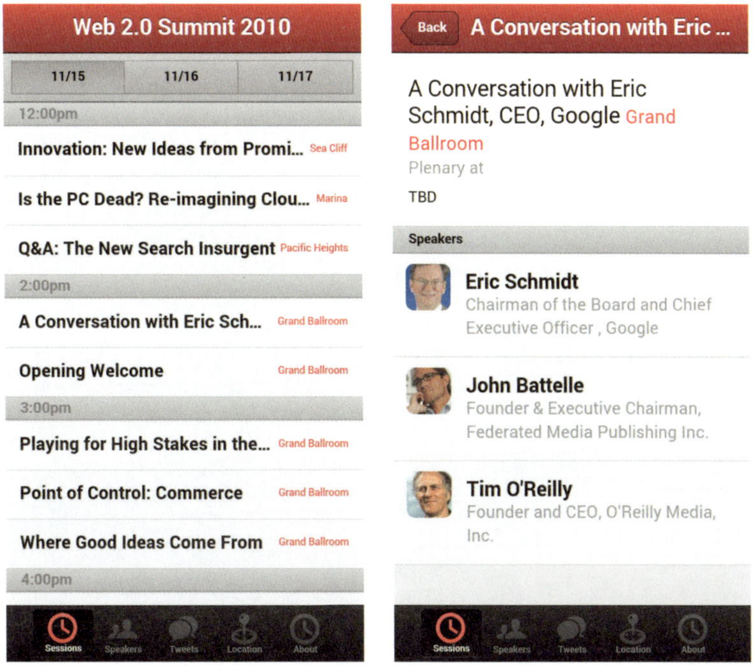

Bild 6.2 Ein Beispiel einer mobilen Web-App, erstellt mit Sencha Touch aus dem Jahr 2010. Auffallend ist die alte iOS-Optik (Navigationsleiste oben und schwarze Tableiste unten). Probieren Sie die Web-App mal aus, dann bekommen Sie ein Gefühl für die Interaktionen: *http://dev.sencha.com/deploy/touch/examples/production/oreilly/index.html*

Das hat sich in den letzten Jahren mit der Etablierung von HTML5 und optimierten JavaScript-Bibliotheken für die Manipulation des User Interface geändert, doch zwischen dem Nutzer und der App ist bei einer Web-App immer ein Browser als öffnendes Programm - das sollte dem Anbieter so klar sein wie der Zielgruppe.

Die Attraktivität der Web-Apps ist deutlich gestiegen. Ein Beispiel aus der aktuellen Zeit stellt das Framework zur Erstellung mobiler Web-App-User-Interfaces mit jQuery Mobile dar. Allein die Seite für die Demos sieht attraktiv aus und zeigt übersichtlich, welche Elemente in diesem App-Web-Framework enthalten sind. Gelungen finde ich die optische Plattformunabhängigkeit. Es wird nicht versucht, etwas zu imitieren, sondern das Framework hat einfach ein Design, das in die heutige Zeit passt und mobil funktioniert. Also wieder weg von der nativen App hin zu einer eigenständigen Lösung. jQuery ist ebenfalls responsive und erlaubt den Einsatz für Web-Apps und mobilen Web-Apps - beides. Diese Eigenschaft ist hervorragend, um Multi-Channel-Apps zu bauen. Was das nun heißt, kommt gleich ...

Bild 6.3 jQuery Mobile präsentiert in Form einer responsiven Web-App seine Features. Schön finde ich die plattformunabhängige, schlichte Optik, die zur heutigen Zeit gut passt.

Eine mobile Web-App hat keine App Store-Verpackung

Mobile Web-Apps werden nicht installiert, sie werden über den Browser wie Webseiten aufgerufen. Das bedeutet, dass Ihr Nutzer einen Link aufrufen muss. Wie er an diesen Link kommt, kann vielfältig aussehen. Über den Scan eines QR-Codes, über das Signal eines NFC-(Near-Field-Communication-)Chips oder als Link in einer SMS, auf einem Flyer, Plakat, sogar aus einer nativen App heraus ... viele Wege zeigen sich hier.

Dieser Umstand führt dazu, dass die Web-App ein anderes Marketing benötigt. In diesem Fall gleitet Ihnen die App als eigenständiges Produkt aus der Hand. Es ist gefühlt keine App, sondern eine Webanwendung, die sich auch auf mobilen Geräten ausführen lässt.

Allerdings muss das kein Nachteil sein. Es wird das genutzt, was einfacher ist. Wenn Web-Apps gut gemacht sind und zum Kontext des Nutzers passen, sind sie ein gutes Mittel. Da stellt sich eher die Frage: Web-App oder responsive Website?

Strategische Stärken mobiler Web-Apps

- Geräteübergreifend dank mittlerweile ausgereifter Webstandards (HTML 5). Gleiche (mobile) Web-App für viele **Geräte**. Dank moderner Frameworks kann man eine solide User-Interface-Interaktion über JavaScript anbieten, die von den meisten Browsern mobiler Endgeräte gleich interpretiert wird.
- **Webentwickler** insbesondere fürs Front-End sind hier die begehrten Menschen. Dankbarerweise gibt es am Markt viele davon. Und auch die Preise für die Entwicklung sind im Schnitt geringer als für nativen Quellcode.
- **Zentral**. Die Web-App läuft auf einem Server, auf den alle Geräte Zugriff haben. Gibt es hier Aktualisierungen und neue Features, sind diese für alle unmittelbar erreichbar.
- Ein **einheitliches Design** für die Web-App, egal auf welchen Plattformen. Kann erleichternd wirken.
- Es gibt sehr viele **UI Frameworks** für das **Front-End**, die vorgefertigte Interaktionsmöglichkeiten für mobile Nutzer anbieten. Häufig bedienen diese Frameworks auch responsive Ansichten, sodass auch Tablets, Phablets und andere Wundergeräte mit Browser die Anwendung gut darstellen können.
- **Prototyping.** Mit einem UI Framework lässt sich eine App auch gut prototypisieren. Mittlerweile gibt es viele Tools zum Prototypisieren von Apps, aber wenn Sie eine Affinität zu HTML und JavaScript haben, ist das auch eine Möglichkeit.
- **Zusammenarbeit.** Und schließlich können mobile Web-Apps auch zu einem interessanten Entwicklungsprozess zwischen Designer und Developer beitragen. Wenn Ihr Entwickler für das Back-End und die Logik der Web-App zuständig ist, während Sie mit einem Framework die UI und UX implementieren (was dem Templating ähnlich ist), dann können Sie gemeinsam eine Web-App erstellen und diese später als **Hybrid-App** in den App Store stellen. Wichtig ist, dass Sie vorher Ihre Arbeitsbereiche abstecken und die für Sie besten Tools (siehe „Hybride Apps & Frameworks") auswählen.
- **Keine App Store-Gebühren**, kein Review-Prozess und eine optimistische Statistik zu den heutigen Smartphone-Usern und deren Surfverhalten – sieben von zehn Nutzern bevorzugen mobile Webseiten gegenüber Apps. Klar, Apps muss man ja installieren, das kann auch nerven, wenn man's eilig hat: *https://blog.kissmetrics.com/surprising-mobile-ecommerce/*

Strategische Schwächen mobiler Web-Apps

- App ist auf eine **stabile Internetverbindung** angewiesen. Lokale Speicherung von Daten ist möglich (5 bis 10 MB), allerdings erst nach dem ersten Laden dieser Daten.
- **Distribution und Marketing** läuft nicht über den App Store. Das heißt, dass Ihnen die Verpackung als App-Produkt abhandenkommt.
- Die **Performanz** einer Web-App hängt stark von ihrer Datenmenge, Grafikgröße und den eingesetzten Skripten ab. Vor allem die verwendeten JavaScript-Bibliotheken beeinflussen die Qualität der Interaktion auf dem User Interface. Hohe Performanz, die an die native Performanz heranreicht, ist hier immer Ziel und die Webentwickler bringen unaufhörlich verbesserte Tools heraus.

- **Grafik** muss unbedingt **schlank** gehalten werden. Als Designer sind Sie angehalten, Grafiken so klein wie möglich in ihrer Datenmenge auszuliefern. Trotz unterschiedlicher Screengrößen und -auflösungen – das ist schon ein Kunststück!
  Tools wie *tinypng* (*https://tinypng.com/*) oder *jpegmini* (*http://jpegmini.com*) können dabei helfen, PNGs und JPGs stark zu komprimieren. Selbst wenn Sie schon komprimierte Bilder aus Ihrem Grafikprogramm extrahiert haben, bringt dieses Tool noch mal erstaunliche Einsparungen ein, die für das Auge nicht mehr sichtbar sind. *Spreadsheets* sind auch hier eine gute Möglichkeit, sich Vielarbeit zu sparen.
- **Zentral** kann auch strategisch ein Nachteil sein, wenn die App offline verfügbar gemacht wurde, sollte sie von Updates irgendwie erfahren, damit Nutzer den neuesten Stand haben. Letztlich bestimmt trotzdem der Nutzer, ob er Updates zulässt oder nicht.
- Die Web-App ist abhängig von den **Funktionalitäten des Browsers**. Das heißt, sie bekommt nur so viel Zugriff auf die Hard- und Software des jeweiligen Geräts, wie der Browser bekommt. Dadurch sind einige Funktionen, die das Gerät anbietet, unerreichbar oder die Erreichbarkeit hängt von der Plattform ab. Ihre Entwickler und Sie sollten in diesem Falle deutlich früh checken, welche Funktionalitäten für das Projekt benötigt werden und ob diese auf den gewünschten Plattformen zugänglich sind.

Tools & Links

- Übersicht zum Checken der Zugriffe auf Gerätefunktionen über HTML5: *http://mobilehtml5.org/*
- Website zum Check der HTML5-Browser-Funktionalitäten: *https://html5test.com/*
- HTML5 UI Frameworks für responsive und mobile Seitendarstellung – diese Frameworks sind auf die Darstellung des User Interface auf unterschiedlichsten Geräten fokussiert. Sprechen Sie mit Ihren Entwicklerkollegen ab, welches UI Framework Sie nutzen können, damit daraus auch hybride Web-Apps gemacht werden können, die später in den App Store wandern:
  - *http://foundation.zurb.com/apps/*
  - *http://topcoat.io/* – Fokus liegt auf dem Stylen und der Animation mit CSS
  - *http://getbootstrap.com/*
  - *http://lungo.tapquo.com/*
  - *http://www.telerik.com/kendo-ui*
  - *https://jquerymobile.com/*
  - *http://famous.org/* – ein Leckerbissen für hochperformante Animationen und Interfaces (wie beispielsweise Spiele)
  - *https://onsen.io/*
  - *http://ionicframework.com/*

Der Übergang zu den hybriden Mobile-App-Frameworks wird zum Ende der Liste nahtlos, denn in diesen Frameworks übernimmt JavaScript Aufgaben für die Interaktion mit dem User *und* für die Logik der App. JavaScript ist für die Entwicklung mobiler Apps mit Webtechnologien *die* Skriptsprache. Und Kurse gibt's dazu auch. Beispielsweise kostenfrei, für Beginner und super aufbereitet auf *https://www.codecademy.com/*. Wenn Sie als Designer JavaScript können, dann sind Sie ein Sahnehäubchen.

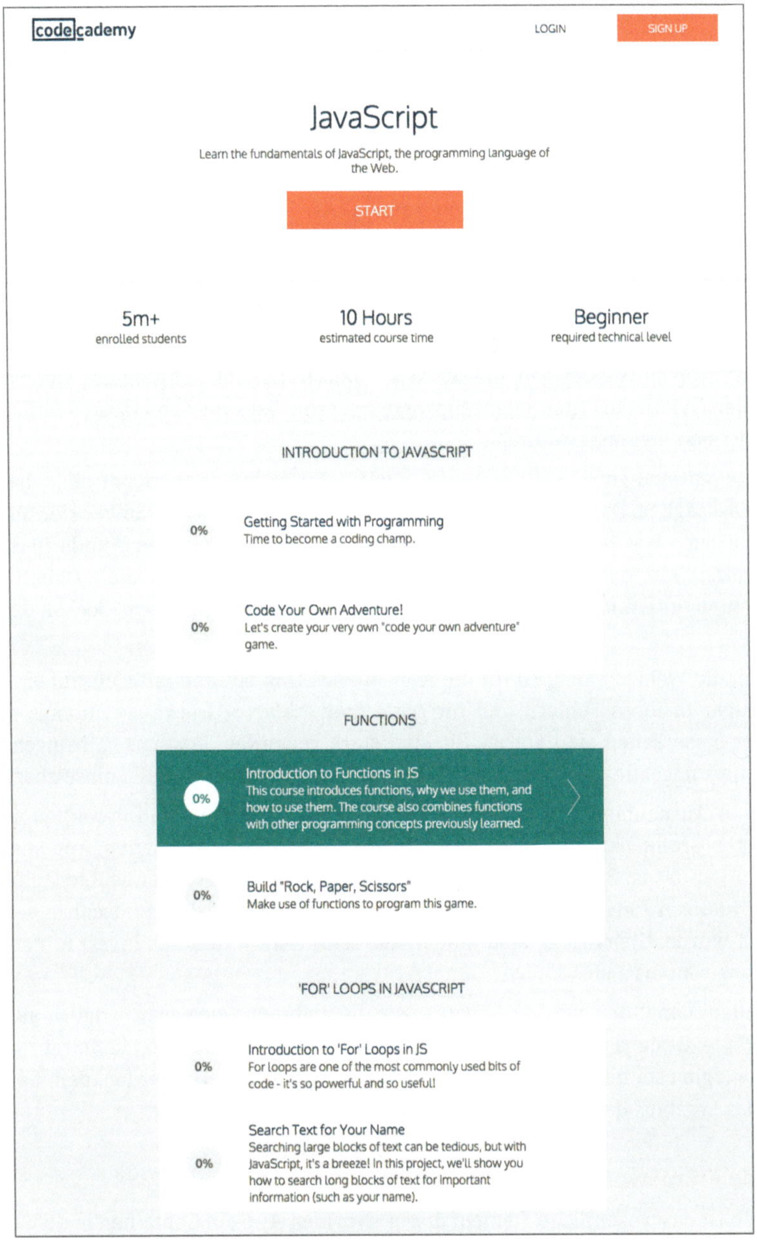

Bild 6.4 *Codecademy* JavaScript-Kurs. Kostenfrei, für Einsteiger. Auch AngularJS wird angeboten und alles, was gerade hip ist. Eine tolle Seite, die Spaß macht.

6.3 Hybride Apps

Und da sind sie wieder, die Hybriden! Das Beste vom Besten sollen sie vereinen, und siehe da – es geht! Hier ist die hybride Mischung folgende: Apps werden mit Webtechniken entwickelt, dann in einen *Web View*-Container gepackt, der als native App ausgeliefert und so auch in den App Stores distribuiert werden kann. Diese Variante ist genial, denn sie erlaubt erwachsenes App-Dasein, ohne die plattformspezifischen Programmiersprachen SWIFT, Objective C (Apple), Java (Android) oder C# (Windows) können zu müssen.

Webentwickler bleiben einfach dort, wo sie sind – bei ihren Webtechnologien –, und bauen Apps mit. Klar, dass es da einen Aufschrei (nahezu politischer Art) seitens der eingefleischten nativen App-Entwickler gab, die schon seit Jahren die Entwicklung des Webs mürrisch betrachteten. Wieso darf hier jeder mitprogrammieren? Ist Programmieren denn nicht eine besondere Gabe für Auserwählte?

Da wird schon eine gewisse Hoheit und damit auch verbundene Macht über die digitale Technik angesägt, ja. Das Mitmach-Web schubst auch die klassischen Entwickler umher und diese brauchen – wie wir anderen auch – eine Neuorientierung in den Trends, in den Tools, in den Preisen. Mit von der Partie sind die globalisierte Vernetzung, die ausländische Entwicklerkonkurrenz und die Verdrängung der Technologie von ihrem Sockel des Selbstzwecks.

So wurden die Webtechnologien für die App-Entwicklung belächelt, für unsauber, für nicht überschaubar in ihren Fehlern und für schlechter erklärt – waren sie anfangs vielleicht auch, aber diese Zeiten sind vorbei. Sie sind stark geworden, erwachsen, bringen bessere Entwicklungsumgebungen und Bibliotheken mit und sind für viele Fälle einsetzbar.

Klar, es gibt Ausnahmen: Ein rasantes Rennspiel, das superschnelle Interaktion und hoch performante Grafik benötigt, wird sicher immer noch als echte native App mehr Spaß machen[4]. Aber das ist Spieleentwicklung, eine eigene Sparte mit einer geübten, halb-süchtigen, ungeduldigen Zielgruppe, die bei geringen Stockungen auf dem Bildschirm vermutlich ausflippen würde. Gleichzeitig sind gute Spiele umsatzstark und das Invest in native App-Entwicklung rentiert sich.

Alles in allem hängt der hybride Ansatz – wie die anderen Wege auch – davon ab, wie gut Ihre Konzepte, Designs und Ihre Entwickler sind. Auch eine native App kann ranzig wirken. Die Technologien sollten einfach optimal zum Use Case eingesetzt werden, damit ein beeindruckendes Ergebnis dabei herauskommt.

Packende Frameworks für verschiedene Plattformen

Tatsächlich ist das wesentliche Element dieser hybriden App ein Container, in dem eine *Web View* aufgerufen wird, diese wiederum interpretiert HTML5, JavaScript und CSS und zeigt die Web-App an, ähnlich wie es ein Browser tun würde. Der Container, der die Web View in sich trägt, kann nicht nur das JavaScript der Web-App anzeigen, er kann sogar mit diesem JavaScript kommunizieren und ihm Funktionalitäten des Geräts zugänglich machen; über

[4] Die Bemühungen, Webtechnologien rasend schnell zu machen, sind so riesig, dass ich meine, bald werden die Unterschiede verschwindend gering sein.

eine Schnittstelle, die sogenannte *Bridge.* Diese Bridge bietet das Packaging-Tool an, das bei der mobilen App-Entwicklung eingesetzt wird.

Das bisher bekannteste Packaging-Tool dieser Art ist *PhoneGap*, in leicht abgewandelter Form ist es auch unter dem Namen *Apache Cordova* zugänglich.

Die mit HTML und JavaScript entwickelte mobile Web-App ist deshalb plattformübergreifend, weil die meisten mobilen Browser auf HTML und JavaScript ähnlich reagieren. Und das ist auch der riesige Vorteil dieses Ansatzes: Es wird eine lokale Web-App gestartet, ohne die Notwendigkeit einer Internetverbindung und ohne die Notwendigkeit, den erstellten Quellcode zu übersetzen. Diese Web-App wird in einen nativen Container gepackt und angezeigt. Einzig der Zugriff auf Gerätefunktionen muss vom Anbieter des Packaging-Tools angeboten und gepflegt werden.

Managed Hybrid & Native Mixed Mode

Das Verhältnis aus Web-App und nativer App lässt sich je nach Team-Know-how und Kapazitäten mischen und aufteilen. Eine native App kann an unterschiedlicher Stelle eine Web View integrieren und dort die mobile Web-App anzeigen - oder sogar mehrere Web-Apps -, während an anderer Stelle native Funktionen beibehalten werden, um dem Nutzer eine bessere User Experience anzubieten.

Dies ist jedoch keine Frage von Technologien, sondern von Strategien. Eine gute Mischung kann eine Menge Vorteile bringen - das lässt sich im Team mit Entwicklern und Marketing am besten besprechen.

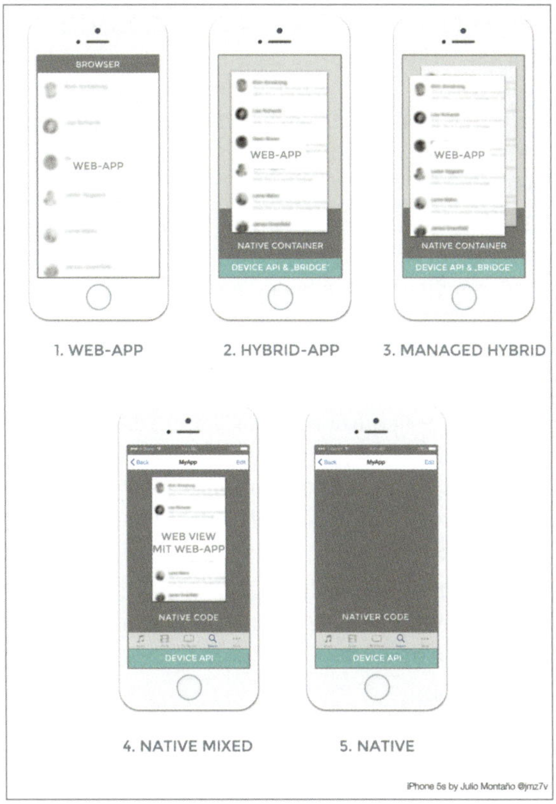

Bild 6.5
Mischverhältnisse von Web-App und nativer App. Es ist zuerst eine Frage der Strategie, dann der Technologie.

Strategische Stärken hybrider App-Entwicklung

- Wer aus dem Web kommt und **Techniken** wie JavaScript schon kennt, muss keine neue Sprache lernen, um bei der Entwicklung der begehrten Apps mitzumachen. Dennoch sollte Zeit zur Recherche und zum konzeptionellen Verständnis der vorhandenen Frameworks und Bibliotheken einberechnet werden.
- Webtechniken sind **gut** zu lernen bzw. es gibt hierfür sehr viele Tutorials und unendlich viele Beispiele. Um eine hybride App zu entwickeln, braucht es trotzdem echtes Know-how.
- Die **Entwicklungszeit** ist für weniger und mittelkomplexe Apps deutlich geringer als mit nativen Techniken. Dieser Nutzen kommt dann zum Tragen, sobald man auf zwei oder mehr Plattformen veröffentlichen will.
- Es gibt **jede Menge Frameworks** und **Bibliotheken**, die den Entwicklungsprozess ordnen und unterstützen. Welches da am besten passt, muss jeder Developer selbst entscheiden. Wichtig ist, dass die angebotenen Tools:
  - eine große Community haben, um nach Rat zu fragen und Probleme lösen zu können.
  - regelmäßige Updates ihrer Tools bringen, damit die mobile Webentwicklung dem Stand der heutigen Geräte nicht hinterherhinkt.
  - eine umfangreiche, gut verständliche Dokumentation aufweisen, damit sich der Entwickler (und ein eventueller Nachfolger) gut einarbeiten kann.

Strategische Schwächen hybrider App-Entwicklung

- Entwickler sind vom **aktuellen Stand der Packaging-Tools** (PhoneGap, Apache Cordova & Co.) abhängig. Diese sind nun einmal eine dritte Instanz zwischen Entwickler und mobilem Betriebssystem. Das heißt, es gibt ab und zu Updates, die den neuen Betriebssystem-Versionen angepasst sind. Was von dort so kommt, ist nicht immer vorhersehbar. Und man bedenke, es sind ihrer mehrere: iOS, Android, Windows, Blackberry – alle Plattformen, die von PhoneGap oder Cordova angeboten werden.
- Mehr Bug-Quellen. Beim Einsatz von so viel Software und Abstraktion entstehen ebenfalls mehr **Fehlerquellen**. Falls dann etwas nicht klappt – z. B. der Kamerazugriff –, kann eines der Tools oder die Kombination mit anderen Bibliotheken fehlerhaft sein.
- Manchmal gibt es Schwierigkeiten bei der **Bestätigung** der App insbesondere im Apple App Store. Wenn Apple das Gefühl hat, die eingereichte hybride App sollte doch lieber als mobile Webanwendung angeboten werden, können sie die Veröffentlichung verweigern. Das heißt, Sie und Ihr Team sollten sich vorher darüber klar sein, warum diese App der Zielgruppe als hybride App und nicht als mobile Web-App angeboten wird. Sprich: Es kann Ihnen passieren, dass Apple auf Ihren Business Case guckt und Ihnen auf die Finger klopft, wenn Sie einen Dienst als App anbieten, obwohl eine Website viel sinnvoller wäre. Mehr dazu im Abschnitt „Welchen App-Typ sollten Sie nutzen?“
- Sie zahlen **Gebühren** für das Einstellen in den App Store. Bei Google sind es nur einmalig $ 25, aber Apple berechnet eine jährliche Gebühr von ca. $ 99 für App-Entwickler, die ihre Apps im Store veröffentlichen und dort behalten wollen.

Tools und Links

- *http://ionicframework.com/*
- *http://mobileangularui.com/* – natürlich mit Tutorials!
- *http://www.idangero.us/framework7/#.Ve841p3tlBc*
- *https://monaca.mobi*
- *http://phonegap.com/* und neu die PhoneGap Developer App: *http://app.phonegap.com/*
- *http://www.telerik.com/appbuilder*

Tutorials zum Lernen mobiler App-Entwicklung mit Webtechnologien

- *https://www.udemy.com/learn-html5-programming-from-scratch/*
- *https://www.udemy.com/introduction-to-web-development-design-code-sites-apps/*
- *http://www.w3schools.com/jquerymobile/jquerymobile_intro.asp*
- *https://itunes.apple.com/us/app/udacity-learn-programming/id819700933?mt=8*
- *https://www.codeschool.com/courses/shaping-up-with-angular-js*
- *https://www.codecademy.com/courses/learn-angularjs*
- *https://teamtreehouse.com/*: viele Kurse für heutige Zeiten

Es gibt hier Unmengen von Kursen – je nachdem, auf welchem Level Sie sich befinden, können Sie Ihre Fähigkeiten für die Webentwicklung erweitern. Der Sprung zur mobilen App-Entwicklung ist dann nicht mehr groß – Sie lernen gegebenenfalls einige neue Konzepte und Denkweisen.

6.4 Multi-Channel-Apps

Wie eingangs erwähnt, macht die Defragmentierung von Geräten und Plattformen die Distribution von Apps nur komplizierter, die Entwicklung, Pflege und Anpassung an neue, teils noch unbekannte Geräte und Nutzungskontexte teurer. Apps werden unterwegs, zu Hause, auf Arbeit, am Körper und je nachdem, wo und wie der Nutzer gerade ist, genutzt. Auf der Couch, auf Toiletten, im Garten, am Schreibtisch am Laptop, beim Joggen etc. Wie soll man da seine Zielgruppe noch ansprechen und wissen, auf welchem Gerät sie gerade zugange ist?

Um dieses Problem zu lösen, wurde das Konzept der Multi-Channel-Apps entworfen. Es ist keine neue Technologie, sondern eine Strategie. *Multi-Channel*, also auf vielen Kanälen, werden Nutzer mithilfe von Web-Apps, mobilen Web-Apps und hybriden Apps angesprochen. Es geht also nicht mehr um die App als solche, sondern um den Zugriff auf ein Tool, einen Dienst, eine Plattform über verschiedene App-Varianten. Ziel ist es, dem Nutzer seine Bequemlichkeit zu lassen und sich in seinem Leben all-erreichbar, all-gegenwärtig zu machen.

Mit dem Mantra *Build once, run anywhere* tritt die Web-Community auf diese Multi-Device-Welt zu und gewinnt immer mehr an Bedeutung. Firmen wie Twitter, Facebook & Co. haben es längst verstanden, fahren den Ansatz schon seit Jahren. Wer mit seinem Business Case nicht angemessen präsent ist, kann nicht mitspielen.

Ein gutes Beispiel für den Anwendungsfall und die Umsetzung einer Multi-Channel-App ist *trello*. Diesen Dienst zum Organisieren von Aufgaben gibt es als Webapplikation für Desktop, als mobile Web-App und als nativ wirkende Android- sowie iPhone- und iPad-App. Inwieweit dort hybride Techniken eingesetzt werden, kann ich nicht ersehen, aber was ich Ihnen zeigen möchte, sind der Anwendungsfall und die Unterschiede, die bei den eingesetzten Technologien zutage treten. Diese sind nicht dramatisch – sie müssen aber in dem Business Case der App bedacht werden.

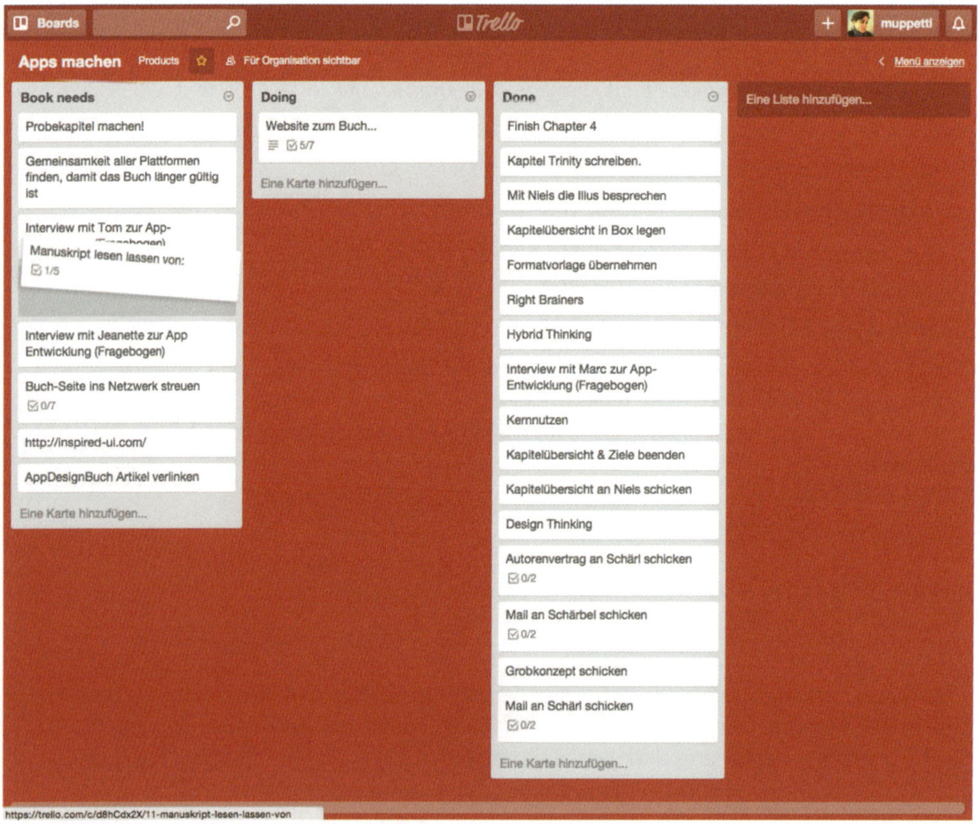

Bild 6.6 *trello* in der Ansicht auf meinem Laptop. Viel Platz, bequemes Agieren wie auf einer modernen Webseite mit einigen Interaktionsschmankerln. Die Karten lassen sich per Drag and Drop in die entsprechende Unterteilung ziehen oder in der Unterteilung nach Priorität sortieren.

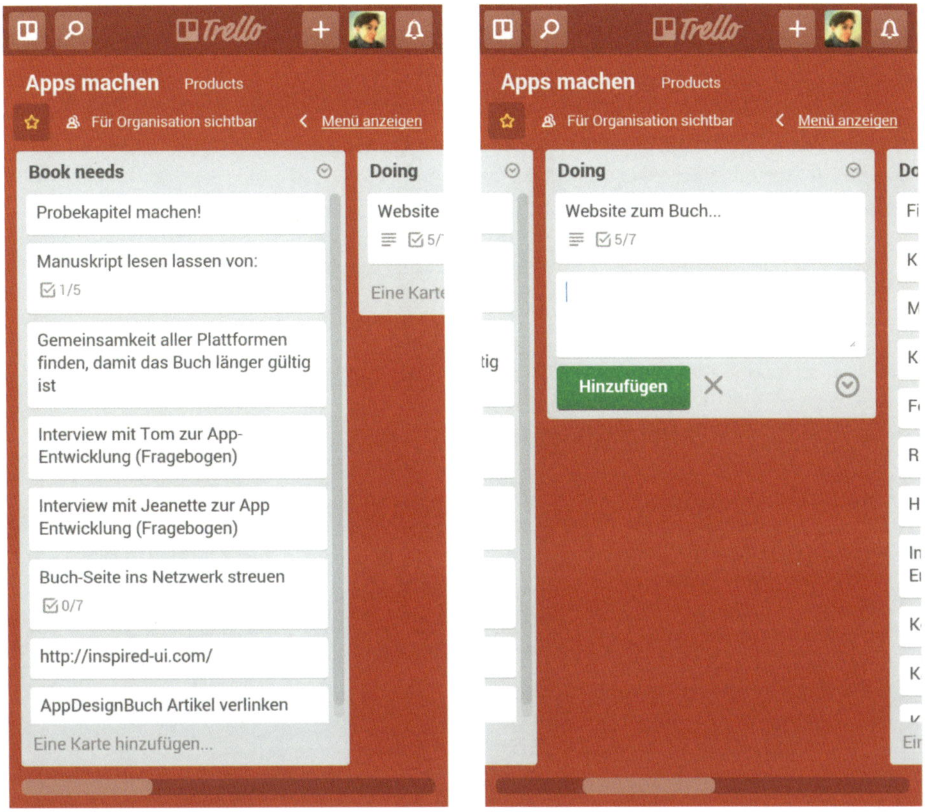

Bild 6.7 *trello* auf meinem Smartphone als mobile **Web-App**. Es gibt einige Unterschiede im Kopfbereich der Seite, die sich an die mobilen Navigationsgewohnheiten der Nutzer anpassen. Will man eine Karte hinzufügen, muss man im Gegensatz zur nativen App noch mal extra in das Textfeld klicken. An sich ist das zumutbar, gleichzeitig merkt der Nutzer, dass irgendwas anders und etwas aufwendiger ist. Noch nicht gelungen finde ich das horizontale Scrollen. Allerdings leuchtet mir ein, warum es so gelöst wurde – die Breite der Screens variiert stark, sodass man keine Marker für die Bereiche setzen kann. Und interessanterweise lassen sich die einzelnen Einträge auf meinem zeitgemäßen Android-Phone nicht sortieren. Ich bevorzuge die native App statt der Web-App. Die Web-App nutze ich meistens am Laptop – und dort bessere ich meine Einträge auch nach oder sortiere sie für mich neu.

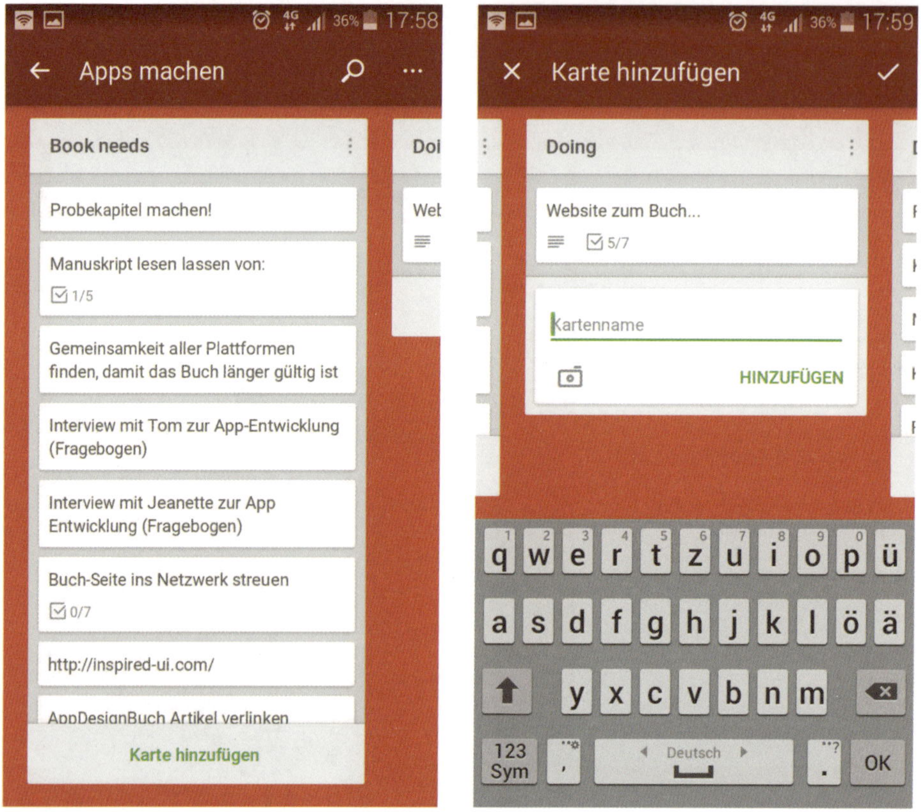

Bild 6.8 Das horizontale Scrollen wurde in der **nativen App** etwas eleganter gelöst. Dort rastet der Screen bei dem nächstgelegenen Bereich ein. Auch die Karten lassen sich sortieren. Außerdem springt die Tastatur sogleich auf, wenn man auf „Karte hinzufügen“ tippt. Gleichzeitig wirkt alles flüssiger und schneller. Wahrscheinlich gibt es aus genau diesem Grund auch die nativen App-Varianten. Nutzer sind so unterschiedlich wie geduldig.

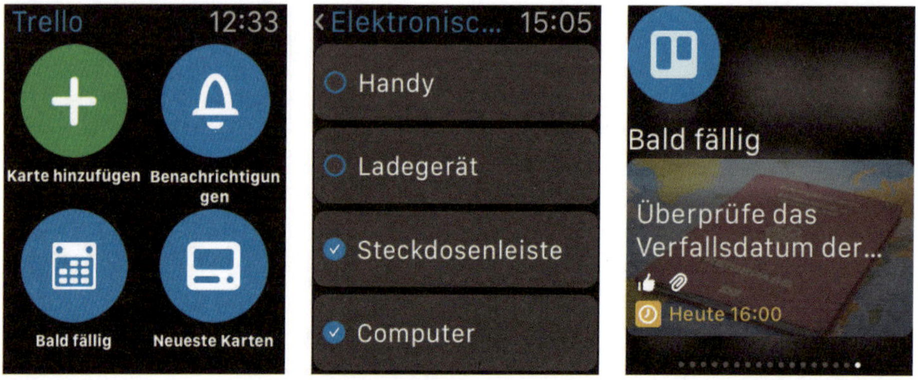

Bild 6.9 Und was wäre die Smartwatch ohne *trello*? Natürlich möchten wir unsere To-dos auf dem sexy Wearable von Apple wegswipen lassen ... Zu schade, dass ich einfach nicht gern Uhren trage!

2013 beauftragte Facebook die GfK (Gesellschaft für Konsumforschung), eine Studie[5] zum Verhalten der Nutzer mit unterschiedlichen Geräten vorzunehmen. Die Ergebnisse sprechen für Multi-Channel:

- Von mehr als 2000 Befragten in den USA und Großbritannien gaben 60 % an, mindestens zwei Geräte am Tag zu nutzen. In beiden Ländern beginnen 40 % der Befragten eine Aufgabe an einem Gerät und bringen sie an einem anderen zu Ende.
- 77 % der Befragten in GB und 76 % in den USA gaben an, das Smartphone sei permanent präsent und sie würden es für Social-Media-Aktivitäten und zur Kommunikation nutzen.
- 50 % der Befragten aus GB und 43 % aus USA gaben an, dass das Tablet zur Unterhaltung und vornehmlich zu Hause genutzt und mit anderen geteilt würde.
- Schließlich gaben 86 % aus GB und 80 % aus den USA an, dass der PC das Arbeitspferd sei, auf dem sie wichtige Dinge erledigen, arbeiten, Finanzen managen.

Eine weitere Studie zum Thema Multi-Device hat Google 2012 herausgebracht: *https://think.withgoogle.com/databoard/media/pdfs/the-new-multi-screen-world-study_research-studies.pdf*

6.5 App-Baukästen

Ein nächstes Kapitel, das immerfort in Bewegung ist, sind die App-Baukästen. Was anfänglich technisch gesehen eher ein krampfhaftes Unterfangen war, professionalisiert sich genauso wie die anderen Tools & Techniken auch, die ich zuvor vorgestellt habe.

Was ist das, ein App-Baukasten? Zunächst einmal sind App-Baukästen Geschäftsmodelle, die damit Geld verdienen, indem sie jedem die Möglichkeit an die Hand geben, eine App zusammenzustellen und publizieren lassen. Wenn Sie sich an die Website-Baukästen von 1&1 erinnern, dann ist das hier ein ähnliches Prinzip. Man muss keine Programmierkenntnisse aufweisen, man muss auch keinen individuellen Anwendungsfall haben, denn was App-Baukästen vornehmlich tun, ist, Content aus dem Web zu aggregieren.

Warum dann nicht eine mobile Web-Site anbieten? Nutzer sind App-müde geworden. Aber Anbieter nicht. Eine eigene App ist immer noch ein Wow! Ob sie wirklich zum mobilen Business passt, ist eine andere Frage.

Die meisten App-Baukästen generieren Web-Apps, die es dem Nutzer erlauben, ohne Programmierkenntnisse Module zu konfigurieren und zu kombinieren, das eigene Firmen-Branding abzubilden und diese App für unterschiedliche Plattformen als hybride App anzubieten.

Module gibt es sehr viele:

- Kontaktaufnahme (Anruf, Formulare)
- Events & Kalender
- Reservierungen entgegennehmen
- Shopping & Gutscheine

[5] *http://blog.gfk.com/2014/03/finding-simplicity-in-a-multi-device-world/*

- Social-Media-Integration
- Content-Integration aus dem Webauftritt, aus Blogs, aus Facebook-Fanseiten etc.
- Multimedia (Video, Audio, Bilder)
- eCommerce-Anbindung an Amazon, Shopify, Etsy
- Navigation
- White-Label-Lösungen (Sie verkaufen Ihrem Kunden eine App und er ahnt nicht mal, dass Sie einen Baukasten genutzt haben)

Wenn man so will, sind App-Baukästen genau die eierlegenden Wollmilchsäue, die Kunden oft haben wollen. „Ich will das, und dann will ich noch, dass mein Kunde unsere Produkte sehen kann und zu uns navigiert wird und uns von unterwegs anrufen kann und unseren Blog lesen kann und ...“ [tief durchatmen]

Die Möglichkeiten sind toll, sie sollten dabei passend eingesetzt werden. Ich schlage daher vor, zuerst den Kernnutzen Ihres Kunden zu prüfen und dann unter den vorgestellten Möglichkeiten die zu wählen, die preislich und vom Aufwand am besten passt. Das kann mitunter auch ein Baukasten sein.

Vorteile von App-Baukästen

- Viele, viele fertige Module, die kombiniert werden können. Für Kunden, die eine Branding-App haben und ihren Kunden Infos anbieten wollen, kann es das Richtige sein, wobei ich persönlich es nicht für einen echten App-Use-Case halte. Es ist im Grunde eine auf App gemachte Website.
- Keine Programmierkenntnisse sind erforderlich; und auch keine Designkenntnisse. Hübsche Vorlagen gibt es genügend.
- White Labelling ist möglich. Damit kann eine Agentur als Reseller agieren, die Technologie des App-Baukastens nutzen und den eigenen Kunden Apps so verkaufen, als wären sie selbst gemacht.

Nachteile von App-Baukästen

- Monatliche Gebühr plus Gebühren zum Einstellen der App plus Gebühren für die App Store-Konten. Alles in allem braucht es einen Check, ob die Entwicklung einer App über Jahre gesehen nicht doch günstiger ist als ein Baukasten.
- Massenfeatures. Damit lässt sich keine individuelle App bauen.
- Individuelle optische Anpassungen sind je nach App-Baukasten begrenzt.
- Achtung: Endkunden könnten eine responsive Website weitaus besser finden.

Links

- *http://www.websitetooltester.com/blog/app-baukasten/*
- *http://www.infoworld.com/article/2901514/mobile-development/review-7-excellent-mobile-app-builders.html*
- *http://www.appmachine.com/blog/appmachine-best-app-maker-software/*
- *http://www.businessnewsdaily.com/4901-best-app-makers-creators.html*

6.6 Welchen App-Typ sollten Sie nutzen?

Die Hauptkriterien dieser Entscheidung liegen auf der Seite des Nutzers. Uns sollte klar sein, dass der **Kontext** (die Nutzungssituation, der Anwendungsfall), in dem sich der Nutzer befindet, über die Technologie entscheidet. Denn wir wollen dem Nutzer die bestmögliche **Erfahrung** (UX) mit unserem Service anbieten. Und diese Basis bieten Design und Technologie immer *zusammen* an. Designer *und* Programmierer sind für die User Experience eines (digitalen) Produkts verantwortlich. Sie sollten zusammen die Vor- und Nachteile der Technologien betrachten, denn sie überbrücken gemeinsam auch die Lücken, wenn das System langsam agiert oder gar abstürzt: Ein guter Service teilt dem Nutzer mit, was los ist (Design), und bemüht sich, seine Funktion wieder aufzunehmen (Programmierung).

Ich hole die Fragen vom Anfang des Kapitels noch einmal hervor:

- Auf welchen **Geräten** und Plattformen bewegt sich unsere **Zielgruppe** und welche Erwartung hat sie bei der Nutzung von Apps?
- Über welche Plattform **erreichen** wir sie am besten auf ihren Geräten? Wir sollten Marktanteile checken von iOS, Android & Co.
- Auf welche Hard- und Software des Geräts soll unsere App zugreifen dürfen? Kamera, Sensoren, Kontakte? Checken Sie, welche Features von Phonegap & Co. angeboten werden.
- Welches **technische Know-how** haben wir für die Umsetzung der App? Und welches brauchen wir? Wie viel kostet es?
- Wie wird die App **vermarktet** und **distribuiert**? Über welche Kanäle erreichen wir unsere Zielgruppe am besten?
- Welche der Entwicklungsvarianten ist für uns am besten im Verhältnis **Qualität** zu **Preis** zu **Nachhaltigkeit**?

6.7 Apps und Storage

In meinen App-Kursen für Designer kommt immer wieder eine Überraschung bei meinem Gegenüber auf dem Gesicht zum Vorschein, sobald es um die Herkunft von Daten geht. Wir konzipieren beispielsweise eine Fitness-App. Bei der Erläuterung des Storyboards von einem der Teams kommt dann ein Satz wie: „Dann kauft sich der Nutzer ein neues Übungspaket und die Übungen werden geladen.“ Ich frage dann grinsend „Woher kommen die gekauften Übungen?“, und höre: „Ehm, naja, aus dem Web ...“ Und moderner ausgedrückt: aus der Cloud! Der Datenwolke, die permanent über uns schwebt ...

Alles kommt aus dem Web, nur Babys noch nicht. Aber woher aus dem Web? Wo wurden die Übungen abgelegt? In welcher Form? Wie kommt die App da ran?

Ich werde diese Fragen mit einem Beispiel beantworten. Bleiben wir bei der Fitness-App. Ich nehme eine, die ich selbst benutze, die von mehreren Tausend Nutzern ebenfalls genutzt wird und die Sie sich für iOS und mittlerweile auch Android laden können. Sie ist auch für

Smartwatches verfügbar und insgesamt ein tolles Studienobjekt, was die Gemeinsamkeiten und Unterschiede der Plattformen und das Businessmodell[6] angeht. Die Fitness-App SEVEN finden Sie hier (nein, ich bin kein Affiliate von Seven):

- *https://itunes.apple.com/de/app/7-minuten-training-seven-mit/id650276551?mt=8*
- *https://play.google.com/store/apps/details?id=se.perigee.android.seven*

Die App aus dem Store laden und nutzen

Schon in der Beschreibung der App in den Stores steht: „Kein Internetzugriff nötig. Trainieren Sie jederzeit überall." Stimmt. Ich brauche kein Internet, um die App zu nutzen. Ich kann meine Übungen einfach durchführen. Das heißt, benötigte Inhalte zum reichhaltigen Erleben der App werden in dem App-Paket hinterlegt und sind nach der Installation sofort verfügbar:

- die Bilddateien mit den Übungen (siehe Screenshot)
- die mehrsprachigen Audio-Dateien mit der Trainerstimme („Auf geht's!" oder „Nur noch 10 Sekunden!")
- die Sprachdateien für die Sprache der App-Oberfläche (Deutsch, Englisch, Französisch, Italienisch, Portugiesisch, Russisch, Spanisch, Vereinf. Chinesisch) und Audios

Das erklärt, warum diese relativ schlank wirkende App in der iOS-Version doch ihre 74,2 MB benötigt.

Bild 6.10
SEVEN Fitness-App. Nach dem Laden gleich mit den Übungen starten.

[6] Das da wäre: Die zwölf Grundübungen sind kostenfrei, zusätzliche Übungsmodule werden dazugekauft und kosten im Schnitt zwischen € 1,79 bis € 1,99. Unterschiedliche Trainerstimmen sind kaufbar und Herzen sind kaufbar. Herzen sind eine Art Joker, die man einsetzen kann, wenn man sein Training verpasst hat. 15 Herzen kosten € 9,99.

Notwendige Internetverbindung für den Kauf

Okay, und da komme ich zu dem Eingangsbeispiel zurück. Jetzt möchte ich mir weitere Übungen holen, um mehr Abwechslung in mein Training zu bringen. Prima, ich wähle mir also das Paket aus, das ich kaufen will (1). Das ist der Moment, in dem die App mit dem Play Store über die Internetverbindung Kontakt aufnimmt. Die App bittet den Store darum, einen Kaufvorgang für das ausgewählte Produkt zu initialisieren, wenn der Nutzer auf das im eCommerce rechtlich vorgeschriebene KAUFEN (2) drückt.

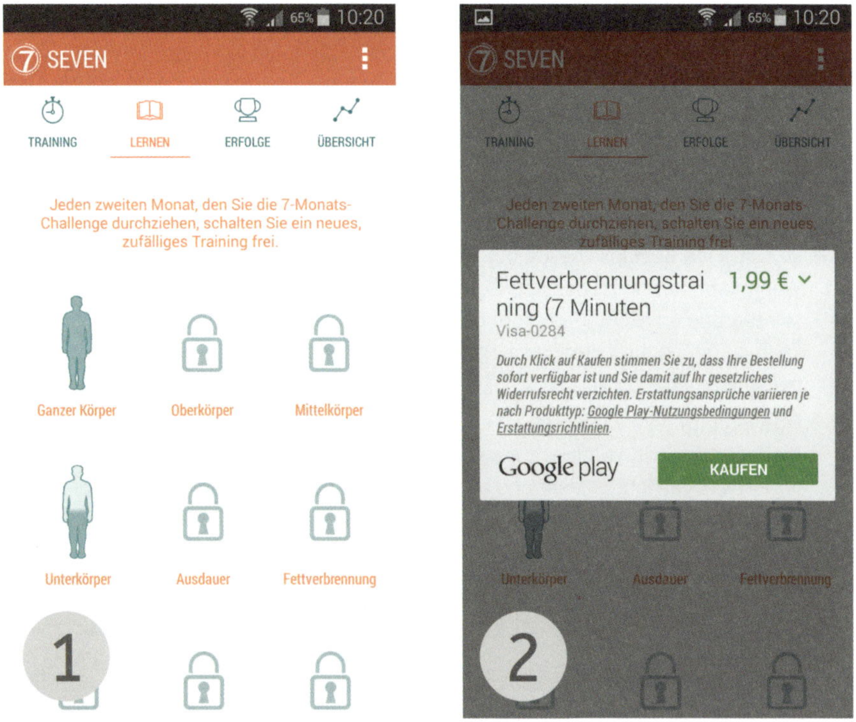

Bild 6.11 Trainingspaket „Fettverbrennung" wählen (1) und den rechtlich vorgeschriebenen KAUFEN-Button anklicken, um den Kaufvorgang im Google Play Store zu initialisieren (2).

Kommunikation App und App Store-Schnittstelle

Der Kaufvorgang kann nur durchgeführt werden, wenn der Nutzer sein Passwort eingibt und den Kauf bestätigt (3). User und Passwort werden an die Store-Schnittstelle (API) gesendet und geprüft. Liegt eine gültige Kreditkarte vor, kann die Transaktion durchgeführt werden. Die Anwendungslogik des App Stores kümmert sich um die gesamte Transaktion und gibt der App Preis, Bestellnummer, Transaktions-ID und ein OK für die erfolgreiche Transaktion zurück. Das sehen wir im Front-End nur als einen sich kurz drehenden Spinner und schließlich - wenn alles klappt - als Erfolgsmeldung (4).

API – Application Programming Interface

Es braucht eine Software, die den Anfragenden verifiziert und dann den Weg zum Download der Daten freigibt – z. B. in Form einer verschlüsselten URL, die nur für diesen einen Anfragenden gilt, und das auch nur für eine bestimmte Zeit. Solch eine Software nennt man **API** – *Application Programming Interface* – mit Betonung auf *Interface*, Schnittstelle.

Es ist eine Schnittstelle zwischen der anfragenden App und einer Anwendungslogik, auch Businesslogik genannt. Die Businesslogik ist eine Software, die Dinge tut – z. B. eine Transaktion durchführen. Sie geht dafür einzelne Schritte durch: Google-Konto des Kaufenden prüfen, Kreditkartendaten prüfen, Kreditkarte belasten, das gekaufte Produkt zum Konto des Kaufenden hinzufügen (zu seinen Einkäufen), eine E-Mail an den Kaufenden schicken, dass der Kauf stattgefunden hat, und dem Verkäufer das Geld für den Kauf abzüglich berechneter App Store-Provision gutschreiben, die Transaktion als erfolgreich verbuchen und so fort. Eine Businesslogik kann ziemlich viel und ist ein komplexes Programm. Wenn man so will, ist der App Store ein fettes riesiges Programm. Mit seinen sichtbaren Funktionen wie dem Store selbst, in dem Sie die Apps sehen, filtern, kaufen können, und dem verborgenen Teil, der Dinge im Hintergrund und häufig mit einem hohen Anspruch an Sicherheit tut; wie Geld buchen, gutschreiben etc.

Eine Schnittstelle wiederum ist ein Programm, das einkommende Aufrufe interpretiert, versteht, verifiziert, gegebenenfalls auf die Anwendungslogik zugreift, dort etwas verrichten lässt und das Ergebnis wiederum an den Anfragenden zurückgibt. Solch ein Ergebnis kann eine erfolgreiche Transaktion in einem App Store sein, mit der die App dann intern weitere Dinge auslöst.

Storage

Digitale Produkte produzieren und benötigen Daten. Millionen von Fotos, Profile auf Facebook & Co., Musikdateien auf Soundcloud, Videos auf YouTube, Dokumente in Google Drive, Box und Dropbox, Kennzahlen und Statistiken von Unternehmen – sie alle werden in der Wolke gespeichert, sind zugriffsbereit. *Storage* heißt erst einmal nur, dass etwas *gelagert* wird. Im Falle von Daten auf Festplatten oder – etwas allgemeiner – Speichermedien. Wir brauchen immer mehr Platz zur Lagerung digitaler Daten und wir benötigen sichere Zugriffe auf die Daten, weil immer mehr sensible Daten gespeichert werden. „Sensibel" meint hier Daten, die Sie nicht einfach so Ihrem Nachbarn zeigen würden.

Jetzt wird klar, warum Zoolz, OpenDrive, justCloud, Dropbox, Box, Google und 1000 andere Storage-Dienste Businessmodelle mit der Datenspeicherung aufbauen, die mehr umfasst als nur das Speichern: Backups, Sicherheit, Zusammenarbeit, Synchronisation spielen beim verteilten Zugriff auf Daten eine riesige Rolle. Wenn Sie beispielsweise in einem Prototyping-Tool mit Ihrem Team zusammenarbeiten, braucht es neben dem bloßen Speichern auch ein intelligentes Datenmanagement, damit Dateien versioniert, gespeichert, synchronisiert werden können – und da haben wir wieder die Business- oder Anwendungslogik mit ihren ganzen Funktionen.

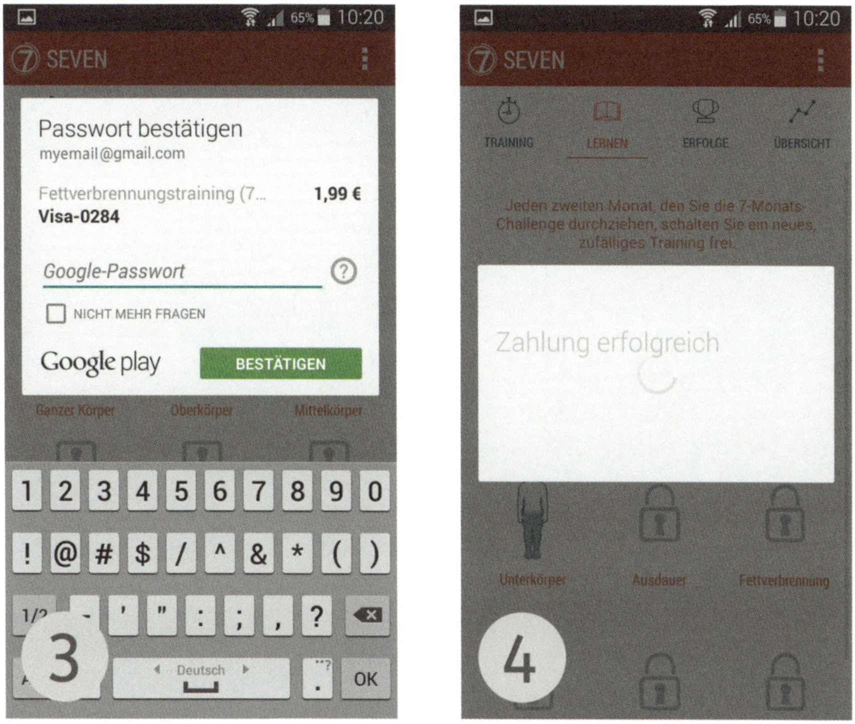

Bild 6.12 Erst nach Eingabe des Passworts und der Bestätigung des Kaufvorgangs (3) wird die Transaktion ausgelöst und die App Store-Programmlogik führt den Kaufvorgang durch. Als Ergebnis kommt die Meldung an den User und die App „Zahlung erfolgreich“ (4).

Pakete nach dem Kauf freischalten

Nach Erhalt der Information und Versicherung, dass die Transaktion erfolgreich verlaufen ist, beginnt die App damit, die gekauften Pakete freizuschalten oder herunterzuladen (5). *Freischalten* heißt, die Übungen waren bereits in der App enthalten, aber dem Nutzer war der Zugriff versperrt. Schließlich gibt es am Ende der Transaktion und des Freischaltens ein visuelles und textuelles Feedback für den Nutzer. Die Übungen sind jetzt in der App für ihn verfügbar (6). Damit ist dieser Kauf abgeschlossen.

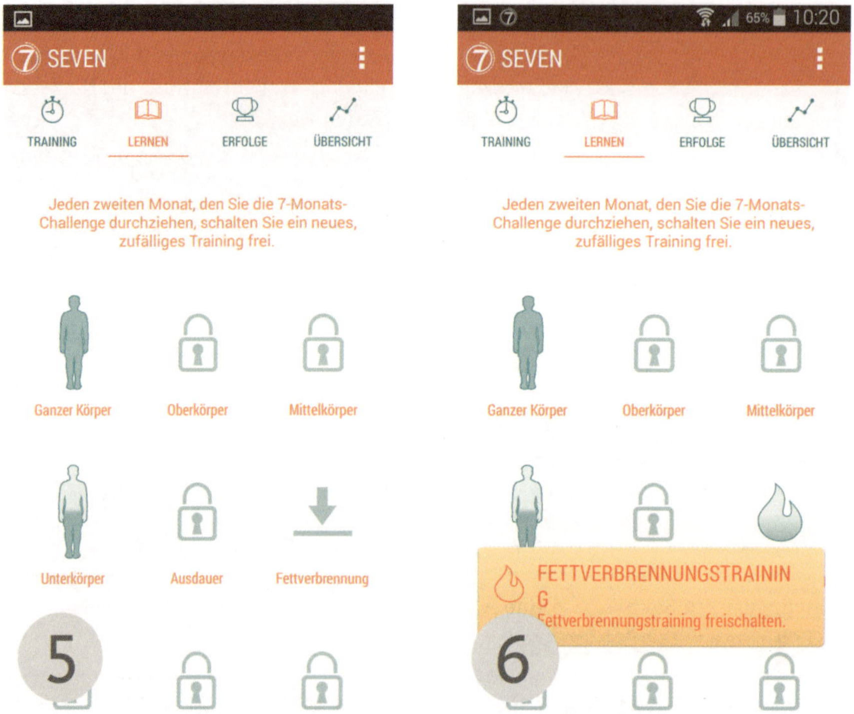

Bild 6.13 Links: Die SEVEN-App schaltet vorhandene Inhalte nach erfolgreicher Transaktion für den Nutzer frei. Rechts: Daraufhin bekommt er ein visuelles Feedback mit einem feuerähnlichen Icon und einer textuellen Rückmeldung „Fettverbrennungstraining freischalten“.

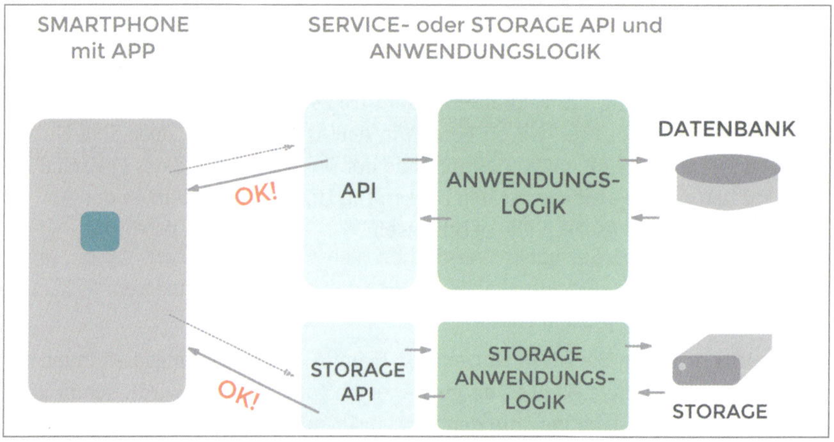

Bild 6.14 API und Storage erklärt am Beispiel der Fitness-App SEVEN und dem Google Play Store. Datenhaltung, also Storages, können von den App Stores oder anderen zuvor genannten Anbietern wie Dropbox angeboten werden. Der Ablauf, wie in Fall 5b dargestellt, ist für die meisten Anbieter ähnlich: Die App nimmt wieder über eine API Kontakt mit dem Storage-Anbieter auf, verifiziert sich, sagt, welche Daten sie haben möchte, und bekommt – sofern die Verifikation bestätigt wird – Zugriff darauf. Danach lädt sie sich die Daten herunter. Dabei ist zu beachten, dass sie eine konstante Netzverbindung benötigt, da der Vorgang sonst nicht abgeschlossen werden kann.

Pakete von einem Storage-Anbieter in die App laden

Herunterladen bedeutet, dass die gekauften Übungen oder Teile davon nicht lokal in der App nach dem Download aus dem App Store vorliegen, sondern erst auf Anfrage des Nutzers oder nach einem stattgefundenen Kauf aus dem Web geladen werden.

Da stellt sich die Frage: Wo liegen diese Pakete? Im einfachsten und *ungeschützten* Fall liegen sie irgendwo auf der Festplatte eines Servers, der über eine URL von der App aufgerufen wird, die dem Nutzer unbekannt ist. Sie wird einfach in der App hinterlegt. Zum Beispiel so: `http://seven.com/uebungen/teil5.zip`.

Das ist allerdings ein schlechtes Beispiel, vor allem da die dahinterstehende Firma *Perigee* aus Schweden diese Übungspakete nicht einfach Hinz und Kunz schenken will – das würde ja dem Businessmodell widersprechen. Also braucht es eine Storage-Variante, die sicher ist, die zugriffsgeschützt ist.

Spätestens an dieser Stelle (und Notwendigkeit) wird den Projektbeteiligten klar, dass die App selbst nur ein kleines Universum darstellt, das häufig mit dem großen Universum „Internet" Kontakt aufnimmt. Bei einer App, die Daten wie Musik, Videos, Bilder, Käufe oder den Zugriff auf Dokumente anbietet, erfordert das App-Projekt:

- eine Internet-Verbindung
- Anbindung an ein Storage, also eine Adresse zu den Daten oder Paketen; klassischerweise eine URL
- eine Zugriffsberechtigung der App auf die Daten – so etwas wie einen User und ein Passwort; es sei denn, die Daten sind öffentlich wie z. B. bei Nachrichten-Portalen
- den freien Speicherplatz in der App und auf dem Gerät, um die Daten auszuführen und zu speichern (abhängig von Gerät und Plattform)

Für das Laden zusätzlicher Pakete in der App

Um größeren Überraschungen aufseiten des Kunden vorzubeugen, ist es sehr vorteilhaft, wenn Sie bereits in der Konzeption einige Fragen stellen, die das Team beantworten kann:

- Welche **Form der Internetverbindung** nutzt der Nutzer im Moment? Mobiles Internet oder WLAN? Das kann programmatisch abgefragt werden und ist Bestandteil des Nutzerszenarios.
- Wie viel **Speicher** hat er auf dem Gerät noch frei? Passen die zu ladenden Daten überhaupt auf sein Handy? Sie haben vermutlich selbst einen Eindruck davon, wie viele Modelle es mittlerweile gibt; zumal auch die älteren Geräte mit geringerem Fest- und Ausführungsspeicher noch präsent sind.
- Wie **geduldig** schätzen Sie Ihren Nutzer ein? Wenn das Laden wenige Sekunden dauert, prima! Wenige Minuten, z. B. zwei, na gut. Aber ab fünf Minuten wird's schon komisch. Denken Sie hier an Ladebalken, die den Fortschritt mitteilen, und an einen aufmunternden Text für den Nutzer; vor allem, wenn der Nutzer unterwegs ist. Mobil sein und Warten widersprechen sich und Ihnen sollte der Nutzungskontext sonnenklar sein. Man kann den Nutzer darauf hinweisen, dass so und so viele Megabyte geladen werden sollen und ob ihm das jetzt passt oder das Laden erst im WLAN vorgenommen werden soll. Das erfordert natürlich mehr Code-Intelligenz in der App. Möglich, dass Ihre Entwickler im Team weitere nutzerfreundliche und effiziente Ideen haben.

- Welche **Screens** mit visuellen und textuellen Feedbacks benötigt es bereits in der Konzeptionsphase? Für den erfolgreichen und den misslungenen Fall der Datenladung. Und für den Fall, da noch keine Daten angezeigt werden können.

Die Anbindung der App an das Storage, die Cloud, das Internet ist ein toller Übergang zum Thema „Vernetzte Welt". Wie vernetzt unsere Welt tatsächlich schon ist, zeige ich Ihnen im nächsten Abschnitt.

6.8 Vernetzte Welt

Unser vernetzter Alltag ist bereits im Supermarkt zu kaufen: große Konzerne[7] wie Google, der chinesische Gigant und Telekommunikationsausrüster Huawei, GE, Bosch, Cisco, IBM, Intel, Microsoft, SAP, Texas Instruments - sie alle interessieren sich für den riesigen Markt, der sich auftut, wenn jedes Gerät - jeder Mixer, jede Waage, Waschmaschine, Mikrowelle, Spiegel, Kühlschrank, Heizung - mit Sensoren und/oder webfähigen Mini-Computern ausgestattet wird. Sie alle verdienen daran und werden alles dafür tun, um unser Leben mithilfe von Technologie bequemer zu machen, für „lästige" Dinge eine Art Roboterersatz zu schaffen und - in Anbetracht der Übersättigung in der westlichen Welt - darauf zu achten, dass wir unserer Fitness und Ernährung nachkommen. Das ist eine Anspielung, ja, unsere Fitness ist in der Tat ein großes und trendiges Thema - ich gehe in den Beispielen später näher darauf ein.

Sensoren, die etwas messen, dazu intelligente Software, die mit dieser Messung eine Entscheidung trifft und daraufhin der Steuerungseinheit eines Geräts mitteilt, was zu tun ist - z. B. Temperatur erhöhen oder reduzieren -, werden seit Jahren eingesetzt. Im Großen wie im Kleinen.

Ob zur Steuerung der Energiegewinnung mit Windrädern (Smart Grids), der Messung und Regulation von Verkehr mit „intelligenten" Ampeln und Geschwindigkeitsanzeigen, Frühwarnungssysteme bei Erdbeben oder Umweltverschmutzungen - das sind Beispiele von Anwendungsfällen, mit deren Hilfe Behörden Aufgaben automatisieren, Massen organisieren und Lebensraum kontrollieren. Zum allgemeinen Wohle aller sollen intelligente Systeme dazu verhelfen, den Überblick zu behalten. Seit sie an das Internet gekoppelt sind, geht das auch aus weiter Ferne; praktisch *remote* wie eine riesige Fernbedienung.

Seit der Smartphone-Revolution und den damit in die Hand des Nutzers ausgelieferten Minisensoren, die alles Erdenkliche messen können, entdecken die Riesen-Technologieanbieter einen riesigen Markt mit enormem Wachstumspotenzial. Auch Technik begeisterte Start-ups in den weltweit verstreuten Valleys entwickeln originelle Geschäftsmodelle zur Optimierung des Alltags. Dabei spielen Kontroll- und Überwachungssysteme für sich selbst und das eigene Heim die tragende Rolle.

In diesem Abschnitt werde ich Ihnen Einblick in die Welt der Smart Things und Smart Objects in Verbindung mit Apps geben. Wir bewegen uns von den Intranets, die von einem Smart Thing zur App oder im Heim-WLAN laufen, zu dem Internet, das uns für alle erdenk-

[7] *http://postscapes.com/internet-of-things-key-players-large-companies*

lichen Bereiche die Fernsteuerung erlaubt. Der Abschnitt endet mit den Prinzipien der Inter-Usability, die Sie vor allem für vernetzte Systeme beachten sollten.

Smart Objects

Was sind das, diese Smart Objects? Alles ist heutzutage irgendwie Smart? Smart-X. Wie so oft, hilft das Auseinandernehmen der Worte weiter. *Smart*, aus dem Englischen, hat mehr als 15 Bedeutungen. Von *geschickt*, *durchtrieben*, *pfiffig* und *findig* zu *elegant*, *hübsch* und *schneidig*, sogar *gewitzt*, *klug* und *schlau*.

Und Objekte können alles sein, alles, was wir sehen oder benutzen. Tassen, Stifte, Handtücher, Mixer, Kaffeemaschinen, Lampen, Fahrräder. In der klassischen Welt tut das Fahrrad nichts weiter, als so lange herumzustehen, bis wir es benutzen, mit seiner Mechanik unserem Treten zu gehorchen und im schlimmsten Fall kaputt zu gehen und seinen Dienst zu versagen. Auch eine klassische Kaffeemaschine tut nichts, solange bis wir etwas mit *ihr* tun. Die alte Welt der klassischen Objekte - man könnte sie auch Werkzeuge nennen - besteht aus vielen passiven Gegenständen mit einer klaren, definierten und konstruierten, mechanischen Bedeutung. Und nun, da wir im Informationszeitalter leben, können wir über Computerisierung diesen Objekten eine gewisse Intelligenz, nämlich die von Programmierung einpflanzen. Schon ein digitaler Timer in der Kaffeemaschine ist die erste Stufe von programmatischer Intelligenz. Auch dass die Kaffeemaschine ihre Selbstreinigung durchführt, ist auf Code zurückzuführen. Doch das ist noch nicht das, was die Welt heutzutage unter *Smart* versteht. Smart wird eine Kaffeemaschine, wenn sie auf uns reagiert. Zum Beispiel betreten Sie den Raum und die Kaffeemaschine fragt Sie, ob Sie jetzt Ihren Lieblingskaffee möchten. Sie sagen „Ja“, die Maschine prüft anhand Ihrer Stimme, ob Ihr Lieblingskaffee hinterlegt ist, und bereitet ihn zu.

Warum ist das smart? Weil smarte Objekte mithilfe von Sensoren Veränderungen in der Außenwelt wahrnehmen und mit Programmierung, die für diese Situation optimiert wurde, auf die Außenwelt reagieren können. Viele Smartphones sind mit Sensoren bestückt und reagieren auf Stimme, Berührung (Touchscreen), Helligkeit, Kontakt. Sensoren werden immer kleiner, verlässlicher und billiger produziert und sind dadurch normale Produkte in Elektrobaumärkten. Welche Projekte man damit umsetzt, ist der eigenen Fantasie und eventuell noch technischen Einschränkungen überlassen. Doch es lässt sich erst einmal das ausschöpfen, was schon möglich ist - und einige dieser Möglichkeiten möchte ich Ihnen nachfolgend zeigen.

Vessyl, der alles messende Becher

https://www.myvessyl.com/ - mit professionellem, emotionalisierendem Video, das moderne Leute in den Vordergrund stellt, propagiert dieser Becher einen gesunden Lebensstil, indem er misst, wie viel Sie wann getrunken haben und aus welchen Inhaltsstoffen dieses Getränk bestand, um Ihnen dann Empfehlungen machen zu können, was Sie in welcher Situation trinken sollten, um optimal für sich zu sorgen. Doch es ist nicht einfach nur „Trinke mehr!“, sondern eine Art „Du schwitzt gerade, weil Du joggst. Du solltest Deinen Salz- und Wasserhaushalt wieder auffüllen. Vorschlag: Trinke einen Ayran!“

Damit erschafft oder erspürt das Team von Vessyl einen durchaus realistischen Use Case, der dem modernen, abgehetzten Menschen sehr entgegenkommt: Computertechnologie prüft unsere körperlichen Bedürfnisse und verhilft uns quasi zu noch mehr Leistung. Mit dem schönen Design und der schlauen Technologie wird er durchaus zu einem attraktiven Produkt - ob als Neuigkeit oder fester Bestandteil im Alltag, hängt wohl davon ab, wie sehr man sich mit täglich begleitender Technologie abdecken möchte.

Bild 6.15 Alles schick, die App und der Becher. Für die App hat sich das Vessyl-Team sogar eine attraktive und sehr durchdesignte Oberfläche ausgedacht.
Bildquelle: *http://cdn.hiconsumption.com/wp-content/uploads/2014/06/Vessyl-Smart-Cup.jpg*

HAPIfork, die alles messende Gabel

https://www.hapi.com/product/hapifork#non - Die Hauptmessage und Aufgabe dieser gnubbeligen Gabel ist, den Essenden daran zu erinnern, nicht so schnell zu essen. In einem Produktvideo erklärt eine schlanke begeisterte Frau à la Sex and the City, wie diese Gabel funktioniert. Neben der Essgeschwindigkeit misst diese Gabel die Kalorien, die vom Teller in den Mund gehen, zeichnet diese Daten auf und stellt in der App sowie in dem dazugehörigen Webportal die Daten aufbereitet zur Verfügung.

Einleuchtend empfand ich die Argumentation in einem Video[8], dass wir heute so viel vor dem Monitor und neben der Arbeit essen würden. Dabei war auf dem Monitor vor der essenden Frau das HAPIfork-Webportal geöffnet und die Frau sah sich die Auswertungen ihrer letzten Mahlzeit an.

In den Staaten ist das Produkt ein Hype, Oprah Winfrey hatte darüber berichtet. Neben der durchaus sinnvollen Funktion, uns an das langsame und gesundere Essen zu gewöhnen, wird auch der Gadget-Aspekt „Guckt mal, was ich Tolles habe!“ erwähnt.

---

[8] *https://www.youtube.com/watch?v=-o-FyQLR8QQ*

Bild 6.16 Eine smarte Gabel, zu der es die App und das Webportal sowie Videos, Programme zum Abnehmen gibt.
Bildquelle: *http://mediaserver.dwpub.com/press-release/29697/cover_image_hires.png*

Sensoria bietet echte Wearables an.

Die Website fragt gleich als Erstes „Rennen Sie richtig?" und eröffnet damit das Themenfeld. Mit Sensoren ausgestattete Socken tracken den Bodenkontakt des Fußes und die App (und bald auch Smartwatch?) analysiert die Bewegung, gibt daraufhin wie ein Coach Hinweise zu den Laufbewegungen. Die Socken kosten stolze 199 Dollar. Auch Shirts und Sport-BHs bietet Sensoria an. Diese messen die Herzfrequenz während des Trainings und achten darauf, dass man sich nicht übernimmt oder steigert.

Bei der im App Store mittelmäßig bewerteten App geht noch was bezüglich Design, Usability und auch das iPhone am Arm der Lady im Video wirkt seit der Smartwatch-Welle veraltet (*http://www.sensoriafitness.com/*).

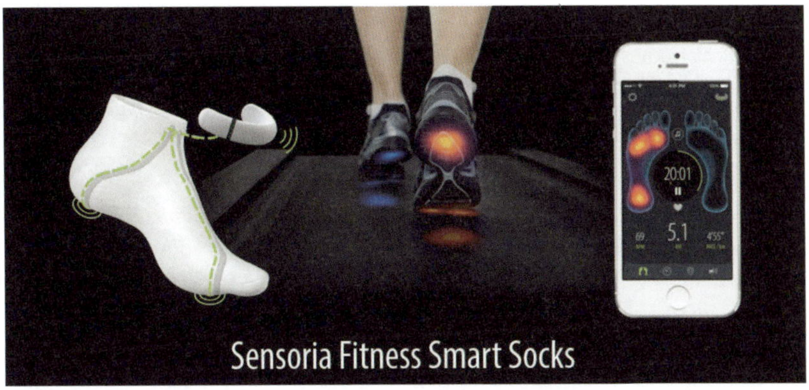

Bild 6.17 Socken tracken Ihre Bewegungen und Ihre Haltung. Die App erklärt Ihnen, wie Sie schonender rennen.
Quelle: *http://imedwp.imedicalapps1.netdna-cdn.com/wp-content/uploads/2015/03/image021.jpg*

hello-Multi-Sensor zur Optimierung des Schlafes

Dies ist ein hübsch designter tennisballgroßer Multi-Sensor, der auf Feuchtigkeit, Helligkeit, Temperatur, Umgebungsgeräusche, Luftqualität und Annäherung reagiert. Seine Aufgabe ist es, Ihren Schlaf zu überwachen und Ihnen jeden Morgen eine detaillierte Auswertung Ihres Schlafes auf dem Smartphone zu geben. Diese App scheint ausgereifter als die vorherigen Beispiele. Sie macht konkrete Verbesserungsvorschläge zur Schlafumgebung in Textform mit detaillierten Anweisungen. **hello** greift das Bedürfnis nach besserem Schlaf auf – ziemlich schlau, finde ich, denn viele Leute haben wegen Stress und hohen Alltagsanforderungen Schlafschwierigkeiten. Gleichzeitig bieten sie mit dem Design ein Unterscheidungsmerkmal an – es sieht ästhetisch und besonders aus und man kann auch vor Freunden damit angeben. Die (vermutlich in China oder Taiwan produzierte) Technologie im Inneren ist wahrscheinlich unverschämt billig, sodass beim Anbieter eine gute Marge herausspringt. Die ansprechende Webseite mit Video: *https://hello.is/*.

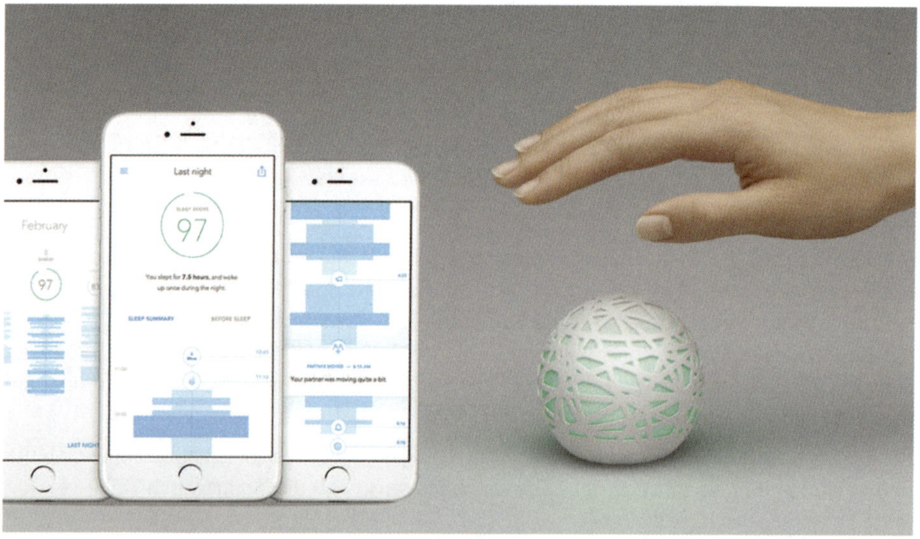

Bild 6.18 Hier wieder ein Ästhet – schickes Produkt und schicke App. Besonders gefallen mir die textuellen Auswertungen des Schlafes; nicht nur Statistiken, sondern auch Texte, die ansprechen und Tipps zur Schlafverbesserung in menschenverständlicher Sprache geben.
Bildquellen: *http://blogs-images.forbes.com/aarontilley/files/2014/12/sense_hand_cotton_lit-e1406072684899-1940x1091.jpg* und *http://assets.coolhunting.com/coolhunting/mt_asset_cache/2015/02/hello-sense-sleep-tracker-app.png*

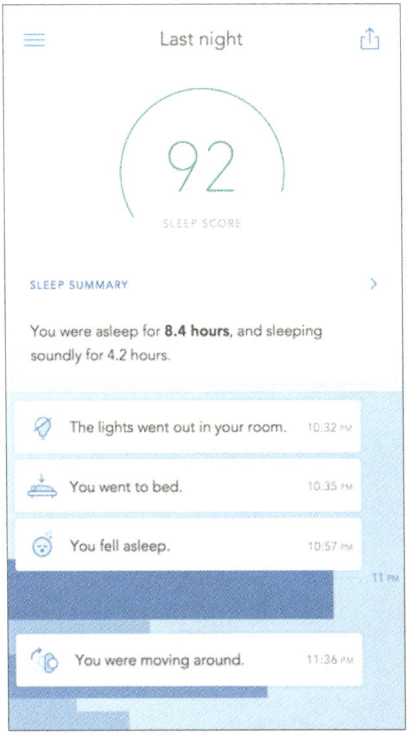

Bild 6.19
hello-App: schlichtes Design à la Apple und passend zum iOS. Leicht, unbeschwert, praktisch, hell. Die Auswertung und die konkreten Vorschläge zur Verbesserung des Schlafes erfolgen in Textform. Das macht die Sache weniger statistisch, weniger roboterhaft.

Smarte Objekte, die Daten sammeln und in Verbindung mit einer App diese Daten sichtbar und verständlich für uns machen, konnten Sie nun kennenlernen. Der nächste Schritt in der Nutzung smarter Objekte ist, sie an das Internet zu koppeln und aus der Ferne ihren Status und die gesammelten Daten zu bekommen. Das führt uns zum Internet of Things (IoT) - der neuen Technologie-Welle, die über uns schwappt.

Vernetzte Systeme und das Internet of Things (IoT)

Eine Freundin von mir hat in ihrem Ferienhaus eine Heizung einbauen lassen, die sich über eine App an- und ausschalten lässt. Für sie ist das sehr praktisch, denn sie kann die Heizung eine Stunde, bevor sie in ihr Häuschen kommt, einschalten und muss nicht mehr bibbern, bis es warm wird. Meine Freundin fällt nicht in die Kategorie internet-affiner Menschen. Aber diesen Anwendungsfall findet sie genial, freut sich darüber und ist völlig beglückt mit dieser Lösung.

Hinter dem Buzz-Word *Internet of Things* verbirgt sich das Ziel der Industrie 4.0[9], immer mehr Geräte und Gegenstände aus unserem *alltäglichen* Leben mit dem Netz[10] zu verbinden, damit diese untereinander und mit uns kommunizieren können. Solange wir selbst noch

[9] Die intelligente Industrie, die sich selbst optimiert, während sie produziert. Mehr z. B. hier: *http://www.plattform-i40.de/*

[10] Es geht nicht zwingend um *das* Internet. Es geht darum, dass Geräte in einem Funknetz Informationen senden und empfangen können. Das kann lediglich in Ihrem Garten sein.

keinen PC im Kopf haben, empfangen und senden wir Informationen mithilfe von Apps auf unseren Laptops, Smartphones, Smartwatches oder Tablets. Das muss in Zukunft nicht mehr so sein; es kann *irgendeine* Art Gerät sein, das für uns ein Kontrollzentrum darstellt. Ob wir es mit Fingern, Sprache, Augenzwinkern oder unseren Hirnwellen kontrollieren, ist irgendwann nur eine Frage von Machbarkeit, Bequemlichkeit und Verdienstmöglichkeit der Technologieanbieter. Doch vorerst sind es meist immer noch Apps auf Touchscreens, die uns als Oberfläche zur Interaktion dienen.

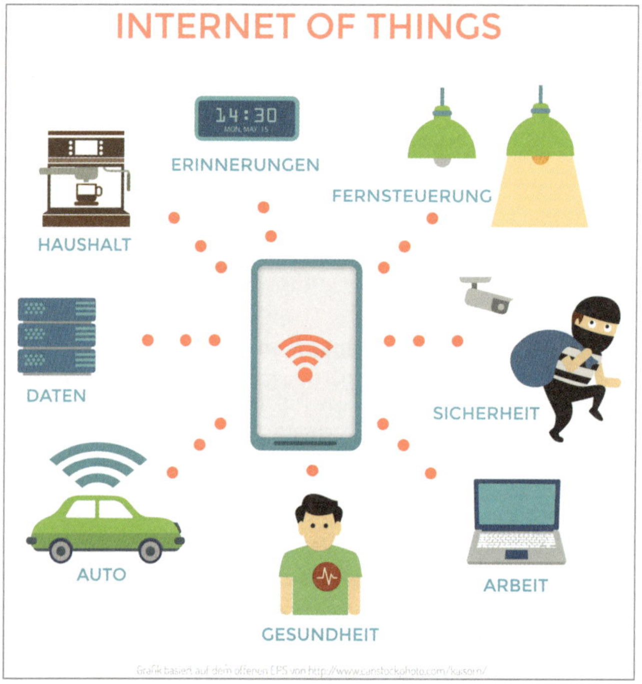

Bild 6.20 Alltägliches gesteuert mit dem Smartphone. Alle erdenklichen Geräte werden mit dem Internet verbunden, um ihren Status, ihre gesammelten Daten einsehen und sie daraufhin steuern zu können. Und wenn das WLAN kaputt ist, tja, dann …

Auf der Timeline des Internet of Things auf der Webseite der *Huffington Post* können Sie sich ein Bild davon machen, was war und was kommt. Von 1961 bis 2025 wird gezeigt, welche Technologien entwickelt, wie sie eingesetzt wurden und welche sich anbahnen. Hier der Link: *http://www.huffingtonpost.com/entry/explore-the-history-of-the-internet-of-things-with-this-cool-timeline_55a3bff9e4b0a47ac15ccc69.*

Google ist beispielsweise längst dabei, ein Betriebssystem für das Internet der Dinge zu entwickeln. *Brillo*[11] heißt es, basiert auf Android und wurde an niedrig performante Geräte angepasst, die lediglich hochfahren, einfache Befehle über das Netzwerk entgegennehmen, sich an- oder ausschalten. *Brillo* verfügt über eine Cross-Platform-Programmiersprache

[11] *http://www.heise.de/newsticker/meldung/Google-Brillo-und-Weave-Ein-Android-fuers-Internet-der-Dinge-2670592.html* und *https://developers.google.com/brillo/*

namens *Weave* und ermöglicht eine einfache Kommunikation zwischen Geräten und Zentralen über APIs.

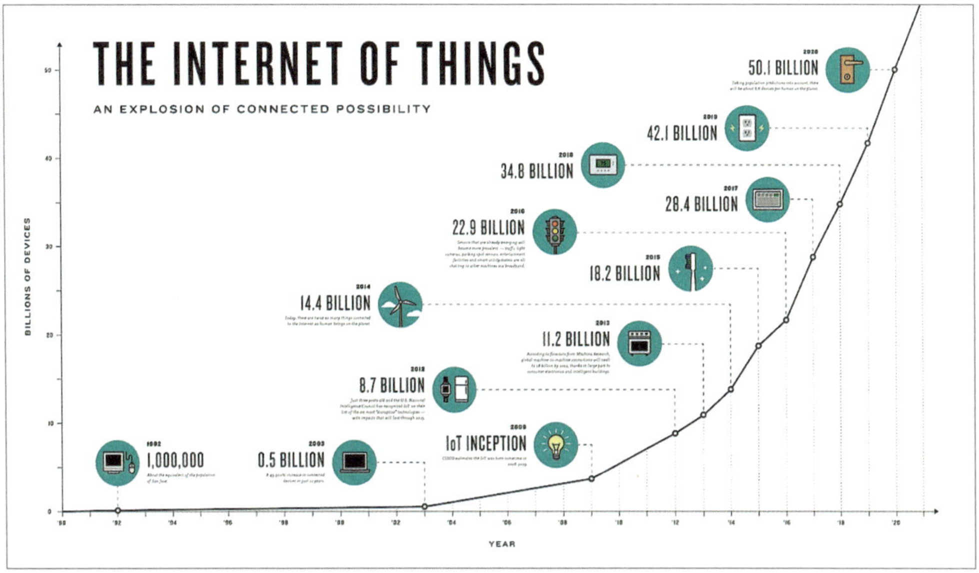

Bild 6.21 Wachstumskurve der mit dem Internet verbundenen Dinge. Von Windrädern, Zahnbürsten, Ampeln, Thermostaten, Steckdosen zu Türschlössern.
Quelle: *http://www.i-scoop.eu/internet-of-things/*

SmartHome und Wearables für uns alle!

Wie Sie schon gesehen haben, entsteht eine Bandbreite an unterschiedlichsten Produktideen. Das Ziel dieses ganzen Vornehmens ist es, Statusinformationen von Geräten zu bekommen, um diese Geräte Entscheidungen automatisiert treffen zu lassen oder uns darüber zu informieren, dass einer unserer zahlreichen Helfer ein Problem hat (z. B. mein Akku ist gleich leer) oder dass wir zeitnah ein Problem bekommen könnten (z. B. Auto muss in die Werkstatt) oder bereits eins haben (z. B. undichtes Dach). Genauso ist es hier Ziel, sich wiederholende Abläufe zu regulieren und zu automatisieren.

Die Bereiche für den Endkonsumenten sind dabei folgende:

- **SmartHome**: Das intelligente Haus besteht aus mehreren miteinander vernetzten Systemen, die eigenständig ihre Bereiche kontrollieren und ihren Status an eine Zentrale melden. Zum Beispiel, ob es einen Rohrbruch gibt, ob die Tür abgeschlossen ist, ob die Heizung an ist und wie warm es ist, ob das Dach leckt, ob alle Rauchmelder funktionieren, ob jemand Unbefugtes sich Zugang zum Haus verschafft hat usw. Beispiele von Produkten und Apps hierzu finden Sie auf der Seite von *SmartThings*, das einst von ein paar enthusiastischen Tekkis gegründet und dann von Samsung gekauft[12] wurde, *http://www.smartthings.com/*. Hübsch präsentiert, natürlich alles von Vorteil für die ganze Familie und mit über-

[12] *http://www.forbes.com/sites/michaelwolf/2014/08/14/samsung-acquires-smartthings/* und *http://recode.net/2014/08/14/internet-of-bling-samsung-buys-smartthings-for-200-million/*

zeugendem Design. Samsung ist ein Big Player, der es sich leisten kann, ein von der Crowd finanziertes Projekt für 200 Mio. $ aufzukaufen und die Entwicklung dann im eigenen Interesse weiterzutreiben; *https://www.kickstarter.com/projects/smartthings/smartthings-make-your-world-smarter/description*

Würden wir Bill Gates dazu befragen, würde er uns möglicherweise sagen, SmartHome ist ein alter Hut und bei ihm längst aufgesetzt. Seit Jahren oder schon Jahrzehnten hat er sich sein intelligentes Haus, durchtränkt von Elektronik, bauen lassen, das sich an die Bedürfnisse der Bewohner und Gäste anpasst in Licht, Klang, Temperatur oder Bildern an der Wand.[13]

- **Wearables:** Sensoren und Mini-Computer, die wir an uns, an unserem Körper tragen, buchstäblich von Kopf bis Fuß. Von Sensoren am Ohrläppchen bis hin zu Socken und Fitness-Trackern am Knöchel, dazwischen Shirts, Westen, Smartwatches. Die Vision dahinter ist, den Computer und das Handy optisch und als eigenständige Geräte verschwinden zu lassen, indem sie in Kleidung und Accessoires eingebaut werden. *Ubiquitous Computing* ist der Begriff hierzu: Technik unsichtbar machen, integrieren und Interaktionen so natürlich an unsere Bewegungen anpassen wie möglich.
- **Gesundheit & Wohlbefinden:** Geräte, die etwas messen, das mit unserer Nahrung, unserem Lebensstil, unserer Hygiene zu tun hat. Es muss nicht immer unsere Fitness sein, Karies und Zahnbelag gehen auch. Hier ist die mit dem Internet verbundene Krönung die Zahnbürste, die Ihrem Zahnarzt regelmäßig Berichte zu Ihrem Putzverhalten sendet, um Ihnen Erinnerungen oder Tipps zum Putzen zu schicken oder - vermutlich wird es darauf hinauslaufen - der Krankenkasse zu übermitteln, wie nachlässig Sie sind oder nicht.
- **Nachhaltigkeit:** Messen von Energie-, Wasserverbrauch etc. mit Tipps, wie wir Energien und Ressourcen sparen, während alle Gerätschaften auf Stand-by stehen ...;) Mit Sensoren wird geprüft, ob Sie zu Hause sind. Sind Sie es nicht, werden alle möglichen Geräte ausgeschaltet. Sie kümmern sich um nichts mehr und Strom geht nur noch für die Geräte hops, die permanent prüfen, ob Sie wieder zu Hause sind.
- **Unterhaltung und Media:** Sendungen, Musik sowie Lautstärken, auch Wohnraumbeleuchtung gehen in die Richtung, an Ihre individuellen Bedürfnisse angepasst zu werden. Sie betreten das Haus in gereizter Stimmung (das weiß die Uhr an Ihrem Handgelenk und flüstert es Ihrem Haus ins Ohr), und schwupp, spielt chillige Musik im Hintergrund, die Beleuchtung wird gedimmt, vielleicht eine angenehm stimulierende Farbe (Orange?) eingestellt, damit Sie in die Entspannung kommen. Vielleicht werden Ihnen jetzt nicht die Nachrichten, sondern eine Sendung über Delfine gezeigt, damit Sie sich nicht aufregen müssen. Wenn der Hausroboter jetzt noch eine Wärmflasche und einen Kakao mit Keksen bringt, ist doch alles perfekt, oder?[14]
- **Monitoring, Wartung und Statusmeldung:** Vielleicht benötigen Sie persönlich kein Monitoring von Trinkwasser und auch nicht Ihrer Windkraftanlage. Aber was ist mit Ihren Kindern, Katzen, Hunden? Würden Sie nicht gern wissen, wo Ihre Katze ist, wenn sie sich zwei Tage nicht mehr blicken lässt? Oder was ist mit Ihren Pflanzen, wenn Sie im Urlaub sind? Und wächst alles ordnungsgemäß im Gewächshaus? Soll gegossen werden? Automatisch oder wollen Sie es über die App tun?

---

[13] *http://www.businessinsider.com/19-crazy-facts-about-bill-gates-house-2014-11?IR=T*

[14] Sie schmunzeln vielleicht, aber die Industrie 4.0 meint es ernst.

Noch mehr Beispiele aus dem Internet of Things – von Hundefüttern über App bis zu intelligenten Mülltonnen, die Bescheid geben, wenn sie voll sind – finden Sie in folgender Präsentation: *http://de.slideshare.net/ValaAfshar/internet-of-thingsslideshare*.

Die vernetzte Welt erfordert Inter-Usability

Mit Inter-Usability ist die für den Nutzer als nahtlos empfundene Interaktion mit verschiedenen Systemkomponenten gemeint. Ob es die App ist oder ein Fitness-Band, das Daten zur App schickt, oder das mobile Gerät, auf dem die App läuft: Sie alle sollten dem Nutzer in ihrer Bedienung als einzelne und als zusammenhängende Geräte klar sein. Das ist anspruchsvoll, denn hier stoßen Industrie- und Screen-Design aufeinander, ergänzen sich, sind aufeinander angewiesen. Die Hauptstärke des Systems ist, dass es in sich und mit dem Nutzer einwandfrei kommuniziert. Diese Kommunikation erfordert den Umgang mit Daten. Datentracking, Datenaustausch, Datenauswertung, Datenanzeige, Datenspeicherung.

Das setzt bei allen beteiligten Designern das vollkommene Verständnis des Nutzungsfalls *und* der ausgetauschten Daten voraus. Sie merken, wie Sie selbst als Screen-Designer dazu bewegt werden, sich immer mehr für das Ganze – für das System, für den gesamten Use Case – zu interessieren. Bei zunehmender Vernetzung ist das Ganze nicht mehr wegzudenken, aber trotzdem geht es immer um die Details; in Ihrem Fall um die Details auf dem Screen und die Details, die eine angenehme und inspirierende User Experience ausmachen.

Heißt also, dass Sie als App-Designer in Zukunft immer mehr in den Genuss kommen werden, mit anderen Designern zusammenzuarbeiten, um unter den Komponenten des vernetzten Systems eine flüssige Usability – die Inter-Usability – zu erschaffen. Was für eine tolle Aufgabe!

Doch nicht nur Designer, auch Programmierer kommen hier immer mehr ins Designer-Boot – oder andersherum. Komplexe technische Anwendungen brauchen ein Team, das miteinander ebenfalls gut kommuniziert – so wie es vom System gefordert wird. Die Verwobenheit von Usability, Technik und Ästhetik spiegelt sich in den Menschen wider, die solche Systeme erschaffen.

Für Inter-Usability gilt dasselbe wie für Usability, lediglich ist der Rahmen weiter gespannt:

- Was soll das System können? Welches **Ziel** verfolgt der Nutzer damit?
- Welche **Komponenten** gibt es im System, welche Rollen übernehmen sie, welche Eigenschaften haben sie und wie stehen sie zueinander in **Beziehung**? Hier helfen Skizzen.
- Welche der Komponenten bieten **Interaktion** mit dem Nutzer an? Und auf welche Art? Sprache, physisch vorhandene Knöpfe, Gesten, Bewegungen oder gar Gedanken?
- Welche **Daten**, in welchem **Format**, werden von wo nach wo übertragen? Welche Daten muss der Nutzer sehen? Welche Daten übermitteln die Systeme unter sich, ohne dass der Nutzer sie je sieht?
- Was passiert mit dem System, wenn je eine der Komponenten **ausfällt**? Wie wirkt es sich auf die Inter-Usability aus? Wie wird der Nutzer darüber informiert?
- Und schließlich: Wie kann der Nutzer den Ausfall wieder **beheben**? Wie klar ist ihm das System? Woher weiß er, an welcher Stelle zu suchen ist?

Je mehr Elektronik und Programmierung verwendet werden und je smarter, also auch integrierter, unsichtbarer, ein System sein soll, desto komplexer ist es nachzuvollziehen. Dieser Umstand führt dazu, dass Menschen Fehler immer seltener selbst beheben können. Wie bei modernen Autos sind sie auf Spezialisten angewiesen, die Zugriff auf die Programmintelligenz haben.

Claire Rowland, Lead-Autorin des Buches „Designing Connected Products", erschienen bei O'Reilly im Mai 2015, hat eine Präsentation[15] ins Netz gestellt, in der sie die Inter-Usability von vernetzten Systemen erläutert. Claire zeigt in ihrer Präsentation sehr eindrücklich, dass es einen Unterschied macht, ob der Nutzer einfach die Glühbirne einer Lampe wechseln muss oder ob er in einem vernetzten System, in dem das Licht über eine App an- und ausgeschaltet werden kann, erst herausfinden muss, wo der Fehler liegt.

Echtzeit und Fehlerquellen

Ist es das WLAN, die App, die Glühbirne? Je abstrakter das System, desto mehr zeitliche Investition in die Fehlersuche wird gefordert. Zwei Grafiken, die Claire ins Netz gestellt hat, verdeutlichen die Komplexität. In der **Abbildung 6.22** ist der Fall recht simpel: Lichtschalter an, Glühbirne brennt. Kennen wir alle. Und: Das System reagiert sofort. An, aus, an, aus, quasi in **Echtzeit**. Wenn die Lampe wider Erwarten nicht brennt, sind die Gründe für uns überschaubar, denn die Lampe steht so, wie sie ist, vor uns. Sie besteht aus für uns sichtbaren Einzelteilen, deren Anfälligkeit wir besser einschätzen können, weil wir die Lampe anfassen, begutachten, untersuchen können. Dadurch sind wir in der Lage, die Fehlerquellen sogar zu priorisieren:

- *Häufig* aus eigener Lebenserfahrung gelernt: Glühbirne kaputt
- Möglich, wenn auch *selten*: Schalter oder Fassung der Glühbirne kaputt
- Eher *unwahrscheinlich* im Haus, wenn das Kabel keinen Witterungsbedingungen ausgesetzt ist: Kabelbruch
- Abenteuerlich: Stromausfall

In einem System wie in **Abbildung 6.23** dargestellt, wird die Fehlersuche für einen durchschnittlichen Anwender sehr kompliziert. Warum? Zum einen besteht ein beträchtlicher Teil des Systems aus Komponenten, die für den Nutzer nicht sichtbar oder anfassbar sind, weil sie aus Software bestehen. Wie soll er Software auf Bugs untersuchen können? Weder steht ihm der Quellcode zur Verfügung und wahrscheinlich auch nicht die Kenntnisse, diesen zu verstehen. Zweitens sind ihm die genauen Komponenten und der Aufbau des Systems nicht klar. Allein die Wolke mit der Aufschrift „Internet" führt zu einem System, das sich völlig dem Einfluss des Nutzers entzieht. Und das, obwohl es an der Fernsteuerung des Lichtschalters in seinem Haus beteiligt ist. Durch diese Unklarheit kann unser Nutzer auch nicht mit Erfahrungswerten auf die Fehlersuche gehen. Ist das WLAN vielleicht genauso anfällig wie die Glühbirne? Ist der Lichtschalter robuster als die App?

---

[15] *http://de.slideshare.net/clurr/interusability-designing-a-coherent-system-ux-55940298*

Bild 6.22 Nun wenn das Licht nicht angeht, kann es am Strom, an dem Schalter oder der Glühbirne liegen. Es ist ziemlich einfach herauszufinden.
Quelle: *http://environmentsforhumans.com/2015/oreilly-internet-of-things/presentations/Rowland-IoTDesignConf2015-Interusability.pdf*, Seite 10

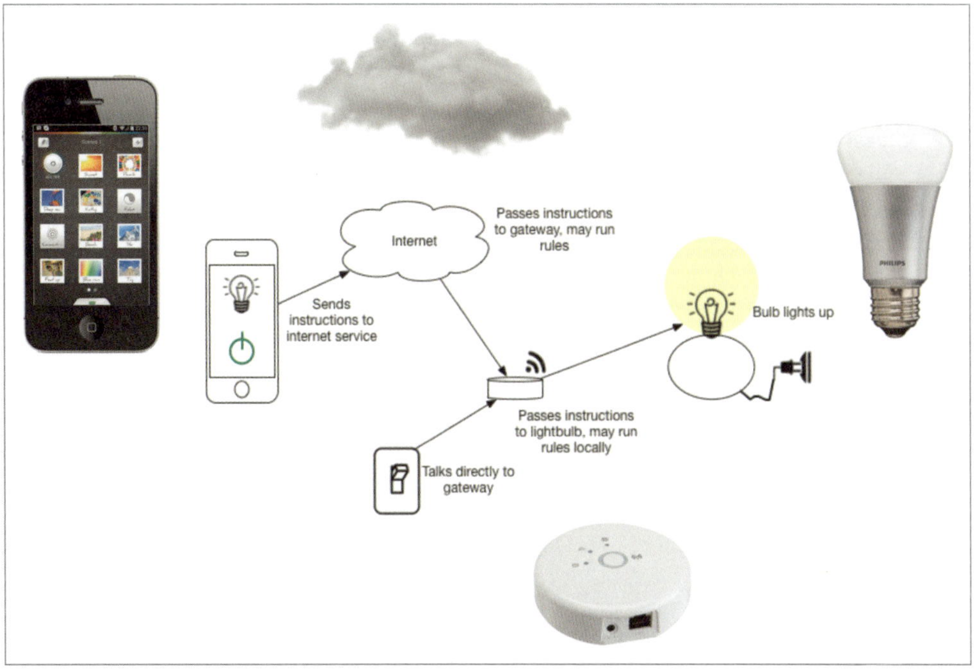

Bild 6.23 Wenn allerdings Handy, Gateway, Internet, WLAN, Strom und die Glühbirne im Spiel sind, kann es schon mal etwas länger dauern, den Fehler zu finden.
Quelle: *http://environmentsforhumans.com/2015/oreilly-internet-of-things/presentations/Rowland-IoTDesignConf2015-Interusability.pdf* Seite 11

Weiterhin kommunizieren die Komponenten drahtlos - das macht die Kommunikation unsichtbar und der Nutzer ist jeweils auf die Aussage der Komponente angewiesen. „Klar ist alles okay mit meinem WLAN. Prüfe lieber, ob die Lampe mich versteht." In Kürze gesagt: Der Nutzer hangelt sich durch ein ihm unbekanntes System, dessen Größe und Vernetzung er nicht mehr abschätzen kann und dessen Bewohner je nur von sich selbst behaupten können, ob sie funktionieren oder nicht. Von Programmfehlern will ich gar nicht erst anfangen ...

Inter-Usability zu konzipieren heißt auch, dem Nutzer eine Hilfestellung für Fehlersituationen zu geben

Das heißt in Summe für uns, dass wir dem Nutzer in einem verteilten System eine ganz andere Art der Orientierung anbieten müssen. Und darauf zielt die Inter-Usability ab. Der Unterschied zur Usability ist zu testen, ob der Nutzer mit dem System - nicht nur mit einer Oberfläche - zurechtkommt. Und ebenfalls nicht nur mit dem positiven Fall, dass alles läuft, sondern mit dem Fall, dass das System aussetzt. Einfache Fälle sollte der Nutzer selbst beheben können, ohne Angst davor zu haben, etwas kaputt zu machen.

Inter-Usability-Design setzt deshalb umso mehr auf Prototyping des gesamten Systems, auf das Testen des Systems und darauf, die Fälle herauszufinden, in denen der Nutzer selbst mit Fehlern zurechtkommen kann, ohne gleich den Fachmann zu rufen; ähnlich wie ein Neustart eines Computers.

Das heißt, als Designer sind wir nicht mehr nur darum bemüht, den Nutzer zu erfreuen, wenn etwas funktioniert, sondern durch die verteilten Netzwerke auch diejenigen, die für den Endnutzer eine Vorgehensweise zur Fehlersuche konzipieren.

Eine mögliche Lösung hierzu könnte eine Schritt-für-Schritt-Abfolge in der App sein, die den Nutzer alle Komponenten des Systems überprüfen lässt. Die App ist hierfür gut geeignet, weil das Smartphone in der Lage ist, sich über unterschiedliche Dienste mit allen möglichen Komponenten zu verbinden - Bluetooth, WLAN, USB.

In meiner Wahrnehmung gibt es in diesem Bereich viel Potenzial, Apps besser zu machen. Vor allem, wenn ich mir manche Begleit-Apps[16] zu Produkten ansehe. Diese werden häufig stiefmütterlich behandelt, obwohl die App hier der Kommunikationskanal mit dem Kunden ist. Es geht nicht darum, Twitter, Facebook & Co. nachzumachen und Apps in diesen Bereichen zu sehen. Es geht darum, die App als produktbegleitende Komponente zu sehen und sie so gut wie irgend möglich zu konzipieren, zu gestalten und schließlich zu programmieren.

---

[16] Z. B. die Mähroboter begleitende App Robomow App unter *https://play.google.com/store/apps/details?id=com.lehavi.robomow*

6.9 Designer und Daten

Einen Aspekt, den ich Ihnen ebenfalls mitgeben möchte, ist die Darstellung von Daten. Wir sammeln jetzt schon irre Menge an Daten und je vernetzter und kommunikativer alles um uns herum wird, desto mehr Daten werden es, desto mehr Daten werden dargestellt. Alles, was getrackt wird, wird vermutlich auch archiviert oder wenigstens so lange vorgehalten, bis der Nutzer es nicht mehr braucht oder es verjährt. Transaktionen, Überweisungen, gepostete Fotos, Videos, Audios - von *flickr* zu *Soundcloud* und zurück. Wir erschaffen eine Welt, die aus Informationen besteht. Nicht so verwunderlich im Informationszeitalter ... *Nomen est omen*, der Name ist ein Zeichen, heißt das.

Auf *http://www.internetlivestats.com* können Sie sich ein paar *Facts & Figures* zum Thema ansehen. Auf dieser Webseite wird behauptet, dass durchschnittlich jede SEKUNDE weltweit 6000 *Tweets* veröffentlicht werden. Das macht 500 000 000 pro TAG (nein, ich habe mich nicht mit den Nullen vertan). Es sind 500 Millionen, richtig. 2007, also vor acht Jahren, waren es 5000 pro Tag.

Data, *Big Data* ist in aller Munde. Ein riesiges Thema. Daten sammeln, ablegen, analysieren, sortieren, anzeigen, Schlüsse, Prognosen daraus ziehen. Das ist das digitale Problem der Menschheit. Was tun mit diesen Unmengen? Aber gut, was hat das mit Ihnen zu tun? Einiges. Sie haben die App mit der Schlafanalyse gesehen. Sie haben die schlanken Diagramme gesehen. Daten benötigen eine Darstellung, um gut verstanden und aufgenommen zu werden. Wenn es um die Darstellung persönlicher Daten geht, um Trainingsauswertungen, um Kalorien, um „Du trinkst zu viel Bier" oder „Du arbeitest zu viel" oder „Dein Kontostand lässt zu wünschen übrig", ist es wichtig, einleuchtend *und* konstruktiv zu zeigen, worum es geht. Daten können eine Art der Kommunikation zwischen User Interface und Nutzer darstellen. Und das auch noch auf verhältnismäßig kleinen Screens, wie es Smartphones sind. Da sind wieder Sie als Designer gefragt, eine Lösung zu finden, die wenig Platz erfordert, ein Aha-Erlebnis auslöst und auch noch in der Interaktion Spaß macht. Also brauchen wir wieder eine Konzeption dessen, was dargestellt werden soll, dann müssen wir die Art der Visualisierung auf dem Screen finden, die für unterschiedliche Größen machbar ist, diese auf Verständlichkeit prüfen und schließlich eine schicke Ästhetik, vielleicht sogar Animationen finden. Puh, das ist viel. Fangen wir mit der Konzeption an.

Mit Daten gibt es mehrere Herausforderungen:

- Wie werden sie zu **sinnvollen Informationen** für den Nutzer zusammengestellt?
- Wie werden sie **übersichtlich**, schnell zu erfassen und **ziel- oder lösungsorientiert** angezeigt? Nicht umsonst sind heutzutage Infografiken so beliebt. Die visuelle und bisweilen humorvolle Aufbereitung von Daten macht den Erstellern und den Betrachtern Spaß. Die NeoMam Studios haben eine Infografik mit den wissenschaftlichen Gründen für den Boom von Infografiken erstellt: „13 Gründe, weshalb sich Ihr Gehirn nach Infografiken sehnt" unter *http://neomam.com/interactive/dreizehngrunde/* Die Essenz ist, wir erfassen visuelle Informationen in absurd kurzer Zeit, wir fokussieren unsere Sinnesreize auf die Augen, wir merken uns Informationen besser, schneller und überhaupt, wenn sie visuell dargestellt sind, *und* wir sind auch noch weniger frustriert, wenn wir nicht mit viel Text umgehen müssen - in App und Web. Im Buche, hoffe ich, ist es noch nicht so.

- Wie werden Datenanzeigen **priorisiert**? Ein provokantes Beispiel: Wenn Sie sich entscheiden, fehlende Butter im Kühlschrank mit Rot auszurufen, wie wichtig kann dann noch ein leckendes Dach sein, das auch Rot nutzt? Dinge sind wichtig, ja, und sie haben unterschiedlich bedrohliche Prioritäten. Ohne Butter schmeckt vielleicht das Brötchen nicht, mit einem leckenden Dach schmeckt gar nichts mehr. Wenn Ihnen mehrere vernetzte Systeme in einer App Dringendes melden, dann braucht es eine Idee zur priorisierten Darstellung und Entscheidungsfindung.
- Wie gehen wir mit den **Mengen** an Daten um, die auf uns zukommen? Wenn jede Nacht Daten zum Schlaf gesammelt wurden, stellt sich die Frage: Wo und wie werden längst vergangene Nächte und ihre Daten dem Nutzer zugänglich gemacht? Den Nutzer interessiert das Heute, aber auch sein **Fortschritt**. Der Fortschritt ist erst zu sehen, wenn die Daten aus der Vergangenheit mit den Daten aus dem Heute verglichen werden.
- Fancy Datendarstellung stellt uns Designer beim Ausdenken, beim Prototypen und schließlich beim **Argumentieren** mit den Entwicklern vor eine große Aufgabe. Und ich hoffe, dass uns ein *Data-Analyst* zu Seite steht, wenn es um komplexe Daten geht. Und am Ende vielleicht ein *Information-Designer*, der weiß, welche Daten auf welche Art dargestellt werden sollen, um komplexe Zusammenhänge schnell zu vermitteln.

Keine Sorge, ich will nicht, dass Sie jetzt auch noch Datenexperte werden. Nein. Mir geht es lediglich um das Bewusstsein dafür, dass Daten eine eigene Bildsprache haben. Und dass eine attraktive App sich einer attraktiven Bildsprache bedient. Daten gehören zur UX. Was geht im Kopf eines Users vor? *Alles ist super an dieser App, aber am Ende wird mein Schlaf in einer langweiligen Tabelle dargestellt? Igitt! Ich bin nicht langweilig und in eine Tabelle zu pressen*. Darum geht's.

Mobile Data Visualisation

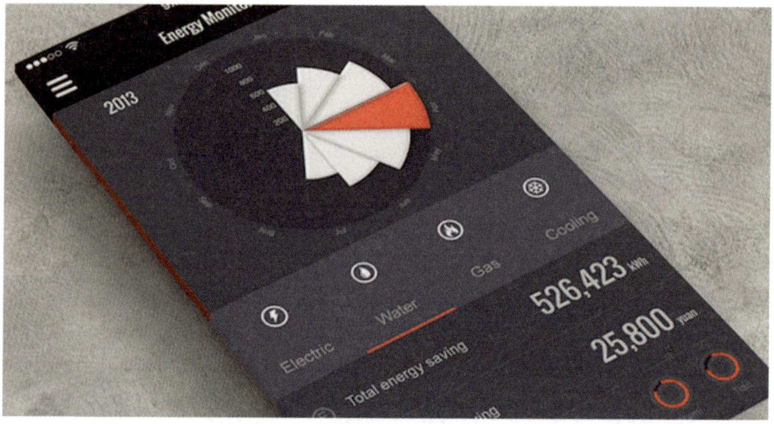

Bild 6.24 Diese elegante Übersicht von Energieverbrauch wurde von Kingyo erstellt. Mehr zu finden auf Dribbble: *https://dribbble.com/shots/1186958-Energy-Monitor-UI* oder *https://dribbble.com/search?q=charts*

Nun, fürs Web gibt es einige Quellen der Inspiration für die Darstellung von Daten und für die technische Umsetzung dieser Darstellungen für Webseiten. Tasten wir uns damit voran.

- *http://flowingdata.com* – eine Art Portal für Daten und Datenvisualisierungen. Viele Möglichkeiten, viele Infos zu allen erdenklichen Lebensbereichen.

- *https://infogr.am* – richtet sich mit günstigen Preisen vor allem an Pädagogen. Ist nicht super fancy im Design, aber dafür sehr ordentlich.
- *http://www.easel.ly* – viele Ideen und Templates zur Darstellung von Daten. Eher als Inspiration denn als Verwendung in einer App.
- *http://vizualize.me* – Hier können Sie testen, wie spannend Sie Daten über sich selbst finden; und ob Sie die Darstellung angemessen finden.
- *http://visual.ly* – Die haben's schon gerafft und sich in der Darstellung für Daten spezialisiert. Für große und kleine Business-Anliegen stellen sie Daten dar und machen daraus eine ganze Argumentation.

Okay, hier ging es um statische Daten, einmalige Daten. Was nun, wenn Sie selbst eine lebendige Datenanzeige testen wollen? Und das auch noch responsive, um zu sehen, wie die Diagramme unterschiedliche Größen annehmen? Dann kommen Sie nicht um Webtechniken umhin – JavaScript ist hier wieder das Tool der Wahl. Das führt uns auch zurück zu der Diskussion der nativen oder hybriden Apps. Vielleicht eignet sich für das App-Projekt, das Sie gerade umsetzen, eine Mischung aus Web-Views mit JavaScript-Datenvisualisierung? Sie und Ihre Entwicklerkollegen haben die Wahl zwischen Webtechnologien und Bibliotheken in nativem Code. Was wählt Ihr Team aus?

- **Chart.js** unter *http://www.chartjs.org* – ist standardmäßig responsive und sieht auf Smartphones und Tablets gut aus. Kostenfrei und Open Source und mit umfangreicher Doku.
- **CHARTIST.JS** zu finden unter *http://gionkunz.github.io/chartist-js* wird mit kleinster Datenmenge und keinen Abhängigkeiten zu anderen Libraries angepriesen. Die Daten kommen flat daher und können über CSS aufgehübscht werden. Chartist bietet außerdem Animationen, die allerdings nur in modernen Browsern ausgeführt werden können. Vielleicht müssen Sie ja nicht alle Smartphone-Browser bedienen?
- **N3-charts** unter *http://n3-charts.github.io/line-chart* für AngularJS-Projekte. Viele Beispiele, sieht nett aus, braucht sicher ein wenig CSS-Aufpeppung.
- **RAW** unter *http://raw.densitydesign.org* ist ein cooles Tool mit einer schönen Optik und der Möglichkeit, schon auf der Seite ein Chart mit Daten zusammenzubauen und zu wählen, welche Form es haben soll. Es eignet sich super zum Rumspielen.

Es gibt noch mehr: Plot.ly, ZingChart, ChartBlocks (hier wieder online zusammenbaubar und als Grafik kostenlos exportierbar). Sie verstehen, worum es mir geht: Das eine ist Inspiration dafür, auf welche Weise *Sie* dem Nutzer Daten zeigen wollen. Das andere dabei ist die technische Umsetzung. **Stimmen Sie sich in jedem Fall mit Ihren Entwicklern ab!** Solche Visualisierungen programmatisch – und somit dynamisch – umzusetzen, kann ein verdammter A-Aufriss sein. Wenn das nicht im Projektbudget vorgesehen war, wird es vielleicht einfach hässlich aussehen, weil keiner Lust hatte, sich darum zu kümmern. Aber das ist für eine attraktive App mit hohen Ansprüchen an UX und UI ein No-Go.

Einige Beispiele für native Chart-Bibliotheken. Dann wissen Sie als Designer ungefähr, was so geht und für welches Maß es bereits Lösungen gibt:

- *https://github.com/danielgindi/ios-charts*
- *https://github.com/PhilJay/MPAndroidChart*
- *https://github.com/Jawbone/JBChartView*

"There is no such thing as information overload. There is only bad design." – Edward Tufte

Bild 6.25 Zuletzt bleibt die Frage, ob wir die Smart-Objekte zu einem Elternersatz machen, der uns ständig sagt, was wir zu tun haben. „Räum Dein Zimmer auf, atme, geh joggen, Du setzt an, fahre Dein Auto in die Werkstatt und vergiss nicht, Dein Kind aus dem Kindergarten abzuholen ...“
Quelle: *http://www.information-age.com/technology/mobile-and-networking/123458485/why-internet-things-more-just-smart-fridge*

„Distribuieren Sie passend zu Ihren Nutzern.“

7 Scenarios, Storys und Personas

> *"If I had asked people what they wanted, they would have said faster horses."*
> *– Henry Ford (*1863 - 1947), Gründer des Automobilhersteller Ford Motor Company.*

Henry Fords bekanntes Zitat hat zwei Seiten. Die eine Seite ist die der Erfindung - selten wollen Nutzer etwas, das sie sich nicht vorstellen können. Die andere Seite ist die der komfortablen Nutzung - und da haben die meisten von uns gute Erfahrungen mit Autos gemacht. Der Fokus liegt also gar nicht auf der Neuigkeit selbst, sondern auf deren Benutzung. Wenn sie eine Praktikabilität hat und sich leicht nutzen lässt, prima!

In diesem Abschnitt stelle ich Ihnen Tools vor, mit deren Hilfe Sie sich auf das nutzerzentrierte Design fokussieren. Wunderbar ist, dass diese Methoden aufeinander aufbauen. Sie lernen *Scenarios*, *Storys*, *Recherchen* und *Personas* als Konzeptionsmethode für Apps kennen. Sie lernen, wie *Personas* erstellt werden und was der Benefit von Persona-Profilen ist. Sie erfahren, wie Sie ein Nutzer-Interview gut vorbereiten und durchführen. Sie sehen, wie all diese Informationen in die *User Journey* fließen werden und welche Punkte vor allem bei einer User Journey mit einer App zu beachten sind. Die User Journey ist das Ziel dieses Abschnitts und mit ihrer Hilfe können wir im nächsten Kapitel gleich in die Features einsteigen.

Auf geht's!

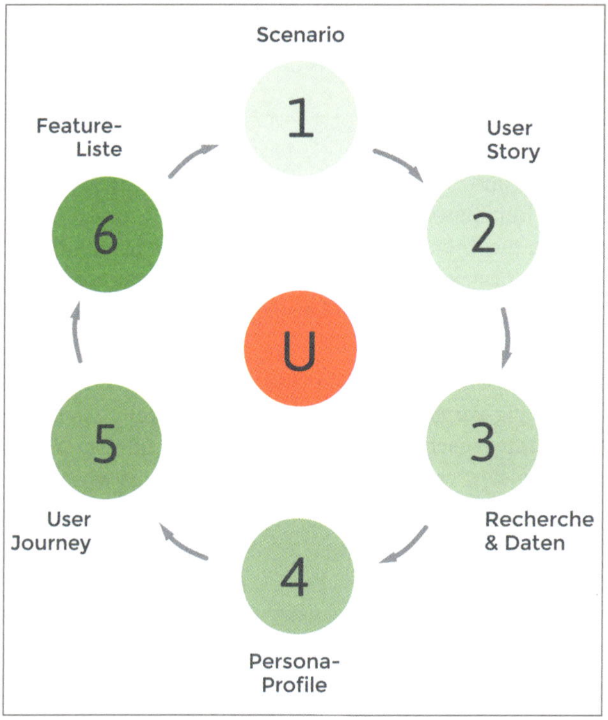

Bild 7.1 Der Kreislauf der Vorkonzeption. Mit Scenarios, Storys und Persona-Profilen formen wir die ideale User Journey. Diese zeigt auf, wie sich der Nutzer idealerweise durch die App bewegt, um das maximale Erfolgserlebnis und Freude zu haben. In Tests werden die Abweichungen der idealen User Journey zu der tatsächlichen minimiert, indem die Nutzung am Prototyp getestet und verbessert wird.

7.1 Context Scenarios & User Storys

Kontextszenarien beschreiben immer die **zukünftige** Nutzungssituation Ihres Nutzers mit der App - es ist also eine Art Idealbild, das Wunschszenario, das, wo die Reise hingeht. Der Sinn ist es, die Nutzung des Produktes fließend als Geschichte zu erzählen und möglichst vollständig zu erfassen, um Stockungen und eventuelle Unlogiken gleich zu Anfang zu finden.

Das Szenario wird aus der Drei-Personen-Perspektive geschildert und beginnt am besten mit dem Kernnutzen der App. Als erstes Beispiel nehme ich eine bekannte App: *„Sally holt Ihr Smartphone aus der Tasche, startet DriveNow und sucht nach Fahrzeugen in ihrer Nähe. Auf der Karte sieht sie ihre eigene Position und in unterschiedlichen Abständen davon die Positionen der Autos, die frei zur Miete sind. Tippt sie auf die Position eines der Fahrzeuge, werden ihr Weg und Gehzeit zu diesem Auto auf der Karte angezeigt. Darüber hinaus sieht sie Informationen zum Auto wie Tankstand, Marke, Farbe, Anzahl der Türen. Sally kann ein Auto 15 Minu-*

ten kostenlos reservieren, um sicher zu sein, dass das Auto noch da ist, wenn sie dort ankommt, um es zu mieten. Die App navigiert Sally zum Auto, zeigt ihr an, wie viel Zeit ihr noch bleibt und wie lang der Weg bis dahin ist … []“

Diese Beschreibung ähnelt sehr einer Story – es gibt eine Hauptfigur, eine Handlung und wünschenswerter Weise ein Happy End. Geschichten sind ein wunderbares Mittel, um unsere Vorstellungskraft und Empathie zu aktivieren. Darüber hinaus merken unsere Zuhörer meist, wenn in der Handlung etwas nicht stimmt. Diesen Umstand machen wir uns zum Vorteil und detaillieren die Abläufe in der Nutzungsstory. Je detaillierter wir die Handlung erfassen, desto mehr Informationen bekommen wir zur Interaktion zwischen Nutzer und App sowie zu den benötigten Features. Am Beispiel einer App-Idee will ich Ihnen diese Vorgehensweise zeigen.

Viele App-Ideen starten automatisch mit der Beschreibung des Szenarios. Das ist gut und richtig. Was jedoch häufig vernachlässigt wird, ist, **diese Story wenigstens einmal von Anfang bis Ende herunterzuschreiben** und jemandem vorzulesen. Wenn die Idee im Kopf des Kunden kreist, begeistert erzählt und gestikuliert, aber nie in einem Ablauf niedergeschrieben wird, kann man die Lücken der Story nicht erfassen. Wir müssen die Lücken kennen, denn diese überraschen uns dann bei der Umsetzung. Und: Dort fallen uns die User durch.

Deswegen kommt nun ein nächstes Beispiel ganz von Anfang – der erste Kontakt der Nutzerin mit der App:

> *Hellen hat von ihrer Freundin Birgit eine App empfohlen bekommen. Irgendwas mit „Fokus“ und „nur zwei wichtige Dinge am Tag“ tun. Da Hellen ihren Alltag sehr stressig findet und das Gefühl hat, nicht das zu erledigen, was für sie persönlich wichtig ist, sucht sie nach besagter App im Store. Beim Stichwort „Fokus“ erscheint die App relativ weit oben. Die Bewertungen der App liegen bei 4,3 von 5 Sternen. Die Kommentare der anderen Nutzer wurden vom Anbieter der App mit Dank kommentiert – dadurch erscheint ihr die App gleich sympathisch. Hellen installiert sie. Beim Öffnen der App hat sie die Möglichkeit, sich ein Video zur Benutzung anzusehen oder das Video zu überspringen. Sie sieht es sich an. Danach ist ihr klar, wie sie die App für sich nutzen kann. Sie wird von der App zur Eingabe des ersten To-dos geleitet und kann es mühelos erstellen. Sie freut sich und denkt: „So einfach!“…*

Beachten Sie für die Storys Folgendes:

- Schreiben Sie die Story einmal beherzt von **Anfang bis Ende** auf. Lesen Sie sie laut, gehen Sie damit schwanger, ergänzen Sie sie. Diese Story darf und soll verfeinert werden. Unterscheiden Sie den ersten Kontakt mit der App und die wiederholte Nutzung. Schreiben Sie für beides je eine Story.
- Schreiben Sie allerdings **keine Details darüber, wie die App aussieht oder funktioniert!** Also nicht: *Oben links hat sie ein Kreuzchen und unten rechts einen Button* oder *Die App zeigt einen grünen Ladebalken an.* Legen Sie das ganz klar in die Designphase, denken Sie noch nicht in Lösungen, lenken Sie sich nicht mit Dingen ab, die für die Handlung keine Rolle spielen. Seien Sie mit Beschreibungen des Aussehens schwammig und offen. Schreiben Sie dafür die Handlung detailliert auf.
- **Lesen Sie die Story anderen laut vor** und machen Sie sie schrittweise rund. Holen Sie sich Feedback von anderen Menschen.

- Wenn Sie wollen und können, zeichnen Sie ein **Storyboard**, allerdings nur, wenn Sie das nicht als Ihr Lebenswerk betrachten, sondern als schnelle Visualisierung der Nutzungssituation(en). Dabei geht es nicht um die App-Screens (die sind in den Wireframes dran - nächstes Unterkapitel), sondern um die aktuelle Situation des Nutzers und seine **Emotionen**. Möglich ist es auch als Fotostory - wie in der Bravo.

Storys

Geschichten waren schon immer hervorragend geeignet zur Übermittlung von Informationen und Botschaften - nutzen Sie deren Stärke!

Story als Problemfinder

Das kennen Sie doch: Eine Freundin erzählt Ihnen eine Story aus dem Supermarkt und dass die Frau an der Kasse dieses oder jenes gesagt hätte; daraufhin wäre dem Mann die Flasche aus der Hand gefallen und Ihre Freundin habe sich beim Versuch, die Schweinerei wegzuräumen, den Kopf gestoßen. Wieso konnte sie nicht an sich halten? Warum war sie so hektisch? Denkt sie, sie muss alles für jeden tun? Kann sie etwa nicht Nein sagen? Und schwupp, wir haben ein Problem gefunden. Nun können Sie entscheiden, ob es hierzu eine Lösung in Form eines App-Produkts geben sollte; zum Beispiel eine App, in der man seine täglichen Nein zählt ...

Story als App-Vision

Die App-Vision kann dem idealen Nutzungsszenario naheliegen. In leichter Sprache wird beschrieben, wie jemand mit der App in Interaktion tritt und eine Aufgabe von leichter Hand erledigt. Details liegen dabei nicht auf der Screen-Gestaltung, sondern auf der Interaktion.

Ziel ist, die Beschreibung der Nutzungssituation - also die User Story - so vollständig wie möglich zu schreiben. Je vollständiger und ohne Lücken, desto besser lassen sich die benötigten Funktionen sammeln. Wie das geht, sehen Sie bei den User-Szenarien.

Story als Blockaden-Finder

Gleichsam werden Storys zur Dokumentation und Präsentation von User-Tests benutzt. Diese Methode stellen Whitney Quesenbery und ihr Kollege Kevin Brooks in ihrem Buch „*Storytelling for User Experience*“ vor. Bewährt hat sich die Variante: Links Screenshot der App, evtl. mit einer farblichen Markierung der Blockade, und rechts davon die Erzählung, was der Nutzer getan hat und was ihn u. U. irritierte. Ein Beispiel dazu sehen Sie in Abschnitt 7.4, *Testen*.

Nachdem Sie die Story abgerundet haben, gehen Sie über zu den *Personas*, mit deren Hilfe Sie Nutzerprofile erstellen. Wenn wir Storys und Personas erstellt haben, dann erschaffen wir die User Journey - ein Tool, das die gesamte Reise des Nutzers mit all ihren Herausforderungen aufzeigt und hervorragende Dienste für die User Experience leistet. Das ist unser Ziel. Also auf zu den Personas!

7.2 Recherchen

In Kapitel 5, *Minimum Viable Product*, habe ich Ihnen gezeigt, wie Sie recherchieren können, wenn der Markt unklar ist, man sich auf Trends und Buzz-Words stützen muss. Das betrifft insbesondere neue Ideen. Wenn es eine App schon gibt und die Zielgruppe und sogar Nutzer dazu, gehen die Recherchen in die Richtung einer Konkurrenzanalyse. Dabei ist das Ziel herauszufinden, wie die Konkurrenz ihre Zielgruppe anspricht; und wie sie ihr Produktversprechen hält. Der Play Store ist ein herrliches Feld, um genau das zu prüfen.

Dankbarerweise leben wir auch im Zeitalter der Bewertung, sodass Nutzer zu den Produkten öffentliche Feedbacks geben können. Das bleibt also kein internes Geheimnis, sondern ist für die Außenwelt sichtbar.

Ich führe Ihnen das anhand eines sehr realen App-Beispiels vor. Und zwar habe ich den Abfall-Kalender für dieses Jahr bekommen. Auf dem letzten Blatt des Heftchens ist eine Anzeige zu der AWU/ALBA-App. Mit dieser App kann ich daran erinnert werden, wann ich welche Tonne auf die Straße stelle, damit diese entsorgt wird. Prima! Davon haben die Nachbarn schon einmal geschwärmt, aber ich fühle mich erst jetzt angesprochen, da meine Papiertonne überquillt, weil ich zwei Mal den Termin verpasst hatte! Die Rettung naht! Jetzt gehöre ich zur Zielgruppe der Müll-Apps.

Bild 7.2 Okay, ich gebe „Abfuhrkalender" ein und sehe die ALBA-App. Etwas inkonsistent mit dem AWU/ALBA, aber optisch wiederzuerkennen. Unter anderen Worten wie „Müllwecker" oder „Müllapp" hat diese App einen geringeren Platz – die Konkurrenz *MyMüll.de* schafft es jedoch, immer oben zu stehen. Nachdem ich die Ergebnisliste bekomme, sehe ich die schwache Bewertung der ALBA-App – und bin eigentlich schon raus.

Da ich unerklärlicherweise QR-Codes nicht so toll finde, gebe ich im Play Store ein „müll app“ oder „abfall app“. Überraschenderweise sind andere Apps weiter oben und ich muss die ALBA-App erst suchen. Natürlich sehe ich mir nebenbei die Bewertungen der Apps an. Und bin schockiert. Die beworbene ALBA-App hat nur 2,3 von 5 Sternen! *Pfff, wieso soll ich mir das antun?,* denkt mein Nutzerhirn und *Was ist da nur los?,* denkt mein Designerhirn.

Schnellanalyse Müll-Apps

Auf den ersten und zweiten Blick gibt es regionale und überregionale Müll-Apps. Häufig haben die regionalen bessere Bewertungen, aber weniger Downloads. Die überregionalen Apps hingegen haben viele Downloads und schlechtere Bewertungen. Allein, wenn man herausfinden möchte, woran das liegt, ergibt sich vermutlich ein Feature, das Gold wert ist. Die überregionalen Apps können etwas nicht leisten, was die regionalen können, vermutlich: regional sein. Wie wirkt sich das auf die Features aus? Okay, dann sehe ich mir grob an, was Nutzer schreiben. Die häufigsten Probleme scheinen zu sein: Termine werden nicht aktualisiert, die Erinnerungsfunktion geht nicht oder die App stürzt ab. Dass eine App wirklich im seltensten Fall abstürzen sollte, ist klar und kein besonderes Feature. Es wird von den Nutzern erwartet und gehört quasi zur Idee des Produkts dazu. Mittel dagegen: gute Programmierer und Tests, gern auch eine Beta-Phase, um nicht den Eindruck von Perfektion zu vermitteln, wenn dem nicht so ist.

Okay, dass die Termine vom Anbieter nur für bestimmte Regionen geladen werden können, ist ein Problem. Hierbei scheint es keine Mischform zu geben. Entweder es gibt Apps, bei denen die Termine automatisch geladen werden, oder Apps, für die man es manuell eingibt. Mit der Mischform ließe sich dieses Problem besser lösen. Muss aber super easy und schnell gehen und vielleicht noch Spaß machen.

Dass die Erinnerungsfunktion bei vielen Apps nicht geht, ist peinlich. Das heißt, mit einer App, die auf jeden Fall immer mit der Erinnerungsfunktion auftrumpfen kann, könnte man Nutzer gewinnen. Wenn man in der Ansprache und Kundenkommunikation auf die Erinnerung und die Termine eingeht, hätte man einige Apps abgehängt.

Und nun zum Design. Hier lässt sich eine Menge nachholen. Die Top-Müll-App „MyMüll“ bedient sich Anglizismen, „MyMüll“ klingt gut, ist eine Alliteration (gleiche Anfangsbuchstaben) und nutzt also ein sprachliches Stilmittel. Außerdem ist die Bildsprache modern, das App-Icon sieht nach was aus und ist zeitgemäß – erinnert wenig an Müll – und die App-Screenshots sehen vielversprechend modern aus; im Gegensatz zu vielen anderen Müll-Apps, die wie Webseiten aussehen.

Bei noch genaueren Recherchen fällt auf, dass MyMüll eine weitere Strategie fährt. Sie sprechen auf ihrer Webseite gezielt Kommunen an, die diese App für ihre Bürger anpassen können. Damit ist der Sack zu, weil es nicht mehr nur um einzelne Nutzer, sondern um Kommunen als Nutzer für einen ganzen Service geht. An dieser Stelle wird die Konkurrenz plötzlich größer und erfordert weit mehr Strategie als bei einzelnen, heterogenen Müll-Apps. Jemand ist bereits dabei, den Müll-App-Markt an sich zu reißen und ein Angebot zu schaffen, das die anderen überflüssig macht. Braucht aber auch Zeit, um alle Kommunen dorthin zu bewegen. Ob sich da eine Variante, die nur die manuelle Eingabe anbietet, doch noch mal lohnt? Und dann kommt die Frage nach dem Geschäftsmodell. Wie wird bei lauter kostenlosen Apps Geld verdient? Vielleicht mit einem tollen Müll-Spiel?

Fragen- und Recherchekatalog für Ihre App-Idee

- Gibt es ähnliche Apps im App-Store? Wie sehen jeweils die Download-Zahlen und Bewertungen dieser Apps aus? Machen Sie sich eine Tabelle mit weniger als zehn Konkurrenten. Halten Sie Downloads und den Durchschnitt der Bewertungen fest.
- Warum hat die App diese Bewertung? Welche Features haben diese Apps?
- Was sagen die Nutzer: Welche Features sind gut umgesetzt? Welche Features benötigt man nicht? Welche Features sind ein USP?
- Wie ist die Ansprache der Apps? Icon, Titel, Beschreibung? Womit gelingt die emotionale Ansprache? Was ist das Produktversprechen? (Ist es das Versprechen, dass man keinen Termin mehr verpasst *oder* dass man sich gut fühlt, weil man keinen Termin mehr verpasst? MyMüll arbeitet deutlich mit glücklichen, zufriedenen Menschen, die Spaß an der App haben und bei denen es „glatt läuft“. Selbst eine Müll-App kann uns das Gefühl geben, dass es uns besser gibt …)
- Gibt es eine Webseite zu dieser App? Wie groß ist der Einflussbereich dieser App?
- Welche Zusatzthemen und -informationen arbeitet diese App ab? Bei Müll: Recycling, Wertstoffe, Tauschbörse, Abfall-ABC, Sperrmüll beantragen etc.
- Geht diese App Kooperationen mit anderen ein – und weitet damit Ihren Kommunikations- und Kundenkreis?
- Gibt es Presseartikel und andere Querverweise zu dieser App? Wenn, wo? Wo werden die Ankerpunkte für die Bewerbung der App gesetzt? Dort ist auch die Zielgruppe zu vermuten.
- Werden Buzz- und Trend-Wörter verwendet? Ja! „MyMüll“ erinnert mich beispielsweise an die my-Welle. MyFitness, MyMuesli, My… Dieser Zug fährt also auch immer noch. Ist ja schließlich etwas für *mich*.

Auch wenn Sie jetzt nicht die nächste Müll-App machen, gehen Sie diese Fragen für Ihre App-Kategorie durch und tragen Sie das Bild des Kunden für die Buyer Persona und das Bild des Nutzers für die User Persona dieser App zusammen, das die Konkurrenz aufbaut. Da haben Sie schon einen Teil Ihrer beiden ersten Personas zusammen.

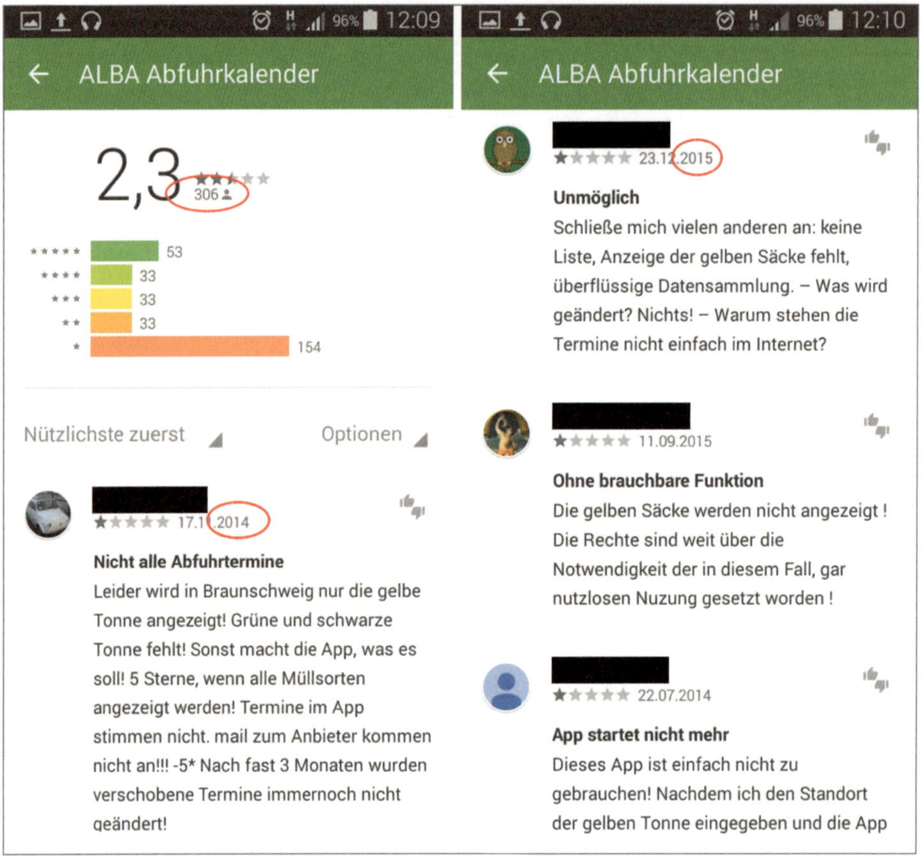

Bild 7.3 10 000 Downloads, große Reichweite, aber keine tolle App. Anhand der Nutzerkommentare können Sie Daten für die User Persona gewinnen. Hier schreiben die User darüber, was sie erwartet haben und was nicht passiert ist. Das sind Optimierungsfelder, die Sie für Ihre App nutzen können.

7.3 User Personas

Eine *Persona*[1] ist also ein aus mehreren Nutzern zusammengefasstes Profil an Verhaltensweisen und Motiven, das als Modell oder Muster dient, um ein Konzentrat des typischen Nutzers zu repräsentieren. Um Ziele, Motivationen, Gewohnheiten, Bequemlichkeiten und Vorlieben der Nutzer herauszufinden, wird zunächst recherchiert wie zuvor beschrieben. Danach eignen sich Interviews von Bestandskunden, Bekannten oder Menschen, die über eine Anzeige eingeladen wurden, zur Erhebung von Bedürfnissen und Befindlichkeiten. Anschließend

[1] Als *Persona* wurde in der Antike die Maske bezeichnet, die sich Schauspieler vor das Gesicht hielten, um klarzumachen, dass sie eine Theaterrolle spielten.

können bei einem vorhandenen Prototyp diese Nutzer während des Tests beobachtet und ihre (Inter-)Aktionen mit der App dokumentiert werden. Diese Nutzung stellt einen Teil der User Journey dar.

Bild 7.4 Persona-Beispiel. Aus Recherchen, Interviews oder Tests zusammengetragene Nutzerprofile. Personas helfen uns dabei, uns auf die Bedürfnisse der Zielgruppe immer wieder zu fokussieren. Daher: am besten an die Wand hängen und für das Team sichtbar machen.
Quelle: Teresa Lieh, *http://bit.ly/1QMIF6p*

Vorteile der Persona-Erstellung

Mit der Erstellung von Personas schlagen Sie mehrere dicke Fliegen mit einer Klappe:

1. Sie testen und finden **Usability-Fehler**, die schön während der Konzeptionsphase korrigiert werden können.
2. Sie dokumentieren Nutzer und können mit der Zeit Eigenschaften wiederentdecken, die Ihnen aufzeigen, wie bestimmte **Nutzergruppen** die App nutzen, welche Erwartungen sie haben, wie viel Geduld sie für bestimmte Dinge aufbringen - oder eben nicht aufbringen.
3. Sie sammeln Fakten, mit denen Sie **Designentscheidungen belegen** können. Damit können Sie Diskussionen darüber, ob Menschen einfache Listen oder Dropdowns bevorzugen, rasch beenden. Auch hinsichtlich der Farbwahl und des Stils der App können Sie in den

Interviews Fragen unterbringen, die Ihnen Feedback dazu geben. Wenn dann herauskommt, dass sieben von zehn Nutzern meinten, das Rot wäre so grell, dass ihnen die Spucke wegbliebe, haben Sie eine ganz andere Argumentationsgrundlage, als wenn nur Ihnen die Augen ausfallen.

4. Sie bauen den Nutzern gegenüber **Empathie** auf, weil Sie sie besser kennen und persönlich erlebt haben.
5. Nachdem Sie mit Vertretern der Zielgruppe getestet und diese zu Gruppen zusammengefasst haben, **fokussieren** Sie sich auf das konzentrierte Nutzerprofil und damit idealerweise auf **eine** *Persona*. Natürlich kann es auch passieren, dass die Zusammenfassung Ihrer Nutzer zu Gruppen mehrere Personas ergibt. Dann ist es sinnvoll, höchstens mit drei Profilen zu arbeiten. Diese Profile benötigen wenigstens eine Gemeinsamkeit - das trägt zum Kernnutzen Ihrer App bei. (Beispiel: Sie konzipieren eine Fitness-App. Es gibt Übungen für Frauen und Männer. Alles passt, aber beide Gruppen fragen Sie, wo sie die Ergebnisse in ihren Facebook-Profilen teilen können. Dann wissen Sie, dass das Teilen ein zusätzliches Feature ist, das den Kernnutzen Ihrer App stärkt.)
6. Außerdem erreichen Sie bei dem Aufbau von Personas mit allen anderen im Team sowie Ihrem Kunden einen **Konsens**. Ist die grundlegende Persona erst einmal festgelegt, kann nicht einfach so hin und her geswitcht werden. Damit wird verhindert, dass die App allen gefallen muss - was sie niemals erreichen kann.
7. Aus den Tests mit Nutzern und der Extraktion der Personas werden auch die benötigten **Features** der App deutlich. Wenn mehrere Testnutzer nach einem Feature fragen, das nicht vorgesehen war, sollten Sie das unbedingt dokumentieren und im nächsten Entscheidungsmeeting vorlegen.

Je mehr Interviews oder Tests[2] Sie mit Nutzern durchführen, desto mehr werden Sie feststellen, dass die Nutzereigenschaften sich wiederholen. Sie haben beispielsweise ähnliche Gewohnheiten am Morgen, haben ähnliche Apps installiert oder haben ähnliche Ziele im Leben. Wenn Sie merken, dass diese Muster sich immer häufiger wiederholen und Sie einige davon in jedem weiteren Nutzer wiedererkennen, haben Sie genug Daten gesammelt, um diese Nutzer zu Gruppen zusammenzufassen. Eine zusammengefasste Gruppe ergibt ein Profil - Ihre *Persona*. Erstellen Sie zu einer App nicht mehr als zwei bis drei Profile. Manche behaupten sogar, eines würde ausreichen, weil sie sich am besten darauf konzentrieren können.

In Kapitel 5 hatte ich einen Exkurs zu den *Buyer Personas* - also den Käufern Ihrer App - vorgenommen. Diese können, müssen aber nicht mit den Nutzern übereinstimmen. Doch auf eines sollten Sie unbedingt achten: Die Erwartungen, die bei der Buyer Persona geweckt werden, müssen für die *User Persona* in der Bedienung der App erfüllt werden. Daran scheitern allzu viele Apps. Die Erwartungen werden aufgebaut und entsprechend hoch gesetzt und dann stürzt die App ab. Dass es dafür wenig oder kein Verständnis gibt, ist doch verständlich, oder?

[2] Usability Tests

Wenn die Erstellung der Buyer Personas zum Ziel hatte, Ihr App-Produkt angemessen und verständlich vorzustellen und Kaufinteressenten zu verstehen, dann hat die Zusammenführung der Zielgruppe in die User Personas das Ziel, die Usability und User Experience Ihrer App einwandfrei zu gestalten.

Personas erstellen

Shlomo Goltz stellt in seinem Artikel *A Closer Look At Personas: What Are They And How They Work*[3] die **fünf Kurzschritte zur Erstellung von Personas** vor, die ich hier nenne und etwas ergänze:

1. Interviewen und beobachten Sie eine angemessene Zahl von Nutzern. Gemäß Steve Krug sind drei das Minimum, empfohlen von Kim Goodwin sind es um die 20. (Bei improvisierten Personas ersetzen Sie diesen Schritt mit dem Brainstorming und den Annahmen aus Ihrem Team.)
2. Finden Sie die Muster in den Antworten und Verhaltensweisen der Nutzer und ordnen Sie diese zu Gruppen zusammen.
3. Setzen Sie nun aus den stärksten Eigenschaften der Nutzer einer Gruppe das Hauptprofil, also das Modell, die Persona 1 zusammen. Hervorragend geeignet ist das Persona-Plakat von CREATIVE COMPANION: *http://bit.ly/1sWtv7j* Arbeiten Sie maximal mit drei Personas, am liebsten nur mit einer.
4. Teilen Sie dieses Profil-Plakat mit Ihrem Team, stellen Sie es Ihrem Kunden vor und machen Sie es für alle Beteiligten sichtbar. Möglicherweise gibt es Ergänzungen, die interessant sein könnten.
5. Nutzen Sie diese Persona mit Ihren Wünschen, Bedürfnissen, Motivationen und Erwartungen nun als Gegencheck zu Ihrer Konzeption und Ihren Entwürfen. Verfeinern Sie die Persona, wenn Sie eine wichtige Eigenschaft in weiteren Tests entdeckt haben.

Die Schwierigkeit mit *Personas* ist, dass man sich darin verlieren kann. Große Firmen leisten sich Agenturen, die Recherchen durchführen und professionelle Personas erstellen. Wenn Sie nun gerade keine große Firma sind, dann nutzen Sie trotzdem **improvisierte Personas**. Diese erstellen Sie zusammen mit Ihrem Team, dem Kunden, jemandem vom Vertrieb. Lassen Sie einfach jeden im Team Eigenschaften zu der gewünschten Persona aufschreiben, sortieren Sie diese dann so lange, bis alle das entstandene Profil annehmen können. (Das heißt, Sie ersetzen die Recherche-Arbeit mit Annahmen aus dem Team. Das ist okay.) Was letztlich zählt, ist, dass es *ein* konkretes Profil des potenziellen Users gibt, das Sie sich an die Wand hängen und immer wieder ansehen können.

> *"As a design tool, it is more important that a persona is precise than accurate. That is, it is more important to define persona in great and specific detail than the persona to be the precisely correct one. This truth is surprising because it is the antithesis of the goal of interaction design, in which accuracy is always more important than precision."* – Alan Cooper, Quelle: *http://www.smashingmagazine.com/2014/08/a-closer-look-at-personas-part-1/*

---

[3] *http://www.smashingmagazine.com/2014/08/a-closer-look-at-personas-part-1/*

Progressive Persona-Profile für digitale Produkte

Diese Personas sind eine engere Variante von Profilen, die geografische und demografische Merkmale vernachlässigen und den Fokus auf psychologische sowie behaviorale Eigenschaften setzen. Das ist in der Welt ortsabhängiger digitaler Produkte und einer hohen Smartphone-Penetration durch alle Bevölkerungsschichten passender. Tolle Artikel, mit denen Sie Ihr Wissen vertiefen können, hat Scott Levine dazu geschrieben:

- Progressive Persona Profiling, Part 1: *http://bit.ly/1MAMWGr*
- Progressive Persona Profiling, Part 2: *http://bit.ly/1GntGzq*
- Progressive Persona Profiling, Part 3: *http://bit.ly/1jyeNjU*

Woher bekommen Sie Ihre Interviewpartner?

Auch das ist abhängig davon, wie viele Ressourcen Ihnen zur Verfügung stehen. Sind Sie in einem Agenturumfeld, dann können **Bestandskunden** durchaus als Nutzer dienen. Sie können ebenfalls **Anzeigen** schalten, Sie können über **Fachmagazine** direkt auf die Zielgruppe zugehen und gleich die Resonanz auf Ihr Angebot oder Ihre App testen, Sie können **Communitys** zum Thema Ihrer App aufsuchen, **Online-Fragebögen** (z.B. mit *https://de.surveymonkey.com/*) erstellen und verschicken, eine Anzeige bei **Facebook** oder **Google** einstellen, Sie können aber auch durch die Fußgängerpassage in der **Einkaufsmeile** laufen und dort Menschen ansprechen. Oder dort hingehen, wo Sie die Zielgruppe vermuten.

Für die ersten Interviews oder Tests laden Sie einfach Menschen aus Ihrem **Freundes- und Bekanntenkreis** ein, die am ehesten zu Ihrer App passen würden. Letztlich können Sie Ihre **Eltern**, **Kinder** und den **alten Mann auf der Straße** fragen. Denn Usability-Tests funktionieren an sich mit jedem. Um eine App leicht bedienen zu können, muss man weder Genie noch Freak sein. Um eine App leicht umzusetzen und rechtzeitig die stockenden Hindernisse zu finden, wird getestet, getestet, getestet. Selbst wenn Sie erst einmal nur mit Menschen testen, die nichts mit der Zielgruppe zu tun haben, ist das gut. Vielleicht finden Sie passendere bei der nächsten Testvorbereitung.

Welche Fragen können Sie stellen?

- **Demografische und geografische Daten** – halten Sie sich damit allerdings nicht zu lange auf:
  - Name, Vorname, Alter, Geschlecht
  - Familienstand
  - Wohnort
  - Beruf, Ausbildung
  - evtl. Einkommen
  - Religionszugehörigkeit (um keine Fauxpas in der Kommunikation zu begehen)

- **Psychografische Daten** – interessant für den Persönlichkeitstyp und um die bevorzugte Ansprache herauszufinden. Wenn Sie die Werte der Person kennen, können Sie diese immer wieder in der Ansprache und der Gestaltung beachten:
  - **Lebensumgebung** und **Lebensstil** – notieren Sie den aktuellen Status und das, wo die Person hin will. Wie möchte sie am liebsten in Zukunft leben?
  - **HIM** = Hobbys, Interessen, Meinungen
  - **Werte** – Menschen fühlen sich am besten, wenn sie konform zu ihren Werten leben können. Das ist natürlich nicht immer möglich, aber die *Aussicht* darauf ist möglich. Fragen Sie nach wichtigsten Werten. Viele Menschen haben ähnliche Werte: Ehrlichkeit, Fairness, Pünktlichkeit etc. Diese sind allerdings sozial geprägt und teilweise bedauerlicherweise oberflächlich, oft floskelhaft. Das heißt, die wahren Werte befinden sich vielleicht in der zweiten oder dritten Schicht. Sie müssen herausfinden, welcher Wert wirklich im Herzen dieses Menschen steckt. Eine Möglichkeit ist es, eine Liste mit Werten vorher zuzuschicken und die Person zu bitten, 20 wichtigste Werte auszuwählen. Aus diesen 20 sollen dann noch einmal die fünf wichtigsten herausgesucht werden. Diese Priorisierung zwingt die Testnutzer dazu, die Werte mindestens zweimal zu prüfen. Dadurch erhalten Sie originellere und persönlichere Werte, als die ich eingangs genannt hatte. Wenn Sie dann vor Ort sind, lassen Sie sich den wichtigsten Wert nennen. Eine Liste mit Begriffen finden Sie hier: *http://stevepavlina.de/werte-liste*
  - **Lebensziele** – Was ist Ihr Lebenstraum? Wo möchten Sie hin? Wen bewundern Sie und wofür? Welche Eigenschaften bewundern Sie an einem bestimmten Menschen (Vorbild)?
  - **Motivationen** – Was tun Sie, wenn Sie ein Ziel erreichen wollen? Was tun Sie, wenn die Zeiten schwer sind? Wie motivieren Sie sich? Wie motivieren Sie andere?
  - **Optimierbare (Lebens-)Bereiche** – Was würden Sie in Ihrem Leben gern ändern? Was würden Sie an sich selbst verbessern – für sich selbst, nicht für andere!
- **Behaviorale Daten** – Wie verhält sich der Nutzer im Alltag und in bestimmten Situationen:
  - **Alltagsbeschreibung** (Skizzierung eines typischen Tages) – Wie sieht einer Ihrer typischen Tage aus? (Lassen Sie sich einen Tag ganz genau beschreiben, achten Sie auf Details.) Und wie sieht ein untypischer Tag aus?
  - **Frustpunkte** im Alltag oder mit anderen Menschen – Welche Schwierigkeiten kommen immer und immer wieder? Woran kann Ihr Alltag hängen bleiben oder ändert Ihre Stimmung? (Hinweis auf ein Problem!)
  - Beobachtung des **Umgangs mit Technik** (PC, Smartphone, Tablet, Smartwatch etc.) – Ist der Befragte mit moderner Technik vertraut, gerade eingestiegen? Wie geht die Person mit ihren Geräten um?
  - Kann derjenige Ihnen **Frustpunkte** im Umgang mit (anderen) **Apps** aufzählen? Was ist gut und was nicht so gut gemacht in anderen Apps?

Das Interview: Offene Fragen stellen, Zuhören und sich auf den Weg machen

Geschlossene Fragen lassen sich nur mit Ja oder Nein beantworten. „Magst Du Vanilleeis?“, ist eine solche Frage. Sie ist zwar konkret und effizient, gibt dem Gefragten aber keine Möglichkeit, etwas von sich zu erzählen. In Interviews mit Nutzern wollen wir aber, dass Menschen von sich erzählen. Also stellen wir die Frage anders: „Welche Eissorten magst Du?“ Und schon tut sich ein Universum an Möglichkeiten auf. Der Gefragte kann jetzt alles aufzählen, was ihm dazu einfällt, und wird vielleicht in eine Anekdote rutschen: „... damals, ich glaube es war in Italien, o mein Gott, dieses Karamelleis. Vorher stand ich ja nicht so auf Karamell, aber nach diesem Eis ... es war wie ... wie Sex.“

Klar, so kommt man vom Hölzchen aufs Stöckchen. In diesem Fall ist es erwünscht, weil es uns etwas über das Gegenüber sagt. In diesem Beispiel zeigt es bei dem Gefragten eine gewisse Sinnlichkeit und den Mut, diese zu äußern. Das kann für Ihre Kundenansprache wichtig sein. Daher ist es für Sie notwendig, dass Sie mit jedem durchgeführten Interview ein Gespür dafür entwickeln, wo in einer Story noch Infos für Sie und das Produkt relevant sind und an welcher Stelle Sie elegant zur nächsten Frage übergehen.

Sie sehen schon, Interviews sollten Sie niemals gestresst durchführen - um in die Welt des Nutzers eintauchen zu können, benötigen wir Geduld, Wohlwollen und eine gute Nase für Storys. **Über Storys berühren Menschen einander. Und das ist es, was Sie wollen: Sie wollen Ihre Nutzer berühren. Mit Storys der Nutzer selbst.**

Weitere Materialien und Links zu Personas

Es gibt im Internet so viele Informationen zu Personas, dass es nicht nötig ist, hier ein ganzes Buch darüber zu schreiben. Mir ist wichtig, dass Sie diese Methode nun kennengelernt haben. Sie können Sie ausprobieren, immer weiter verfeinern und verbessern. Folgende Artikel sind hilfreich:

- **Von Shlomo Goltz im** *Smashing Magazine*

  http://www.smashingmagazine.com/2014/08/a-closer-look-at-personas-part-1/

  http://www.smashingmagazine.com/2014/08/a-closer-look-at-personas-part-2/

- **Von der Agentur Cooper, deren Gründer Alan Cooper die Personas erschaffen hat:**

  http://www.cooper.com/journal/2002/11/getting_from_research_to_perso

  http://www.cooper.com/journal/2001/08/perfecting_your_personas

- **Artikel und Tool für die Persona-Profilerstellung Xtensio. Wenn man das Profil als digitales Konzentrat haben möchte, ist es gut geeignet. Ich empfehle allerdings die Erstellung nach der Papiermethode, als reines Ergebnis:**

  http://xtensio.com/user-personas-necessary-or-not/

  http://xtensio.com/how-to-create-a-user-persona/

  https://app.xtensio.com/ (kostenlos in der Basisversion)

- **Zusätzliche Artikel zur Erfassung von Persönlichkeiten:**
  Interessant und als Überblick geeignet ist die Zusammenstellung der zwölf Archetypen nach dem bekannten Psychologen Carl Gustav Jung durch Carl Golden: *http://www.soulcraft.co/essays/the_12_common_archetypes.html*

7.4 User Journeys

Jetzt, da wir die Handlung in Form der Kontextszenarien und die Protagonisten in Form von Personas beisammen haben, können wir ein weiteres Tool für die App-Konzeption heranziehen: die User Journey. Ich liebe User Journeys - sie sind die volle Erkenntnis. Erinnern Sie sich noch an Kapitel 3, *User Experience*? Da hatte ich Sie auch auf eine Reise durch die Welt des Nutzers genommen. Das war eine oberflächliche User Journey, hier geht es nun darum, die ganzen Details dieser Reise zu sammeln, anzuordnen und darzustellen.

Eine User Journey - die Reise des Nutzers zu Ihrer App, durch Ihre App und aus Ihrer App - kann man sich wie einen Pfad vorstellen, an dem bestimmte Dinge passieren (z. B. Screens zu sehen sind, Eingaben gefordert werden etc.) und bestimmte Erwartungen geweckt, Gefühle ausgelöst sowie Bedürfnisse erfüllt werden.

Die Theorie ist ziemlich einfach: Eine tolle Reise spricht für eine tolle UX. Eine unerfreuliche Reise durch die App - oder mit einem Produkt - spricht gegen die tolle UX. Ich habe ein Bild und ein Beispiel dazu - mit Schokolade.

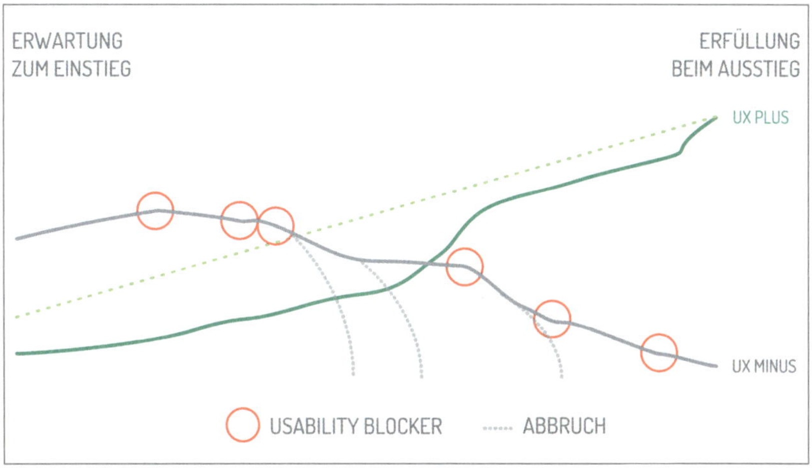

Bild 7.5 Mithilfe von Interviews oder Tests tasten wir uns an die Balance aus Erwartungen, die gesetzt werden sollten, um eine App überhaupt attraktiv zu machen, und den Erfüllungen der Bedürfnisse des Nutzers während der Nutzung. Eine gute Balance ist eine gute UX. Keine Balance ist eine schlechte UX. Und die schlechteste UX ist, wenn der Nutzer sich für den Abbruch entscheidet, weil es zu Stockungen oder Punkten kommt, an denen er nicht weiterkommt.

Außen hui, innen pfui – die Kurve UX MINUS

Ich war in einem besonderen Delikatessenladen auf der Suche nach einer Köstlichkeit zum Verschenken. Mein Auge und mein erfahrener Schokoladengaumen interessierten sich zusammen für eine wunderhübsch gestaltete Schokolade. Tolle, handerotische Verpackung, schöne Farben, lustige Figürchen, moderner Stil, wow. Die ist bestimmt voll lecker! Ich kaufte sie für 2,99 € – nicht wenig für 65 g Schokolade – UX-Pluspunkt. Es kam, wie es kommen musste, ich verschenkte sie doch nicht. Wochen später, an einem schönen Kaminabend mit einem Glas Wein, griff ich nach der Tafel, mit der ich schon lange geliebäugelt hatte, und öffnete sie mit demselben Respekt, mit dem ich sie gekauft hatte. Rund! Die Schokolade ist rund, aha! Bestimmt schmeckt sie viel besser als all die anderen eckigen … UX-Pluspunkt. Dann biss ich hinein. Und war enttäuscht. Die äußere Täuschung hatte ein Ende. Das Produkt hatte in meinen Augen seine Versprechung nicht gehalten. Die Schokolade schmeckte gar nicht nach Schokolade! Sie war süß, etwas Fruchtiges tänzelte auf meiner Zunge, aber ich suchte den Geschmack von Kakao, denn diesen verbinde ich mit dem Wort Schokolade. Nirgends zu finden – eine billige Milchschokolade hätte mehr Kakao gehabt! Ich bekomme das Gefühl, hereingelegt zu werden, regelrecht abgespeist zu werden. Fruchtige Einlagen, aber keine Basis. Und dafür die 2,99 €! Nicht zu fassen! Ich wollte Schokolade, meinte Schokolade gefunden zu haben und dann war es Fruchtschokolade. Diese hat allerdings keinen Kakaoanteil.

Außen pfui, innen hui – die Kurve UX PLUS

Anderes Szenario: Ich suche nach einer Schokolade, die wenige Kalorien hat. Milchschokolade hat im Schnitt 620 kcal je 100 g, dunkle Schokolade 580 kcal je 100 g. Dann fand ich unter Hunderten eine, deren Packung mittelmäßig sexy aussah – wäre mir nie aufgefallen, war mir aber egal, ich wollte einfach die Kalorien wissen. Aha! 442 kcal auf 100 g – nehme ich!

Ich öffne die Schokolade, Farbe sieht okay aus … naja, wird schon nicht so super sein bei dem Preis … und, siehe da, sie schmeckt! Nach Kakao. Weder staubtrocken noch zu süß, kakaoig. Ich denke daran, sie in meinen Nahrungsplan aufzunehmen.

Diese zwei unterschiedlichen Reisen analysiere ich hier, um darauf zu kommen, was bei den einzelnen Schritten im Kopf und Herz der Nutzer passiert. Das macht sich an Schokolade gut – achten Sie auf die Gefühlsäußerungen:

Kontextszenario	Auf der Suche nach einem essbaren Geschenk	Auf der Suche nach niedrigkalorischer Schokolade
Buyer Persona *Meine Reise beginnt mit einem Anliegen und mir als Käufer. Ein Produkt und/oder sein Nutzen müssen mich überzeugen, dann kaufe ich es.*		
Touchpoint – dort, wo mir das Produkt begegnet	Delikatessenladen	Groß-Supermarkt
Erhoffte **Mehrwerte**	Köstliche Schokolade, schön anzusehen, zum Verschenken – also eine Freude machen	Keine

1. notwendige **Entscheidung**: Kaufen Skala von 1 = sehr leicht bis 10 = schwer	Verpackung und Eindruck haben mich überzeugt; bin bereit, 2,99 € auszugeben - es fällt mir relativ leicht; Skala: 3	Inhalt hat mich überzeugt; der Preis von 1,19 € ist sogar günstig - es fällt mir sehr leicht; Skala: 1
Erwartung an das Produkt - gemessen an Auftritt und Preis; 1 = niedrig, 10 = sehr hoch:	10 - plus, es ist das Produkt einer Schokoladenmanufaktur	1
Kontextszenario der Packungsöffnung	Kaminabend mit gutem Wein und Gesellschaft - Vorfreude auf besondere Schokolade, gekoppelt mit großer Neugier	Lust auf Schokolade während einer Low-Carb-Ernährungsumstellung - Anfall auf Schokolade gekoppelt mit purer Lustbefriedigung
User Persona *Nun bin ich Nutzer des Produkts. So wie sich das Produkt präsentiert, sind meine Erwartungen. Während meiner Reise werden diese erfüllt oder nicht.*		
1. Station: **Außenpackung** öffnen Skala 1 = oll, 10 = toll	Außenverpackung hübsch, handsexy, leicht zu öffnen, Aaaah!-Effekt; 10	Papierrundum-Packung dünn, geklebt, ziemlich einfallslos (aber mir egal); 1
2. Station: **Innenpackung** Skala 1 = oll, 10 = toll	Innenpackung klarsichtiges Plastik - what?! (im Nachhinein erfahren, dass es 100% abbaubar ist); 1 zu Anfang, 10 nach Kontakt mit dem Anbieter	Innenpackung Alu, wie gewohnt, vertraut (erinnert mich an meine Kindheit); 5
3. Station: **Form** der Schokolade, Rillung und Brechbarkeit Skala 1 = oll, 10 = toll	Schokolade ist rund, bricht gar nicht an den Rillen, keine gleichmäßigen Stückchen möglich (hier wäre das schön, weil wir zu zweit sind und teilen; ich habe kognitiven Aufwand, mir ein Stück auszusuchen, muss Leistung erbringen); 3	24 gleichmäßige Stückchen - kann ich mir super einteilen! 7
4. Station: **Geschmack** Skala 1 = oll, 10 = toll	Die Fruchtsplitter auf der Schokolade sind toll, aber wo ist die Schokolade? Sie schmeckt wie billige Milchschokolade und zu süß, bäh!; 1	Pure Schokolade; nicht sehr süß, aber kakaohaltig, nicht zu ölig, ich merke, dass sie weniger fettig als andere ist - yeah, genau mein Ziel! Und lecker!; 8
5. Station: **Fazit**	Bin sauer! So sauer, dass ich dem Hersteller schreiben will, um Dampf abzulassen. Habe das Gefühl, billiger Inhalt wird hochpreisig verkauft - das mag ich gar nicht!	Bin total zufrieden, sogar etwas überrascht, wie gut die Schokolade schmeckt. Würde sie immer wieder kaufen und empfehlen, wenn jemand eine Low-Carb-Diät macht.

(Fortsetzung nächste Seite)

Customer Persona *Wenn ich sauer bin und wohlwollend genug, es den Produzenten wissen zu lassen, schreibe ich ihm von meiner Erfahrung mit seinem Produkt. Je nachdem, wie sehr er sich seine Kunden zu Herzen nimmt, wird er darauf reagieren. Kunden, die Ihnen schreiben, geben Ihnen meist eine zweite Chance.*		
6. Danach: **Kundenbetreuung**	Habe dem Hersteller geschrieben – prompt hat dieser geantwortet. Zur Wiedergutmachung darf ich vier Schokoladen aus dem Sortiment probieren.	Ich merke an mir: Das Produkt ist so günstig, dass ich den Aufwand gar nicht auf mich nehmen würde, dem Hersteller zu schreiben.
7. Wiedergutmachung	Nach einer etwas anstrengenden Mail-Konversation mit dem Hersteller über Schokolade fühle ich mich immer noch missverstanden, was die Beschriftung der Schokolade angeht. Allerdings will er mir vier Tafeln zuschicken, damit ich aus dem Sortiment kosten kann.	Nicht nötig.
8. Neues Fazit	Diese Tafeln waren KÖSTLICH! Ich habe gelernt, dass ich bei diesem Hersteller auf der Packung untersuchen muss, ob es kakaohaltige Schokolade oder Fruchtschokolade ist. Sprich: Ich muss genau lesen. Ob das dem Produkt zugute kommt, sei dahingestellt. Durch die Antwort und Bemühung bin ich aber zunächst besänftigt.	Keins.

Das waren zwei User Journeys und darin verpackt sind Gedanken und Gefühle – an die müssen Sie ran, wenn Sie Ihre App testen. Klar, Schokolade ist ein anderes Produkt als eine App. Aber die App hat auch eine Verpackung (App-Icon), gibt über ihren Titel und die Beschreibung ein Produktversprechen (z. B. Abfall-Wecker. Wenn die Erinnerungsfunktion dann nicht geht, ist das außerordentlich hohl.) und Aussicht auf Vorteile. Des Weiteren wird die App von jemandem angeboten und es ist wünschenswert, dass die dahinter stehenden Menschen auf Nutzerkommentare reagieren und sie als Hinweise sehen, ihr Produkt kontinuierlich zu verbessern.

User Journey einer App

Also erstellen Sie sich diese Art Journey als Idealbild mit Ihrer App und dann testen Sie – überall, wo es eine gefährliche Abweichung vom Ideal gibt, prüfen Sie, welche Usability-Probleme auftreten, welche Erwartungen gesetzt und warum diese nicht erfüllt wurden. Halten Sie auch fest, welche Gefühle Sie beim Nutzer hervorrufen *möchten*. **Sie testen so lange, ändern so lange, bis die Mehrheit Ihrer Nutzer so nah wie möglich an der idealen User Journey dran ist.**

Die User Journey beginnt nach dem ersten Kontakt des Nutzers mit der App. Das kann die Suche im App Store, eine Empfehlung, eine Anzeige etc. sein. Schon in diesem kurzen

Moment passiert die Erwartungssetzung. Dann geht es darum, die App im Store zu finden. Idealerweise ist sie natürlich leicht zu finden und unter einem Stichwort, das mit der Empfehlung, der Anzeige zu tun hat. Die schlechten Bewertungen der ALBA-App machten mir sofort Unlust. Ich habe sie nun nur installiert, weil ich neugierig war. Als normaler Nutzer müsste ich schon ALBA-Fan sein, um mir das anzutun. Sozusagen: Schon ab dem Punkt ist der Nutzer bei miesen Bewertungen raus.

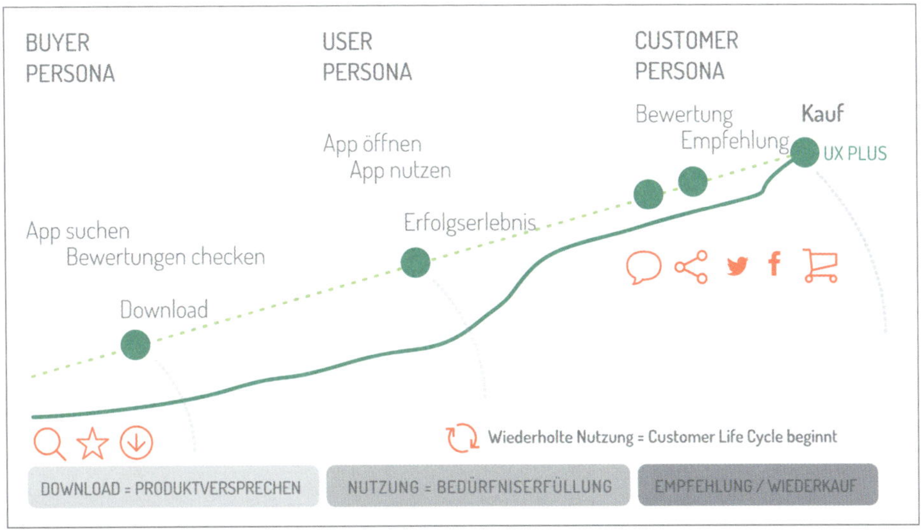

Bild 7.6 So läuft die UX-Reise mit der App ab. App suchen, Bewertungen ansehen, eventuell downloaden. Puh, erste Hürde geschafft. App öffnen, App nutzen mit dem Kernnutzen und das erste Erfolgserlebnis. Puh, zweite Hürde geschafft! Jetzt tritt die wiederholte Nutzung ein. Klappt alles gut, kommt die Bewertung, sind die Nutzer begeistert, teilen sie die App gern. Und wenn sie lange und wiederholt zufrieden sind, ist es möglich, dass sie etwas kaufen.

Bild 7.6 zeigt eine generelle User Journey für Apps. Nun wollen wir noch kurz etwas spezieller in die User Journey zoomen, um für Ihre eigene App die Stationen zu identifizieren, die vom Nutzer schmerzfrei durchschritten werden sollen. Da es nun um die Nutzung geht, konzentrieren wir uns auf die Usability Ihrer App.

Ziehen Sie zur Identifikation Ihrer Stationen die User Story für die erste Nutzung der App hinzu. Diese zeigt Ihnen die Kontaktpunkte des Nutzers mit der App. Fügen wir dieser UX-Reise noch Gedanken und Gefühle hinzu:

Schritt	Gedanken & Gefühle	Intervention
Kontextszenario	In welcher Situation öffnet der Nutzer die App? Welche Erwartungen gibt es an die App?	Use-Case ist klar, Präsentation war gut, Bewertung ist gut. Download kann beginnen.
Erstes Öffnen/ erster sichtbarer Screen	Was hat sich der Nutzer gewünscht/was wurde gezeigt?	Beim ersten Öffnen gibt es meist keine konkreten Erwartungen, außer der Wiedererkennung und *schnell* loszulegen.

(Fortsetzung nächste Seite)

Schritt	Gedanken & Gefühle	Intervention
Signup/Login/ Bestätigung per Mail	„Boah nee, nich wieder ein Passwort!" Ein Formular kann ein Blocker sein. Besser ist es, gleich ausprobieren zu lassen.	Am liebsten keine *oder* so wenige Felder wie möglich, Bedienung 1a, 100 % usable. Um UX zu steigern und über diesen Abgrund zu springen: etwas Humorvolles, Hübsches, angenehm Animiertes anbieten.
Orientierung in der App	Visuelles Tutorial, kurz, knackig; nicht mehr als drei Tabs lang, sonst denkt man, es ist kompliziert. Aber eine richtig gute App kann sich das Tutorial auch sparen.	Beispielprojekt, Beispieldatei, Grafik, die zeigt, wo man tappen muss, um weiterzukommen oder Inhalt zu holen, etwas auszuführen.
1. Nutzung des Kernfeature	„Wie starte ich das jetzt?", „Wie lege ich einen neuen Post an?" „Öhm, Moment mal."	Nutzer ist bereit, kurz zu investieren, wenn ein Benefit versprochen war. Das, worum es geht, muss groß und klar in die Mitte. Wenige Menüs, wenige Elemente auf dem Screen, totaler Fokus.
1. Erfolg der Nutzung	„Aaah, cool, ja, jetzt geht's!"	Feedback auf dem Screen. Zu jeder Aktion, die der Nutzer vornimmt, braucht es seitens der App ein (visuelles) Feedback.
...		

Identifizieren Sie alle Hürden, die dem Nutzer die Nutzung schwermachen könnten. Stellen Sie sich die Frage: Brauchen wir diese Hürde wirklich? Geht es einfacher? Und wenn nicht, wie können wir dem Nutzer diese Hürde schmackhaft machen?

Diese Fragen leiten Sie geradewegs über zu Kapitel 8, *Konzeption, Prototyping und Test*. Denn dort geht es darum, all Ihr recherchiertes Wissen so für den Nutzer zusammenzustecken, dass die App eine Wonne ist.

„Design is how it works" – Steve Jobs

8 Konzeption, Prototyping & Tests

Dieses Kapitel zeigt Ihnen von Anfang an, wie Sie bei der Konzeption einer App vorgehen. Das Ziel der Konzeptionsphase ist es, einen erprobten Prototyp eines App-Produkts zu erstellen, der anschließend an die Programmierer zur konkreten Umsetzung überreicht wird.

Die Konzeptionsphase folgt nach den Recherchearbeiten zur Zielgruppe und zum Markt (vorheriges Kapitel) und besteht häufig und sinnvollerweise aus folgenden Schritten:

1. **Grobkonzeption:** Überblick über die gesamte App und angebundene Software
2. **Check und Priorisierung:** Das Team priorisiert die wichtigsten Features für die Umsetzung.
3. **Feinkonzeption:** Die priorisierten Features werden verfeinert dargestellt, Screen-Ansichten und technische Überlegungen gehen in die Details.
4. **(Rapid-)Prototyping & Selftest:** Details werden benutzbar gemacht, sodass die App schon wie echt wirkt. In dieser Phase kann man sich am besten der Interaktion mit dem Nutzer widmen - und zuerst mit sich selbst testen. Sie sind ja schließlich der erste Nutzer dessen, was Sie konzipieren.
5. **Test:** Die prototypisierten Features werden mit echten Nutzern getestet. Die Auswertung der Tests zeigt, an welcher Stelle das Konzept und/oder Details überarbeitet werden müssen.

Ausblick

Die Grobkonzeption ist enorm wichtig, denn sie gibt allen Beteiligten einen Überblick der App, in dem sie das Ausmaß das erste Mal visuell erfassen können. Der Arbeitsschritt der Grobkonzeption umfasst auch, die App als Ganzes dem Team - und insbesondere den Entwicklern - vorzustellen und Ideen, Anforderungen sowie Fragen vorab zu klären.

In diesem Kapitel erkläre ich Ihnen, wie Sie die Grobkonzeption einer App erstellen, dann daraus die Priorisierung der Features machen und in jedes Feature in der Feinkonzeption eintauchen.

Dem Einstieg in die Grobkonzeption dienen unsere User Story und User Journey aus dem vorherigen Kapitel. Mit deren Hilfe werden uns der Nutzungsablauf in der App sowie einige grundlegende Features klar.

Daher befassen wir uns während der Grobkonzeption mit der Struktur, mit dem Aufbau der App. Dazu gehören die Beziehungen der Screens untereinander und die Navigation durch die App. Als Tools zur Visualisierung stelle ich Ihnen Tap-Streams (bei Webseiten heißen sie Click-Streams, aber in einer App *tappen* wir ja ... *to tap* = tippen), Flow-Diagramme, Mind-Maps, Scribbles und Wireframes vor.

Ihre Grobkonzeption ist für das Developer-Team wichtig, denn während Sie in die Feinkonzeption gehen, kann sich das Dev-Team mit technischen Recherchen befassen - was vor allem sinnvoll ist, wenn es sehr anspruchsvolle Features gibt oder Features, zu denen noch keine Erfahrungen vorliegen.

Aus der Grobkonzeption werden einzelne Features herausgepickt und als detaillierte Screenabfolgen dargestellt. Das führt uns zum Prototyping und ich stelle Ihnen jede Menge Tools vor, mit denen Sie einen Workflow für sich etablieren, der effizient ist.

Das Kapitel beende ich mit Tests. Ich stelle Ihnen schnelle und ausführliche Testmethoden für Ihre App vor. Ein schneller und unkomplizierter Test ist keinem Test immer vorzuziehen.

8.1 Grobkonzeption

Das Ziel der Grobkonzeption ist, einen Gesamtüberblick über die App zu bekommen. Dabei geht es noch nicht um die Details auf den einzelnen Screens, sondern um die Auffächerung der App als Ganzes, also als das *Big Picture*. Im Fokus stehen Abläufe und Features; sprich: das, was der Nutzer tun kann und an welcher Stelle er es tun kann.

„Grob" heißt in diesem Fall, dass wir beim Blick von oben auf das Große und Ganze bleiben und uns nicht in Farben und Interaktionen verstricken. Ich sage das noch einmal so deutlich, weil ich weiß, dass es den Designer genauso stark zur visuellen Gestaltung zieht wie den Programmierer zum Ausdenken schlauer Funktionen. Doch beides ist jetzt nicht dran.

Achtung Falle

Meist wird zu Beginn des Projekts schon die erste Anmutung gestaltet. In manchen Fällen verstehe ich diese Vorgehensweise sehr gut - Leute wollen etwas ansehen, um ein Gefühl dafür zu bekommen. Tun Sie das, wenn nötig. Benutzen Sie aber diese gestalteten Screens nicht 1:1 weiter. Machen Sie *erst* die Feinkonzeption. Lassen Sie sich von der Gestaltung der App nicht ablenken und nicht so viel Zeit rauben. Investieren Sie die Zeit, die Sie haben, erst in die Funktionalität und die Interaktion der App, *dann* in das Aussehen. **Begehen Sie bitte nicht den Fehler zu denken:** *„sieht toll aus, aber die Entwickler müssen sich überlegen, wie es funktioniert".* **Dann hätten Sie Ihren Job gegenüber dem Produkt nicht erfüllt.**

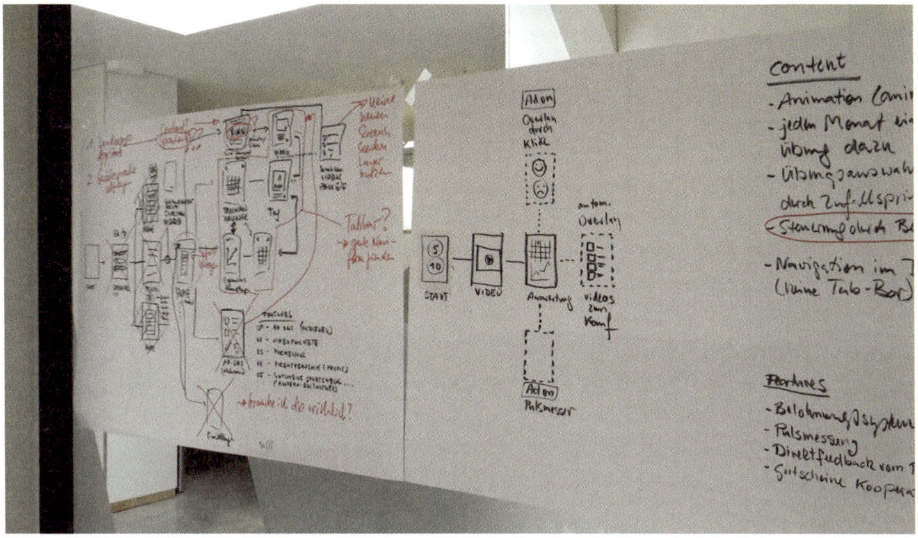

Bild 8.1 Screen-Skizzen einer App nach der Besprechung im Team. Überflüssige Screens, unnötige Logins, doppelte Infos und Navigation über Umwege werden gestrichen und die Wireframes so weit entschlackt, dass sich Schlankheit herauskristallisiert; und die ist herzlich willkommen.

Bild 8.1 zeigt Ihnen, wohin die Reise geht. Mithilfe der User Story und daraus extrahierten Features erstellen wir Schritt für Schritt Skizzen von untereinander verbundenen Screens. Um das tun zu können, müssen wir wissen, was die App alles kann und an welcher Stelle sie es dem Nutzer anbietet. Was die App kann – also ihre Features –, ziehen wir im nächsten Abschnitt mit dem Auseinandernehmen der Sätze aus der User Story in Aktionen und Objekte. Wann wir dem Nutzer welches Feature dann anbieten, entscheiden wir mithilfe von nutzerzentrierten Fragen und unserem gesunden Menschenverstand. In dieser Phase steht uns nichts weiter zur Verfügung – das ist der kreative Bereich der Konzeption und hier zeigt sich das Können des Designers. Die App wird in eine Form gegossen. Dankbarerweise ist diese Form auf Papier, sodass wir sie immer wieder verbessern können.

In Bild 8.1 sehen Sie ein Foto der ersten auf ein großes Blatt skizzierten Wireframes einer Fitness-App aus einem meiner App-Kurse. Die Teilnehmer sollten in Teams den Ablauf der App skizzieren. Gerade am Anfang der Konzeption fiel es ihnen schwer, *einfach* zu denken. Sie schmückten die App mit unnötig vielen Views aus, verwässerten den Kernnutzen, indem sie dieses und jenes aus dem Nichts dazu nahmen, das bei weiteren Nachfragen plötzlich keinen richtigen Sinn mehr ergab. Sie achteten nicht auf Programmierressourcen, weil sie manche Schritte nicht zu Ende dachten. Beispiel: Wenn sich ein Nutzer einloggen soll in die App – wo wird dann dieser Login-Vorgang geprüft, also die Login-Daten verifiziert? Und die Frage, die noch davor kommt: Wozu soll der Nutzer sich einloggen? Ist das überhaupt nötig? Für viele Antworten muss man kein Programmierer sein, sondern den Kreis einmal durchdenken. Das Ergebnis war: Viele weggestrichene Screens, einfachere Navigation, kein Login. Beispielsweise muss ein Kauf in der App nicht automatisch die Notwendigkeit eines User-Handlings nach sich ziehen. User-Handling ist ein teures Feature und gehört zu den App-Blähungen.

Ein paar Worte zu Software-Spezifikationen

Als App-Designer ist es ein bisschen so, als würden Sie durch das Modell eines Hauses laufen, das Sie sich überlegt haben. Sie haben die Räume sinnvoll und praktisch für den Nutzer angelegt, Sie haben sich überlegt, welche Materialien, welche Farben die Räume bekommen. Das ist der sichtbare Teil des Hauses für den Nutzer, dennoch ist das nicht alles. Bevor das Haus gebaut werden kann, müssen all die Dinge geplant werden, die für die Bewohner nicht sichtbar sind, wie Leitungen, Rohre, Dämmstoffe, Zwischendecken, Wandstärken etc. Sie sehen, es öffnet sich ein Meer von Fragen, um die sich andere Spezialisten kümmern.

Genau solche Details zur Umsetzung werden in der Spezifikation der Software festgehalten. Anhand der Spezifikation kann ein Programmierer herauslesen, was die Software können muss. So wie ein Maurer die Wandstärken aus den Plänen herauslesen kann, kann ein Programmierer sehen, was für Daten eine Funktion von einem Server abrufen soll.

Diese Spezifikation schreibt meist jemand vom Fach; zum Beispiel ein Entwickler, der stärker konzeptionell arbeitet als ein Programmierer, der wirklich reinen Code schreibt. Mit diesem Entwickler werden Sie vermutlich im Laufe des Projekts Kontakt haben, denn Sie beide führen das Aussehen des Hauses und die Art, wie es gebaut wird, zusammen. Dazu übergeben Sie ihm genaue Infos zu allem, was Sie als App-Designer konzipiert haben. Und hier sehen Sie auch, warum ein Prototyp Gold wert ist: Er sagt mehr als 1000 Worte. Statt ellenlang zu beschreiben, wie eine Animation vor sich gehen soll, können Sie diese Animation anlegen und zeigen – auch das kann als Querverweis in eine Software-Spezifikation aufgenommen werden.

Als Designer werden wir nicht in meterlangen Dokumenten Spezifikationen aus den Fingern saugen, nein. Uns geht es in erster Linie um den Nutzer, nicht um die Software.

App-Features aus User Storys extrahieren

Nehmen Sie die User Story zur Hand. Verben zeigen Aktionen. Zuerst suchen Sie also nach Verben in Ihrer Story. Dann suchen Sie nach Objekten, die in der Handlung vorkommen. Gehen wir das einfach mal zusammen durch. Hier noch einmal die Story:

> *Hellen nutzt die App* miniToDo, *um ihren folgenden Tag zu planen. Sie hat viele To-do-Apps ausprobiert, aber sie nimmt sich jedes Mal zu viel vor und ist dann frustriert. Sie hat von* Fokussierung *gelesen und möchte nur die wichtigsten To-dos handhaben und sicher sein, dass sie sie schafft.*
>
> *Jeden Abend vor dem Schlafen nimmt sie ihr Smartphone, ruft die App auf und erstellt To-dos. Ihre persönliche Einstellung steht auf „nicht mehr als 2 für einen Tag". Sie erstellt einen neuen Eintrag, schreibt die Bezeichnung hinein und speichert ihn – sie kann nicht mehr als zwei für morgen speichern. Falls ihr zusätzlich etwas einfällt, das nicht mehr in den morgigen Tag passt, wird in den Hintergrund geschoben – es soll Hellen nicht stören. Im Hintergrund kann Hellen – so hat sie es ebenfalls eingestellt – je nur die nächsten drei*

Einträge sehen, die anderen werden verborgen. Manchmal holt sie Einträge aus dem Hintergrund hervor und tauscht sie mit denen für morgen aus, dann wieder verschiebt sie sie, bis sie mit der Reihenfolge zufrieden ist. Sobald Hellen am nächsten Tag ihren ersten Punkt erledigt hat, öffnet sie die App und lässt das getane To-do verschwinden, weil sie es erledigt hat. Daraufhin ist der erledigte Eintrag nur noch in einem Bereich sichtbar, der erledigte Einträge mit Datum anzeigt. Wenn ihre Tages-To-dos abgearbeitet sind, bekommt sie ein angenehmes Geräusch zu hören und ihr werden Bonuspunkte gutgeschrieben. Wenn sie 1000 Bonuspunkte gesammelt hat, wird ihr das schlanke Statistik-Feature freigeschaltet.

1. Schritt: Jeden Satz nach Verben durchgehen

Ich empfehle immer und immer wieder: Machen Sie diese Dinge zuerst auf Papier. Zerschneiden Sie den Text, färben Sie Worte ein, schreiben Sie Post-its. Wir sind in einem kreativen Prozess und dürfen dementsprechend kreativ vorgehen! Praktisch zu arbeiten, macht enorm viel Spaß und schont die Augen, die sich sonst nur am Monitor austrocknen.

Zu jedem Satz in der Story suchen wir die darin formulierte Aktion:

Satz	Aktionen
Jeden Abend vor dem Schlafen nimmt sie ihr Smartphone, ruft die App auf und erstellt To-dos	▪ nimmt Smartphone ▪ ruft App auf ▪ erstellt To-do
Ihre persönliche Einstellung steht auf „nicht mehr als 2 für einen Tag".	▪ erstellbare To-dos festlegen
Sie erstellt einen neuen Eintrag, schreibt die Bezeichnung hinein und speichert ihn – sie kann nicht mehr als zwei für morgen speichern.	▪ neuen Eintrag erstellen ▪ Bezeichnung hineinschreiben ▪ Eintrag speichern ▪ maximal speicherbare Einträge für „Morgen" (Tagesliste) = 2
Falls ihr zusätzlich etwas einfällt, das nicht mehr in den morgigen Tag passt, wird es auf die Warteliste geschoben.	▪ zusätzliche Einträge werden auf Warteliste geschoben
...	▪ ...

2. Schritt: Jeden Satz nach Objekten durchgehen

Gehen Sie nun die rechte Spalte der Tabelle noch einmal durch und suchen Sie dabei alle Objekte – im Deutschen einfach alles, was großgeschrieben wird. Finden Sie alle für den Nutzer sichtbaren und nicht sichtbaren Objekte, etwa so:

- **Sichtbare Elemente:**
  - To-do = Eintrag [Titel, Beschreibung]
  - Tagesliste
  - Warteliste, sichtbare Einträge auf der Warteliste [wie viele sichtbar?]
  - Einstellungen [Anzahl Einträge für heute]
  - Bonuspunkte
  - Zusätzliches Feature [nach Freischaltung]

- **Nicht sichtbare Elemente:**
  - verborgene Einträge auf der Warteliste
  - Geräusch [Audiodatei]
  - Zusätzliches Feature

Nun führen Sie die Aktionen mit den Objekten zusammen, indem Sie eine Mind-Map erstellen. In die Mitte setzen Sie als ersten Knoten die App. Davon gehen alle Objekte in hierarchischer Folge ab. An die Objekte sind die Aktionen geheftet. Und die Aktionen sind unterschiedlich eingefärbt - Hellen bekommt eine Farbe, die App bekommt eine Farbe.

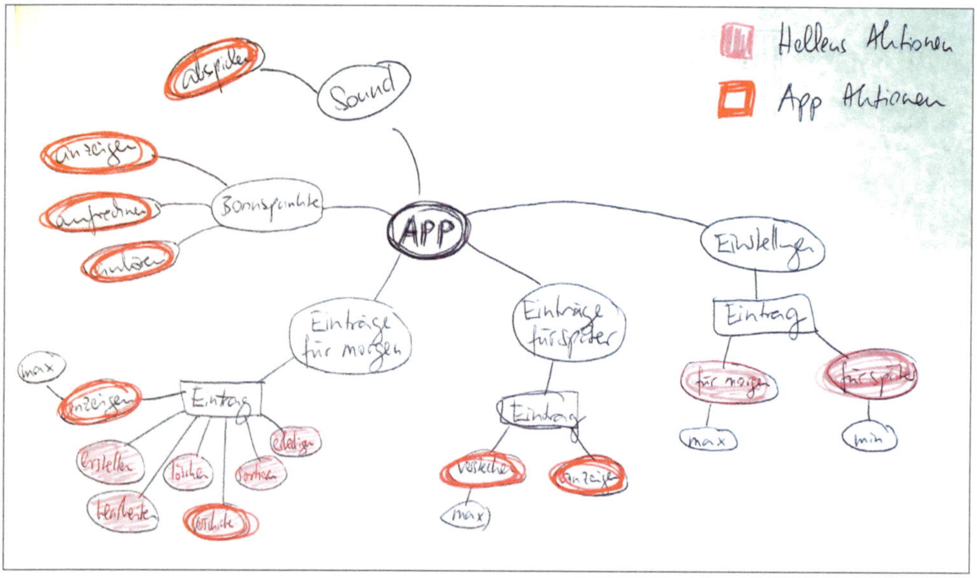

Bild 8.2 Diese Mind-Map ist eine wunderbare Landkarte für alle in der App vorkommenden Objekte und Handlungen. Und diese Objekte sollten in Ihren Screens wiederzufinden sein.

CRUD

CRUD ist die Abkürzung und Zusammensetzung aus *Create*, *Read*, *Update* und *Delete*. Das sind die vier grundlegenden Datenmanipulationen, die mit Objekten vorgenommen werden können. *Create* heißt, ein neues Element anlegen - beispielsweise ein neues To-do. *Read* heißt, dieses To-do anzeigen, beispielsweise in der Tages- oder Warteliste. *Update* heißt, dieses Objekt bearbeiten, beispielsweise den Titel ändern. Und *Delete* heißt, dieses Objekt zu löschen. Manchmal bieten Objekte zusätzliche Optionen wie „verschieben“ an, diese allerdings setzen sich aus anderen zusammen. Verschieben bestünde dann aus *Create* an dem neuen Speicherort und *Delete* an dem alten Speicherort.

Wie dem auch sei, stellen Sie sich darauf ein, dass für jede dieser Aktionen ein Screen mit anschließendem Feedback, ob die Aktion gelungen ist oder nicht, benötigt wird. Sie überlegen sich also nicht nur, dass Nutzer ein neues Element anlegen, sondern denken auch daran, dass sie es später bearbeiten wollen oder löschen oder teilen.

Objekthierarchien

Objekte können Eigenschaften und Kinder haben. Die Tagesliste für die To-dos beispielsweise trägt den Namen „Heute" und hat die Eigenschaft, nicht mehr als zwei Einträge anzuzeigen. Die Einträge sind die Kinder von „Heute". Jeder Eintrag hat ebenfalls Eigenschaften wie Titel, Beschreibung, Status (offen, erledigt, archiviert).

Je genauer Sie die Objekte und deren Eigenschaften zusammentragen, desto einfacher die nachfolgende Feinkonzeption. Arbeiten Sie mit Objektkarten. Super geeignet sind Karteikarten, auf denen Sie die spezifischen Eigenschaften Ihrer Objekte festhalten. Objekte können alles sein: ein Produkt im Shop, ein Listeneintrag, ein Album, ein Song, ein Foto, eine Person (mit ihrem Profil). Wichtig ist, dass Sie unterscheiden, was der Nutzer damit tun kann (z. B. bearbeiten, löschen) und was die App damit tun kann (z. B. abrufen, anzeigen, archivieren).

Sie haben nun die Aktionen und vorkommenden Elemente, mit denen der Nutzer agieren kann - die meistens auf dem Screen zu sehen sind -, zusammengetragen. Das ist eine wichtige Sammlung der Elemente Ihrer App. Sie wissen nun, dass diese Elemente in der Abfolge von Screens einen Platz zugeordnet bekommen müssen. Ob die Elemente direkt auf dem Screen oder in einem Menü zu sehen sind, sollten Sie nach der Häufigkeit der Verwendung entscheiden. Dazu machen Sie sich eine kurze Sortierung, ganz unkompliziert.

Sehr oft	Häufig	Selten
Eintrag erstellen	Eintrag abstreichen	Einstellungen
Warteliste ansehen	Eintrag löschen	Bonuspunkte anzeigen
Eintrag sortieren		

Sie können diese Tabelle auch groß auf einem Whiteboard aufzeichnen und dann Ihr Team einladen, mit zu priorisieren. Eine Gruppe von Leuten erlaubt mehrere Sichtweisen. Aus der Sortierung können Sie nun schon ein paar Schlüsse ziehen:

- **Sehr oft** genutzte Objekte bekommen einen zentralen Platz in der App. Das absolute Zentrum ist die Mitte des Screens, die für Auge und Finger leicht zu erreichen ist.
- **Häufig** genutzte Elemente können in Navigationselementen erster Ordnung (z. B. eine Tabbar oder Segment Control (siehe Bild 8.3 links und Mitte)) untergebracht werden.
- **Selten** genutzte Elemente können in Navigationselementen zweiter Ordnung (z. B. einem Menü als Liste (siehe Bild 8.3 rechts)) untergebracht werden.

Bild 8.3 Links unten im Screen liegt die typische *Tabbar* auf iOS, oben die *Segment Control*. Mitte zeigt die Tabbar auf Android – diese gibt es statisch oder horizontal scrollbar. Darunter befindet sich das Aufklappmenü für schnell zu erreichende Menüpunkte, die nicht immer zu sehen sein müssen, rechts der Navigation Drawer oder die Sidebar. In Apps wird es bisweilen überstrapaziert. Es ist geeignet für Profile und ein Menü darunter, allerdings nie auf den ersten Blick sichtbar.

Informationsarchitektur

Sie erinnern sich an die Rolle des Informationsarchitekten aus Kapitel 4? Diese kommt jetzt zum Einsatz, also werfen Sie sich das Informationsarchitektengewand über.

Wenn man es einfach ausdrücken will: Sie arrangieren jetzt die Informationen für den Nutzer so, dass er sich gut orientieren kann, versteht, was sich hinter jedem Menüpunkt verbirgt, sich dabei nicht verläuft. Wichtig ist, dass Sie Informationen nacheinander zugänglich machen und nicht alles auf den Tisch knallen. Ich kenne es aus Kundenprojekten, dass Kunden gern alle Informationen auf den ersten Screen packen möchten, weil sie so viel zu sagen haben. Ob der Nutzer es in diesem Moment hören will, wird häufig nicht hinterfragt. Wir arbeiten nutzerzentriert in diesem Buch und daher hinterfragen wir immer das, was wir uns ausgedacht haben. Und wenn wir mit dem Hinterfragen fertig sind, testen wir's.

Nach dem Aufruf der App sollen nur die Elemente zu sehen sein, die der Nutzer *in diesem Moment* am meisten benötigt. Ist es eine Training-App, dann sollte er ein Training starten können; ist es eine Eieruhr-App, dann den Timer und Start-Button. Ist es eine Ausgaben-App, dann folgt sofort das Festhalten einer Ausgabe usw. Es ist nicht so schwer. Schwieriger wird es, wenn die App vieles kann und zusätzliche Features anbietet. An diesen Fall tasten wir uns heran.

Geben wir den sechs von acht Prinzipien aus dem Kasten zur Strukturierung der App eine praktische Form. Ich mache Ihnen hier einen Vorschlag, wie ich mich an kleine und große Apps herantaste:

1. Sammeln Sie Objekte mithilfe der User Story und der Mind-Map.

2. Fassen Sie diese Objekte zu Clustern, also zu Gruppen, zusammen. Dazu können Sie nutzen: Mind-Maps, Tabellen, Card-Sorting.
3. Priorisieren Sie diese Gruppen - welche Gruppe ist die wichtigste? Hier sind Sie bereits dabei, die Navigationsaufteilung zu entwerfen.
4. Priorisieren Sie die Elemente (Menüpunkte) in der jeweiligen Gruppe - welches Element ist am wichtigsten? Müssen diese Elemente immer zu sehen sein oder reicht es dem Nutzer, wenn er sie selbst einblenden kann?
5. Scribbeln Sie eine geeignete Darstellungsform für diese Gruppe. Sind die Menüpunkte als Tab oder als Liste sinnvoller? Muss es eine Sidebar geben oder reicht ein Zahnrad-Icon für die Einstellungen? Stopfen Sie die App nicht voll, nur weil es „größer" wirkt. Apps sollen und dürfen schlank sein - das ist unser Ziel.
6. Zeichnen Sie, scribbeln Sie, vollziehen Sie es nach, sprechen Sie es sich laut vor. Sprechen Sie mit anderen darüber.
7. Zeigen Sie es anderen. Bedanken Sie sich für das Feedback und machen Sie es besser.

Prinzipien zur Strukturierung von Informationen

Dan Brown (ein anderer Dan, nicht der von Illuminati) ist seit 20 Jahren Informationsarchitekt und hat **acht grundlegende Prinzipien für die Strukturierung von Informationen**[1] zusammengestellt. Ich nehme mir die heraus (1, 2, 3, 4, 7 und 8), die für Apps wichtig sind, und mache Sie damit vertraut:

- **1. Prinzip der Objekte:** Wie Sie bereits in dem miniToDo-Beispiel und der Mind-Map feststellen durften, geht es um Objekte. Es geht immer um Objekte, weil man mit ihnen etwas tun kann. Diese Objekte sind untereinander hierarchisch geordnet (z. B. Listen besitzen Listeneinträge, Listeneinträge besitzen Titel oder ein Training besitzt mehrere Übungen). All diese Objekte können sich im Verlauf des Projekts ändern, zusätzliche Eigenschaften bekommen etc. Die Welt der Objekte ist also eine lebendige.
- **2. Prinzip der (Aus-)Wahl:** Der Nutzer kann wählen. Dennoch ist die Auswahl priorisiert und ebenfalls hierarchisch angeordnet. Das heißt, dass Menüpunkte (und Features) der App nicht alle auf der gleichen Ebene erreichbar und zugänglich sind. Sonst hätte man die eierlegende Wollmilchsau schon auf dem ersten Screen und damit den Nutzer vergrault. Jede Wahl des Nutzers muss für ihn stimmig sein (Erwartung und Erfüllung) und die nächstmögliche sinnvolle Wahl bieten. Das heißt zweierlei: 1. Der Nutzer bekommt, was er angeklickt hat. „Kontakt" zeigt eine Kontaktmöglichkeit und kein FAQ. 2. Hätte er das FAQ angeklickt, käme wieder eine Auswahl, zum Beispiel der Themenbereiche. Darin kann er wiederum auswählen und so immer genauer zu dem kommen, was er sucht.

[1] Das Original befindet sich hier: *https://www.asis.org/Bulletin/Aug-10/AugSep10_Brown.pdf*

- **3. Prinzip der Enthüllung:** In der Hierarchie arbeitet sich der Nutzer vor, bis er die Information bekommt. Diese Enthüllung dockt an das 2. Prinzip an: Der Nutzer arbeitet sich durch eine Verästelung, die ihm den Weg zur gewünschten Information bietet.
- **4. Prinzip der Beispiele:** Icons und Bilder helfen dabei, Worte zu untermalen oder zu erweitern. Ein Wort kann zu schwammig oder zu detailliert sein. Aber ein Icon oder Bild transportiert eine Information schneller und genauer; natürlich im richtigen Kontext.
- **7. Prinzip der fokussierten Navigation:** Wie die Informationen selbst, haben auch die Möglichkeiten der Anzeige zugenommen. Zu Beginn der Apps gab es keine Sidebar, nur Listen und Tabs. Wir User überblicken jetzt viel mehr, weil wir mit der Fülle an Informationen vertrauter umgehen können. Gleichzeitig ist Ordnung King. Daher treffen Sie immer die Entscheidung, was in die Hauptnavigation kommt, was in der Hilfsnavigation (erste Ordnung) ist und was in der Stöbernavigation (zweite Ordnung).
- **8. Prinzip des Wachstums:** Ihre App oder Web-App kann wachsen. Erlauben Sie das Wachstum schon vorher, ohne dass die ganze App umgeworfen werden muss, nur weil ein zusätzlicher Menüpunkt eingebaut werden soll. Denken Sie vor, ohne sich im Universum der Möglichkeiten zu verlieren.

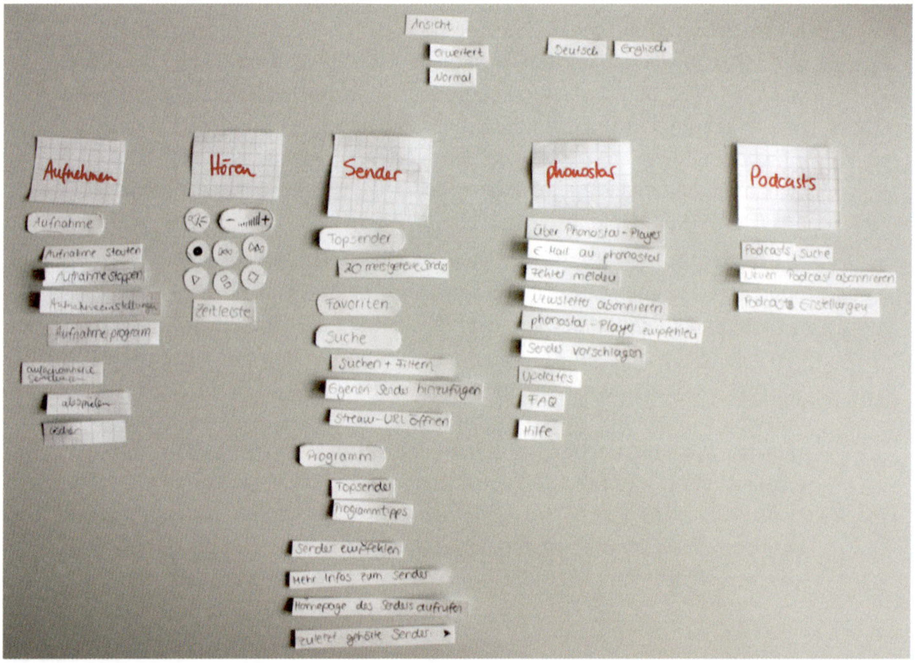

Bild 8.4 Hier sehen Sie eine solche Gruppierung von Objekten. Die Methode des Card-Sortings wird für die Strukturierung von Webseiten und Apps genutzt. Einander zugehörige Elemente kommen in dieselbe Gruppe. Dann wird weiter entschieden, wie die Gruppen dargestellt werden.
Quelle: *https://idblog.hdm-stuttgart.de/nappkin/files/2011/01/Card-Sorting.jpg*

Features machen Blähungen

Erfahrene Entwickler wissen es: Unbedachte Feature-Versprechen machen unangenehme Blähungen. Da sich Kunden sehr schnell für Dinge begeistern können, aber deren technischer Umfang unklar ist, empfehle ich Ihnen zum Check Ihrer Konzeption immer die Zusammenarbeit mit Entwicklern. Das beugt einer sehr unangenehmen Situation vor: Im Screen ist etwas zu sehen, das nicht aufwendig *erscheint*, aber im Nachhinein ein Rattenschwanz an Umsetzung ist. Ich habe mich bei Webseiten so oft selbst in eine miese Situation reingeritten, dass ich genug daraus gelernt habe, um es Ihnen wirklich klar und deutlich auf die Nase zu binden: **Es ist besser, ein Feature zu vergessen, als eines zu viel auszuschmücken.** Wenn Sie etwas vergessen haben, ist das zunächst peinlich, aber Sie können es ja aufholen. Wenn Sie jedoch ein Fancy-Feature im Screen zeigen, dann bringen Sie Ihren Kunden auf Ideen. Das ist ehrenwert, aber unpraktisch; vor allem, wenn das Budget fix ist.

Wenn Sie das Projekt zu Lebzeiten beenden wollen, machen Sie keine Fancy-Versprechen in den Screen-Designs, ohne mit Ihren Entwicklerkollegen darüber gesprochen zu haben. Sie sind die Person, die auf die Länge des Rattenschwanzes starken Einfluss nimmt. Denken Sie immer, immer, immer schlank.

Die ersten Scribbles – Tap-Streams

Nachdem ich mir einen Überblick der Objekte und gewünschten Features verschafft habe, gehe ich dazu über, die Abläufe in der App zunächst zu scribbeln. Ich mache es immer zuerst auf Papier. In meiner Erfahrung geht es deutlich schneller als mit irgendeinem Tool und ich kann besser nachdenken dabei als am Rechner. Ich wiederhole die Scribbles so oft, bis ich eine Variante habe, die in meinem Empfinden für den ersten Wurf einer Basis geeignet erscheint. „Geeignet" heißt nicht, dass es unbedingt vollständig ist, sondern dass mir die Struktur sinnvoll und erweiterbar vorkommt. Solche eine Variante habe ich Ihnen in Bild 8.5 abgebildet.

Menschen denken unterschiedlich. Manch einer wird zunächst ein Organigramm erstellen und sich erst einmal die Navigationsmöglichkeiten ansehen wollen. Andere arbeiten mit Tabellen. Aus welcher Richtung man kommen mag, die Informationsstruktur wird immer in Screens münden. Das liegt in der Natur der Sache – wir konzipieren eine App. Die Screens stellen die Kommunikation mit dem Nutzer dar.

Im Nachhinein können diese Screens auch wieder als Organigramm dargestellt werden, um dem Team einen schlankeren Überblick anzubieten.

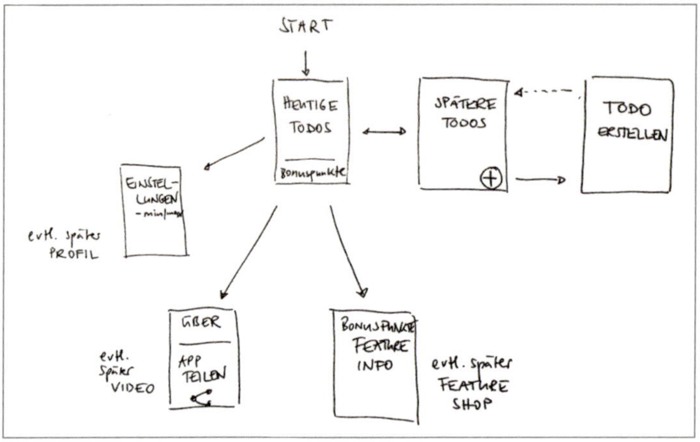

Bild 8.5 Klein und fein – wie es sich für eine erste App gehört. Schlanke Apps brauchen nicht so viele Screens. Interessanter ist, was auf den Screens passiert. Sie sehen, dass ich die Screens hierarchisch angelegt habe. „Heutige Todos", „Spätere Todos" und das „Todo erstellen" oben rechts sind wichtiger als „Einstellungen", „Über" und „Bonuspunkte".

Team & Developer Talk

Sobald Sie erste Scribbles haben, die Ihnen selbst einigermaßen sinnvoll erscheinen, wird es Zeit, diese zu zeigen. Je eher, desto besser.

Mir persönlich macht es immer Spaß, im Team etwas vorzustellen und den Input der anderen zu hören. Ich achte darauf, dass es nicht zu einem politischen Meinungsaustausch wird, sondern zu Input, der die Sache voranbringt. Gerade mit Entwicklern habe ich da die besten Erfahrungen gemacht, da diese häufig sehr konkret denken und gezielt fragen. Dann fruchtet es sofort. Mein persönliches Ziel dabei ist, ihre Denkweise zu verstehen und selbst so zu denken, damit ich immer bessere und schlankere App-Konzeptionen machen kann.

Tools, die Sie während der Grobkonzeption nutzen können

- Zuallererst: Ihren gesunden Menschenverstand. Viele Entscheidungen in dieser Phase haben nichts mit speziellem App-Wissen zu tun (natürlich hilft es), sondern mit den richtigen Fragen. Die wichtigste dabei ist: Was braucht der Nutzer jetzt, um die App optimal zu nutzen?
- Papier, Stifte, Schere, Platz, eine große Wand, an der Sie die Skizzen, Tap-Streams, User Stories, Personas befestigen und in Ihr Arbeitsumfeld integrieren können. Präsenz wirkt Wunder.

8.2 Konzept-Check und Priorisierung

Idealerweise konzipieren Sie eine App zu zweit. Am besten wäre ein Team aus Designer und Entwickler. Nun, die Realität sieht nicht immer so aus. Daher möchte ich Ihnen zwei Dinge mit auf den Weg geben.

Die erste Sache ist eine Checkliste für Ihr bisheriges App-Konzept, die Sie durchgehen, falls Ihnen nicht einfach so ohne Weiteres ein Entwickler zur Verfügung steht. Diese Checkliste erspart Ihnen keinesfalls ein Gespräch mit dem Entwickler, sie bereitet das Gespräch aber vor. Es sind Fragen, die Sie für jedes weitere App-Projekt zum Check ebenfalls nutzen können.

Developer Talk – Check your Base Concept!

So, Sie haben also einen Ablauf von grob skizzierten Screens als Basis für die Wireframes erstellt? Super, lassen Sie es uns durchgehen:

- Gibt es einen **Login** zur App? Argumentieren Sie, wozu es diesen braucht! Anscheinend wollen Sie den Nutzer eindeutig identifizieren (meist über die E-Mail-Adresse) – aber wozu? Kann die App-Idee auch ohne Login funktionieren? Oder – das können Sie im Team-Talk ansprechen – gäbe es eine Alternative? Eine andere Art der Verifikation des Nutzers oder der Notwendigkeit, seine Daten zu schützen?
- Benötigt die App **Nutzer-Profile**? Wozu genau? Wenn unabdinglich, dann überlegen Sie, ob sich ein Netzwerk zum Profilauslesen anzapfen lässt. Hintergrund: Gehört Ihre nicht zu den Tausenden von Apps, die Profildaten wollen, die dann herumgammeln; entweder lebendig oder gar nicht.
- Planen Sie eine **Anbindung an ein soziales Netzwerk** wie Facebook, Twitter etc.? Was genau möchten Sie mit der Anbindung erreichen? Für einfache Kommunikation lässt sich der E-Mail-Versand gut in einer App umsetzen.
- Was sieht der Nutzer beim **Betreten der App**? Bieten Sie ihm das Kernfeature sofort an oder zwingen Sie ihn, sich noch etwas anderes davor anzusehen? Ist es wirklich relevant genug, um ihn jedes Mal damit zu konfrontieren? Haben Sie es an sich selbst drei Mal täglich getestet? Nervt's?
- Der **erste View/Screen** öffnet sich. Geben Sie dem Nutzer eine Orientierung? Kann er sofort mit dem Hauptnutzen der App loslegen?
- Das **Kernfeature:** Was auch immer es ist, mit wenigen Tabs sollte es auszulösen, anzusehen, einzutragen sein. Zu viel Auswahl am Anfang ist furchtbar. Mein Richtwert sind drei Zacks: **Zack, Zack, Zack**. 1. Zack: App öffnen – schon ein Zack weg. 2. Zack: das sehen, was vom Nutzer begehrt wird (z. B. ein Foto-Stream), oder Button für das, was der Nutzer tun will (z. B. Training starten, Foto aufnehmen, etwas posten). 3. Zack: Der Nutzer betritt die Aktion. Hier dürfen es einige zielgerichtete Schritte sein – gefühlt bis fünf und dann wieder: Zack! Fertig! Sehen Sie sich die zwei Beispiele an, die ich hinter dem Kasten anzeige. Die Apps folgen einem ähnlichen Ablauf – und dieser lässt sich als Muster und Orientierung darstellen.
- Ist die **Menühierarchie** klar? Das Wichtigste muss in das Menü, das am leichtesten zu erreichen oder immer zu sehen ist. Wenn Sie den Kernnutzen ohne Menü abbilden können, ist das am besten. (Provokant: Nehmen Sie ein **Hamburger-Menü-Icon** (drei Balken übereinander), so wie es viele Apps machen, um essenzielle Menüpunkte in der **Sidebar** zu verstecken? Verstecken Sie das Menü, weil es so unnütz ist?

Gemäß der *Nielsen Norman Group*[2] wird das Hamburger-Menü-Icon von vielen Nutzern (vor allem auf mobilen Webseiten) noch nicht als Menü interpretiert. Demnach muss es vom Wort „Menü" begleitet werden. Schauen Sie in diesen Artikel hinein: *http://www.nngroup.com/articles/magnifying-glass-icon/*)

- Die Sidebar (Drawer) als Menü kann Sie Nutzer kosten, schrieb Anthony Rose in einem Artikel in *The Next Web News* schon letztes Jahr. An der App *zeebox* erklärt Anthony, wie er und sein Team die Entscheidung zwischen Tabs und Sidebar getestet haben. Hierbei geht es darum, dass Nutzer die Menüoptionen einfach klar sehen und überblicken wollen: *http://thenextweb.com/dd/2014/04/08/ux-designers-side-drawer-navigation-costing-half-user-engagement/*
- **Zählen Sie die Zacks in Ihrer jetzigen Konzeption.** Wie viele benötigt der Nutzer, um den Kernnutzen einmal durchzuführen? Sprechen Sie die Screens einmal laut durch - merken Sie, wenn etwas nicht stimmt? Auch das Erzählen sollte in einem Fluss möglich sein. Beim Lautsprechen kommen häufig die Fehlgedanken und Umstände an die Oberfläche. Behandeln Sie sie am besten gleich und weiter geht's!
- Was wird für das **Befüllen des ersten Screens** benötigt? Woher kommt es? Wichtig sind **drei Zustände**, für die Sie eine inhaltliche und später visuelle Lösung haben sollten:
  - Screen wird das *erste Mal* angesehen und ist möglicherweise leer.
  - Screen liefert (bei *wiederholtem* Aufruf) das gewünschte Ergebnis.
  - Screen liefert einen *Fehler*; beispielsweise, weil es keine Internetverbindung gibt und schlicht nichts geladen oder getan werden kann. Wie sieht die Fehlerausgabe aus? Was steht dort? Wie halten Sie den Nutzer in dieser Situation bei Laune?
- Woher holt sich die App **Daten**? Welche Art Daten sind es? Bedenken Sie: Fotos sind größer als Texte. Texte können schneller geladen und angezeigt werden - das können Sie als Vorteil nutzen.
- Was kann die App dem Nutzer noch anbieten, falls sie **keinen Internetzugang** hat? Welche Ausweichmöglichkeiten bieten Sie an? (z. B. Bild/Aufnahme/Song/Video später hochladen) Bei Instagram passiert Folgendes: Wenn ich mein Profil bearbeiten will, zwischendurch die Internetverbindung verliere, kann ich meine Änderungen nicht speichern. Ich drücke die Speichern-Taste und nichts passiert. Keine Fehlermeldung, nichts. An dieser Stelle ist es okay, denn das Profil bearbeiten zu wollen, ist nicht so wichtig, wie ein Foto hochzuladen. Passiert mir dasselbe mit dem Upload eines Fotos, vertröstet Instagram mich mit „Foto wurde nicht gepostet" und den zwei Optionen, es erneut zu versuchen oder den Beitrag zu verwerfen.

[2] Nielsen Norman Group - Evidence-Based User Experience Research, Training, and Consulting

- Sofern in Ihrer App eine **Suche** genutzt werden soll, wird die Frage aufkommen, ob die Suche schon während der Eingabe oder erst nach der Bestätigung des Suchbegriffs anfangen soll zu suchen. Vergleich: Google macht Ihnen Vorschläge von Suchbegriffen, während Sie Ihren Begriff eingeben. Das ist eine Mikro-Interaktion, die dem Nutzer sofort Feedback gibt. Schön für den Nutzer, als Eigenprogrammierung aber aufwendig für den Entwickler. Bereiten Sie auch für die Suche die drei Screen-Zustände vor.
- Verdient die App **Geld**? Handelt es sich um eine App, die gekauft werden kann oder die innerhalb Käufe anbietet oder die Werbung einbinden will? Werbung ist ein unliebsames Thema, Nutzer hassen sie. Sie wird toleriert, wenn es sich um ein kostenloses Spiel handelt, das Gag macht. Bedenken Sie bei den Käufen: Apps und In-App-Käufe wie digitale Inhalte, Spiellevel oder Module werden über den jeweiligen App Store abgerechnet. Wenn Sie jedoch einen Online-Shop als App anbieten, informieren Sie sich, welche Möglichkeiten es an Payment-Dienstleistern gibt. *Paymill* ist beispielsweise einer, der die Integration für iOS und Android und die gängigen Bezahlverfahren anbietet: Kredit- und Debitzahlungen, PayPal, SEPA-Lastschrift. Auch wiederholte Zahlungen in Abonnements sind möglich.

Erst wenn Sie ein Okay von Ihrem Kunden und dem Entwickler bekommen haben, beginnen Sie mit der Feinkonzeption. Sofern Sie nicht explizit etwas anderes ausgemacht haben, beginnen Sie mit der Konzeption des Kernnutzens. Damit können Sie gar nichts falsch machen, denn ohne den Kernnutzen macht die ganze App keinen Sinn. Dieser Kernnutzen hat eine Abfolge von mehreren Screens - damit fangen Sie an. Nicht das Logo, nicht den Splash-Screen, keine Icons, Farben sind auch erst einmal egal. Konzentrieren Sie sich auf die Abfolge und die Interaktion mit dem Nutzer.

Steht die Grobkonzeption, wissen alle Bescheid, welche Entwicklungsstränge auf sie zukommen. Stellen Sie sich die App wie ein Straßennetz vor. Der Kernnutzen ist die Hauptverkehrsstraße. Doch auch die Zuliefererstraßen kosten Entwicklungszeit. Stimmen Sie die Vorgehensweise mit Ihren Entwicklern ab - es gibt mehrere Möglichkeiten.

Am liebsten zuerst das Konzept...

Der erste Fall ist: Die Konzeption wird bis zum Ende fertig gemacht, in allen Feinheiten. Erst dann beginnt die Entwicklung. Das ist vermutlich der beste Fall, aber auch der unrealistischste, da die meisten Menschen darauf aus sind, parallel zu arbeiten. Das führt zum zweiten Fall: Nach der Grobkonzeption beginnen die Stränge der Feinkonzeption. Sobald ein Strang fertig, getestet und abgenommen wurde, beginnt die Entwicklung dieses Strangs - häufig *Sprint* genannt. Diese Vorgehensweise setzt voraus, dass die Grobkonzeption vollständig ist und nicht mehr groß umgeworfen wird. Der dritte und ungünstigste Fall ist, dass die Programmierung der App das Tempo vorgibt. In diesem Fall sind Doppelarbeiten gang und gäbe, denn die Programmierer müssen das User Interface noch mal anfassen und gegebenenfalls Screens umstellen und neu anordnen, weil Sie herausgefunden haben, dass die fertige Variante einfach nicht rockt. Für Sie bedeutet es, nicht von null zu konzipieren, sondern das Vorhandene immer mit einzubeziehen. Das kann störend sein, muss aber nicht. Was bei dieser Variante auf jeden Fall verlangt wird, ist Fingerspitzengefühl in der Kommunikation. Da das Interface ohnehin eine sehr aufwendige Sache in der App ist, wird es zum Projektgelingen von Ihnen verlangen, dass Sie Ihre Arbeitsschritte genau kennen und möglichst so liefern, dass diese Screens nicht noch einmal angefasst werden müssen.

8.3 Feinkonzeption – die App wird echt

Nutzerzentriert zu gestalten heißt, permanent zu hinterfragen. Nicht im Zweifel, sondern in der Notwendigkeit. Braucht es diesen Button? Muss er an dieser Stelle sein? Gibt es eine bessere Stelle für ihn? *O Mann, ich muss das testen*, kann die Erlösung sein. Tests verlieren dann ihren Ruf nach Anstrengung und werden zu Wegweisern.

Genauso wie die Grobkonzeption ist auch die Feinkonzeption ein iterativer – sich wiederholender – Prozess. Das ist normal und gut und hat mit Fehlern nichts zu tun. Selbst Mathematiker erkennen an, dass man eine Lösung in sich schrittweise wiederholenden Rechenvorgängen (Iterationen) findet und nicht auf Anhieb. Was auch immer Sie gewohnt sind, führen Sie diese Kultur des Umsetzens & Testens in den Design-Prozess ein. Beachten Sie, dass es dann fruchtend wird, wenn Sie dokumentieren und Schlüsse zur Verbesserung aus den Tests ziehen.

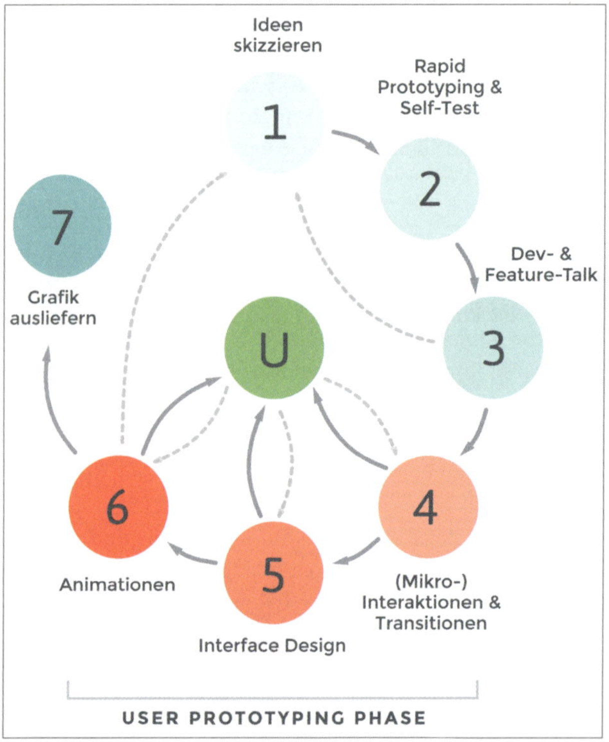

Bild 8.6 Iterativer nutzerzentrierter Design-Prozess. Auch *agil* trifft darauf zu, weil Sie in kurzer Zeit mit einer Korrektur – oder Justierung – dem Ziel folgen.

Der Konzeptionskreislauf

Ich möchte Ihnen die Vorgehensweise der App-Feinkonzeption zunächst kurz vorstellen und im Anschluss in jeden dieser Schritte hineinzoomen, damit Sie eine konkrete Idee davon bekommen, wie das App-Konzept wächst.

- **Bubble 1 – Ideen skizzieren:** Der Prozess der Feinkonzeption beginnt ebenfalls mit Scribbles; sie sind genauso wichtig wie in der Grobkonzeption – lassen Sie sich nicht gleich zur Arbeit am Rechner verführen. Der Unterschied ist, dass Sie sich nun jeden der Kernfeature-Screens detailliert vornehmen. Jetzt zeichnen Sie Buttons, schreiben kurzen Text an die Stelle, wo er hin soll, und bemühen sich um das Aussehen und die Proportionen einer App. Das erreichen Sie, indem Sie sich z. B. Paper-Templates für die Screengrößen oder eine Schablone für die wichtigsten Elemente holen, für die Sie die App hauptsächlich oder im ersten Schritt konzipieren.

  Farben dürfen sein, Spaß darf sein. Gehen Sie die Skizzen, Scribbles, Zeichnungen mit Tabs auf dem Papier durch und dann bauen Sie wieder einen klickbaren Prototypen daraus. Sie können den aus der Grobkonzeption einfach weiter verfeinern und um Screens sowie Verlinkungen ergänzen.

- **Bubble 2 – Rapid-Prototyping & Selftest:** Alle Erfinder haben ihre Prototypen gebaut. Sie wollten unbedingt testen, ob ihre Idee funktioniert. Sie wollten ihre Erfindung lebendig werden lassen. Nun ist eine App heutzutage wahrlich nicht wie die Erfindung der Dampfmaschine damals, aber jede App ist ihr eigenes Universum, das Sie kreieren. Und auch wenn dieses kleine Universum sehr klar erscheint, weil es einen definierten Rahmen (wie das Smartphone) hat, kann es darin ziemlich bunt aussehen. In diesem Rahmen wird eine App jedes Mal neu erfunden – passend zu ihrer ureigenen Aufgabe. Warum also nicht prototypisieren? Wann kam dieser Moment, an dem Leute anfingen, Apps in Code zu gießen, ohne sie vorher zu testen? Oder als Designer statische Screens an Entwickler übergaben, ohne einmal diese Screens durchzuklicken? Meines Erachtens liegt dort ein Denkfehler vor, der die App, die mobile Welt und die Nutzer unterschätzt; zum Nachteil der App.

  In meinen Kursen leuchten Designeraugen, wenn die Augenträger begreifen, wie ihre statischen Screens sich angeklickt oder durchgetapt an*fühlen*. Es kommt immer aufs Fühlen an. Dann purzeln die Annahmen und Denkfehler herunter und der Designer hat eine Erkenntnis der besseren Konzeption für den Nutzer. Und er hat diese Erkenntnis, während er selbst Nutzer ist. Wunderbar!

- **Bubble 3 – Developer Talk:** Wie bei der Grobkonzeption besprechen Sie nun jedes Stück App, das Sie konzipieren, mit dem Entwickler(-Team). Die Zeit, die hier in das *gemeinsame* Besprechen investiert wird, fruchtet als besseres Produkt und erspart Stress. Es ist also ein schlaues Investment, sich gleich zu Beginn auf eine simple und effiziente Umsetzung der App einzulassen. Die Sitzungen müssen weder lang noch kompliziert sein. Ganz im Gegenteil: Bereiten Sie den Strang, den Sie vorstellen wollen, gut vor. Und zwar, indem Sie den Fragenkatalog durchgehen und den Entwicklern einen Rapid-Prototype der bereits verlinkten und durchdachten Screens vorlegen. Stellen Sie einfach nur die wichtigsten Fragen:

  - Können wir es noch einfacher machen?
  - Wie würdet Ihr es machen?

- Welches der Features verursacht wie viel Aufwand für mich/uns und Euch? Welcher Rattenschwanz hängt da noch mit dran? (User Handling, API, Kaufprozess, Login über Facebook, Google etc.)

- **Bubble 4 – (Mikro-)Interaktion & Transition**: Die Idee hinter dem Touchscreen war, kein Medium wie eine Maus mehr zwischen dem Nutzer und dem reagierenden System oder Gerät zu haben. Dieser Trend geht auch weiter: Unsere Finger sollen durch Gesten, Stimme, Bewegungserkennung ersetzt werden. Einige Beispiele hatte ich Ihnen dazu in Kapitel 6, *App-Typen & mobile Technologien*, vorgestellt.

  Je leichter und schneller etwas für uns zu bedienen ist, desto höhere Erwartungen haben wir an das Gelingen. Ob etwas gelungen ist oder nicht, gibt uns die App als Feedback. Das leisten Mikro-Interaktionen, die bereits während unserer Eingabe auf uns reagieren. Eine der ältesten Mikro-Interaktionen ist der blinkende Cursor in einem Textfeld. Während wir tippen, bewegt er sich vorwärts.

  Transitionen zeigen Zustandsänderungen an. Ein Button wird beispielsweise dunkler, sobald unser Finger ihn berührt. Auch Übergänge von einem Screen zum anderen werden Transitionen genannt. Bei einer Schrittabfolge nach rechts sliden die Screens nach links weg. Würden sie auch nach rechts wegsliden, würde es uns eigenartig und inkonsistent vorkommen.

  4, 5 und 6 wurden rötlich eingefärbt, weil es Sie daran erinnern soll, dass hier die Tests mit den Usern losgehen. Testen Sie in kleinen Häppchen – mein Vorschlag für Sie: Nachdem Sie die Interaktionen für einen oder mehrere Screens und zwischen den Screens prototypisiert haben, führen Sie einen User Test mit drei bis fünf Leuten durch. Vom Profi bis zur Oma. Machen Sie an dieser Stelle erst mit dem 5. Schritt weiter, wenn Ihre Interaktionen für verständlich befunden wurden – deshalb gibt es hier eine Iteration zum Nutzer (U) und vom Nutzer zur 4 zurück.

- **Bubble 5 – Interface Design:** Interface Design hat eine Entspannung erfahren: Es gibt haufenweise Templates und Vorlagen und die Standardelemente der mobilen Plattformen sind häufig schick genug, um sie einfach so zu nutzen. Die schmerzhafte Wahrheit kurz: Entwickler brauchen Designer nicht, um die Apps schön zu machen. Schön ist durch, schön gibt es zuhauf für ein paar Kröten zum Download. Aber man braucht uns für die UX. Und die besteht aus schön, schlank und spaßig. Bei Apps sind wir zuständig für schlank und spaßig, schön machen wir mit Links. Trotzdem muss das Interface Design funktionieren: Ein Button sieht aus wie ein Button und wird sofort als solcher erkannt. Daher brauchen wir für das Interface Design Tests.

  Anspruchsvoller wird das Interface Design, wenn die App bestimmte Kriterien erfüllen soll. „Die App muss aussehen wie unsere Webseite!“ Na gut. Hoffen wir, dass die Website angenehm aussieht, gute Kontraste der Farben hat, die Schrift für Apps geeignet ist etc.

- **Bubble 6 – Animationen:** Wenn Interaktionen, Transitionen und das Interface der App stehen – und dabei meine ich über alle Screens verteilt –, gehen Sie über zu den Animationen. Ich empfehle Ihnen deshalb, die Animationen zuletzt zu machen, weil das Prototyping von Animationen weit mehr Zeit kostet als die anderen Schritte und weil Animationen auch in der Umsetzung teuer sind. Im zeitlichen und budgetären Notfall kann man sie also hinausschieben, während man den Launch-Termin beibehält (goldene Regel von Basecamp und Rocket Internet).

Wenn es allerdings mit den Animationen so weit und gut ist, dann picken Sie sich Stellen in der App heraus, die mehr Geduld als andere vom Nutzer fordern (aus Tests und der Eigennutzung kennen Sie diese Stellen äußerst gut ...), und überlegen Sie, wie Sie die Geduld des Nutzers unterhalten. Einige Beispiele zeige ich Ihnen im Abschnitt *Animationen*.

- **Bubble 7 – Auslieferung der Grafik an die Programmierung:** Ihr Prototyp ist rund, sieht gut aus, läuft wie eine 1. Dann wird es Zeit, an die Programmierer auszuliefern. Wenn Sie Icons in mehreren Screen-Auflösungen ausliefern wollen, nutzen Sie dazu sinnvolle Tools. Halten Sie großen Abstand davon, alles manuell zu machen! Nur durch automatisierte Prozesse werden Sie vor der zeitfressenden Sisyphos-Arbeit bewahrt, ein Icon in fünf Auflösungen für Android und drei oder vier für iOS auszuliefern. Ich stelle Ihnen hier einen Workflow und Tools vor, mit denen Sie sich und den Programmierern diese Phase einfacher machen.

Portrait & Landscape

Bevor wir zu den Scribbles der einzelnen Screens übergehen, noch ein paar Hinweise und Gedanken zu den Screenausrichtungen.

Während zahlreiche Apps für das typische Smartphone die Portrait-Ansicht nutzen und es völlig okay ist, dabei mitzumachen, sieht es bei den Tablets anders aus. Durch den angebotenen Platz und den nahe am 4:3-Bildverhältnis angelegten Screen ergeben sich andere Möglichkeiten als auf dem Smartphone. Einige Beispiele verdeutlichen meine Botschaft.

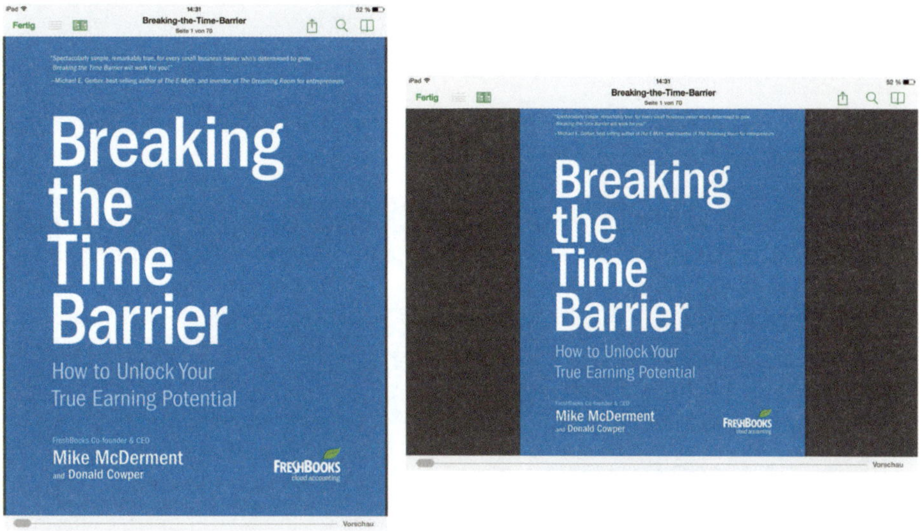

Bild 8.7 In der App *PDF Reader* liest sich das wunderbare Free eBook „Breaking the Time Barrier" im einseitigen Modus sehr gut hochkant. Doch sobald man das Tablet (in diesem Fall ein iPad 4) dreht, verrät der schwarze Bereich, wo Platz vergeudet wird und wie der Inhalt auf dem Monitor zusammengestaucht und dadurch kleiner wird.

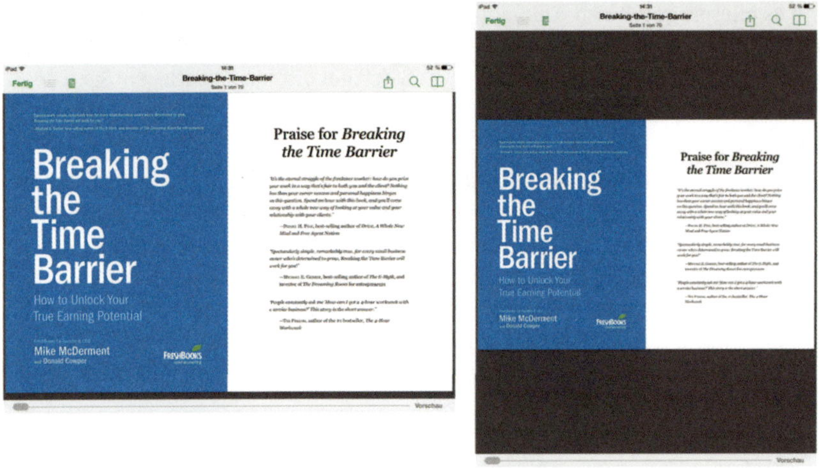

Bild 8.8 Hält man das iPad mit dem *PDF Reader* quer, dann ist der Doppelseiten-Modus hervorragend geeignet. Wohingegen der Hochkant-Modus durch die schwarzen Bereiche wieder verrät, wo Platz nicht ausgenutzt, Inhalt gestaucht und dadurch unleserlich wird.

Die eben gezeigten Screens machen klar, dass es um drei wesentliche Punkte geht:

1. In welcher Orientierung liegt zu Ihrem App-Kernnutzen das Gerät am besten in der Hand des Nutzers?
2. In welcher Orientierung hat es der Inhalt Ihrer App am bequemsten? Wann wird also der Screen am besten ausgenutzt und der Inhalt am klarsten angezeigt?
3. Wie lassen sich diese beiden Punkte am effizientesten miteinander verbinden?

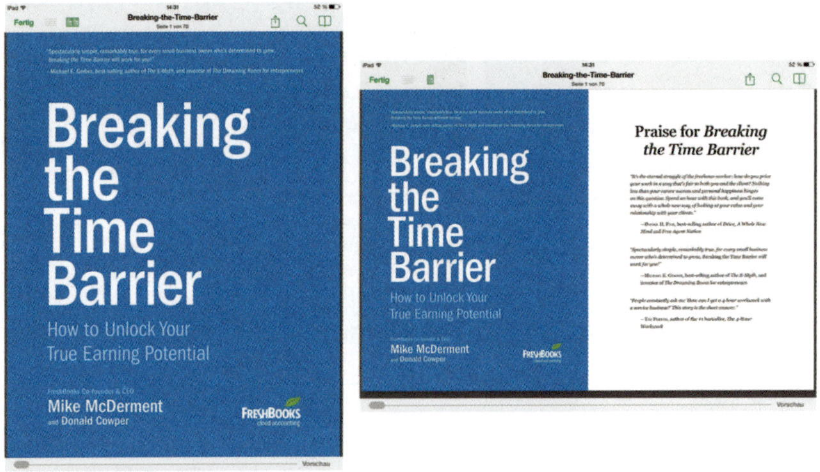

Bild 8.9 Die vorinstallierte *iBooks*-App von Apple (nicht in der Abbildung) auf dem iPad nutzt jeweils nur die beiden effizientesten Fälle: Hochformat = eine Seite, Querformat = Doppelseite. Reicht meines Erachtens völlig aus. Dadurch sparen sich die Entwickler den Umschalt-Knopf, den der PDF Reader anbietet, von einer Seite auf Doppelseite und steuern die Ansicht einfach mit der Ausrichtung des Geräts. Der Nutzer hat weniger Freiheit? Glaube ich nicht. Der Nutzer hat weniger mentale Belastung und die App hat einen Button weniger.

Sie sehen in Bild 8.10, dass das iPhone 6 PLUS deutlich breitere Listeneinträge anbietet als das iPhone 5. Das kann für die Nutzung der Breite von Bedeutung sein. Das Layout in Apps ist adaptiv. Das heißt, iOS und Android bieten mittlerweile gängige Wege an, die Darstellung an alle möglichen Geräte anzupassen, ohne sich dabei den Allerwertesten aufzureißen. Ausgenommen sind die Smartwatches, deren Screens wirklich deutlich kleiner sind. Stimmen Sie vorher mit den Entwicklern ab, welche Ausrichtungen (Portrait oder Landscape) für welche Geräte Sie als Team unterstützen.

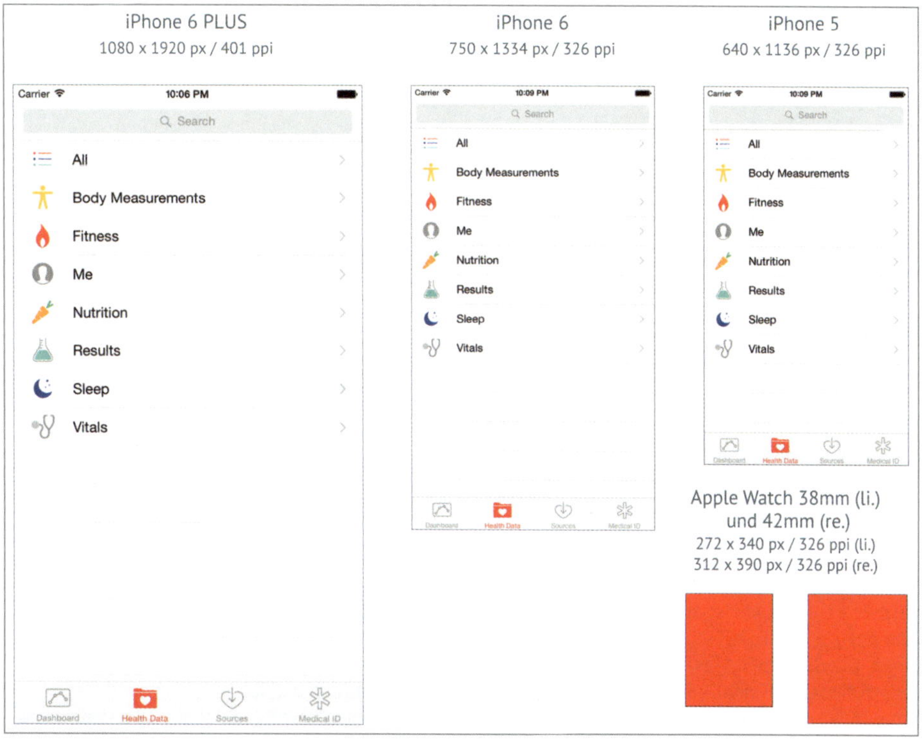

Bild 8.10 Die Screen-Krux schlägt zu. Sie skizzieren die App häufig für unterschiedliche Gerätegenerationen – was sich über Screengrößen und Screenauflösungen bemerkbar macht. Ihre App muss es schaffen, das Wichtigste für alle Größen anzubieten. Die Größen und Auflösungen als Übersicht gibt es u. a. hier: *http://iosres.com/*

Die Fitness-App SEVEN läuft in der Smartphone-Variante nur im Portrait-Modus, also hochkant. Ich wechselte in einem Rollenspiel die Position, wurde dann Kunde und dachte mir aus einer Laune heraus: „Neee, ich will es auch quer haben!" Okay. Wenn ich es wirklich einfach nur drehe und die Inhaltsanordnung so belasse, wie sie ist – Männchen, darunter der Name der Übung, darunter die Zeit –, dann komme ich auf eine Ansicht, die den Inhalt in einem weißen Raum verloren gehen lässt. „Na gut", denke ich, „ich kann ja schnell eine zweite Ansicht zaubern, in der die Inhalte besser angeordnet sind. Erst einmal die fette Navi-Leiste oben weg, Männchen größer, Übungsname größer, Zeit größer, prima ... Huch, jetzt ist der Zurück-Button weg! O o, ehm, Moment mal ..."

Und so ist es bereits passiert: Sie sind im Grafikprogramm, schnell, schnell eine andere Ansicht zaubern, und schwupp, taucht eine Problemfamilie auf und macht sich breit. Wie kommen Sie da jetzt wieder am besten raus? Am besten, indem Sie da erst gar nicht hineinkommen. Am besten Sie beugen dem konzeptionell vor und zeigen allen Beteiligten im Team *vorher*, wann der Portrait-Modus und wann der Landscape-Modus sinnvoll ist.

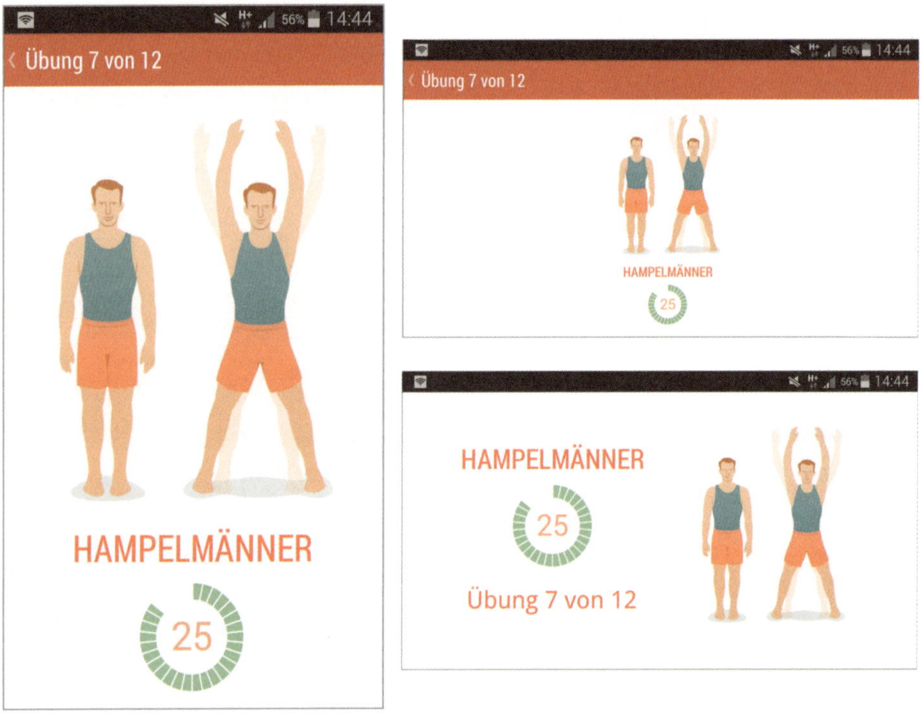

Bild 8.11 Entscheiden Sie schon in den ersten konzeptionellen Schritten, in welchem Modus Ihre App angezeigt wird. Das bewahrt Sie vor ungeahnter Arbeit und macht Ihr Leben geschmeidiger. Links: Die SEVEN-Fitness-App wie sie ist, nur hochkant. Rechts oben: Einfach mal frech gedreht, verschwindet der Inhalt nahezu. Rechts unten: Um das Schrumpfen des Inhalts zu verhindern, muss der ganze Screen neu aufgeteilt werden – das macht Arbeit! Hier habe ich aufgehört, als ich merkte, dass ich den Zurück-Pfeil gar nicht mehr unterbekomme. Pfui. Der Aufwand ist horrend und in diesem Fall für den Nutzer noch dazu nicht von Vorteil.

Portrait oder Landscape?

Studieren Sie andere Apps, sehen Sie sich an, wann Portrait, wann Landscape genutzt wird, entwickeln Sie ein Gefühl für den Nutzungskontext, hinterfragen Sie, warum entschieden wurde, die App so oder so zu konzipieren. Stellen Sie auch fest, wann es jemand offenbar besser gemeint hat, als es notwendig war.

Sie dürfen den Modus innerhalb der App wechseln; genau dann, wenn es den Inhalt besser anzeigt als vorher. Dann betrifft es aber nur ausgewählte Screens in der App. Achten Sie lediglich darauf, dass Sie den Nutzer nicht ständig hin und her drehen lassen.

Bild 8.12 Für viele Spiele ist der Landscape-Modus geeignet. Auch Diagramme, Statistiken und Schneckenrennen lassen sich in breiter Manier besser anzeigen.

Noch ein Beispiel, das mehrere Gedanken vereint: die S-Banking-App. Zum einen gibt es sie als Smartphone- und Tablet-Variante. Zum anderen hat sie viele unterschiedliche Ansichten mit einfachen Listen, Einzelseiten, Diagrammen etc. Diese als Beispiel heruntergeladen auf verschiedene Geräte dient super als Studienobjekt. In der nachfolgenden Abbildung können Sie erkennen, dass die Tablet-Variante Ansichten kombiniert (links Liste, rechts Diagramme), weil de facto etwa drei Smartphones in einer Ansicht Platz finden.

Bild 8.13 Als Einstiegs-Studienobjekt geeignet: die S-Banking-App, als Smartphone-Variante für iOS und Android und als iPad-App mit angepasstem Layout. Da können Ansichten kombiniert werden, denn auf einem iPad haben nahezu drei durchschnittlich große Smartphone-Screens Platz. Quelle: *http://www.areamobile.de/assets/news/2011-10/star-finanz-s-banking-ios-android.jpg*

Skizzieren mit Vorlagen und Schablonen

Um das eingehend genannte Problem der Screengrößen gleich zu handhaben, empfiehlt es sich, Vorlagen zu nutzen. Diese sind meist auf A4-Blättern gezeichnete Smartphone-Attrappen, die dabei helfen, Proportionen der Screengrößen untereinander zu verstehen und darauf konzeptionell einzugehen.

Beginnen Sie mit dem größten und dem kleinsten Screen einer Gerätelinie, auf der die App laufen soll. Ja, richtig, beides. Sie bedenken also den Fall, wenn Sie sehr viel Platz auf dem Screen haben, und den, wenn Sie wenig haben. Damit decken Sie das dazwischen liegende Delta ganz gut ab. Sprich: In der nachfolgenden Abbildung beachten Sie die Größe des iPhone 5 und des iPhone 6 PLUS. Damit haben Sie die App für das iPhone 6 bereits eingetütet. Allerdings wird Sie die konzeptionelle Entwicklung der Smartwatch-Variante noch mal extra Zeit kosten, denn hier funktioniert das Screengrößen-Delta nicht mehr. Sie sind bereits auf einem neuen Medium. Der klassische Screen fällt weg. Das führt dazu, dass die App im Kontext der Nutzung gänzlich neu betrachtet werden muss.

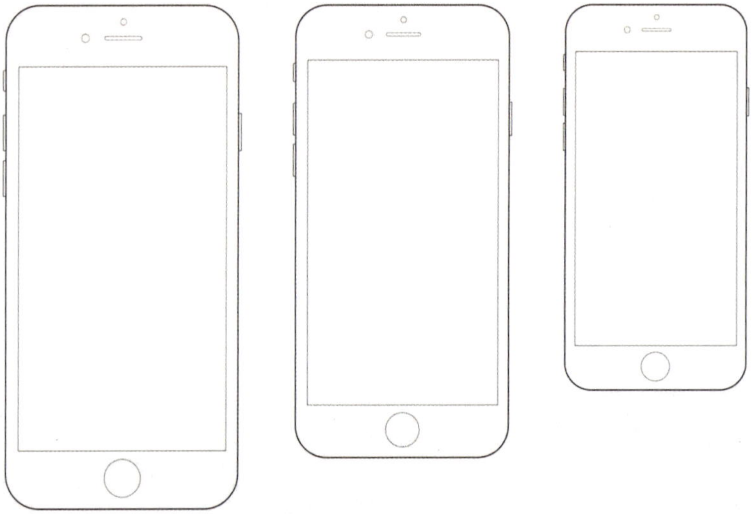

Bild 8.14 Die Screengrößen als Skizzenvorlage; sie gibt es bei Bedarf mit Pünktchen, gedreht, mit mehreren Screens pro Seite und so weiter, z. B. hier: *http://www.interfacesketch.com*. Auch für Android-Smartphones, Tablets, Phablets und Windows Phones.

Wenn Sie wissen, dass es eine App für das iPhone sein soll, dann skizzieren Sie zuerst in iPhone-Vorlagen. Wenn es eine Tablet-Variante sein soll für Android, dann wählen Sie ebenfalls die passende Vorlage aus und gehen Sie dann zu den Vorlagen der kleineren und größeren Screens über. Sie werden schnell merken, dass Sie damit einen sehr wichtigen Punkt bereits vorausdenken: das Dilemma der Screengröße! Eine App für das iPhone läuft idealerweise[3] auf allen bisher herausgegebenen Geräten - also auf dem iPhone 3 bis zum 6 PLUS. Das sind acht Jahre Generationsunterschied, der sich in Auflösung und Screengröße äußern. Damit erfassen Sie die größten und schlimmsten Unterschiede.

---

[3] Wobei es sinnvoll ist, die älteren Modelle zu vernachlässigen - beraten Sie sich mit Ihren Programmierern. Hängt auch davon ab, wie verbreitet diese in Ihrer Zielgruppe sind.

Bild 8.15 *http://www.uistencils.com* bietet elegante und originelle Stencils (Schablonen), Blöcke und Notizbücher rund um App-Konzeption. Schön anzusehen und teurer als Papiervorlagen. Quelle: *http://www.uistencils.com/products/android-stencil-kit*

Konzipieren für das erste und das x-te Mal in einer App

Okay, genug nun mit dem Vorwissen, fangen wir an!

Der erste Fall, den wir in einer App unterscheiden, ist, ob der Nutzer die App das erste oder ein erneutes Mal öffnet. Wie bei jeder Sache ist das erste Mal besonders wichtig, denn alles ist neu. Unsere Aufgabe ist es also, dem Nutzer auf leichte Art so viel Orientierung anzubieten wie möglich.

Die nachfolgenden Wireframes zeigen daher zwei unterschiedliche Abfolgen. Erstes Mal zeigt den Fall, wenn der Nutzer die App das erste Mal öffnet. Und das x-te Mal zeigt, was der Nutzer sieht, wenn er die App ein wiederholtes Mal betritt. Was an diesem Beispiel auch auffällt: Unsere Arbeit verdoppelt sich quasi in Lichtgeschwindigkeit! Aus zwei statischen Screens sind nun in zwei Abfolgen schon sieben Screens zu sehen. Das ist normal, soll Sie lediglich darauf aufmerksam machen, dass Sie sich nicht noch extra Arbeit irgendwo herholen müssen, indem Sie beispielsweise irgendwelche Screens leichtherzig zusagen.

Bild 8.16 Erstes und x-tes Mal in einer App bieten dem Nutzer unterschiedliche Ansichten und Handlungsoptionen. Aus drei mach sechs! Drei statische Screens werden zu sechs Ablaufscreens. Für den Entwickler mag es letztlich eine View sein, an die bestimmte Bedingungen geknüpft sind, für Sie sind es mindestens sechs Screens, die Sie prototypisieren werden, damit Sie die Abfolge testen können.

Das erste Mal in einer App

Wenn man so will, ist das erste Mal immer das kritischste; denn der Nutzer muss zwei Hürden überwinden, um zu *unserem* Nutzer zu werden.

Hürde Nummer 1: Orientierung. Was kann ich hier tun? Und wie? Wie komme ich an das, was mir versprochen wurde, was ich hier tun kann?

Hürde Nummer 2: leere Screens. Angeknüpft an die Tatsache, dass der Nutzer die App das erste Mal betritt, kann es sein, dass ihn leere Screens ansehen. Hier können wir punkten.

Diese Hürden versuchen Designer mit dem *Onboarding* zu verhindern. Es bedeutet, den Nutzer an Bord der App herumzuführen und ihm die Funktionen zu erklären. Die erste Priorität ist immer, dass die App sich selbst erklärt. Begriffe, Beschriftungen, Grafiken arbeiten so zusammen, dass dem Nutzer intuitiv klar wird, wo er jetzt als Nächstes klicken kann. Einfachstes Beispiel: weißer Screen, in der Mitte ein orangefarbener Button mit der Aufschrift „Video erstellen". Ist selbsterklärend. Da braucht es nicht neben dem Button noch ein Bubble mit dem Text: „Wenn Sie auf diesen Button drücken, können Sie Ihr erstes Video erstellen." (Siehe Bild 8.18.)

„Einfach" ist Plan A. Manchmal kann es aber einer Erklärung bedürfen, z. B. wenn eine App ein besonderes Tool mit vielen Funktionalitäten, Datenanzeigen, Kontexten ist. Dann bietet sich als Plan B einer der nachfolgenden Punkte an – jeweils immer mit der Option, einfach weiterzuspringen:

- **Walkthroughs**. In der App erscheinen an wichtigen Menüpunkten Bubbles, die bestimmte Funktion erklären. Es sollten nicht zu viele Schritte sein – gefühlt sollten drei Bubbles das Wichtigste vermitteln.
- **Mini-Tutorial** beim ersten Start der App. Beliebte Form: drei bis fünf Grafiken mit wenig Text, die entweder Funktionen oder Benefits der App erklären. Dabei machen sich Bilder gut und sind schnell erklärend sowie unterhaltsam. *Quixit* ist eine App, die das elegant macht, zumal der Nutzer immer über den schwarzen Button „Jetzt starten" weiterspringen kann – immer zu empfehlen! Lassen Sie den Nutzer so etwas nicht zwangsweise tun. Rechts in der Bildmitte ist ein Play-Button für das Video zur App. Das wird automatisch beim ersten Start der App abgespielt. Für Branding und Produktvorstellung ist das ein Weg. (Bild 8.17 links *Quixit*, rechts *Evernote*.)

Leere Screens

Leere Screens sind die, an die Designer nicht so gern denken und die Entwickler meist als Erstes bedenken, da diese häufig genau die Problemfälle herauspicken. Ein Umstand, der möglicherweise zunächst nervenaufreibend anmutet, sich aber als äußerst hilfreich erweist.

Was also, wenn Sie eine App konzipieren, die auf Daten angewiesen ist, die der Nutzer zunächst einmal erstellen muss? Dann haben Sie die Möglichkeit, Ihrer Kreativität Raum zu geben und hier und da Ihre Gestaltungkünste und Ihren Humor hervorzuholen – so wie einige der nachfolgenden Screens es tun, um die Lücke zwischen Leere und erstem erstellten Content zu überbrücken.

- Für Screens, die noch keine Daten anzeigen, weil der Nutzer beispielsweise noch keine Quelle ausgewählt hat (häufig bei Newsreadern), bietet sich eine **humorvolle Grafik mit einem super-kurzen Text** und Pfeil in die Richtung, wo etwas Relevantes getan werden kann, an. Bild 8.18 links zeigt ein gutes Beispiel, zielorientiert, rechts ist es so mittelmäßig, denn ehe ich den Text lese, dass ich noch keine Videos habe (was ich als Nutzer weiß), hätte ich schon fünfmal den Button drücken können. Die Aufmerksamkeit des Nutzers wird an falscher Stelle gebunden – zudem mit ziemlich blasser Schrift.
- Mein Favorit ohne viel Krimskrams: ein riesiger **Button** in der Mitte des Screens mit Zutritt zum Kernfeature, z. B. „Create first video".

Merken Sie sich für alle Ihre Screens, die Sie gestalten: entweder einfach oder unterhaltsam.

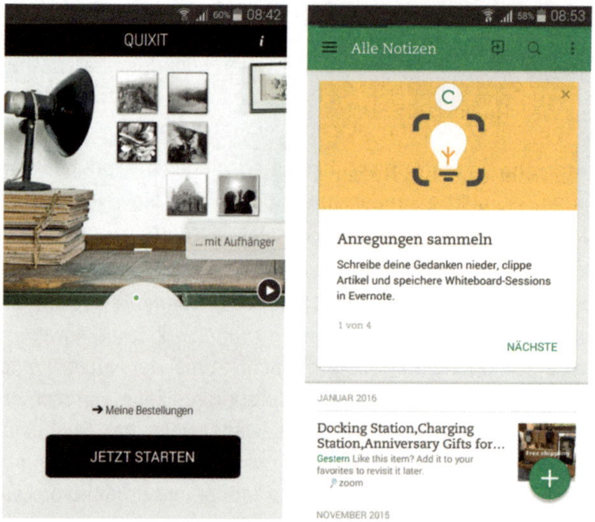

Bild 8.17 *Links:* Die Ästhetik von *Quixit* ist angenehm und die Fotos sind ein Augenfänger. Man bekommt als Nutzer sogar noch eine Inspiration.
Rechts: Evernote's Flat Design ist ebenfalls schick, gewinnt meiner Wahrnehmung nach aber keine Pluspunkte bei der Übersichtlichkeit. Leichte Schatten retten zwar, aber ich merke, wie meine Augen über die Elemente des Screens springen und sich irgendwo festmachen wollen. *Evernote* hat hier den Spagat aus Einführung und Bereits-in-der-App-Sein gelöst. Ob sie selbst damit zufrieden waren und wie es besser geht, sehen wir vielleicht bei einem nächsten Update der App.

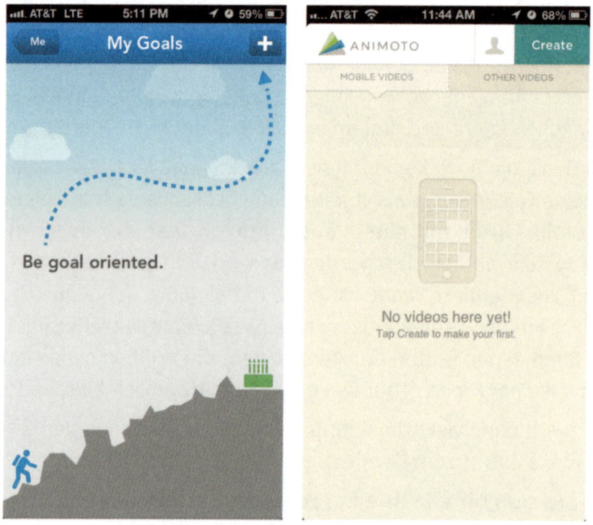

Bild 8.18 Beispiele für die Überbrückung leerer Zustände. Den Screen links finde ich witzig und mit klarer Route fürs Auge. Rechts erscheint mir zwar ästhetisch, aber umständlich. Irgendwie wird meine Aufmerksamkeit unnötig an den blassen Hintergrund, den wie ein Taschenrechner aussehenden Mini-App-Screen und die blasse Schrift, die keine neue Info für mich hat, gebunden. Warum so viel Text? Warum nicht einfach ein Pfeil oder gleich den Button noch mal in der Mitte des Screens? Vor allem für Daumen-Navigierer wäre das praktisch gewesen.
Quelle: *http://www.mobile-patterns.com/empty-data-sets*

Zack, Zack, Zack durch Ihre App

Ich will Ihnen jetzt mit einigen *Zacks* zeigen, wie der Nutzungsfluss in Apps funktionieren sollte. Am Beispiel des *Ausgaben-Managers* und *Instagram* zählen wir gemeinsam die Hauptschritte durch, bis der Nutzer sein erstes Erfolgserlebnis hat. Das Erfolgserlebnis in der Bedienung der App ist essenziell – es baut die Beziehung zwischen App und Nutzer auf. Ohne Erfolgserlebnis gibt es keine Nutzer. Daher empfehle ich Ihnen, Ihre App-Konzeption mit solchen Zacks, die Sie z. B. mit Post-its basteln können, anzureichern. Bedenken Sie: Die App öffnen ist gefühlt bereits das erste Zack für den Nutzer. Danach sollte eine Folge zwischen drei bis fünf Zacks kommen. Häufig sind Zacks mit einem Screenwechsel verbunden und stellen einen Fortschritt auf dem Weg zur Zielerreichung dar.

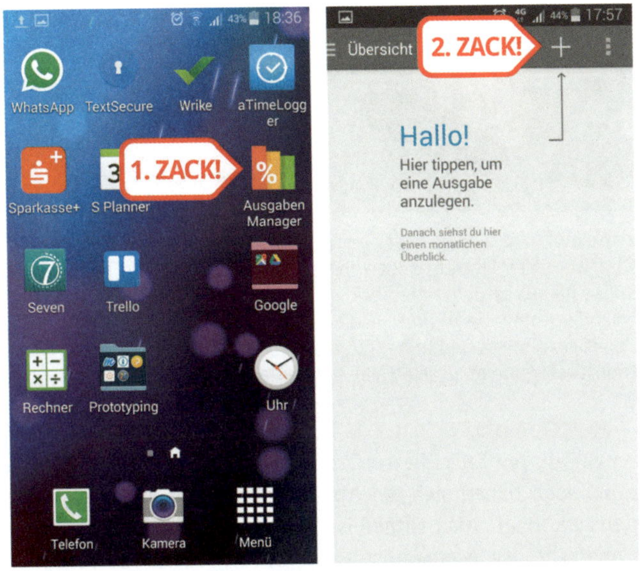

Bild 8.19 Eine App mit Zack! Ich gehe noch einmal zum Ausgaben-Manager von Markus Hintersteiner. Der Aufruf der App ist das gefühlte erste *Zack*, mit dem der Nutzer die Reise beginnt. Das zweite *Zack* ist *in* der App und muss sofort ausführbar sein. Nicht suchen, sondern machen. Das ist für jede App die Devise.

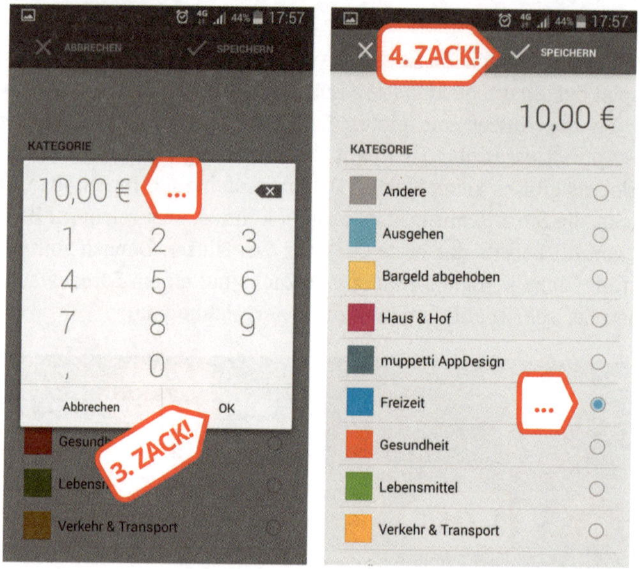

Bild 8.20 *Linker Screen:* Das Eingeben der Ausgabe erfordert mehrere Zwischenschritte, doch hierbei ist klar, wofür der Nutzer es tut – mit diesem Wissen strapazieren wir ihn sehr wenig. Der OK-Button ist das nächste fruchtende *Zack.*
Rechts: Die Auswahl der Kategorie kommt – Gott sei Dank – erst danach. Bis dahin hat der Nutzer schon mehrere Zacks gesammelt und bringt die Motivation auf, den Vorgang abzuschließen. „Andere" als Standardkategorie fängt alle Fälle ab und der *Speichern* Button ist ebenfalls schon da – vier *Zacks* und fertig!

Und jetzt gucken wir auf die *Zacks* in der *Instagram*-App. Sie ist umfangreicher als der Ausgaben-Manager, dennoch haben sich die App-Designer einen Weg ausgedacht, ein Foto in Windeseile posten zu können. Also, Öffnen ist das erste *Zack*. Schon bin ich in meinem abonnierten Stream und sehe das, was neu ist – sofern ich eine Internetverbindung habe, denn die Posts müssen frisch geladen werden. Okay, zweites *Zack:* Unten auf das Foto-Icon tappen – danach öffnet sich die Galerie.

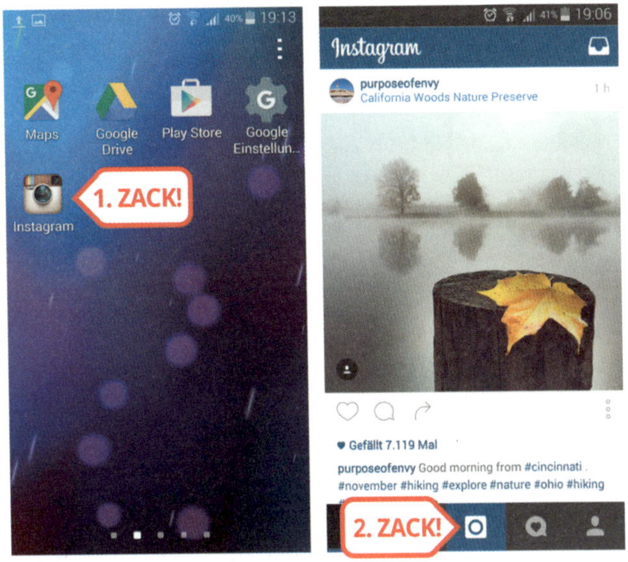

Bild 8.21 Erstes *Zack* geht für das Öffnen der App drauf, zweites *Zack* erlaubt dem Nutzer sogleich den Zugriff auf seine Galerie (und auf die Kamera). In der neuen Instagram-App sind die letzten Bilder der Galerie sogar schon an dieser Stelle in einer Leiste zu sehen.

Bild 8.22 Das dritte Zack wird für die Auswahl des Fotos gebraucht – das Foto wird sofort darüber in großer Ansicht geladen. Damit wird mir das Gefühl vermittelt, dass etwas passiert und die App auf mich und meine Aktion reagiert. Rechts: Nun kann ich noch x Schritte dazwischen fügen, wenn ich mein Bild bearbeiten möchte. Aber das Beste ist, es ist kein Zwang! Statt Filter zu wählen, kann ich auch sofort weitergehen (oben rechts mit dem blauen Pfeil) – und komme zum vierten Zack, in dem ich dem Bild einen Text zufügen kann. Wieder kein Zwang. Fünf Zacks, und mein Bild ist in der Welt – yes!

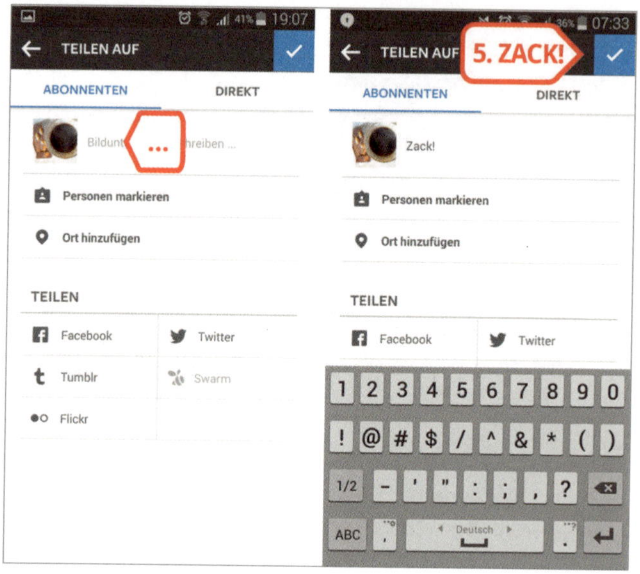

Bild 8.23 Hier genauso – der Nutzer kann eine Beschreibung eingeben, muss es aber nicht. Für Schnelle ist also ein Bild in fünf Zacks gepostet. Wer noch Ressourcen hat, kann natürlich mehr mit der App arbeiten.

Beachten Sie diese Zacks für Ihre eigene App-Konzeption. Lassen Sie den Nutzer nichts auf dem Screen suchen – legen Sie das Wichtigste vorzugsweise in die Mitte des Screens und bieten Sie einen zackigen Flow in der Nutzung an. Diesen Flow werden Sie als Erstes selbst testen – im nächsten Abschnitt zeige ich Ihnen wie.

8.4 Rapid-Prototyping & Selftest

Sie sind die erste Person, an der Sie Ihre Konzeption jedes Mal vortesten können und es auch tun sollten, denn Sie sollten Ihre Skizzen an*fühlen*. Checken Sie, wie sich die App in ihrem aktuellen Zustand *anfühlt*. Sie wird sich für den Nutzer auch anfühlen, also lassen Sie sich nicht von irgendwelchen Vernunftgedanken oder Kollegen davon abbringen.

Fühlen geht am besten mit einem Prototyp. In den letzten drei Jahren ist sehr viel am Markt der Prototyping-Tools passiert. Die großen Tools wie *Axure*, *Balsamique* und bekannte wie *Omnigraffle, MockingBird* haben agile, schlanke, fokussierte und preisgünstige Konkurrenten bekommen, für die Prototyping mobiler Apps selbstverständlich ist und demzufolge direkt auf mobilen Geräten stattfindet oder darauf zu testen ist.

Heutige Prototyping-Tools sind auf einem breiten Spektrum angelegt: von den Tools, in die man schnell einsteigen kann, bis hin zu komplexeren, mit denen man die App-Oberfläche genau simulieren und schon Richtung Entwicklung gehen kann. Wir wollen beides: schnell und gut im Simulieren von Interaktionen, Gesten, Transitionen und Animationen. Als Mac-User ist die gegenwärtige Auswahl größer, doch auch viele attraktive Web-Apps stehen zur

Verfügung, um Ihre App lebendig zu machen. Viele erlauben ein Projekt kostenfrei und bieten sich damit ideal zum Testen an.

Ein Prototyp erfüllt mehrere Aufgaben:

- Er macht die App realistisch und für das gesamte Team sowie den Kunden benutzbar. Somit dient er als konkrete Diskussionsgrundlage und verlässt das Feld der Annahmen und idealisierter Wunschvorstellungen.
- Er ist so angelegt, dass mit ihm User-Tests durchgeführt werden können. Damit wird die App-Idee für andere Menschen erfahrbar. Diese Erfahrungen (die User Experience) werden getestet und verbessert, sodass der Prototyp vor der tatsächlichen programmatischen Umsetzung ein rundes, sinnvolles App-Produkt darstellt.
- Er kann für Marketing und Akquise genutzt werden.

Mobile Prototyping-Arten

- **Skizzen und Storyboards:** Skizzen zeigen einen handgezeichneten Screen, das Storyboard zeigt mehrere handgezeichnete Screens, die miteinander verbunden sind. Meist ist für die Grobkonzeption diese Vorgehensweise ausreichend. Benötigt werden Stifte in mehreren Farben, eventuell Schablonen und, für die Proportionen wirklich sehr zu empfehlen, die Templates mit den Phone-Attrappen darauf. Das reicht schon, um eine App grob darzustellen.
- **Paper-Prototypes:** Paper-Prototypes gehen noch mehr auf die echten Größen und Proportionen des Screens ein. Ob Templates mit Smartphone-Rahmen, Stencils (Schablonen) oder eine ausgeschnittene Smartphone-Attrappe: Paper-Prototyping ist der erste Schritt, um Ideen und echte Ausmaße der App zu fassen.
- **Tapbare Skizzen:** Fotografierte Skizzen, die untereinander verlinkt werden, ermöglichen ein erstes Anfühlen der App auf dem Smartphone. Eine tolle Möglichkeit - schon in der Grobkonzeption - zu starten, indem man die Skizzen einfach in einer entsprechenden App abfotografiert, beschneidet und untereinander verlinkt.
- **(Klickbare) Wireframes**: Wireframes sind digitalisierte Skizzen. Nicht fotografiert, sondern aus Elementen gebaut, die zwar noch nicht der Gestaltung der App nahekommen (müssen), aber das Layout bestimmen - also die Verteilung der Elemente auf dem Screen. Ein Button bekommt die Anmutung eines Buttons, auch wenn er nicht ästhetisch gestaltet ist. Formulare, Listen, Bilder, Texte bekommen bereits ihre echten Ausmaße auf einem Screen zugewiesen - so wird deren Wirkung wahrnehmbar. Heutzutage bieten die guten und meisten Wireframe-Tools an, dass Ansichten untereinander verlinkt werden und ein echter Navigationsfluss entsteht.
- **Interaktive Wireframes:** Diese Art Wireframes bieten dem Nutzer bereits echte Interaktionen - nicht nur Verlinkungen. Wenn er tapt, springt etwas auf, etwas blendet sich ein, etwas wird animiert. Diese Wireframes sind dafür geeignet, Usability zu testen und bereits Richtung UX zu gehen. Auch Animationen sind hierbei möglich.

- **(Klickbare) Mockups:** Als Mockup bezeichnet man eine Attrappe im Sinne einer Fassade. Der Screens sieht echt aus, ist aber nicht mit den finalen Funktionalitäten hinterlegt. Bei App- und Web-Konzeptionen mache ich Mockups klickbar. Kunden können sich dann besser vorstellen, wie eine App aussieht und was sie macht.
- **Interaktive Mockups**: Sind die Sahnehaube des Prototypings und dementsprechend benötigen sie mehr zeitliches Invest zur Umsetzung. Die Krönung des interaktiven Mockups ist ein mit Code nachgebautes User Interface. Bleiben Sie gelassen: Mit SWIFT beabsichtigte Apple sowieso, den Einstieg in die App-Programmierung *jedem* noch einfacher zu machen. Sie können SWIFT nutzen, um das Interface aufzubauen. Auch andere Tools machen den Einstieg leichter und angenehm; z. B. Framer.

Damit haben wir als Designer entsprechenden Einfluss auf die Optik, Interaktionen und Animationen der App. Und hat man diesen Dreh heraus, leistet man ungeheure Zuarbeit zur programmatischen Umsetzung der App – und wird für den Markt attraktiver.

Früher waren die im Kasten aufgezählten Arten des Prototypings vielleicht deutlicher voneinander getrennt. Heute mischt sich alles ein wenig, ich empfinde das als großen Vorteil für uns. Wir können Skizzen klickbar machen, uns stehen Prototyping-Tools zur Verfügung, die interaktive Elemente für *mobile* anbieten, die auf den Nutzer reagieren und etwas ein- oder ausblenden und dabei auch noch schick aussehen. Gleichzeitig stehen uns unglaublich viele Ressourcen zur Verfügung, um eine App zügig als App aussehen zu lassen. Design-Vorlagen für iOS, Android, Windows für Photoshop, Illustrator, Sketch und andere findet man schnell für gar kein oder wenig Geld. Wir haben heute also viel mehr Möglichkeiten, als es noch vor einer Hand voll Jahren der Fall war. Das ist toll – wir können unseren Job genauer machen, weil wir genauer an die Simulation der App herankommen.

Bild 8.24 Paper-Prototyping mit Papierphones, um die Proportionen der Elemente auf dem Screen gleich fassen zu können.
Quelle: *http://blog.juntoo.co/wp-content/uploads/2015/02/rapid-prototyping-for-web-design.jpg*

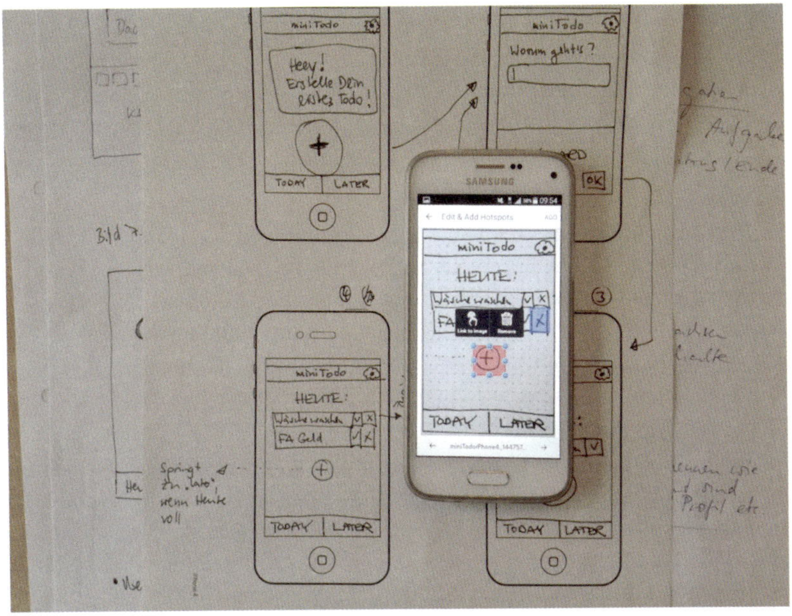

Bild 8.25 Papier, das Tool *Marvel* und ein Smartphone. Prototyping gemischt aus Skizzen und einer App, die diese Skizzen klickbar macht. Das ist toll! Marvel erlaubt Ihnen auch den fließenden Übergang von der Grob- zur Feinkonzeption und ist einfach unschlagbar, um schnell auf dem Smartphone zu testen. Mein Tipp.

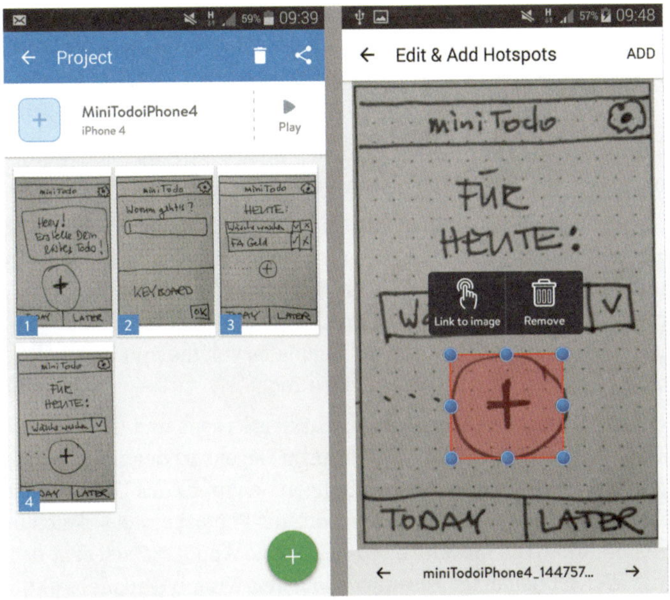

Bild 8.26 Auf Ihren Scribbles werden Tap-Flächen definiert und mit anderen Ansichten verbunden. Dieses Prototyping reicht für die Grobkonzeption allemal aus – da geht es noch nicht um genaue Interaktionen, Gesten, Transitionen oder Animationen. Je genauer die App simuliert werden soll, desto mehr Funktionen muss das Prototyping-Tool anbieten. Die Krönung ist Prototyping mit Code.

Auswahl und Kurzvorstellung einiger Prototyping-Tools

Ich möchte einige Tools vorstellen, mit denen ich selbst arbeite oder die ich auf meinem Weg, ein passendes Prototyping-Tool für mobile Apps zu finden, ausprobiert habe. Nach den Tools habe ich Ihnen außerdem meine Kriterien für das ideale Prototyping-Tool zusammengestellt.

Web-Apps:

InVision (*http://www.invisionapp.com/*) ist super einfach für den Start und eine Augenweide. Man legt ein neues Projekt an (eins ist kostenfrei), lädt Scribbles oder schnelle Screens hoch und kann diese untereinander verlinken, mit Gesten und Transitionen versehen. Das Ergebnis ist eine responsive Web-App, die Ihren Prototyp anzeigt und deren Link Sie per E-Mail oder SMS an Ihren Kunden schicken können. InVision erlaubt es, in den Screens Kommentare an entsprechenden Stellen zu hinterlassen, so wird das Kunden-Feedback dokumentiert.

Für mich ist die Übersicht der App-Screens sinnvoll, allerdings ist sie bei InVision nicht netzartig, sondern linear angeordnet. Der Nachteil ist, dass InVision im Internet läuft und nur über einen Export auch offline zur Verfügung gestellt werden kann. Toll ist der InVision-Ordner, der sich ähnlich wie Dropbox lokal anlegen lässt und dann automatisch aus dem Grafikprogramm in diesen Ordner exportierte Dateien mit der Online-Web-App synchronisiert. Und wunderbar sind die Anbindungen an slack, Basecamp, Dropbox, Trello, box etc. Außerdem arbeitet das Team von InVision permanent an der Entwicklung und bietet immer wieder Verbesserungen. Beispielsweise ist ein neues Feature der Workflow. Ähnlich wie bei Kanban können Designer Screens in den Design-Prozess aus „In Progress“, „Needs Review“ und „Approved“ einordnen. Für große Projekte ist das sehr von Vorteil. Der neue Clou: Motion. Damit will sich auch InVision in das Prototyping von Interaktionen und Animationen für Apps einreihen und die Screens lebendiger machen. Wenn das gut wird, dann knallt's meines Erachtens. Und das zu einem guten Preis von $ 25 im Monat für unendlich viele Prototypen.

Und: InVision bietet ab jetzt User Testing auf dem iPhone 6 & 6+ an. Dabei werden auf iPhones die Interaktionen, Gesichter und Stimmen aufgenommen.

UXPin (*https://www.uxpin.com/*) ist ebenfalls ein sehr komfortables Tool. Im Gegensatz zu InVision und Marvel lassen sich hier Screens richtig zusammenbauen und in der PRO-Version für $ 29 pro Monat ambitioniert animieren. Die Interaktionen und Animationen sind leicht anzulegen, und es liegen jede Menge Tutorials und Templates vor, die nun verstärkt in Richtung App-Prototyping gehen. Tolles Tool!

Mir fehlt jedoch auch hier die netzartige Ansicht der Screens und der Upload für Bilder ist nicht so komfortabel wie bei InVision. UXPin ist im Gegensatz der zuvor vorgestellten Tools teurer und verteilt die Features etwas spitzfindiger: So gibt es das User Testing erst ab $ 49 im Monat. UXPin unterstützt ebenfalls den Import aus Photoshop und Sketch und erlaubt so das Anlegen von interaktiven Mockups. Das heißt, eine App lässt sich sehr detailliert prototypisieren. Fazit: Wer schnell einen zusammengebauten Prototyp aus Interaktionselementen benötigt, ist hier richtig – und das geht fix und einfach, macht Spaß und man hat Zugriff auf viele Vorlagen. Gemeinsam mit InVision hat UXPin, dass sie keine native App anbieten, in der man das Projekt durchklicken kann. Man ist also auf das Web angewiesen – auch, wenn man seinen Prototypen vorführt.

Web-Apps mit nativen Test-Apps (iOS und Android):

Marvel (*https://marvelapp.com*) läuft als Web-, Android- und iOS-App. Für mich ist es am sympathischsten, weil ich mich nicht einloggen muss, um einen Prototypen zu erstellen. Ich kann sofort loslegen. Außerdem ist Marvel kostenlos und im kleinsten Paket mit ein paar Extra-Features kostengünstig mit $ 15 im Monat. Dann ist es auch ohne Marvel-Branding für Kundenprojekte einsetzbar als passwortgeschützter Prototyp. Es bietet Dropbox-Anbindung und Synchronisation, Import aus Photoshop und Sketch3. Die Bedienung der Prototyping-App geht einfach und schnell. Wegen der nativen Rapid-Prototyping-App ist Marvel mir sehr sympathisch. Ansonsten ist die Bedienung der von InVision ziemlich ähnlich – sieht sogar etwas ähnlich aus. Marvel bietet weniger Features als InVision an, aber mit dem Dropbox-Sync, der Kollaboration mit Teammitgliedern, der Kommentarfunktion und der Synchronisation von PSD- und Sketch-Dateien liegt es für ein kleines bis mittelgroßes Projekt wunderbar im Rennen. Prototypen können sogar als Android-Apps exportiert werden – hier ist die Frage eher die der Qualität. Wie fühlt sich diese App auf Android an? Toll in Marvel ist die Auswahl vorhandener Geräte und Screengrößen – das unterscheidet die neue Generation der Prototyping-Tools deutlich von den Alteingesessenen, die immer noch den Fokus auf Web legen. Ich empfehle Marvel wärmstens für das erste App-Projekt und das kostenlose Testen mobiler Prototypen.

Proto.io (*https://proto.io*) ist ein weiteres ernst zu nehmendes webbasiertes Tool. Hier mischt sich das Editieren im Web mit dem Ausprobieren auf Geräten über die nativen Apps von *Proto.io*. Ansonsten verfügt dieses Tool über sehr viele Features und sieht erwachsen aus. Im Vergleich zu InVision ist es allerdings nicht so ästhetisch und schick, manchmal nicht ganz super usable. Wenn man nicht so streng ist wie ich und über den 15-tägigen Trial und den monatlichen Preis von $ 25 im Monat für fünf Projekte hinaussieht, ist es ein prima Tool, mit dem sich Animationen, Gesten und Transitionen hervorragend abbilden und dank der Einführungen lernen lassen. Der Offline-Mode in der Testing-App ermöglicht, internetlos mit dem Prototyp durch die Gegend zu ziehen. Aber mit *Proto.io* kann auf der App selbst kein Rapid-Prototype erstellt werden – nur Ansehen ist darin möglich.

Prott (*https://prottapp.com*) funktioniert ähnlich wie *Marvel* und *Proto.io*, bietet aber in der Web-App ein zusätzliches Feature: **Wireframing**. Sie können also hier von Grund auf Screens mit reduzierter iOS-Anmutung (Android ist wohl geplant) bauen und mit einfachen Hot-Spot-Interaktionen versehen. *Prott* bietet auch die Anwendung von Gesten und Transitionen. Damit eignet es sich als Rapid-Prototyping-Tool für interaktives Wireframing sehr gut und geht gleich auf die nativen Apps, um dort zu testen. Für den Einstieg in das Prototyping eines ersten App-Projekts ist es sehr zu empfehlen, vor allem, weil ähnlich wie bei Marvel auch auf der nativen App neue Skizzen-Projekte angelegt werden können. Es ist mit $ 17 im Monat fünf Dollar teurer als Marvel, aber für das Gebotene immer noch für Freelancer günstig.

Prototyping auf dem iPad:

App Cooker (*http://www.appcooker.com/*) läuft als iPad-App und hat sich auf das Prototyping für iOS spezialisiert – inbegriffen Apple Watch. App Cooker kostet einmalig € 29,99 und bietet die kostenlose App *App Taster* als Gegenpart an, mit der man Projekte ansehen und kommentieren kann. App Cooker eignet sich für das Rapid-Prototyping, bietet aber auch Möglichkeiten für die Feinkonzeption und die detaillierten Screens. Das für mich unschlagbare Feature von App Cooker, das ich bei keinem anderen dieser App-Prototyping-Tools so gesehen habe, sind die Übersicht und der Export aller Screens und deren Verbindungen untereinander in Großansicht. App Cooker war mir ein guter Freund, als ich einen App-Prototyp während meiner U-Bahnfahrten baute. Ich konnte die Zeit gut nutzen und die ungewöhnliche Arbeitsumgebung hatte mich inspiriert. Für Apple-Projekte ist es ein cooles Tool, die Unabhängigkeit von Laptop und Internet kann sehr bequem sein, Kollaboration ist dann allerdings etwas aufwendiger.

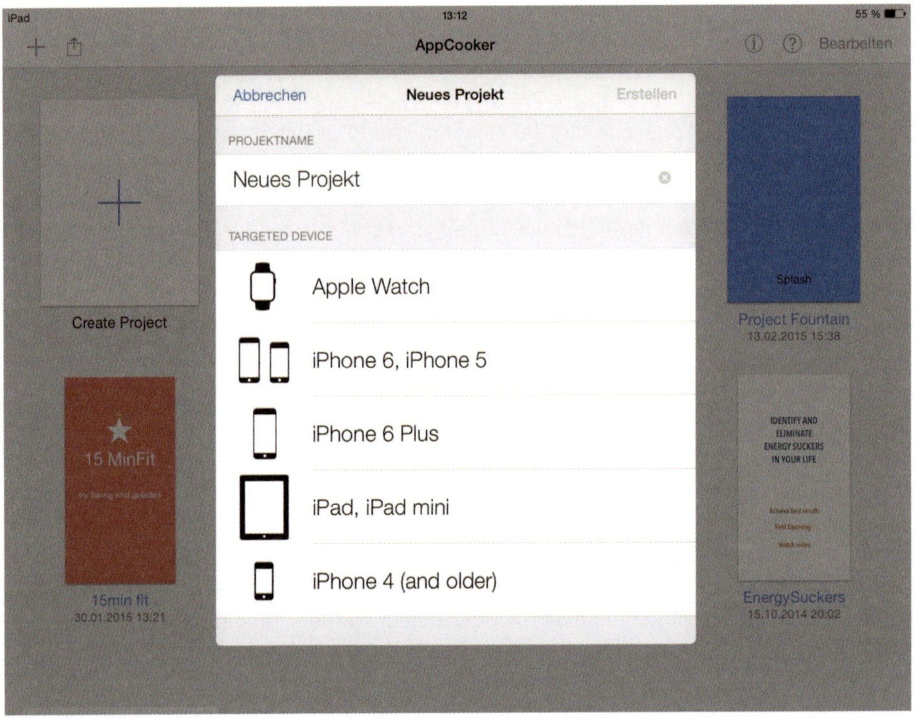

Bild 8.27 Anlegen eines neuen iOS-Projekts in der Prototyping-App App Cooker; Bietet bequemes Arbeiten auf dem iPad. Idealer Nutzungsfall: eine App-Idee prototypisieren mit optischen Standardelementen aus iOS.

Desktop-Apps für Mac und Windows:

Pixate (*http://www.pixate.com/*) hat den Vorteil, dass es kostenlos ist. Von Google übernommen wird hier auf professionelle Art ein Tool kostenfrei angeboten, das natives Prototyping anbietet. Für monatliche $ 5 kann man seine Projekte in der Cloud hosten und über QR-Codes seinen Kunden zur Verfügung stellen. Was das Ergebnis angeht, ist es ein prima Tool, aber was den Workflow angeht, finde ich es nicht so doll. Man kommt nicht einfach rein, man muss es lernen. Und da, wo InVision und UXPin Features zum Workflow und Test auf Kundenseite anbieten (z. B. einfaches Teilen per SMS, Kommentare hinterlassen, mit Nutzern testen, kollaborieren), bietet Pixate nichts Vergleichbares und wirkt dadurch etwas nerdig. Wer offline arbeiten will, After Effects als Animationstool gewöhnt ist und sich auf Animationen konzentrieren will, ist hiermit zu einem Null-Preis sehr gut bedient. Für den Workflow drum herum braucht es dann möglicherweise zusätzliche Ideen und Tools. Pixate wird in der nächsten Zeit sicherlich noch bessere Features anbieten - jetzt wirkt es vielversprechend, aber noch etwas unfertig.

Desktop-Apps für Mac:

Flinto (*https://www.flinto.com/*) bietet eine schlanke Oberfläche, in der man Screen-Rahmen anlegt und dann seine Designs aus dem Grafikprogramm Sketch importiert. Diese Screens können mit einfachen Animationen, Transitionen und Gesten belegt werden. Eine Live-Preview in der iOS-App ermöglicht das sofortige Anfühlen und Ausprobieren auf dem Gerät. Es werden auch hier alle iOS-Geräte abgedeckt und die Screengrößen als fertige Rahmen angeboten. Ich persönlich bin mit Flinto nicht warm geworden. Es entsteht bei mir der Eindruck, dass es großes Potenzial gibt, die Software aber noch zu unausgegoren ist, um schnell und mit Spaß in das Prototyping zu kommen. Dass Android-Prototyping zwar kommuniziert wird, aber in der Realität nicht abgebildet ist, finde ich nicht schön. Als Android-Nutzer hätte ich gern eine Preview auf Android-Geräten. Kann mir vorstellen, dass diese bald kommt. Kollaboration, einfaches Teilen für die entfernte Ansicht des Projekts konnte ich nicht entdecken. Flinto kostet einmalig $ 99. Ich sehe den Nutzungsfall beim Prototypisieren, wenn man seine eigene App für iOS plant und nicht darauf angewiesen ist, seinen Kunden Links zur Ansicht zu schicken.

Principle (*http://principleformac.com/*) ist ein viel versprechendes Prototyping-Tool für Animationen ist Principle for Mac. Hier können Vektorelemente gezeichnet oder Grafiken eingefügt werden, um diese zu animieren und Übergänge zwischen Screens darzustellen. Principle erlaubt damit eine Art animierte Wireframes oder eben schon ein animiertes echtes Design, beides. Principle bietet einen Export der Animationen als GIF-Datei oder Video. Das zeigt, was die Stärke und Schwäche des Tools sind: Animationen, die später von Programmierern übernommen werden sollen, können toll aufgebaut werden. Doch die animierte Oberfläche lässt sich nicht als App testen. Damit ist Principle ein Spezialfall. Es ist für 99 $ einmalig für Mac zu haben.

Desktop Coding-Apps für Mac:

Framer (*http://framerjs.com/*) ist eine ganz andere Art von Tool, denn es gehört zu den Coding-Tools. Prototypen werden hier programmatisch zusammengebaut. Der Fokus von Framer liegt darauf, Transitionen und Animationen zu prototypisieren. Dazu können Grafiken aus Photoshop oder Sketch importiert oder gänzlich neue Elemente in Framer selbst erstellt werden. Damit bewegt sich Framer in die Richtung programmierender Designer[4]. Wozu das gut ist? Zum ersten Schnellaufbau eines Prototyps ohne Vorkenntnisse ist es nicht ideal geeignet, aber zum

[4] Paul Cotton, Grafik-Designer, erzählt, wie er zu Framer gefunden hat, ohne vorher ernsthaft an Code interessiert gewesen zu sein: *http://bit.ly/1NGEfuP*

Lernen von Code und dem Implementieren exakter Animationen – perfekt. Der erzeugte Code ist für Ihre Programmierer verständlich und sie können die Animationen quasi 1:1 übernehmen. Wenn Sie sich also die Mühe machen, etwas zu animieren, lohnt es sich, für die bessere Zusammenarbeit und Zukunft Code und Design zu mischen. Dafür ist Framer super geeignet und sehr angenehm in der Bedienung. Tutorials, Beispiele und Videos machen den Einstieg einfach. Zeit braucht's trotzdem. Framer kostet einmalig $ 99, erlaubt bisher Prototyping für Apple-Geräte und ermöglicht einfaches Teilen über eine URL.

XCode (*https://developer.apple.com/xcode/download/*) ist die Entwicklungsumgebung für Apple-Applikationen. Die Richtung „programmierender Designer" wäre damit sehr konkret eingeschlagen. Hier sind Sie praktisch im Zentrum der Möglichkeiten. Sie können mit dem Interface Builder sehr visuell einsteigen und mit SWIFT ebenfalls auf Code zugreifen. Der Vorteil: Sie befinden sich in derselben Entwicklungsumgebung wie Ihre Programmierer. Was Sie hier umsetzen, gehört zum Projekt. Der Einstieg ist nicht schnell, Sie brauchen Zeit. Der Benefit ist: Sie haben Einfluss auf exakte Umsetzungen und Zugriff auf alles, was geht, Sie lernen SWIFT, Sie gehören mit zum Entwicklerteam und bekommen bestimmt einen Stein im Brett dafür. *XCode* kostet nichts. Im Web gibt es einige Artikel zum Thema „Prototyping with *XCode*", die über SWIFT den Einstieg sehr schmackhaft machen. Wenn Sie damit liebäugeln, irgendwann Ihre eigene App zu entwickeln oder sich am Markt eine bessere Position zu sichern, ist das Prototyping mit *XCode* ein guter Einstieg dafür. Links:

- Artikel **XCode as a Prototyping Tool for Designers** by Michelle Venetucci Harvey *https://robots.thoughtbot.com/xcode-as-a-prototyping-tool-for-designers*
- **Prototyping iOS Apps (Xcode/SWIFT)** – Videoreihe: *https://www.youtube.com/watch?v=xOM7FPBLHMQ*
- **Designing with Storyboards** – Apple-Dokumenttation zu XCode: *https://developer.apple.com/library/tvos/documentation/ToolsLanguages/Conceptual/Xcode_Overview/DesigningwithStoryboards.html#//apple_ref/doc/uid/TP40010215-CH43-SW1*
- **Designer's Toolkit: Prototyping Tools** – Artikel von Emily Schwartzman, Interaction Designer bei Cooper *http://www.cooper.com/prototyping-tools*

Ideale Anforderungen an ein Prototyping-Tool für Apps:

- Screens können **schnell** erstellt oder hochgeladen werden – dabei bestimme ich als Designer, ob ich Rapid-Prototyping oder Feinkonzeption betreibe.
- Screens lassen sich **mit dem Team teilen** und von den Beteiligten kommentieren.
- Screens lassen sich **super bequem untereinander verlinken**, Bereiche markieren, denen man Ziele zuweisen kann.
- Der Kunde kann die Screens **auf einem Smartphone ansehen** und **ausprobieren**.
- Es gibt eine **Versionskontrolle** oder wenigstens die Möglichkeit, Iterationen festzuhalten. Mit Iterationspunkten frieren Sie einen aktuellen Zustand ein und können am Original weiterarbeiten.

- Es gibt eine Auswahl an **Transitionen** (Übergänge) zwischen den Screens und idealerweise stocken sie nicht, während man die App bedient.
- Elementen können (einfache) **Animationen** zugewiesen werden - örtlich (von oben nach unten) sowie zeitlich (z. B. verblassen). Es braucht hier kein Hexenwerk. Einfache Animationen genügen für den Anfang. Wenn Sie mehr benötigen, switchen Sie zu Tools wie *Framer*.
- Es gibt eine sortierbare **Übersicht** der vorhandenen Screens; idealerweise als Netzansicht, in der man die Screens auch zu Clustern ordnen kann.
- Screens lassen sich **synchronisieren**. Der Export in einen Ordner ist 100 Mal bequemer, als Screens immer wieder neu hochzuladen. Allerdings verzeihlich bei Tools, in denen man Screens von Grund auf zusammenbauen kann.
- Screens können direkt **aus Grafik-Software importiert** und aktualisiert werden. Sketch wird häufiger angeboten als Photoshop.

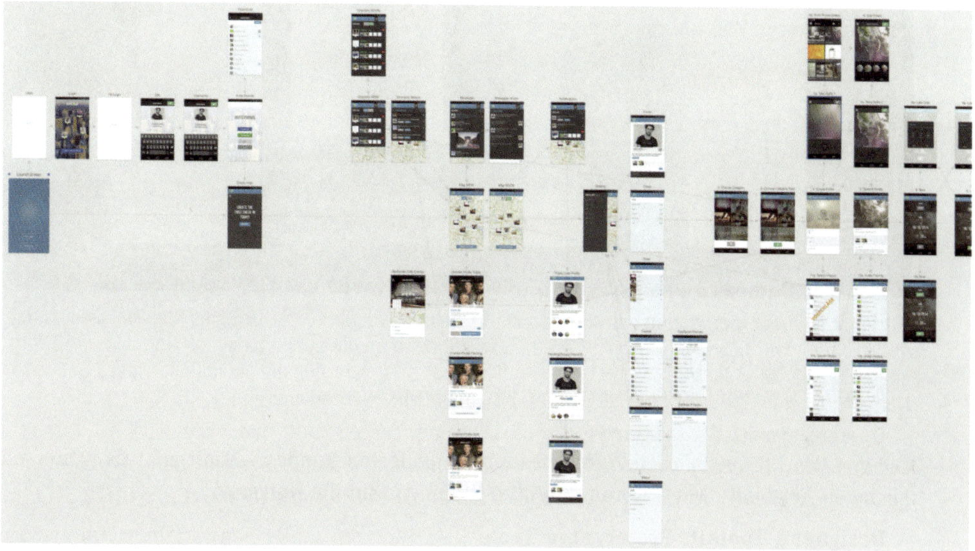

Bild 8.28 Ein Prototyping-Tool mit Gesamtübersicht aller Screens ist genial. Im App-Cooker kann ich Screens hin und her schieben, anordnen und nach Themenbereichen clustern. Das ist für ein mittelgroßes bis großes Projekt sehr hilfreich. Zudem ist diese Bildschirmansicht als PDF exportierbar und kann auf großes Papier geplottet oder mit dem Beamer an die Wand geworfen werden. App Cooker eignet sich sowohl zum Rapid-Prototyping als auch für die Feinkonzeption.

Grafische Vorlagen für Prototypen

Tools wie *UXPin* und *Prott* erlauben Wireframing mit Vorlagen, die iOS oder Android Interface-Elemente zur Verfügung stellen - sogenannte *UI Kits*. Buttons, Eingabefelder, Bilder, Listen etc. mit Android- oder iOS-Anmutung können einfach über die abfotografierten Scribble-Screens arrangiert werden und so die App Schritt für Schritt echter aussehen lassen. Doch was, wenn Sie ein Tool nutzen möchten, das keine Vorlagen anbietet?

Dann können Sie Vorlagen günstig erwerben und zu Beginn als Grafikelemente nutzen. Das ist ein guter Kompromiss zwischen Scribbles und dem finalen Design, das natürlich Zeit braucht, um entstehen zu können. Dazwischen nutzen Sie etwas, das bereits ansehnlich ist.

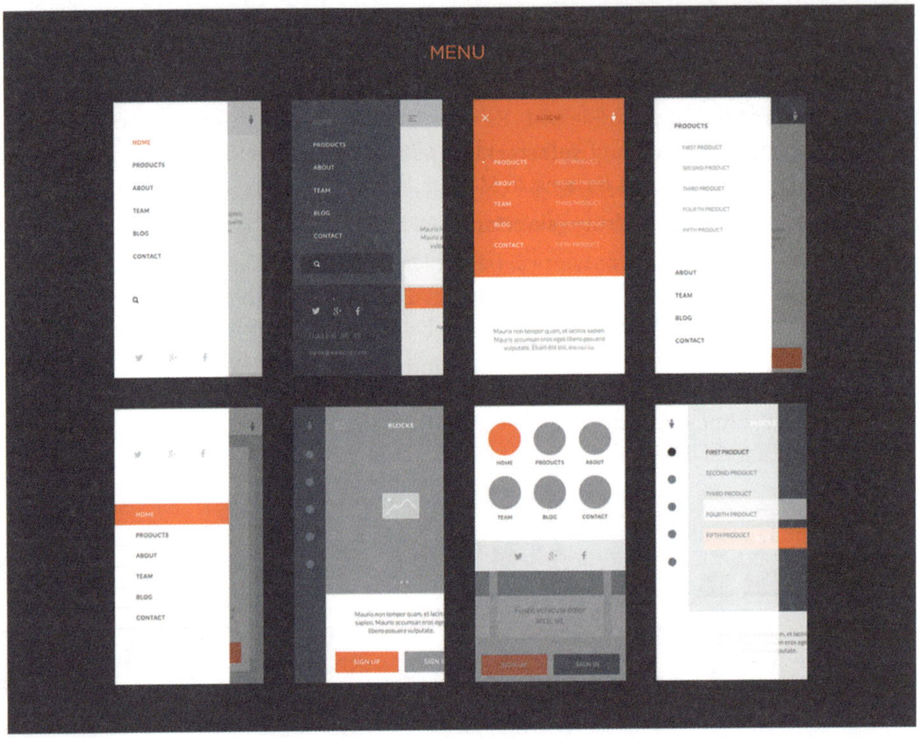

Bild 8.29 Prototypen bauen mit Wireframing UI Kits. Diese gibt es für Googles Material Design für Android und natürlich iOS für Apple-Geräte. Damit kann man die Lücke zwischen Scribbles und dem finalen Design sehr ästhetisch und in diesem Falle mit $ 18 sehr günstig schließen. Dieses Set mit Namen „Blocks" gibt's auf *https://ui8.net/products/blocks-ios* zu kaufen.

Die Art des Prototyps beeinflusst, was Sie damit testen können. Damit geht es weiter im nächsten Abschnitt. Mit unserem Prototyp gehen wir auf die Nutzer zu.

8.5 User Tests

Steve Krug hatte mit seinem Erfolgsbuch „Don't make me think" den wunderbaren Ansatz vertreten, dass Testen kein Raketenbau sein muss. Das habe ich mehrmals selbst erfahren und sehe es auch so. Wirkliches Testen ist Beobachten – ähnlich wie das Beobachten von Problemen aus Kapitel 2. Usability-Schwierigkeiten sind nichts anderes als Probleme, die gelöst werden können. Schwieriger als Usability-Tests ist in meiner Wahrnehmung, die passende Ansprache der Zielgruppe zu finden – dafür benötigt es viel mehr Kreativität. Das habe ich Ihnen in Kapitel 5 mit der Strategie des *Minimal Viable Products* nahegebracht. Okay, also fokussieren wir uns in diesem Abschnitt auf das Optimieren der **Usability** und auf die **Wirkung Ihres App-Designs**. Zwei Ziele, ganz klar.

Was fällt noch mal unter das Usability-Testing?

- Ist die App überhaupt **benutzbar**? War die Installation erfolgreich, lässt sie die App öffnen, kann man die Oberfläche bedienen? Das heißt: Reagieren Interaktionselemente überhaupt? (Ich habe genug Buttons in meinem Leben getroffen, die nicht anklickbar waren ...)
- Ist die App **verständlich** und **selbsterklärend**? Verstehen die Nutzer die verwendeten Begriffe in Erklärungen, auf Buttons, in Menüs?
- Verhält sich die App **erwartungskonform**? Wenn der Nutzer auf „Einstellungen" tapt, kommen dann auch wirklich Einstellungen? Verhalten sich Interaktionselemente so, wie es Nutzer schon im Web und in anderen Apps erlernt haben? Ein Drop-down beispielsweise zeigt mehrere Optionen, nicht nur eine. Ein Tap ins Textfeld öffnet die Tastatur. „Okay" heißt „Mach das" oder „Verstanden", „Speichern" heißt speichern, nicht verschicken usw.
- Verhält sich die App **effizient**? Kann der Nutzer seine Aufgabe zügig erledigen oder kommt Zack, Zack, Zack an den gewünschten Inhalt?
- Präsentiert sich die App **konsistent**? Konsistenz wird mit Elementen wie Navigationsleiste, Tabbar und der Optik gewahrt. Verändern Sie diese nur in speziellen Ansichten (Foto in Vollbild, Statistiken, Video).
- Ist die App **erlernbar**? Wenn die App verständlich ist, dann ist sie für den Nutzer auch gut zu erlenen. Lernen heißt hier: Der Nutzer findet selbst heraus, wie er in der App etwas tun kann. Ein- oder zweimal gemacht, ist es dann ein Leichtes. Wenn Sie beim Test merken, dass mehrere Nutzer an derselben Stelle nicht weiterkommen, einen Umweg gehen oder kommentieren, um die Ecke gehen zu müssen, dann machen Sie diese Stelle einfacher.
- Macht die App den Nutzern Spaß? Gefällt den Testpersonen die App, haben sie Lust darauf, die App zu entdecken? Das ist ein Lob an die User Experience.

  Steve Krug zitiert:

  „Wenn etwas nutzerfreundlich ist, bedeutet es, dass eine Person mit durchschnittlicher (oder sogar unterdurchschnittlicher) Fähigkeit und Erfahrung versteht, wie man das Ding benutzt, um etwas zu erreichen, ohne dass dabei der Aufwand größer als der Nutzen ist. Verlassen Sie sich darauf: Es ist tatsächlich so einfach."

Und was fällt unter den Design-Test?

- Die App **wirkt passend zum Thema**, das sie vermittelt. Optik und Inhalt passen zueinander. Es gibt nun mal Konventionen, Erlerntes und Klischees. Eine App für Jäger sollte nicht primär pink sein. Aus mehreren Gründen: Die meisten Jäger sind Männer und vermutlich einen Hauch traditionell, weil Jagen etwas Traditionelles darstellt. Grün ist hier die Farbe des Waldes, der Natur. Als Designer für Apps ist es weniger Ihre Aufgabe, originell zu sein, als ein nützliches App-Produkt hervorzubringen. Wenn die Zielgruppe sich also in Grün herumtreibt, geben Sie ihr Grün. Dass es trotzdem nicht das Grün der 90er-Jahre sein muss, zeige ich Ihnen im Abschnitt *User Interface Design*.
- Die App sieht **objektiv ansprechend** aus. „Objektiv" deswegen, weil nicht alle Menschen genau dieses Blau oder jenes Grün toll finden. Dennoch können sie beurteilen, ob die App sorgfältig gemacht wurde. *Sorgfältig* kann auch stehen für gewissenhaft, ordentlich oder qualitativ hochwertig.

- Haben Sie den **Kernnutzen mithilfe der Gestaltung hervorgehoben**? Bei einem 5-Sekunden-Test des ersten App-Screens können Nutzer Elemente wiedergeben, die sie wahrgenommen haben. Nun stellt sich heraus, ob Sie das Wichtigste so gestaltet haben, dass die meisten Nutzer es sofort erkennen.
- Die App ist **systemkonform** gestaltet. Ausnahmen sind natürlich erlaubt - so wie es *Instagram* macht. Beide Apps sehen ähnlich aus, das stört aber nicht. Je weniger Budget vorhanden ist, desto mehr können Sie Systemkomponenten nutzen und müssen keine neuen Erfindungen leisten.

Was testen Sie gerade?

Vor jedem Test sollte Ihnen klar sein, *was* Sie testen. „Na, die App!", ja. Aber was genau? Die Begrifflichkeiten und das Verständnis der Oberfläche oder die Usability oder wie die App den Nutzer in dem speziellen Nutzungskontext abholt oder wie die App den Nutzer visuell anspricht?

Je nachdem bereiten Sie nämlich Ihren Test vor. **Für alle Tests und Interviews mit Testpersonen oder der Zielgruppe gilt folgendes oberstes Gebot: Sie testen nie den Nutzer. Sie testen die App und dazu darf sich der Nutzer auch „komisch" anstellen – weniger versierte Nutzer sind sogar diejenigen, die Ihnen häufig die meisten Erkenntnisse bringen.**

Sie bestimmen selbst, *wann* Sie testen. Gleichzeitig gibt es eine sinnvolle Handlungskette, in der das Testen gut angeordnet ist: Skizzieren - Prototypisieren - Testen - Überarbeiten - Skizzieren - Prototypisieren etc. Sehen Sie es so: Je eher Sie etwas testen, desto früher haben Sie eine Gewissheit darüber, dass Ihr eingeschlagener Konzeptionsweg richtig ist. Mit *richtig* meine ich: Im Sinne Ihrer Nutzer. Nutzerzentriert.

Zeig her, was Du hast!

Es heißt, dass die App so früh wie möglich mit Nutzern getestet wird. Und dazu wird sie ihnen mit einer Aufgabe in die Hand gegeben, damit Sie beobachten können, wie die Nutzer diese Aufgabe lösen. Doch es geht nicht um die Intelligenz oder Geschicklichkeit des Nutzers - es geht darum, wie einfach sich die App für verschiedenste Menschen bedienen lässt. Von IT-Freak über Hausmann, Business-Woman, alter Mann auf der Straße und Kindergartenkind. Je weniger Medienkompetenz oder Geduld der vor uns sitzende Nutzer hat, desto schneller bekommen wir als Designer heraus, wo es in der App stockt.

Profis wie Kim Goodwin, Steve Krug empfehlen potenziellen Nutzern, immer einen Prototyp zu zeigen und die Interaktion zwischen Nutzer und Ihrem App-Prototyp zu testen. Früh und immer wieder. Mithilfe von Fragen wird zusätzlich erforscht, was der Nutzer bei der Bedienung der App **denkt** und **fühlt** und welche **Motivationen** ihn dabei begleiten. Ziel ist es, die frustrierenden und hinderlichen Punkte in der Bedienung herauszufinden (z.B. verwirrende Animationen, für den Nutzer unverständliche Bezeichnungen, zu lange Texte etc.) und diese Punkte für die Überarbeitung zu priorisieren. Denken Sie immer an die ideale User Journey!

Sie haben die Prototyp-Arten kennengelernt, wissen jetzt grob, welches Tool was kann. Aber mit welchem Prototyp testen Sie was? Die Tabelle beginnt bei der einfachsten und schnellsten Prototypisierung und endet mit ausgefeilten, optisch runden und gut simulierten Prototypen. Sie betreten mit jedem feineren Prototyp eine neue Teststufe und verfeinern dabei jedes Mal das App-Produkt.

Worauf testen Sie mit welchem Prototyp?		
Prototyp	**Sie testen damit ...**	**Testart/Beteiligte**
Skizzen & Storyboard	Begriffe, Gesamtbild	Gespräch/Team und Entwickler
Paper Prototyp	Proportionen der darzustellenden Elemente, Menge an Inhalten, Strukturierung der Inhalte auf den Screens und die Menüs	Gespräch/Team und Entwickler; evtl. Kunde, wenn dieser konzeptionelle Fähigkeiten besitzt und nicht zu sehr an der Optik hängt
Tapbare Skizzen	Tap-Stream, Anordnung der Elemente, gröbere Unlogiken im Navigationsfluss, denn Sie merken, falls Sie plötzlich an einem Ende in der App feststecken oder irgendwo landen, wo Sie gar nicht hinwollten	Selftest/Sie und jemand aus dem Team, der nicht an der unfertigen Optik hängen bleibt, sondern auf den Navigationsfluss achtet – kann auch fachfremd sein
Tapbare Wireframes	Anordnung und genaue Ausmaße der genutzten Elemente, Darstellung auf unterschiedlichen Screengrößen und Geräten, Verständlichkeit von Menüs und Begriffen, Verbindungen der Screens untereinander (Nutzungsfluss), Inhalte	Selftest/Testpersonen aus dem Bekanntenkreis, auf der Straße, wenn möglich auch jemand aus der Zielgruppe, um inhaltliche Fragen zu klären und die genutzten Begriffe zu überprüfen
Interaktive Wireframes	Testen genutzter Interaktionselemente (auch A/B-Test möglich), Nutzung von Gesten, Wirkung von Transitionen und Animationen, Usability (Nutzbarkeit), User Experience (Spaß bei der Nutzung)	Testpersonen von der Straße und Personen, die thematisch mit dem Produkt verbunden sind – also wieder die Zielgruppe
Tapbare Mockups	Wirkung auf und Ansprache der Zielgruppe, Design und alles aus „Tapbare Wireframes“	Sie wollen wissen, was die Zielgruppe zum Erscheinungsbild der App sagt, ob sie sich angesprochen fühlt, ob ein eventueller Preis adäquat ist, ob das Vokabular, die gewählten Bilder etc. stimmen
Interaktive Mockups	Verbindung der Interaktivität mit dem Design – Sie testen also alles aus „Interaktive Wireframes“ und „Tapbare Mockups“ und sind dabei in Summe bei der User Experience angelangt	Diese Stufe ist natürlich kein Zwang! Wenn Sie Interaktive Wireframes getrennt vom Design (Tapbare Mockups) getestet haben, erhalten Sie trotzdem gute Informationen.

Ich habe die Erfahrung gemacht, dass es für mich keinen Sinn macht, manchen Kunden Skizzen als Prototyp vorzulegen. Es gibt Menschen, die nicht abstrakt denken können und dann eher in Sorge verfallen, dass die App nie wie eine echte App aussehen wird. Das ist persönlich von Ihrem Kunden abhängig.

Meine Vorgehensweise ist dann diese: Tapbare Skizzen teste ich mit mir und vertrauten Menschen, die nicht am Gelingen dieser App beteiligt sind. Wireframes teste ich mit Testern und Kunden, und wenn ich schnell etwas Echtes zeigen will, benutze ich einfach die Standardoptik von iOS, Android & Co. Denn Vorlagen gibt es viele - das Grafikprogramm Sketch enthält sogar die iOS-Optik und das Material Design standardmäßig als Vorlage bei jedem neuen Dokument. Das kann man nutzen und dann im Laufe des Projekts verfeinern. Mir ist wichtig, dass Sie eines selbst erfahren: Skizzen sind essenziell für das Verständnis der App. Machen Sie diese immer zuerst und tappen Sie sie wenigstens einmal durch. Wenn das rund ist, können Sie schon zu den Vorlagen springen.

Testarten

Es gibt mehrere Möglichkeiten, Usability, Design und Ansprache zu testen. Und ehrlich gesagt sind Ihnen auch beim Testen keine Kreativgrenzen gesetzt. Sie können über die Zeit selbst herausfinden, wie für Sie Tests am besten funktionieren und die ehrlichsten Ergebnisse hervorbringen. Ich empfehle, das Testen im Team zu machen und dabei die Rollen aufzuteilen. Sie müssen - und möglicherweise ist das sogar besser - nicht der Testleiter sein. Sie können aber durchaus die Auswertungen ansehen und Schlüsse ziehen. Bei den Tests ist es gut, so viele Menschen wie möglich beobachten zu lassen - und das möglichst ohne Einschüchterung der Probanden - Video eignet sich gut dafür.

Dogfooding (Usability)

„Eating our own Dogfood“ war das Betreff einer Microsoft-internen E-Mail von Paul Maritz an Brian Valentine, mit der Paul ausdrücken wollte, dass die Mitarbeiter von Microsoft auch die Software von Microsoft benutzen sollten. Zu diesem ungewöhnlichen Fachjargon fühlte sich Paul inspiriert, nachdem er eine Hundefutterwerbung sah, in der der Hersteller betonte, seinen eigenen Hund mit dem Futter zu füttern.

Bei manchen Apps, die im App Store geladen werden können, überkommt mich der Verdacht, dass die Designer oder Programmierer diese App nie selbst benutzt haben. Denn manche Aktionen darin sind so umständlich, dass sie sie hätten nach der zweiten oder dritten Benutzung total nerven sollen. Hier hätte Dogfooding einiges ändern können. Das heißt, selbst mit seinem Werk konfrontiert zu werden, bringt Erkenntnisse. Nach den internen Tests dürften die größten Schwierigkeiten entdeckt sein und dann werden die Kreise mit Nutzertests erweitert.

Tap-Test mit Aufgabe (Usability)

Der klassische Usability-Test sieht vor, dass Sie dem Nutzer eine Aufgabe stellen. Beispielsweise „Eröffnen Sie ein Konto und veröffentlichen Sie Ihren ersten Post“. Dafür muss natürlich die Abfolge dieser Screens als Simulation vorhanden sein. Sie prüfen nun, ob der Nutzer diese Aufgabe verstanden hat, sich auf den Screens zurechtfindet und die Schritte zur Erfüllung der Aufgabe in Ihrem Sinne durchführt. Allerdings hüten Sie sich, den Nutzer zu korrigieren! Sie beobachten einfach *wo*, *wie* (weit) und *warum* er von dem gewünschten Verhalten abweicht. Mit mehreren Nutzern pro Tests (z. B. drei) prüfen Sie, ob das Verhalten sich wiederholt. Wenn ja, haben Sie eine Schwachstelle entdeckt. Wenn nein, können Sie den Nutzer nach dem Test fragen, was er erwartet und möglicherweise nicht vorgefunden hat, um die Aufgabe zu erfüllen. Das kann ein Hinweis darauf sein, dass in Ihren Screens noch ein Dreher ist, der verbessert werden sollte.

A/B-Tests (Ansprache)

A/B-Tests stellen zwei Varianten gegenüber. Nun wird gefragt, welche die Nutzer bevorzugen. Um den Test handfester zu machen, können diese beiden Varianten von den Nutzern gegen eine Liste mit bestimmten Keywords zur gewünschten Wirkung geprüft werden. Beispielsweise möchten Sie, dass die App als „leicht, modern, schlank, einfach zu bedienen“ wirkt oder „vertrauenswürdig, professionell, erfahren ...“ Was auch immer mit der Marke der App verbunden werden soll, stellen Sie dem Nutzer als Liste mit nicht mehr als sieben Worten zur Verfügung. Nun kann er zuordnen, welcher Entwurf zu welchem Keyword besser passt.

Adjektiv-Umfrage (Design)

Auch mit Keywords wird bei dieser Art zu testen gearbeitet. Dabei wählen Sie wieder ca. sieben polare Adjektivpaare; z. B. simpel - kompliziert, verspielt - ernst, locker - formal, mit denen die App verbunden werden soll, und lassen den Nutzer die Tendenz des Designs auf einem Blatt markieren.

	-5	-4	-3	-2	-1	0	1	2	3	
simpel										kompliziert
verspielt										ernst
locker										formal

Icon-Konkurrenz-Test (Design)

Dieser Test macht sich prima mit App-Icons und dem ersten Screen, den der Nutzer in der App sehen wird (nach dem Splash-Screen, sofern Ihr Team beschließt, einen einzubauen). Ihr App-Icon oder Screen wird mit Konkurrenz-App-Icons auf einer Fläche arrangiert. Der Nutzer soll nun sagen, welches Icon er am meisten mit einem bestimmten Wort oder einer Frage verbindet. Das Wort ist wieder ein Keyword und betrifft die Ansprache Ihrer Zielgruppe. Die Frage kann sein: Von welcher App erdenken Sie sich die beste Verwaltung Ihrer Ausgaben? Oder: Welche der Apps würden Sie sich herunterladen, wenn Sie jemanden daten wollen? (Welche App verspricht den größten Erfolg?)

Bild 8.30 Verstecken Sie Ihr eigenes App-Icon zwischen den Icons der Konkurrenz und finden Sie heraus, ob Nutzer darauf im Test anspringen. Finden Sie heraus, *worauf* sie anspringen, und machen Sie Ihr App-Icon noch besser.

Sekunden-Test (Basic Usability & Ansprache)

Den Sekunden-Test gibt es in mehreren Varianten: ein bis zwei Sekunden, fünf Sekunden. Mehr nicht. Der Test ist einfach: Sie zeigen das, worum es geht, dem Nutzer für diese wenigen Sekunden. Danach fragen sie ihn, woran er sich erinnern kann.

Sie können damit Usability oder Ansprache testen. Je nachdem, was der Screen, den Sie gerade gezeigt haben, leisten soll. Vielleicht trifft es sogar beides.

Wenn es das ist, was essenziell für die Bedienung der App wichtig ist *(„Da war so ein großer Button mit ‚Neue Ausgabe'“)*, dann haben Sie einen Volltreffer gelandet - Glückwunsch! Auch *„Ich habe ein glückliches Liebespaar gesehen“* wäre erfolgreich für die Ansprache zu einer Dating-App.

An diesem Beispiel sehen Sie wieder, dass Sie unbedingt klar haben müssen, wen Sie ansprechen. Denn nur so können Sie auch testen, ob die Ansprache funktioniert. Wenn Sie nicht wissen, wen Sie ansprechen, gestalten Sie für Unbekannte - das macht die Sache nicht einfacher. Das ist eine freundliche Erinnerung an die Buyer Persona.

Tests und Interviews durchführen

Wenn Sie Interviews führen, sind einige Dinge wirklich wichtig.

1. Sorgen Sie dafür, dass sich die Interviewten **wohl fühlen**. Machen Sie etwas Smalltalk, seien Sie locker, lächeln Sie. Hintergrund ist, dass Menschen bei einem Interview nervös sein können und es mit einer Prüfungssituation gleichsetzen. Das ist es nicht - Sie möchten Ihre Nutzer kennenlernen, nicht bewerten.
2. Stellen Sie zu Beginn ein paar einfache Fragen zur Eröffnung des Gesprächs, fragen Sie nach Name, Beruf etc. Allerdings halten Sie sich auch nicht zu lange mit diesen Fragen auf, denn was uns interessiert, sind psychografische und behaviorale Daten; also Informationen zur Art der **Persönlichkeit**, die vor Ihnen sitzt, um zu wissen, wie sie angesprochen werden soll. Und von Interesse ist auch deren **Verhalten**, das Aufschluss über die Anforderungen an die UX und Features gibt.
3. Stellen Sie dann die offenen Fragen, in denen der Interviewte von seinen **Motivationen**, **Lebenszielen**, **Werten** und **Frustrationen** im Alltag erzählen kann. Hören Sie aufmerksam und interessiert zu, bleiben Sie fokussiert. Mitunter braucht es Geduld. Leiten Sie das Gespräch aus, wenn Sie merken, es kommt kein neuer Output von Ihrem Gegenüber.
4. Bestehen Sie nicht darauf, dass die **Nutzer** zu Ihnen kommen. Sie lernen sie noch besser kennen, wenn Sie sie **zu Hause** besuchen und sich deren Alltag zeigen lassen. Wenn Sie eine mobile Ausstattung für den Usability-Test haben - und das wäre besser -, dürfte es kein Problem sein, sich auf den Weg zu machen.
5. Im Idealfall lassen Sie den Nutzer sein **eigenes Gerät** nutzen. Machen Sie also die App über ein entsprechendes Prototyping-Tool zugänglich.

6. Wenn das Thema delikat ist (z. B. eine App für Alkoholkranke), dann machen Sie dem Nutzer klar, dass Sie die Daten anonymisieren, bzw. führen Sie den Test gleich anonym durch, indem Sie die demografischen Daten dieser Nutzer nicht protokollieren und sich nur auf das Verhalten konzentrieren.
7. Sie müssen nicht die ganze App und jeden erdenklichen Nutzungsfall testen! Testen Sie den Kernnutzen und das, was tricky ist: dort, wo auf dem Screen viel los ist, wo der Nutzer viele Eingaben machen muss, etwas hoch- oder herunterlädt etc., anlegt, speichert, neu lädt. Überall dort, wo vom Nutzer eine Aktion gefordert wurde und die App darauf reagieren soll. Sie testen damit die Qualität der Kommunikation zwischen App und Nutzer. Verstehen sich die beiden? Können Sie sich überhaupt richtig unterhalten (sind die entsprechenden Interaktionselemente dafür da, sind diese richtig beschriftet)? Geben sie sich gegenseitig verständliche Antworten?
8. **Seien Sie nett und fokussiert.** Einige Menschen neigen dazu, einem das Ohr abzukauen, sobald sie merken, dass ihnen jemand zuhört. Ihre Recherchen sollen jedoch keine Therapiesitzungen werden. Machen Sie also irgendwann einen höflichen Stopp: „Ich verstehe, das ist eine schwierige Situation. Danke für Ihr Vertrauen und Ihre Schilderung dazu. Ich habe es notiert und würde gern zum nächsten Punkt übergehen, und zwar ...“ - und gehen weiter. Beenden Sie das Gespräch - oder den Fragebogen - mit einem neutraleren Problem oder am liebsten mit einer motivierenden Aussicht: „Sie haben mir sehr viel Input gegeben und mir geholfen, Ihre Nutzungssituation zu verstehen, toll! Das war sehr aufschlussreich. Ich freue mich schon darauf, Ihnen die nächste Version der App zu zeigen.“ Viele Menschen lieben es, gebraucht zu werden.
9. **Audio- und Video-Aufnahmen.** Audio für das Interview, Video für die Bedienung des App-Prototyps. Audio für das Interview braucht es nicht, wenn Sie sich gut Notizen machen können und Ihren Fragebogen vorbereitet haben - mit Feldern für das Eintragen, Ankreuzen von Antworten oder Skalen mit 1 bis 10, wenn es um die Bewertungen von etwas geht. Für den Prototyp-Test empfehle ich Ihnen das Filmen dringend.

Test-Equipment & Software

Wo Sie testen, ist egal. Ein Testlabor braucht es nicht. Und wenn Sie ohnehin einen Feldtest durchführen und Nutzer draußen oder im Nutzungsszenario suchen, dann werden Sie sowieso auf eine mobile Ausstattung angewiesen sein.

Rüsten Sie sich aus:

- Mit einem aktuellen **Smartphone** für iOS/Android/Windows oder gleich mehreren, für jede Plattform eins. Allerdings müssen Sie sich jetzt nicht um Windows Gedanken machen, wenn sowieso die iOS App als Erstes an der Reihe ist.
- Mit einer **Kamera**, die Sie an das Smartphone anstecken können. Wenn Sie dafür nicht gerade Mr. Tappy für $ 349 kaufen wollen (*http://www.mrtappy.com*), dann bauen Sie sich

selbst ein Set zusammen, mit dem Sie eine Kamera an das Gerät anbringen können. Ein Eigenbau aus Leselampe und eine Webcam zusammengebaut, reichen aus.

- ODER mit einer Software, die auf die Kamera des Smartphones zugreift. So können Sie beispielsweise im *Magictest*-Browser mobile Webseiten öffnen. Magictest bietet auch an, das Modul in Ihrer App zu installieren - das wird beim Prototyping mit anderen Apps etwas schwierig. Mehr Infos finden Sie unter *http://magitest.com/*.
- Welche Software[5] Sie auch immer nutzen, Sie benötigen folgende Infos, um gut auszuwerten:
  - Wo hat der Nutzer getapt?
  - Die Stimme des Nutzers - um zu wissen, was seine Gedanken bei einer bestimmten Aktion waren.
  - Ein Bild des Nutzers ist auch wünschenswert, wenn Sie Gesichter lesen wollen. Allerdings sind diese auf keinen Fall wichtiger als die Screen-Aufnahme. Ein Zögern des Nutzers hören Sie an der Stimme oder bemerken es am fehlenden oder verwirrten Tappen.
  - Ideal ist es, wenn Sie die Videos aufzeichnen können, um sie mit dem Team gemeinsam durchzugehen.

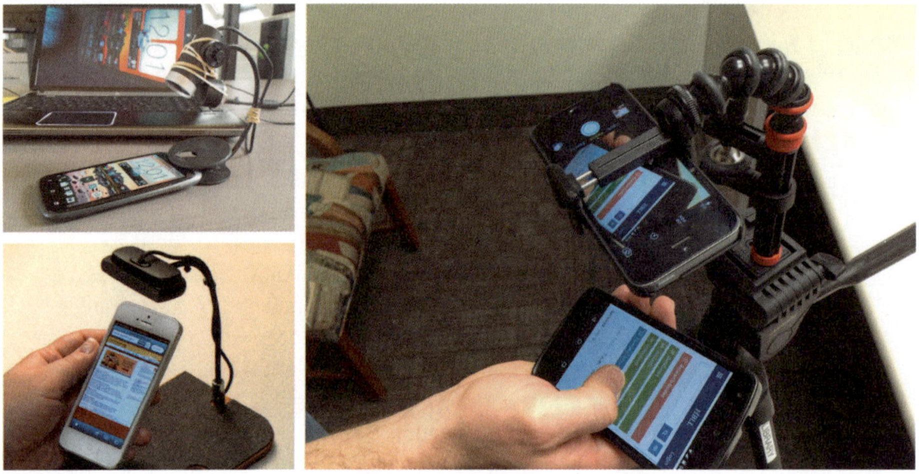

Bild 8.31 Je nachdem, was Sie benötigen und wie viel Lust Sie zu Bastelarbeit haben, kann Ihr Equipment aussehen. Steve Krug empfiehlt die mobile Kamera am Smartphone, statt sichergehen zu müssen, dass der Nutzer das Handy genau unter der Kamera halten wird.
Quellen: Oben links: *http://www.code7.co.uk/images/easyblog_images/mobile-testing/brundlefly-cam.jpg*, unten links: *http://www.usability.gov/how-to-and-tools/methods/mobile-device-testing.html*, rechts: *http://sites.lib.byu.edu/libtech/wp-content/uploads/sites/64/2015/02/Evernote-Camera-Roll-20150213-0852161.jpg*

[5] *https://blog.kissmetrics.com/testing-tools-for-mobile-ux/*

Testablauf

Wie führen Sie nun diese Tests durch? Zunächst einmal ist es sinnvoll, wenn Sie zu zweit sind. Fragen Sie eine Kollegin, einen Kollegen, ob sie oder er die Rolle des Testleiters übernehmen kann. Der Testleiter braucht viel Geduld, sollte sich nicht über die Nutzer aufregen und nicht zu sehr am Produkt hängen (so wie Sie es möglicherweise tun). Denn es kann sein, dass Nutzer Dinge übersehen, nicht verstehen und vielleicht sogar anfangen zu schimpfen. Der Testleiter hat dafür durch und durch Verständnis.

Die Tests unterteilen sich meist in drei kurze Phasen - Vorbereitung, Durchführung und Auswertung.

Testplanung

Hier geschieht Folgendes:

- Sie legen fest, was getestet werden soll, welches Teilstück der App und in welcher Phase. Nutzen Sie dazu die Tabelle: „Worauf testen Sie mit welchem Prototypen?"
- Bereiten Sie das nötige Equipment - Laptop, Kamera, Smartphone, App - vor.
- Organisieren Sie Nutzer oder bewegen Sie sich zu den Nutzern. Drei bis fünf Nutzer pro Test sollten reichen. Wenn Sie unsicher sind, laden Sie acht ein.
- Erstellen Sie einen Fragenkatalog und/oder ein den Test begleitendes Papier. Dieses hängt davon ab, welche Testmethode Sie wählen. Bewertungen, Auswahlen, die der Nutzer ankreuzen soll, sollten fertig vorliegen. Papier ist die erste Wahl dafür. Wenn Sie Antworten festhalten, erstellen Sie ein simples Testprotokoll.
- Lassen Sie sich eine Einverständniserklärung der Tester unterschreiben, die Ihnen erlaubt, das Audio- oder Videomaterial zu archivieren und auszuwerten. Machen Sie klar, dass Sie es ausschließlich zu internen Zwecken nutzen.
- Besorgen Sie eine Kleinigkeit, die Sie als Dank überreichen können. Eine schöne Tafel Schokolade kann Herzen öffnen.

Testdurchführung

Viele Hinweise zur Einleitung des Tests und wie Sie - oder Ihr Testleiter - sich verhalten sollten, finden Sie im Kasten „Tests und Interviews durchführen". Hier nun eine kurze Checkliste:

- Begrüßen Sie den Tester. Lassen Sie sich ggf. eine Aufnahme-Teilnahmeerklärung unterschreiben. Machen Sie ihm keine Angst, sondern holen Sie sich einfach die Erlaubnis, dass das Video intern ausgewertet wird, Dritten nicht zur Verfügung gestellt wird etc.
- Sagen Sie ihm kurz, worum es geht - allerdings auch nicht zu viel, falls Sie testen wollen, um was für eine App es sich handelt (mit dem 5-Sekunden-Test).
- Sagen Sie freundlich und langsam, dass die App und deren bisherige Umsetzung getestet wird. Sollte etwas nicht funktionieren, dann liegt es an der App. Holen Sie Fehler zu sich, das ist auch besser fürs Image.
- Pro Session testet ein User. Für den Testleiter ist es wichtig, den Nutzer zu beobachten und sich Notizen zu machen bzw. den Testbogen auszufüllen. Das Video zeigt, wie die Hand des Testers agiert. Fordern Sie den Tester immer wieder auf, laut auszusprechen, was er gerade tun will oder tut.

- Der Testleiter lässt den Nutzer den Test ansonsten allein durchführen. Es ist nicht seine Aufgabe, ihn zu motivieren oder ihm zu helfen, eine Aufgabe zu schaffen. Wenn der Nutzer stockt, wird er einfach gefragt, woran es liegt. Wenn es ein K.o.-Kriterium ist im Sinne einer Sackgasse, dann sind Sie auf einen ernsthaften Konzeptionsfehler gestoßen - das ist gut!
- Nach Beendigung können Sie der Testperson eine kleine Aufmerksamkeit und vielleicht auch ein Andenken an die App mitgeben. Dann haben Sie auch gleich die Chance zur Bekanntmachung der App ergriffen.

Testauswertung

- Das gesammelte und gefilmte Material sollte so bald wie möglich angesehen und von Ihrem Testteam sortiert werden. Planen Sie daher auch noch Zeit nach dem Test ein.
- Gehen Sie die Aufnahmen durch, sammeln Sie gemeinsam die Schwierigkeiten, die aufgetreten sind. Bemühen Sie sich, diese nachzuvollziehen, statt auf die Testpersonen zu schimpfen. „Wieso verstehen die das denn nicht?!“, ist nicht der Punkt. Verstehen Sie, wie es dazu kam, und beschreiben Sie das Problem ausführlich; z.B.: *TP2 (Testperson 2) kann die Registrierung nicht vornehmen. Mehrmals versucht sie, zwei übereinstimmende Passwörter einzugeben, vertippt sich aber auf der Handy-Tastatur. Nach drei Versuchen brechen wir ab, Frustration auf der Skala von 1 bis 10 liegt bei 7. Testperson wirkt sehr gestresst und teilt mit, dass sie die Tastatur auf Handys furchtbar findet.*
- Erstellen Sie eine Liste oder Tabelle mit Screenshots der Problemsituationen und markieren Sie darin die problematische Stelle, das hinderliche Interaktionselement, den unerkannten Button etc. Priorisieren Sie diese Liste etwa so: Welche Fälle wiederholen sich oder sind ähnlich? Die kommen natürlich ganz nach oben. Was ist das zugrunde liegende Problem (Abschnitt 2.4, Das Warum - ein Blick neben der Welt der Lösung)? Je genauer Sie das Problem beschreiben und der Herkunft nachforschen, desto eindeutiger wird sich die Lösung präsentieren. Suchen Sie nicht sofort nach Lösungen!
- Möglich, dass Sie diese Punkte beim nächsten Meeting ansprechen wollen, vor allem wenn diese etwas schwieriger erscheinen oder nicht nur von Ihnen abhängig sind. Damit lässt sich ein „Niemand hat verstanden, warum der Menüpunkt xyz heißt. Der war vom Kunden vorgegeben ...“ gut klären. Nutzen Sie die Auswertung also als Argumentationsmaterial, wenn Sie eine bereits getroffene Design-Entscheidung ändern oder begründen müssen. Das wirkt Wunder.
- Arbeiten Sie zuerst die wichtigsten Punkte der Liste ab. Eröffnen Sie nicht so viele Baustellen. Testen Sie zeitnah, damit die wichtigsten Punkte so bald es geht geklärt sind.

Wow, jetzt haben Sie all den Input, um Ihre App konzeptionell rund zu machen. Dann werfen wir jetzt einen näheren Blick auf das User Interface und das Design sowie die Auslieferung des Designs an die Programmierer.

„Testen Sie immer.“

9 Das User Interface

> *"Most people make the mistake of thinking design is what it looks like. People think it's this veneer – that the designers are handed this box and told, 'Make it look good!' That's not what we think design is. It's not just what it looks like and feels like. Design is how it works." – Steve Jobs*
>
> *Zitat aus dem Artikel „The Guts of a New Machine." der New York Times im Jahr 2003*
> Quelle: *http://www.nytimes.com/2003/11/30/magazine/30IPOD.html*

„Die Bedienungsanleitung ist tot", sagt Stefan Heilmann in einem Interview mit dem Startup-Magazin *BerlinValley* (Ausgabe August 2015, S. 31). Er meint damit, dass User Interfaces sich nur noch selbst erklären – egal, in welchem Bereich: Autos, Waschmaschinen, mobile Apps, Software, welches Gerät Ihnen auch immer einfällt. Einfache Bedienung vermindert Fehler. Das bedeutet, dass Interaktionen nur so gut stattfinden können, wie das User Interface gut ist. *Gut* ist an dieser Stelle gefüttert von: klar, übersichtlich, strukturiert, ansprechend, intuitiv, logisch, schnell erfassbar, erwartungskonform, der Nutzungssituation angepasst, einfach, erlernbar, nachvollziehbar – und erfreulich.

Die Schnelllebigkeit, in der wir uns heute bewegen, macht uns an anderer Stelle anfällig für Ungeduld und damit verknüpfte Frustration. Oft denken wir, wenn wir etwas nicht sofort bekommen oder erledigen können, verpassen wir etwas oder können nicht mehr mit anderen mithalten. Bisher steuern wir diesem Phänomen hauptsächlich damit entgegen, dass wir Services einfacher und schneller machen. Mobile Apps sind das Glanzbeispiel dieses Trends. Und Smartwatches sind die deutliche Ausprägung dessen, dass wir das Angebot annehmen, *immer und überall* schnell sein zu wollen. Wenn uns eine Applikation dieses Schnellsein nicht erlaubt, kicken wir sie. Es sei denn, wir müssen sie benutzen, weil unser Chef es will – dann verfluchen wir sie und sind dabei frustriert. Als neuzeitliche Designer entwerfen wir natürlich Oberflächen, die den Bedienungsfrust in der Welt verkleinern. Wenn wir Nutzern Freude bereiten, sind wir auf der himmlischen Seite.

Ausblick

In diesem Kapitel haben wir eine Reise vor uns. Zunächst geht es mir darum, dass Sie das Prinzip der Überbrückung von Hürden (z. B. Formulare) und der Ungeduld des Nutzers (z. B. Wartezeiten beim Laden von Daten) verstehen.
In der App entwerfen Sie den Dialog zwischen Nutzer und User Interface. Der Fokus liegt dabei auf dem Verhalten des User Interface – dazu stelle ich Ihnen *Microinteractions*, Transitionen und Animationen vor. Das User Interface Design unterstützt schließlich mit Form, Farbe und Position der Elemente deren Funktionen. User Interface Design steht nie für sich, sondern gehört zur Kette der User-Interface-Konzeption. Ich zeige Ihnen in einem modernen Workflow, wie Sie ein User Interface einer App erstellen, aufbereiten und für die Programmierung exportieren. Das Kapitel schließt mit der Erstellung des App-Icons und der App Store Page.

9.1 User Interaction Basics

„Interface" ist ein tolles Wort. Man könnte es mit „Zwischengesicht" übersetzen. In der Industrie gehört dieses Zwischengesicht einer Maschine und erlaubt dem Menschen, die Maschine zu steuern, während diese Rückmeldungen gibt und so den Steuerungsprozess und darin enthaltene Entscheidungen unterstützt. Der steuernde Mensch erhält dabei eine optische, akustische, vielleicht haptische **Rückmeldung** (Feedback). Am liebsten in Echtzeit – denn umso präziser ist die Steuerung. Es reicht, sich vorzustellen, ein Flugzeug würde nicht in Echtzeit reagieren ...

Ist uns als Nutzer die Botschaft des Feedbacks unklar: „Es gibt einen Fehler in Modul 123XYZ", dann stehen wir vor dem Gerät und wissen nicht weiter. Ist das Feedback klar: „Schließen Sie die Abdeckung, um fortzusetzen", dann können wir mit dem Dialog fortfahren, der sich zwischen uns und dem Gerät aufgetan hat.

Dieser Dialog besteht aus Ein- und Ausgaben. Beispielsweise startet der Nutzer eine Datenanfrage, indem er ein bestimmtes Tag wie „#cats" auf *Instagram* sucht und daraufhin eine Ausgabe bekommt – eine Ansammlung von Bildern, die mit „#cats" getagged wurden. Fertig, das war ein Dialog. Ist doch einfach!

Es stimmt, an sich ist es einfach. Aber warum ist es dann gleichzeitig auch so schwer? Warum braucht das User Interface so viel Zuwendung? Warum gibt es so viel zu beachten? Meine Antwort ist: weil das User Interface den Nutzer und den Nutzungskontext spiegelt. Und in diesem Spiegeln fallen viele Disziplinen zusammen:

- **Sprache** und **Semantik** (Bedeutung) von Begriffen. Denken Sie an Spiele für Kinder. Dort wäre es eigenartig, Erwachsenensprache zu nutzen. Hier wird häufig eine einfache, kurze Sprache mit leicht verständlichen Worten genutzt. (Wobei ich finde, dass das auf alle Apps zutreffen sollte.)

- **Entschlüsselung von Symbolen** findet Platz bei der Nutzung von Icons, aber auch die auf dem User Interface dargestellten Elemente (z. B. Buttons) müssen vom Nutzer als solche erkannt werden. Die Disziplin hierzu heißt Ikonologie.
- **Gesten und Bedienung**. Ein Finger, mehrere Finger? Tippen, Wischen, Sliden? Die Interaktionselemente sind konsistent, reagieren also immer gleich und tragen die Art, wie sie bedient werden, in ihrem Aussehen, auch App-übergreifend. Beispiel: Eine Liste kann ich nach unten und oben scrollen, Listeneinträge im Ganzen antippen, Buttons anklicken oder antippen, ein Bild mit Fingerspreizung zoomen. Mehrmals gelernt, wird es uns schwerfallen, Interaktionen mit Elementen anders anzugehen.
- **Farben, Formen, Größen und Positionen** der Elemente auf dem Screen geben dem Nutzer Auskunft darüber, wie wichtig ein Element ist (Hierarchie), wie es zu bedienen ist (Tap, Slide oder nur ansehen) und was seine Aufgabe ist. Der Aufbau einer Microinteraction wird Ihnen später hierzu noch mehr sagen.

Zeit, Illusion und Ladebalken

Dass Zeit relativ ist, ist so ein alter Hut für uns, dass es keine Aufklärung mehr darüber braucht. Wenn etwas Unangenehmes auf uns zukommt oder passiert, dehnt sich unsere Zeit gefühlt. Wenn etwas Angenehmes passiert, verfliegt sie im Nu. Adrian Zumbrunnen, ein Schweizer UX/UI-Designer, hat einen inspirierenden Artikel[1] zur Illusion der Zeit verfasst. Dabei bezieht er sich auf UX und Zeit. Die Essenz ist: Wenn wir eine Sekunde auf etwas warten müssen, tun wir es lieber (und manche nur), wenn währenddessen etwas passiert, das uns das Gefühl gibt, die Aktion sei im Fortschritt. Gut, denken Sie, dann zeigen wir eben einen Ladebalken, wie immer. Ha! Und hier beginnt die Illusion. Ladebalken ist nicht gleich Ladebalken. Sehen Sie sich dieses (mittlerweile alte) Video an: *https://youtu.be/jlrT-xt8tis*.

Das Video zeigt mehrere sich gleich schnell nach vorn bewegende Ladebalken. Der Unterschied zwischen den Balken ist deren individuelles Verhalten dabei. Manche Balken blinken, manche zeigen zusätzlich eine geriffelte Grafik, die sich nach links oder rechts bewegt und so die Vorwärtsbewegung *gefühlt* in der Geschwindigkeit beeinflusst. Im Video wird gesagt, dass die entscheidende optische Illusion die gefühlte Geschwindigkeit bis zu 11 % erhöhen kann. Der Nutzer empfindet also eine Variante des Ladebalkens als schneller, obwohl sie in Wirklichkeit nicht schneller ist. Und das lediglich durch richtig angewandte zusätzliche „Effekte“. Effekte, die man einfach – weil mit nahezu jedem – testen kann.

100 Millisekunden, also 0,1 Sekunden, sind die empfundene Zeit einer sofortigen Reaktion des Systems. Der Nutzer drückt, das System reagiert *sofort*. Alles, was gefühlt länger als 100 Millisekunden dauert, fällt in den Bereich des Wartens – und muss überbrückt werden. 100 Millisekunden sind ungefähr ein Augenzwinkern. Wir reden heute nicht mehr von Sekunden – Sekunden sind, ohne dass etwas auf dem Bildschirm passiert, für die meisten versierten Nutzer zu lang.

Wenn die zuvor genannten Ladebalken nicht in die Kategorie *Unterhaltung* fallen, wohin dann? Das User Interface ist eine Show! **In gewisser Weise sind wir Show-Master.** Mikro-Show-Master, um es ganz genau auszudrücken. Und wir handhaben dabei die Aktionen des Nutzers mit sofortigen Feedbacks des Systems, um in einem kontinuierlichen Fluss aus Aktion zu bleiben. Wenn man es ganz unverblümt ausdrücken will: Wir schinden Zeit. Während die

---

[1] *https://medium.com/swlh/the-illusion-of-time-8f321fa2f191#.5f1eydpe3*

eigentliche Aktion im Hintergrund passiert, lenken wir den Nutzer im Vordergrund vom Warten ab. Das Zauberwort dazu heißt *Microinteractions* - Mikro-Interaktionen.

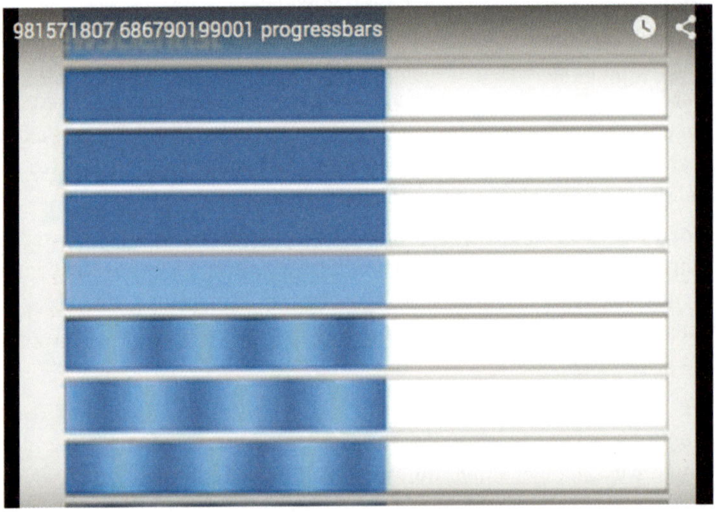

Bild 9.1 Hübsch sind sie nicht, die Ladebalken aus dem Beispiel, aber sie zeigen eine ungeheure Illusion, die für unsere Zwecke die Überbrückung von Ungeduld genial demonstriert. Das ist unser Job: das Warten des Nutzers so amüsant wie möglich zu überbrücken. Das Prinzip der Ladebalken funktioniert so: Alle Ladebalken bewegen sich grundsätzlich genauso schnell. Aber die Illusion der schnelleren Bewegung wird durch Blinken oder eine sich nach links bewegende Riffelung im Ladebalken erhöht. Damit wird der optische Eindruck erzeugt, der Balken bewege sich schneller, faktisch wartet der Nutzer genauso lange wie bei den anderen.

9.2 Microinteractions für eine bessere User Experience

Dan Saffer ist ein engagierter Interaction Designer mit über 60 000 Followern auf Twitter, der in Büchern[2] und Vorträgen über die positive Wirkung von Microinteractions spricht. Vor allem in den Kreisen der UX-Experten haben Microinteractions eine wichtige Position: Sie sind das Geheimnis um die bessere User Experience.

Vermutlich kennen Sie Microinteractions, eine der bekanntesten ist das Autocomplete von Google, das 2004 von Kevin Gibbs eingeführt wurde. Schon während der Eingabe des Nutzers reagiert das Suchfeld mit Vorschlägen häufig verwendeter Begriffe - in Echtzeit.

[2] Dan Saffers Website u. a. mit Büchern: *http://www.odannyboy.com/*

Bekannte Microinteractions

Als App-Nutzer kennen Sie Microinteractions natürlich! Sie sind also aus Nutzerperspektive keinesfalls neu. Neu ist, dass wir uns die Abläufe dieser winzigen Interaktionen bewusst machen, damit wir sie selbst an passender Stelle nutzen und sogar neue entwerfen.

Sie kennen den blinkenden Cursor in Word? Oder in einem Chat? Das ist eine der ältesten Microinteractions. Der Cursor vermittelt den Eindruck, auf eine Eingabe zu warten, bereit zu sein. Das erwärmt das Herz des Nutzers - wie schön, wenn jemand (oder etwas) auf seine Eingabe wartet. Verstehen Sie? Es geht um den Nutzer. Immer. Wenn der Nutzer Spaß hat, ist die Welt in Ordnung.

Alle möglichen Apps, die *Likes* anbieten, geben dem Nutzer die Gelegenheit, in einer winzigen Interaktion einem Gefühl Ausdruck zu geben, unaufdringlich dabei zu sein. Genial! Facebook hat die *Likes* eingeführt und viele andere haben sie kopiert. Ob Daumen oder Herzen - das *Liken* geht so einfach und macht Spaß und ist wie eine Währung geworden. Viele *Likes* haben einen Wert, sagen, dass ein relevanter Inhalt vorliegt oder ein bedeutendes Sprachrohr zu Gange ist.

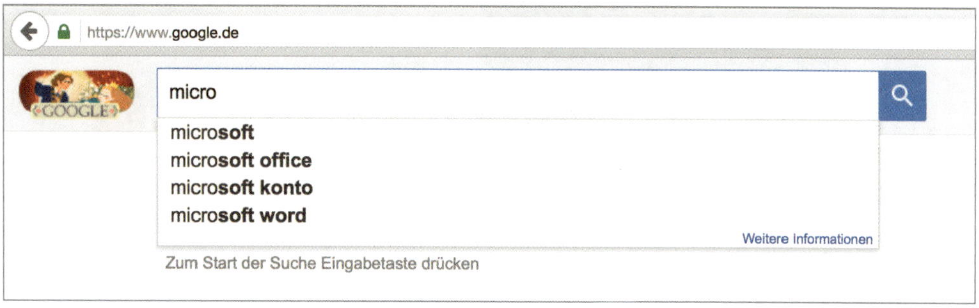

Bild 9.2 Eine der bekanntesten Microinteractions ist das Suchfeld von Google mit seinen Vorschlägen am meisten gesuchter Begriffe in Echtzeit während der Eingabe des Nutzers.

Diese winzigen Interaktionen haben den Vorteil, dass sie den Dialog zwischen Nutzer und Interface aufrechterhalten, die Aufmerksamkeit des Nutzers auf eine Aufgabe fokussieren und sofortiges Feedback zur Eingabe des Nutzers geben. Dieses Feedback erlaubt, wie eingangs erwähnt, eine einfachere Steuerung mit sofortiger Korrektur.

Eine Sammlung weiterer Microinteractions als Videos finden Sie hinter diesem Link: *https://econsultancy.com/blog/65585-15-delicious-ux-micro-interactions-or-clunks-from-iphone-apps/*.

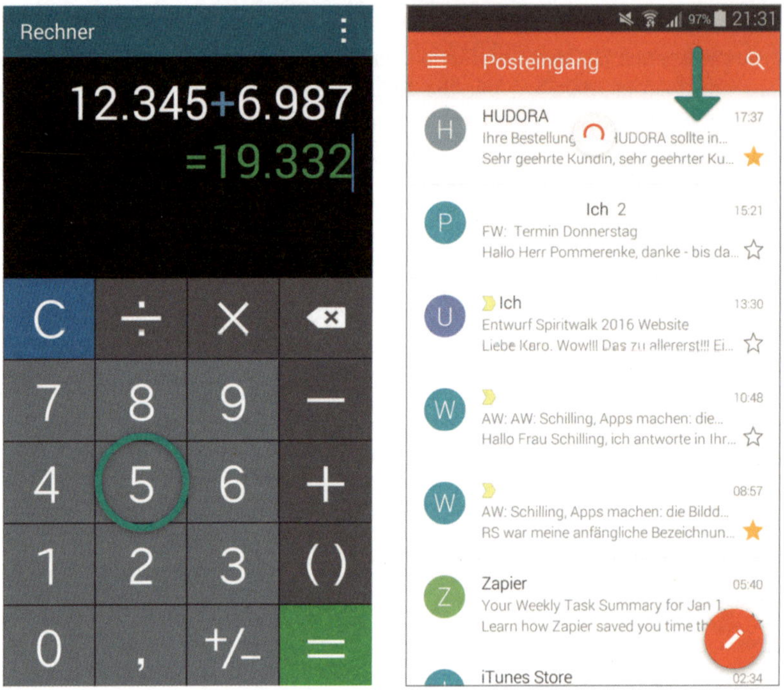

Bild 9.3 Links: Viele Microinteractions hintereinander treffen wir in der Rechner-App. Jede gedrückte Taste aktualisiert sofort die Anzeige oben. Rechts: *Pull-To-Refresh*[3], ursprünglich von Twitter eingeführt, gibt's auch in Gmail. Wozu einen Button drücken müssen und dafür auch noch Platz auf dem Screen „verschwenden", wenn der Nutzer mit einer einfachen Geste die Mails neu laden kann? Dabei dreht sich der Vier-Farben-Spinner.

[3] *http://unraveled.com/archives/2009/11/tweetie-interview-loren-brichter*

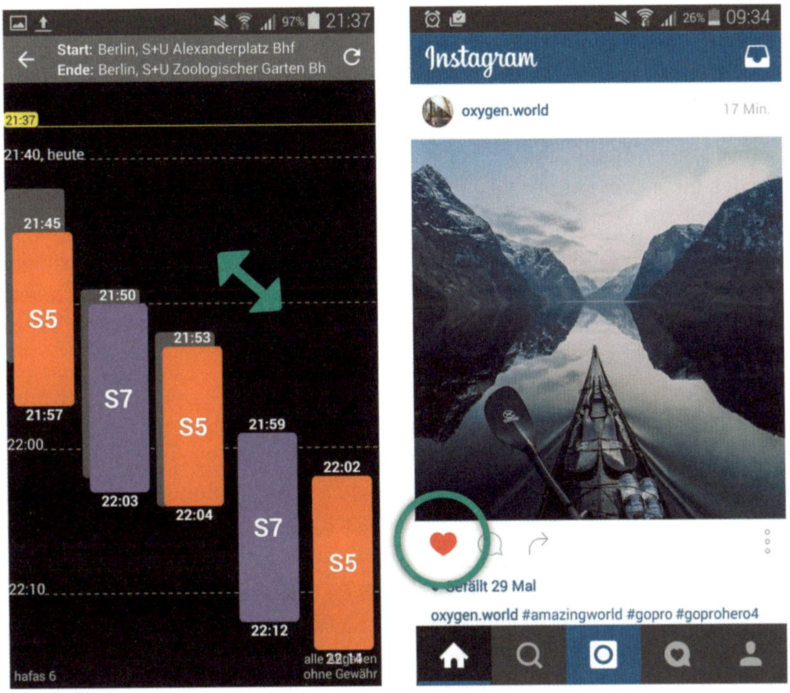

Bild 9.4 *Links:* Die tolle Öffi-App (Öffentliche Verkehrsmittel) von Andreas Schildbach. Man scrollt die Zeit hoch oder runter, zu der man losfahren möchte. Die App passt daraufhin in einer flüssigen Animation die Verbindungsblöcke (hier die Berliner S-Bahnen S5, S7) an.
Rechts: Das *Like* von *Instagram* macht viel mehr, als hier zu sehen ist. Ein Tap auf das weiße Herz lässt bei bestehender Internetverbindung dieses in einer ploppenden Animation zu einem roten Herz werden. Damit hatte die App auch Zeit, das eine *Like* an den Server zu schicken und hochzuzählen. Eine so winzige Interaktion erlaubt so viel. Der Nutzer kann teilhaben, teilnehmen und sein Gefallen ausdrücken. *Likes* sind zu einer Währung geworden. Viele *Likes* zu einer Sache implizieren eine wertvolle Information oder ein wertvolles Sprachrohr – einen Kanal. Sehen Sie sich die Animation bei Gelegenheit ohne Internetverbindung an.

Animationen und Transitionen

Animationen treten häufig in Verbindung mit Microinteractions und versüßen die Interaktion. Doch Animationen zu konzipieren und zu erstellen kostet Zeit und es braucht Geschick. Wir wissen, gute Animationen sind beinahe unmerklich. Sie nerven nicht – wie alles, was gut ist. Sie sind da und es würde uns etwas fehlen, wenn sie weg wären. Es würde sich fad anfühlen, es würde uns nicht rocken, es wäre okay, aber nicht außergewöhnlich. So spielen Animationen eine wichtige Rolle, um die User Experience anzuheben, um den Nutzer vom Warten – wie in Bild 9.3 rechts beim Neuladen der Mails oder in Bild 9.4 rechts beim Senden der Daten an Instagram – abzulenken.

Wenn Sie mit selbst gemachten Animationen arbeiten wollen, nehmen Sie sich etwas Kleines zu Beginn vor – wie den Spinner der Gmail-App. Denn dieses Element gibt es bereits als Android-Klasse und Sie können zusammen mit dem Programmierer prüfen, was bereits ohne Neuerfindung geht. Ein interessanter Artikel hierzu zeigt, wie die Klasse eingebunden wird: *http://sapandiwakar.in/pull-to-refresh-for-android-recyclerview-or-any-other-vertically-scrolling-view/*.

Einsatzgebiete von Animationen:

- **Wartezeiten** des Nutzers überbrücken mit Mini-Animationen in Verbindung mit Microinteractions
- **Feedback** für eine erfolgreiche oder misslungene Interaktion kann mithilfe einer Animation besser in die Wahrnehmung des Nutzers rutschen. Allerdings reichen oftmals Ein- und Ausblenden mit einem Fade-in- und Fade-out-Effekt. Tatsächlich gilt hier auch: Weniger ist mehr. Weniger Effekt, gut eingesetzt, reicht vollkommen aus.
- **Übergänge zwischen Screens**. Animationen in Kombination mit Transitionen. Der Screen slidet von links nach rechts oder umgekehrt, je nachdem, wohin sich der Nutzer orientiert. Beispiel: Bei der Back-Taste slidet der Screen der App von links nach rechts. Das gibt dem Nutzer das Gefühl zurückzugehen.

Auch **Transitionen** - Übergänge von Zuständen oder Screens - werden häufig mit Animationen angereichert. Ein Button, der gedrückt wird, nimmt vielleicht eine andere Farbe an, damit der Nutzer ein optisches Feedback bekommt, dass er dabei ist, etwas auszulösen. Dieser Übergang zwischen inaktivem und aktivem Zustand des Buttons kann beispielsweise mit einer leichten Fade-Animation belegt sein. Das macht die Sache unter Umständen eleganter. Das sind genau die Details, auf die es jetzt ankommt.

Bei der Navigation von einem Screen (korrekterweise *View*) zum nächsten innerhalb der App begegnen wir Animationen in Verbindung mit Transitionen. Bild 9.5 zeigt ein Beispiel, wie sich die aufgerufene View über die alte legt. Es ist die Miniform einer virtuellen Realität - es soll funktionieren wie in der Wirklichkeit, als würden Sie beispielsweise ein Blatt über das andere legen. Solch ein Effekt ist an sich einfach, etabliert, in den Betriebssystemen bereits inbegriffen - jetzt machen Sie sich nur noch Gedanken darüber, welche Art der animierten Transition Sie dem Nutzer hier anbieten. Ich empfehle, an bekannten Apps zu studieren und weitere Möglichkeiten bei Ihren Entwicklern zu erfragen.

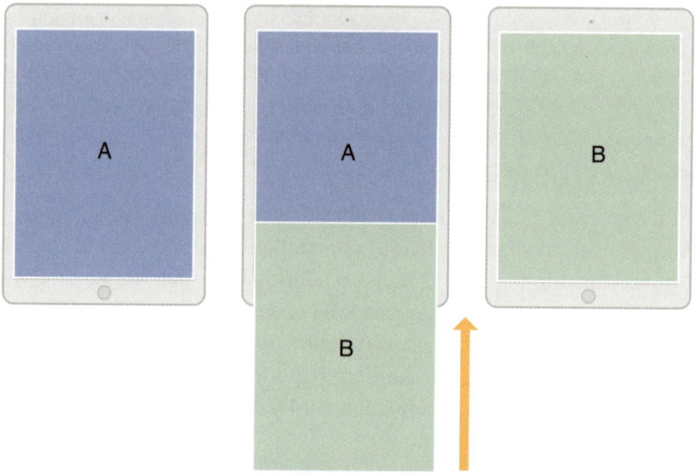

Bild 9.5 Fehlende Animationen fallen uns bei Screen-Übergängen schnell auf. Der Effekt, wenn sich ein neuer Screen über den alten legt - und wieder zurück -, gibt uns ein Gefühl von Echtheit. Der orange eingefärbte Pfeil zeigt die Bewegung - die Animation - an.
Quelle: *https://developer.apple.com/library/tvos/featuredarticles/ViewControllerPGforiPhoneOS/PresentingaViewController.html*

Aufbau und Bestandteile einer Microinteraction

In der Welt der physischen Objekte sind die Abläufe von Microinteractions sehr einfach zu verstehen. Nehmen Sie beispielsweise eine Fahrradklingel: Sie betätigen den kleinen Hebel, es klingelt. Ihre Interaktion mit der Fahrradklingel ist also der Hebel - er sieht auch so aus, als könne man ihn gegen den Klingelkörper schnippen lassen, jedes Kleinkind würde das herausfinden - und das Feedback der Klingel ist der Klang.

Nimmt man, wie in Bild 9.6 dargestellt, eine Interaktion mit einem physischen Objekt auseinander und teilt sie in einzelne Schritte oder Phasen, dann wird bewusst, was eine vollwertige Interaktion mit einem beliebigen Ding ausmacht. Und was gebraucht wird, um ebenso vollwertige Interaktionen in Apps zu gestalten.

Allein Aufbau und Beschaffenheit des kleinen Hebels an der Klingel, des Triggers (1), lässt uns erkennen, was man damit tun kann: nämlich den Finger drauflegen. Nicht zufällig ist der Hebel an die Form einer Daumenkuppe angepasst. Beim Drauflegen des Fingers merken wir, dass der Hebel beweglich ist - eine Feder ermöglicht das. Wenn wir nun die Bewegung erspüren, die der Hebel machen kann, begreifen wir, dass es seine Aufgabe ist, gegen den Klingelkörper zu stoßen. Rein physikalisch erzeugt das Dagegenstoßen einen Klang, weil der Klingelkörper absichtlich hohl konstruiert wurde, und so entsteht die Regel (2). Die erfolgreiche Bedienung erzeugt einen Klang, der gleichzeitig als Feedback wahrgenommen wird (3). Am besten ist es daran erkennbar, dass wir verwundert wären, keinen Klang zu hören. Und einmal gemacht, schon begriffen und gelernt. So soll es mit der Bedienung von Elementen einer App auch sein. Gesehen, probiert, gelernt.

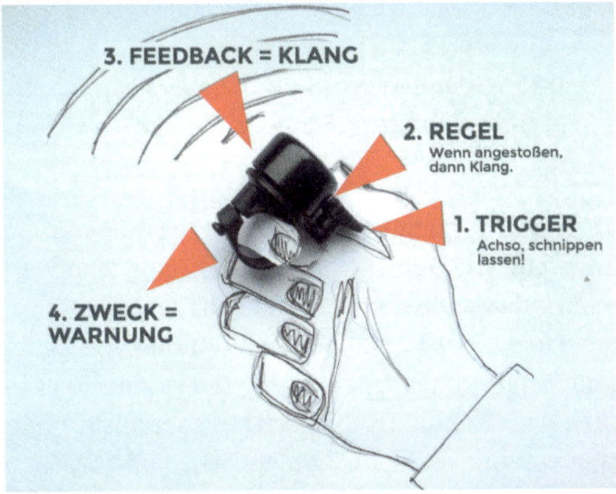

Bild 9.6 *Microinteractions* erklärt an einer Klingel.
1. Trigger: lässt uns erkennen, wie etwas zu bedienen ist.
2. Regel: Nach der Interaktion mit dem Trigger passiert etwas Bestimmtes - es wird ein Klang ausgelöst.
3. Feedback: Dieser Klang ist zum einen unser Feedback für die gelungene Bedienung und zum anderen dient der Klang einem übergestellten Sinn.
4. Zweck: Die gesamte Klingelkonstruktion sendet ein akustisches Signal an die Außenwelt. Mit diesem spezifischen Signalton werden andere davor gewarnt, dass wir schneller unterwegs sind als zu Fuß, und können unsere Position einschätzen. Daher auch *Fahrrad*klingel - die akustische Warnung in Verbindung mit dem Fahrrad. Fußgänger klingeln nicht, Autos hupen. Die Fahrradklingel, deren Ton wir bereits als Kind schon erlernt haben und deren Ton uns ganz automatisch das Bild des Fahrradfahrers aufrufen lässt. Wir erwarten bei einer Fahrradklingel ein Fahrrad und würden staunen, wenn es sich um ein Auto handeln würde.

Aufbau einer digitalen Interaktion am Beispiel eines Formulars

Sie kennen vermutlich Formulare mit vielen Feldern und einem abschließenden Senden-Button. Manchmal ist es Ihnen vielleicht auch schon passiert, dass Sie auf ein Formular gestoßen sind, bei dem Sie alle Felder ausfüllen, es dann abschicken wollen und Ihnen auf einem neuen Screen angezeigt wird, dass es einen Fehler gab. Dummerweise können Sie das Formular nur noch erneut aufrufen und Ihre gesamten Eingaben sind weg.

Das war der schlimmste Fall, den wir nicht wiederholen müssen. Es gibt auch den Fall: Sie füllen das Formular aus und beim Drücken auf den Senden-Button meldet sich das Formular erst mit Korrekturwünschen. Ärgerlich.

Folgt man der Idee der Microinteractions, so wäre es für den Nutzer am unterhaltsamsten, wenn jedes einzelne Feld als eigene Interaktion umgesetzt wäre - nicht das ganze Formular. Der Nutzer hat also mit *jedem* einzelnen Feld ein kleines Techtelmechtel. Wenn ich es so aufteile wie unsere Klingel, dann käme dabei für jedes Feld heraus:

1. **Trigger** - das Feld
2. **Regel** - spezifische Regel für das Feld (z. B. Textfeld, E-Mail-Feld, Passwort-Feld, Nummernfeld mit speziellen Regeln zum Feldtyp)
3. **Feedback** - Text und Farbe, die zusammen ein Problem aufzeigen oder alles in Ordnung bedeuten.
4. **Höherer Sinn** - Feld und gesamtes Formular ausfüllen und abschicken, um sich zu registrieren, Kontakt aufzunehmen oder einen Kauf durchzuführen.

9.3 User Interface Design für Apps

Vor einer Hand voll Jahren war es ziemlich einfach, eine hässliche App zu gestalten. Wirklich gut dokumentiert waren nur die *Human Interface Design Guidelines* von Apple, Android krepelte irgendwo herum - dementsprechend sahen die Android-Apps erschreckend grottig aus. Heute ist das alles anders. Heute wimmelt es im Internet von Vorlagen, es gibt viele tolle Apps, von denen Sie sich inspirieren lassen können, und es sind Tools in die Welt gekommen, die sich auf das Erstellen von Graphic User Interfaces spezialisiert haben. Gleichzeitig wimmelt es heute viel mehr von unterschiedlichen Geräten und Screengrößen und das ist die technische Herausforderung beim Interface, die auch den Gestaltenden betrifft.

Ich werde in diesem Buch nicht auf einen spezifischen Stil von App User Interfaces eingehen oder Ihnen zeigen, wie Sie tolle Icons machen. Wenn Sie aus dem Webdesign kommen, können Sie das alles selbst. Wenn Sie kein Designer sind, dann suchen Sie sich einen oder arbeiten Sie mit fertigen Vorlagen für Ihren Prototyp.

Vorhandene Ressourcen nutzen

Das Erste, worauf ich Sie hinweisen möchte, sind die von Apple, Google, Microsoft und Blackberry jeweils angebotenen Guidelines zur Gestaltung von Apps.

- Apple erklärt in seinen **iOS Human Interface Guidelines** hinter einem so langen Link, dass ich ihn mit Bitly kürzen musste, seine iOS-Philosophie: *http://apple.co/1uk1nuV*. Hier geht es um Prinzipien, es gibt viele Beispiele und eine Variante als iBook *https://itunes.apple.com/us/book/ios-human-interface-guidelines/id877942287?mt=11*. Das Web selbst bietet noch zusätzliche Tricks und Tipps. Bekannte Seiten sind zum Beispiel:
  - *https://designcode.io/iosdesign* – eine allgemein gehaltene Mischung aus Feature-Vorstellung und Design-Tipps für das iOS – aktualisiert für die neueste Version.
  - *https://designcode.io/iosdesign-guidelines* – ein Crash-Kurs in Formen und Farben des iOS 9. Toll sind die hervorgehobenen Informationen und Tools zum Adaptive Design mit Sketch 3 und einem Plug-in, *Fluid*, das adaptives Design in Sketch erlaubt.
  - *https://designcode.io/ios9* – Hier gibt es kostenfrei ein 62 MB großes Sketch 3-File mit allen GUI-Elementen von iOS 9 als Vorlage und zum Weiterverwenden.
  - *https://designcode.io/watch* – eine ähnliche Vorlage für Sketch 3 für die Apple Watch.
  - *http://www.paintcodeapp.com/news/ultimate-guide-to-iphone-resolutions* bietet eine erlösende Übersicht der iPhone-Auflösungen, Screengrößen und Pixeldichten. Nebenbei gesagt ist *PaintCode* ein Mac-Programm, mit dem Grafiken so erstellt werden, dass sie als iOS-Code extrahiert werden können. Darüber hinaus können Grafiken animiert und als Code an den Programmierer übergeben werden. Dieser hat dann weniger zu tun und der Designer kann die Details der Oberfläche mehr beeinflussen.
- Google **Material Design** (*http://developer.android.com/design/index.html*). Google hat sich richtig Mühe gegeben, das Material Design so genau zu dokumentieren, damit es von Designern und Entwicklern möglichst konsequent umgesetzt werden kann. Damit ist Android aus der von mir bekrittelten Hässlich-Ecke seit 2014 herauskatapultiert. Material Design ist schick und die Guidelines sind es auch – mit vielen Beispielen, genauen Erklärungen und Downloads für Illustrator und Sketch 3. Es ist viel, dafür übersichtlich.
- Microsoft **Windows Dev Center** (*https://dev.windows.com/en-us*). Windows 10 erlaubt die Entwicklung von Apps für alle Geräte, auf denen Windows 10 läuft. Ein Projekt, alle Geräte, so Microsoft. Hier zeigt Microsoft die grundlegenden Design-Richtlinien, mit Basiswissen und Illustrator sowie Photoshop-Vorlagen zum Download (*https://dev.windows.com/en-us/design*).
- Blackberry bietet für die Plattform **Blackberry 10** ebenfalls Tipps zur Konzeption und zu dem Design an. Hier ist es in der Anmutung vielleicht ein bisschen so wie Blackberry selbst: solide, aber nicht fancy: *https://developer.blackberry.com/design/bb10/*.

Mobile Design Patterns

Es ist oft sichtbar, wenn Print-Designer zum ersten Mal Webseiten gestalten und wenn Web-Designer zum ersten Mal Apps gestalten. Es ist meist der Versuch, das bereits Bekannte in das neue Medium hineinzupressen. Das Ergebnis mag dann gut, aber nicht wie eine *echte* App aussehen. Eine App zu gestalten heißt, für ein mobiles Gerät in der Hand des Nutzers zu gestalten. Ich weiß, es gibt Tablets, aber ich beginne jetzt dort, wo auch die Geschichte der nativen mobilen App begonnen hat: auf einem iPhone, in der Hand des Nutzers. Für die App gilt dabei:

- Sie ist ein Programm mit *einer* bestimmten Aufgabe,
- sie wird auf einem Gerät *in* der Hand (also passt es in die *Handbreite* des Nutzers!) des Nutzers (an einem beliebigen *Ort*) ausgeführt,
- sie wird auf dem Touchscreen mit *Fingern* (Finger sind sowieso schon etwas Dickes im Vergleich zu einem Mauszeiger, und dicke, breite Finger erst recht) bedient,
- sie hat Zugriff auf GPS (wieder Ort) und Internet (ermöglicht das Laden, Nachladen oder Querverweisen auf Webdienste).

Diese Kriterien setzen die ersten und grundlegenden Regeln für mobile Design Patterns:

- Eine bestimmte Aufgabe heißt: Die App bietet eine **kleine Auswahl an Funktionalität**. Photoshop mit seinen 1000 Funktionen 1:1, so wie wir es vom PC kennen, übertragen als Smartphone-App wäre eine Usability-Katastrophe und wer würde so etwas an der Bushaltestelle bedienen wollen? Es widerspricht der freiheitlich-mobilen Idee, quasi im Gehen Dinge zu erledigen. Das Konzept für Apps ist: je weniger, desto besser. Pure Spezialisierung auf wenige Features, um die Übersicht zu behalten und auf kleinstem und kürzestem Raum agieren zu können.
- **Interaktionselemente müssen vom Finger gut getroffen werden können** – Apple setzte seit Anbeginn eine Mindestgröße für Schaltflächen von 44 × 44 Pixel, heute sind es 44 × 44 Points. Den Unterschied erkläre ich im nachfolgenden Kasten.
- Mobil und ein kleiner Screen heißt, dass in der App **das Wichtigste groß genug** dargestellt wurde, um schnell und eindeutig wahrgenommen zu werden: Schrift, Buttons, Bilder. Der Verzicht auf Firlefanz, keine Deko, keine großen Flächen mit Weißraum, wie wir es von Webseiten kennen. **Schlichtheit, Reduktion** verhilft dazu, dass der Nutzer auch mit wenig Aufmerksamkeit noch interagieren kann.
- Das Halten des Geräts in der Hand impliziert, dass es nicht breiter als eine Hand ist oder sogar schmaler! Das heißt, dass wir vom bisher – damals – meist verwendeten Bildverhältnis 4:3 wegkommen zu 3:2 (z. B. iPhone 4) und dann 16:9 (iPhone 5, 6, 6+, Samsung Galaxy S 5, S 6).

Diese grundlegenden Kriterien beeinflussen das Layout einer App. Hochformat bedeutet, dass wir die volle Breite nutzen wollen und dass der Inhalt gescrollt wird. Es heißt auch, dass wir weniger anzeigen können, was wiederum die Art der Navigation beeinflusst: Wir hangeln uns durch den Inhalt, von einem Element zum nächsten. Um immer wieder zurückzukommen, bekommen wir als Hilfe einen Zurück-Button – bei iOS in der Navigationsleiste, bei Android und Windows auch direkt auf dem Gerät.

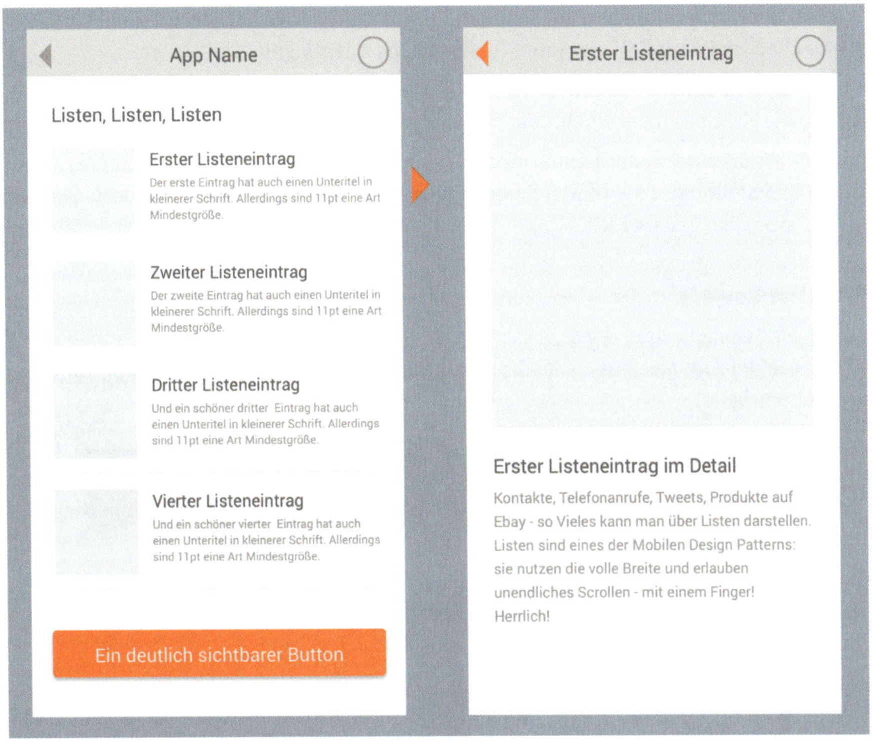

Bild 9.7 Dieser App-Screen-Aufbau bildet die zuvor genannten Kriterien für das App-Layout ab: wenig Funktionalität, ausreichend große Flächen der Interaktionselemente und Reduktion. Typisch für die Nutzung von Apps ist das Sichdurchhangeln von einem Screen zum nächsten. Informationen werden häppchenweise angezeigt. Dabei ist die Listendarstellung ein passendes und häufiges Beispiel für die Mischung aus Aktion (Tap auf ein Listenelement) und Information (Anzeige der Detailseite). Damit lassen sich sehr viele Fälle abbilden, denn Listen nutzen die volle Breite und die Möglichkeit, ewig zu scrollen. Prüfen Sie bei Gelegenheit, wie viele Ihrer Apps Listen als Ansicht nutzen.

Webseiten mit mobilen Design Patterns

Ich lege Ihnen ans Herz, sich die bereits existierenden Portale mit einer großen Auswahl an mobilen Design Patterns anzusehen und die passenden Ansichten für die Fälle Ihrer App zu finden. Sie können die Ansichten der Inhalte meist plattformübergreifend bedenken. iOS nutzt Listen in ähnlicher Form wie Android. Oft haben Elemente verschiedener Plattformen Gemeinsamkeiten und unterscheiden sich wirklich erst im Design. Ein paar Webseiten, die Sie bei der Auswahl von Ansichten unterstützen:

- *http://unitid.nl/androidpatterns/* – zeigt in Wireframes und nach Kategorien geordnet viele Interaktionsmöglichkeiten zwischen Nutzer und App. Sehr umfangreich, sehr liebevoll gemacht und inspirierend.
- *http://androidux.com/* – zeigt in fertigen, hochgeladenen Designs ebenfalls nach Kategorien geordnet Möglichkeiten der Darstellung von Informationen und Interaktionsmöglichkeiten. Im Gegensatz zur Plattform davor wird hier eine eventuelle Screen-Abfolge nicht so offensichtlich gezeigt. Es handelt sich häufig um statische Screens.

- *http://www.mobile-patterns.com/* – eine Plattform mit filterbaren Android- oder iOS-Screens sowie alten und neuen Designs und übersichtlich angezeigten Kategorien.
- *http://inspired-ui.com/* – ähnlich wie der Vorgänger, filterbar nach iPhone, iPad und Android sowie Kategorien, erscheint etwas mehr auf Design fokussiert.
- *http://www.uiparade.com/* – Diese Ansammlung bezeichnet sich selbst schon als UI-Inspiration und stellt nicht die reinen Design Patterns in den Vordergrund, sondern das Design selbst. Trotzdem ganz schick.

7-Minuten-Rework

Diesmal geht es nicht um Fitness, sondern um Appness. Als Beispiel habe ich mir eine Version der easyJet-App geschnappt und einen zwar simplen, aber nicht als App anmutenden Screen überarbeitet.

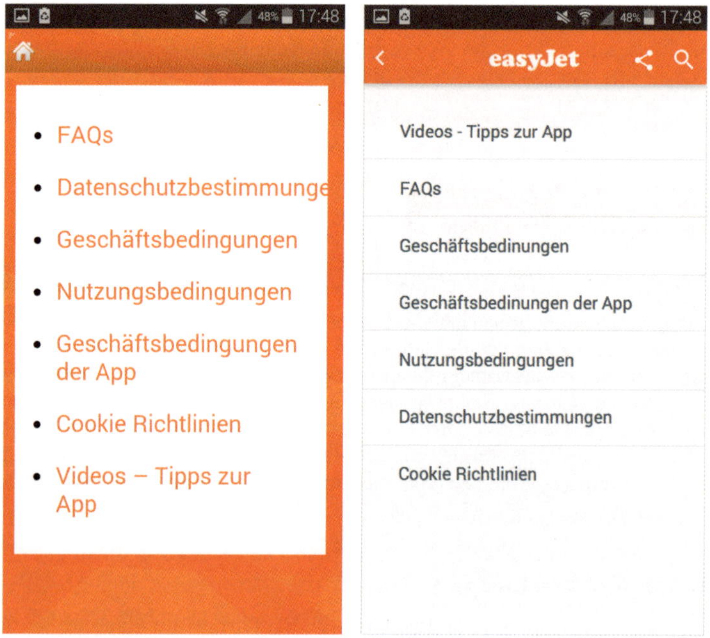

Bild 9.8 Mini-Redesign eines Unterscreens in der easyJet-App. Der linke Screen sieht nicht aus wie der Screen einer App, sondern eher wie ein kleiner Web-Screen. Woran liegt es? Vornehmlich daran, dass die Liste nicht an Apps angepasst ist, sondern wie eine herkömmliche Web-Liste aussieht. Listen in Apps machen jeden einzelnen Listeneintrag bedienbar – nicht nur den Text. Dadurch kann der Text kleiner werden, navigierbar ist aber die ganze Zeile. Und das spiegelt sich in der Optik wider, denn die Interface-Interaktionselemente „sprechen" zum Nutzer. Er soll nicht raten, ob ein Listeneintrag drückbar ist, sondern ihn einfach drücken. Ungewöhnlich für Apps ist auch die Art des Listenhintergrundes. Der weiße Kasten auf dem orangen Hintergrund kostet das Auge zu viel Energie und erfüllt keinen Zweck. Branding geht anders.
Quelle links: Screenshot easyJet App 2015.

Ich habe sieben Minuten in Sketch gebraucht, um den sprichwörtlich linken Screen zu einer App-konformen Ansicht zu machen; und das einfach, weil ich mich an die Vorgaben von Googles Material Design gehalten habe.

Gewonnen hat das Redesign zum einen an Leserlichkeit und Überblick. Das Auge findet einzeiligen Text einfach besser zu lesen und auch dass er dunkler ist, lässt ihn schneller erfassen - da kann er selbst etwas kleiner sein. Beim linken Screen merke ich richtig, wie mein Auge hin und her flattert und sich nicht an den Begriffen festmachen kann - dass auch noch ein Begriff aus dem Screen heraustritt, ist zusätzlich irritierend.

Der knallorange Branding-Hintergrund ist hier nicht zuträglich, sondern unterstützt das Auge bei seiner Unentschiedenheit. Um diesen Screen zu entschlüsseln, muss der Nutzer Energie *investieren* - das ist genau das, was wir als Designer *nicht* wollen. Wir wollen, dass der Anblick eines Screens den Nutzer erfreut und seine Energieausgaben wenigstens bei 0 hält. Wollen wir, dass der Nutzer unsere App immer und immer wieder mit Freude öffnet und nutzt, muss die App sogar Energie in den Nutzer investieren - ihm also etwas geben: UX.

Sie sehen, dass ich das mobile Pattern der Listendarstellung einfach verwenden konnte. Nun ist klar, dass der Nutzer auf ein ganzes Listenelement drückt, um weiterzukommen, und sich nicht wie beim Weblink abmühen muss, genau den Schriftzug zu treffen.

Im Detail gehört zu einer aktuellen App natürlich auch die entsprechende Farbgebung der Navigationsleiste, die idealerweise gleich das Branding und somit die Marke unterstützt. Farben und dazugehörige Farbverläufe sehen heute anders aus als in den 90er-Jahren - leichter, feiner, der Verlauf ist häufig nicht mehr linear. Man sieht ihn fast gar nicht. Auch die Art und Proportion der Icons haben eine Aussage - Strichdicke, Größe, Abstand zueinander. Jede Plattform hat ihre Schrift, die absichtlich von den Anbietern ausgewählt wurde, um zeitgemäß auszusehen, innovativ zu wirken und Leserlichkeit zu vereinfachen. Daran kann man sich getrost halten - gerade bei der ersten App fahren Sie besser, je näher Sie an den Richtlinien sind.

Essenzen für das User Interface einer App

1. Design ist in erster Linie eine Frage der **Anordnung** und **Klarheit**. Klarheit ist einfach angenehm. Überblicken zu können, heißt Kontrolle zu behalten. Der Nutzer wünscht sich, Kontrolle über die App zu haben. Sie steht zu seinen Diensten und vermittelt ihm das durch Unkompliziertheit.
2. Der Fokus der meisten Apps liegt auf Interaktion, also auf **Aktion**, nicht auf Information. Ausgenommen sind davon natürlich eBook-Apps, Newsreader oder Ähnliche. Mit der Aktion des Nutzers wird ein klares Ziel verfolgt: Mails checken, Fahrzeit nachsehen, rechnen, anrufen etc.
3. Die Oberfläche bemüht sich immer, die Aufmerksamkeit des Nutzers zu binden - durch Microinteractions. Allerdings, wie das Wort *micro* impliziert, **kurz**. Die Aufmerksamkeit des Nutzers wird an eine kurze Interaktion gebunden, in der der Nutzer einen Schritt weiterkommt - zum Beispiel das Ausfüllen eines Feldes. Die App ermöglicht ihm, dann fortzufahren, wenn es ihm wieder möglich ist. Das ist der Preis der Mobilität.
4. Geben Sie dem Nutzer immer das Gefühl, dass er die **Kontrolle** hat - auch dafür sind Microinteractions hervorragend geeignet. Lang empfundenes Warten entzieht sich der Kontrolle des Nutzers genauso wie unerwartetes Verhalten seitens der App. Dazu gehört beispielsweise, wenn die App nichts macht, obwohl der Nutzer auf ein Interaktionselement gedrückt hat.

5. Das **Aussehen** der Interaktionselemente verrät etwas über ihre Aufgabe und ihr Verhalten. Zu diesem Zwecke sehen Sie sich die Guidelines der Plattform-Anbieter an, um plattformkonform zu bleiben und das Erlernte aus anderen Apps in Ihrer App wiederzuverwenden - einfaches Beispiel ist das Scrollen. Es wäre eigenartig, wenn man eine Liste in Ihrer App nicht mit dem Finger scrollen könnte, sondern irgendwelche Buttons mit Pfeilen nach oben und unten an der Seite drücken müsste.
6. Das Design der App steht nicht im Vordergrund, sondern unterstützt die Interaktion. Form, Größe und Farbe erfüllen keinen Selbstzweck, sondern sind auf eine **bessere Performanz des Nutzers** ausgerichtet.

9.4 Screengrößen, Layout und Grafiken

Zum User Interface gehört die Beschäftigung mit der aktuellen technischen Lage. Diese lässt sich jedoch schnell grob zusammenfassen: Es gibt eine enorme Bandbreite an unterschiedlich großen Screens und hohen Punktdichten. Und es sieht bisher so aus, als würde diese Entwicklung kein Ende haben.

Dieses Problem der digitalen Welt treibt dazu an, immer bessere Lösungen zu finden, um Inhalte passend zur Screengröße und -Punktdichte anzuzeigen und einen Kompromiss zwischen riesigen Bildern und damit einhergehenden großen Datenmengen zu lösen. Mit Vektorgrafiken, Iconfonts und speziellen Kompressionstools lassen sich Datenmengen eingrenzen.

Jeder mobile Plattformanbieter bewältigt dieses Problem mit einer eigenen Lösung. iOS, Android, Windows und andere haben ihre eigene Art, mit der Darstellung des User Interface für unterschiedliche Geräte und Screengrößen umzugehen. Sie haben ihre eigenen Vorgehensweisen zur Handhabe des adaptiven Layouts, genauso wie sie Grafiken unterschiedlich generieren oder anzeigen. Aber es gibt auch Überschneidungen, die wir zu unseren Gunsten für das Graphical User Interface nutzen können.

Hier fasse ich für Sie die wichtigsten Eckpunkte zusammen, die Sie kennen sollten, um mit Ihrem Team und Ihren Entwicklern Gespräche über das User Interface führen zu können, es zu gestalten sowie Grafik dafür aus Ihrem Grafikprogramm zu exportieren.

Responsive und adaptive User Interfaces

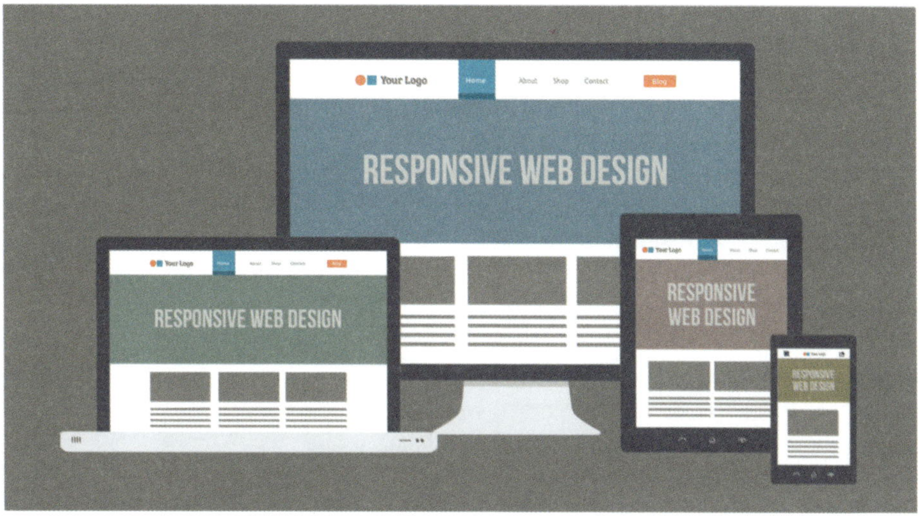

Bild 9.9 Im Bild wird dieselbe Webseite auf unterschiedlich großen Bildschirmen angezeigt und passt das Layout dem jeweiligen Screen an.
Quelle: *http://artisantalent.com/wp-content/uploads/2015/04/embrace-responsive-web-design.jpg*

Aus dem Web kennen Sie vermutlich das responsive Webdesign[4], das zur Bildschirmgröße reaktionsfähig ist und den Inhalt so präsentiert, dass er angemessen zur Geltung kommt. Responsives Webdesign löst somit im Web das Problem des Portrait- oder Landscape-Modus, weil es fließend angelegt ist. Fließend heißt, das Layout bemüht sich, unabhängig von der exakten Screenbreite den Screen immer auszufüllen. Dabei wird es notwendig, Inhalte vorher zu priorisieren, da die Darstellung des Inhalts schmaler wird, je kleiner das Gerät, und Inhalte dadurch gezwungenermaßen nach unten rutschen.

Wenn Sie hier noch etwas mehr Verständnis zu responsivem Design im Web erlangen wollen, empfehle ich Ihnen diese Seite zum Ausprobieren, welche unterschiedlichen Arten es gibt, auf Screengrößen zu reagieren: *http://www.liquidapsive.com/*.

Daraufhin hat sich das responsive Webdesign zum „mobile First Web Design" gewandelt. Zuerst wird an die kleinen Screens gedacht und daran, wie auf ihnen der wichtigste Inhalt zur Geltung kommt, dann erst folgen Tablet- und Desktop-Größen.

Als Designer des App User Interface definieren Sie die Prioritäten des Inhalts und zeigen, wie dieser auf unterschiedlichen Screens gehandhabt werden soll. App-Layouts sind ein nicht zu unterschätzender Faktor bei der Programmierung, auch wenn iOS- und Android-Entwicklungsumgebungen immerfort bemüht sind, Programmierer zu unterstützen, kann es sie immer noch zermürben. Daher denken Sie vor – in diesem Fall müssen nicht alle Screens bis ins Detail vollendet sein. Es reichen begleitende Skizzen, die erkenntlich machen, wohin sich die Elemente verschieben und welche Proportionen sie annehmen.

[4] *https://de.wikipedia.org/wiki/Responsive_Webdesign*

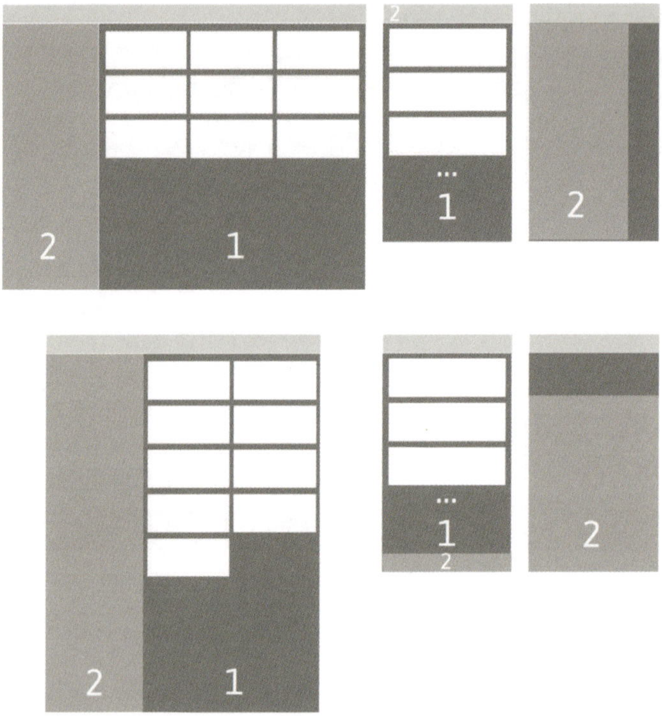

Bild 9.10 *Links:* Eine Split-View auf dem Tablet nutzt den vorhandenen Platz aus und kann sich erlauben, viele Inhalte anzuzeigen. Doch je schmaler der Screen, desto weniger Sinn hat diese Ansicht, da irgendwann weder links noch rechts der Inhalt zu erkennen sein würde. Aus diesem Grund arbeiten Sie mit Prioritäten. Inhalt 1 ist wichtiger als Inhalt 2. Das heißt, dass in der schmalen Smartphone-Variante (*rechts*) Inhalt 1 den Screen füllt, während Inhalt 2 durch eine zusätzliche Interaktion (z. B. auf ein Icon drücken) eingeblendet wird. Der versteckte Inhalt kann über einen *Navigation Drawer* eingeblendet werden, der weitere Informationen und Optionen bereitstellt.

Ich schreibe bewusst von Proportionen. Sagen Sie Ade zu festen Größen. Beharren Sie nicht darauf, dass eine Box 300 Points oder Pixel breit ist. Programmierer geben beispielsweise in der Layout-Darstellung für iOS die Beziehungen der Objekte untereinander und gewahrte Abstände ein. Feste Größen relativieren sich bei jeder weiteren Hochauflösung, die auf den Markt geworfen wird. Pixel werden zu Prozenten. Das Layout wird nicht auf einem genormten A4-Bogen gedruckt, sondern soll für verschiedenste Screens flexibel sein und den jeweils zur Verfügung stehenden Platz voll ausnutzen.

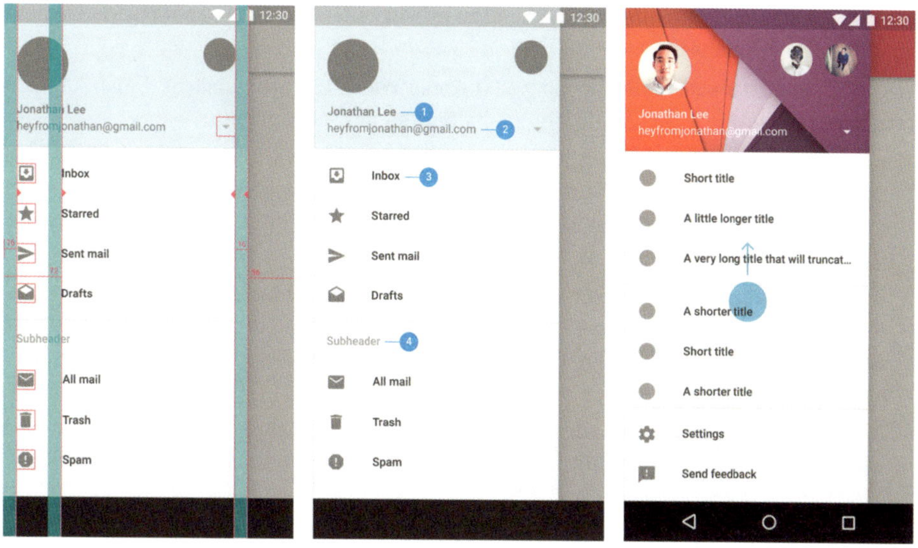

Bild 9.11 Google spezifiziert seine Idee der Inhaltsverteilung in Form des Navigation Drawers in den Dokumentationen des Material Designs sehr genau. Hier treffen wir eine Kombination von Social-Media-Profil und Menüpunkten unterschiedlichen Kontextes. Einmal sind es Ordner im Mail-Programm, ein anderes Mal sind es Einstellungen der App. Auch diese Inhalte im Drawer sind untereinander priorisiert. Content is King! In Web und App.

Designüberlegungen zu Smartwatches

Apps fürs Handgelenk gemacht

> *Im Gegensatz zum iPhone oder Mac nutzt du deine Apple Watch immer nur für ein paar Sekunden; und zwar meistens, wenn du unterwegs bist. Die Apps für die Apple Watch sind genau dafür entwickelt. Mit einem kurzen Blick, einem Tap oder einer Frage an Siri kannst du viel erledigen; und dann das weitermachen, was du vorher getan hast.*
>
> *Text von der Produktseite der Apple Smartwatch http://www.apple.com/de/watch/watch-reimagined/*

Das Design für eine Smartwatch ist kein Geheimnis. Und das Design wird am besten klar, wenn die Konzeption und die Interaktionen klar sind. Soll eine App auch auf Smartwatches verfügbar sein, dann stellen Sie sich die Frage des Use Case. Was genau soll auf der Watch möglich sein? Sagen Sie nicht „alles“, denn dann würde ich Ihnen noch einmal den Vortrag zum Kernnutzen und zu dem Kontext des Nutzers halten … Bedenken Sie – oder kaufen Sie sich gleich eine Smartwatch, um Erfahrungen zu sammeln –, die Screens sind *so* klein, dass wir Nutzern das Schreiben einer E-Mail nicht aufdrängen wollen. Wie viel Spaß haben Sie daran, eine E-Mail auf Ihrem Handy zu schreiben? Schon das ist bisweilen ein umständliches Unterfangen.

Smartwatches sind technisch genug ausgereift, um viele Funktionen performant anzubieten, aber das, was uns davon abhält, *alles* Mögliche anzubieten, ist der dahinterstehende Nutzen für den User. So wie es der Ausschnitt der Produktseite formuliert – die Smartwatch wird für ein paar Sekunden genutzt. Und wenn Sie sich an „weniger ist mehr“ erinnern und dabei an Apples quasi heiliges Gesetz der erfolgreichen Reduktion denken, dann sehen Sie, dass ein für den Alltag nützlicher, einfacher, schnell zu erledigender Use Case das tragende Element auf einer Smartwatch ist.

WRISTLY hat 2015 eine Umfrage[5] mit 2000 Apple Watch-Trägern gemacht. Dabei kam heraus, dass Apple Watch-Nutzer die Uhr am häufigsten nutzten, um:

1. ihre körperlichen **Aktivitäten** während des Tages nachzuverfolgen. Die Aktivitäts-App auf der Apple Watch merkt, wann Sie sich zu wenig bewegen, wann Sie Fitness betreiben und wann Sie zum Bus rennen. Die Apple Watch macht daraufhin Empfehlungen, um Ihre Gesundheit zu erhalten oder zu verbessern.
2. die **Uhrzeit** abzulesen. Verschiedene Designs für das Ziffernblatt - die *Watch Faces* - sind die neuen Add-ons (wie kleine Zusatzpakete), mit denen man die Watch personalisieren kann. Eine Seite, die solche Designs für Apple Watches zum Download anbietet, ist *http://applefaces.co*.
3. **Benachrichtigungen** zu lesen. Der Smartwatch-Nutzer möchte informiert werden und wird darüber informiert, wenn (neue) Nachrichten, E-Mails, Kommentare, Termine etc. anstehen.
4. Herzrate zu messen. Durch die Position am Handgelenk hat die Watch Zugriff auf den Puls und kann die Herzfrequenz messen,
5. Anrufe zu tätigen. Statt das klingelnde Phone in der Tasche zu suchen, ist es nun möglich, einen Anruf über eine Vibration am Handgelenk wahrzunehmen und elegant darauf zu reagieren, indem man sich zurückzieht und niemand merkt, dass man telefoniert.

Bild 9.12 Die häufigsten Interaktionen der Nutzer mit der Apple Watch gemäß einer Umfrage von WRITLY von 2015 - von oben links: 1) körperliche Aktivitäten nachverfolgen von Sitzen bis Rennen, 2) Uhrzeit ablesen, 3) Benachrichtigungen und Erinnerungen zu Terminen, Mails, Social Media-Apps, 4) Messung der Herzfrequenz (Herzschläge pro Minute) und 5) Anrufe tätigen.
Quelle der Bilder: *http://www.apple.com/watch/health-and-fitness* sowie *http://www.apple.com/watch*

[5] Die kompletten Umfrageergebnisse als PDF mit Grafiken aufbereitet gibt es hier zum Download: *http://bit.ly/wristly*

Sie können es selbst auf den Beispiel-Screens sehen: **Je kleiner der Screen, desto kürzer und konzentrierter sind die Interaktionen des Nutzers mit dem Gerät**. Für einen kleinen Smartwatch-Screen heißt das:

- wenige und große Interaktionsflächen
- konzentriert auf eins. Hier kommt der Charakter der Apps noch mehr zum Vorschein als auf dem Smartphone: die Spezialisierung auf eine Sache.
- kurz. Das Lesen, Aufnehmen und Reagieren auf eine Information ist auf kleinen Screens extrem kurz. Wie lange soll der Nutzer seinen Arm anheben, wie lange auf kleine Buchstaben sehen und sie entziffern, wie oft mit der anderen Hand scrollen, um an den relevanten Punkt zu kommen?
- Er ist eine Erweiterung einer Funktion, für die das Herausholen des Smartphones zu umständlich wäre; z. B. Eintreffen einer Nachricht oder eines Anrufs, Erinnerung an einen Termin, Abhaken, Einsortieren, Markieren eines Status, einer Nachricht, einer Info. Fertig.
- Interaktion des Geräts mit dem Nutzer erfolgt auch über Vibrationen, die von Umstehenden kaum bemerkt werden. Dadurch lassen sich Anrufe eleganter handhaben als mit einem bimmelnden Handy.
- Der Nutzer kann beispielsweise über Siri Spracheingaben machen. Dadurch pusht die Smartwatch die Arten der Interaktion, die noch nicht so weit verbreitet waren.

Apple vertritt auf seiner Apple Watch stark das Konzept der *Notifications* (Benachrichtigungen) und der erledigten To-dos, also eintreffende Informationen oder Statusänderungen und erledigte Aufgaben. „Informiert sein" und „erledigt haben" sind zwei Hauptkonzepte, die sich mit Smartwatches in den geschäftigen Alltag immer feiner - am Handgelenk - integrieren und das Smartphone in der Tasche lassen. Oder sogar abschaffen, wenn es sich um die Standalone-Smartwatches handelt. Es sind an sich Smartphones in Form einer Uhr. Sie müssen nicht mit einem Smartphone gekoppelt werden, sondern haben eigenständig Zugriff auf das Mobilfunknetz, auf das Internet, auf Apps.

Klären Sie Layouts so früh wie möglich ab

Sobald die Wireframes der Grobkonzeption stehen und Sie in die detaillierte Screen-Visualisierung mit genauen Interaktionselementen übergehen, machen Sie sich im Team Gedanken zu den Layouts. Möglich, dass Sie an einer App arbeiten, die nur auf iPhones laufen soll - nicht auf den iPads. Dann bedenken Sie trotzdem, dass die Screengröße des iPhone 6 Plus schon nahe ans kleine iPad rückt und im Querformat auch eine Split-View gut verwendet werden kann.

Erinnern Sie sich immer daran, dass das Layout relativ ist und die meisten Größenangaben variabel sind - in Prozent oder Abständen der Elemente zueinander.

Tipps für das Screen-Design für Smartwatches

- Gestalten Sie auf schwarzem (oder sehr dunklem) Hintergrund, denn auf Schwarz wirken Kontraste besser als auf Weiß.
- Gestalten Sie Buttons auf voller Breite, damit genug Fläche zur Interaktion angeboten wird.
- Halten Sie sich an die Vorgaben der Schriftgrößen der Plattformanbieter.
- Und wieder haben wir mit Android das Problem der vielen Hersteller. Es gibt rechteckige, quadratische und runde Smartwatch-Screens. Fokussieren Sie die Mitte als Haupt-Interaktionsfläche.

Ressourcen für Smartwatch-UI

- Wunderbar aufbereitet sind die **Apple Watch Human Interface Guidelines**: *https://developer.apple.com/watch/human-interface-guidelines/*
- **Design Principles for Android Wear**: *http://developer.android.com/design/wear/index.html*
- Die besten **Apple Watch-Apps**: *http://www.wareable.com/apple-watch/best-apple-watch-apps-832*
- Ausgewählte **Android-Wear Apps:** *http://www.die-smartwatch.de/android-wear-apps*
- **Smartwatch-Mockups** für Ihre Präsentationen: *http://designshack.net/articles/inspiration/50-apple-watch-mockups-graphics/*
- **Vorlagen für Sketch 3:** *http://www.sketchappsources.com/tag/wearable.html*
- **Apple GUI PSD Template:** *https://dribbble.com/shots/1735649-Apple-Watch-GUI-PSD*
- **Apple Watch Scribble-Vorlagen:** *https://dribbble.com/shots/1718858-Watch-Doodlers*

Begriffe, die Ihnen beim Layout immer wieder begegnen werden

- **Bildschirmgröße** oder auch **Screengröße** (Englisch: *Screen Size*) ist die physische Größe des Screens, messbar mit einem Lineal quer und hoch. Screengrößen werden als Screendiagonalen in *Zoll* angegeben. Je mehr Zoll, desto größer der Screen. Zoll ist eine alte Maßeinheit, die heute in den USA sowie für Größenangaben in der Technik genutzt und als *Inch* bezeichnet wird. Für das Konzipieren von Apps ist die Screengröße ausschlaggebend für das Layout der App – also die Aufteilung der darzustellenden Elemente auf dem Bildschirm. Die kleine Apple Watch hat beispielsweise eine Screendiagonale von 1,32 in (ca. 3,35 cm), das iPad Pro 12,9 in (ca. 32,8 cm). Ein deutlicher Unterschied!

  1 in = 1 Zoll = 1'' = 2,54 cm = 25,4 mm

  Das Bildverhältnis oder auch Bildformat ist ebenfalls für Layout-Festlegungen relevant. Es beschreibt das Seitenverhältnis.

- **Auflösung** (englisch: *Screen Resolution*) bezeichnet die Anzahl der Bildpunkte, die ein Bildschirm hat. Die Angabe wird meist in Breite x Höhe gemacht. Früher ein gängiges Format war 800 × 600 px. Diese Bildpunkte werden auch Pixel (px) genannt und ihre Eigenschaften (Größen, Farbtiefen etc.) sind von der technischen Raffinesse abhängig. Gerade Hersteller von Smartphones & Co. bemühen sich, möglichst viele Bildpunkte auf kleinem Raum unterzubekommen, damit das Auge die Kanten der Bildpunkte nicht mehr ausmachen kann und das Dargestellte rattenscharf erscheint. Hohe Auflösungen werden als *High Resolution* oder als Apple-Patent *Retina* bezeichnet. Retina ist nicht das Ende der Stange, es gibt längst Geräte anderer Hersteller, die eine noch höhere Pixelanzahl auf einem bestimmten Raum (nämlich 1 in) darstellen können.
- **Punktdichte** (englisch: *Density*): Die Darstellungsqualität eines Bildschirms lässt sich nicht allein an der Auflösung festmachen, sondern an der Auflösung im Verhältnis zur Größe des Bildschirms; genauer gesagt an der Anzahl der Bildpunkte pro 1 in. Die Angabe erfolgt in *dots per inch* oder *pixel per inch*, abgekürzt *dpi* oder eben *ppi* – häufig werden diese beiden Einheiten gleich genutzt. Für Sie sind die *ppi* allerdings wichtiger, da sie sich auf Bildschirme beziehen, während die *dpi* im Kontext von Druckern und Druckauflösungen genutzt werden. Lassen Sie sich nicht verwirren, oft meinen Leute die *ppi*, wenn sie *dpi* sagen oder schreiben.

  Die kleine Apple Watch hat eine Punktdichte von 326 ppi, das iPad Pro 264 ppi und das Samsung Galaxy S6 edge+ hat eine Punktdichte von 518 ppi. Die Punktdichte ist die ausschlaggebende Größe für den Export der Grafiken.
- **Bildverhältnis** (englisch: *Aspect Ratio*) beschreibt das Verhältnis aus der horizontalen und der vertikalen Seite des Bildschirms. Das iPhone 5, 6 und 6 plus hat ein Bildverhältnis von 9:16, also ein gekipptes Kinoformat, wenn man das Gerät hochkant in der Hand hält. Das Bildverhältnis sagt uns etwas über die Layoutmöglichkeiten auf dem Gerät aus.
- **Pixel** und **Points**. Während Google ganz normal von Pixeln spricht, muss man bei Apple-Geräten eine Trennung zwischen technischen Pixeln und Layout-Pixeln machen, die *Points* genannt werden. Vor der Retina-Zeit entsprach 1 Pixel auf dem iPhone 2G, 3G und 3GS 1 Pixel in der Anzeige. Mit der Einführung von Retina auf dem iPhone 4 verdoppelte Apple die technischen Pixel, behielt aber die Layout Points von 320 x 480 bei. Man gestaltete also trotzdem immer noch für eine gleiche Fläche, während die Grafiken doppelt so groß exportiert werden mussten, damit die sichtbare Rasterung auf dem Screen verschwindet und das Auge keine Pixel mehr sieht. Ein Bildschirm füllendes Bild nahm dann also eine Größe von 640 x 960 Pixeln an.

  Diese Übersicht von *PaintCode* macht Ihnen die Verhältnisse zwischen Gerät, Points und Pixeln klar: *http://www.paintcodeapp.com/news/ultimate-guide-to-iphone-resolutions*.

9.5 UI Workflow – Tools & Methoden

2015 war das Jahr der Tools. Es gab jede Menge Neuerungen für die Zusammenarbeit von Designern und Programmierern, diese rücken endlich zusammen und übertreten mit guter Absicht je die Grenze der Domäne des anderen. Das ist sinnvoll und nicht bedrohlich. Daher plädiere ich für gute Tools. Genauer gesagt meine ich *effiziente* Tools. Da haben die mobilen Apps auf die moderne Software abgefärbt und schlankere Tools herausgebracht, die einen ganz klaren Nutzen haben, eine bestimmte Lücke im Design-Prozess füllen und genau dadurch so göttlich sind.

In diesem Zuge möchte ich Ihnen den Workflow vorstellen, den ich für meine Arbeit etabliert habe, und daraus Anforderungen an andere Tools ableiten, mit denen Sie natürlich auch arbeiten können. Vielleicht benötigt es auch nur eine kleine Ergänzung in Ihrem Prozess und Sie sind bereit für das App-Design?

Schriften

Besorgen Sie sich **zuerst** die Schriften für die jeweilige mobile Plattform. Die Schrift ist essenziell für das Design.

- 2015 führte **Apple** *San Francisco* als Systemschrift ein, diese finden Sie auf der offiziellen Apple-Seite und können sie hier nur herunterladen, wenn Sie als Developer registriert sind. Vielleicht bitten Sie Ihre Entwickler um den Download oder registrieren sich kostenlos: *https://developer.apple.com/fonts/*
- **Google** hat sich für *Roboto* entschieden. Diese können Sie leicht herunterladen über die Google Fonts: *https://www.google.com/fonts#UsePlace:use/Collection:Roboto*
- **Microsoft** macht es nicht ganz so einfach, sondern stellt eine Liste von Schriften auf, die wir auch verwenden dürfen. Die eigentliche Systemschrift *Segoe UI* bekommt man nur, wenn man die Entwicklungstools herunterlädt. Diese Schriften dürfen wir verwenden: *https://msdn.microsoft.com/de-de/library/windows/apps/cc189010%28v=vs.105%29.aspx*
- Für Blackberry brauchen Sie auch Kontakt zum Entwickler, um die Lizenzschrift *Slate Pro* irgendwie auf Ihren Rechner zu bekommen: *https://developer.blackberry.com/design/bb10/typography.html*

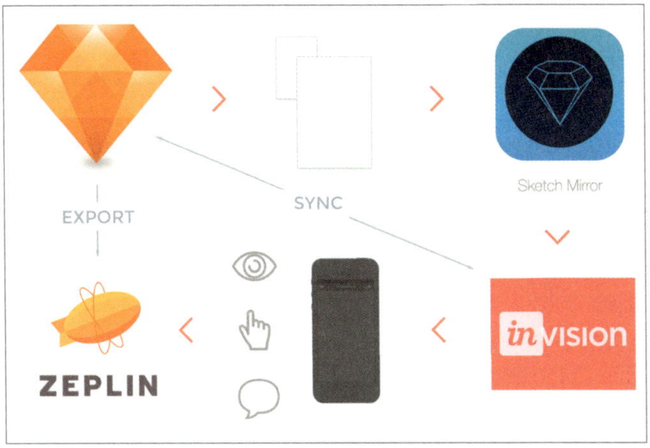

Bild 9.13 Übersicht des Workflows, den ich Ihnen vorstellen werde. Von oben links den roten Pfeilen folgend: *Sketch 3* ist ein Vektorprogramm mit Artboards, dabei können die Screen-Designs auf der *Sketch Mirror App* angesehen werden, weiter geht es mit der Überführung Ihres Projekts nach *InVision* zum Prototyping (direkt aus Sketch 3, keine Exporte nötig!), mit der Ansicht auf echten Smartphones und dem Kommentieren der Screens seitens Ihrer Kunden und Projektmitglieder. Begleitend zu den Exporten der Einzelgrafiken oder sogar stand-alone schließen Sie die Design-Auslieferung mit *Zeplin* ab. Moderne Tools, die Spaß machen.

Das Vektorprogramm Sketch 3 von Bohemian Coding

Nachdem Adobe für Fireworks keine Updates mehr anbietet – worüber ich seit der Entdeckung von Sketch 3 froh bin –, arbeite ich mit Sketch 3. Sketch ist ein schlankes Vektorprogramm und ist auf Web- und Mobile-Screen-Design ausgerichtet. Schon wenn ich eine neue Datei anlege (Bild 9.14 links), habe ich die Möglichkeit, u. a. ein *iOS UI Design* oder das *Material Design* von Google für Android zu wählen. Das ist sozusagen ein Template der Standard-UI-Elemente dieser Plattformen, das ich nutzen und anpassen kann.

Wähle ich innerhalb einer neuen Datei ein neues **Artboard**, dann habe ich die Auswahl zwischen fertigen Artboard-Größen (Bild 9.14 rechts). Diese reichen beispielsweise vom iPad bis zur Apple Watch und vom Android Smartphone über Tablet bis Desktop. Diese integrierte Bequemlichkeit fertiger Screengrößen ist genial. Kein Googlen, kein Suchen, alles schon da!

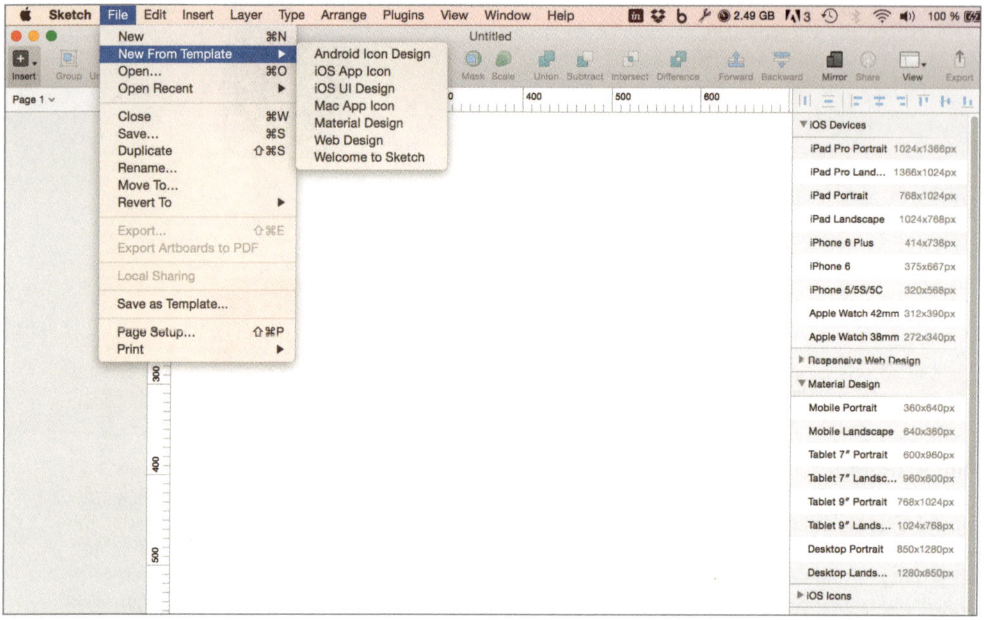

Bild 9.14 Spezialisiert auf das Erstellen diverser User Interfaces; ob für Web oder App: Sketch 3. *Links* im Bild: die Auswahlmöglichkeiten, wenn Sie eine neue Datei anlegen.
Rechts in der Seitenleiste: fertige Screengrößen als Artboards, die Sie einfach in Ihr Projekt einfügen.

Die ausgewählten Artboards (Artboards gibt's jetzt bei Photoshop auch!) arbeiten mit den Points von **Apple**, nicht mit der Anzahl der Pixel. Das ist in diesem Fall wichtig, weil Sketch 3 dann die mobilen Assets sehr einfach exportieren kann, da es immer von der „normalen" Größe ausgeht, um die beiden Retina-Größen automatisch anzulegen.

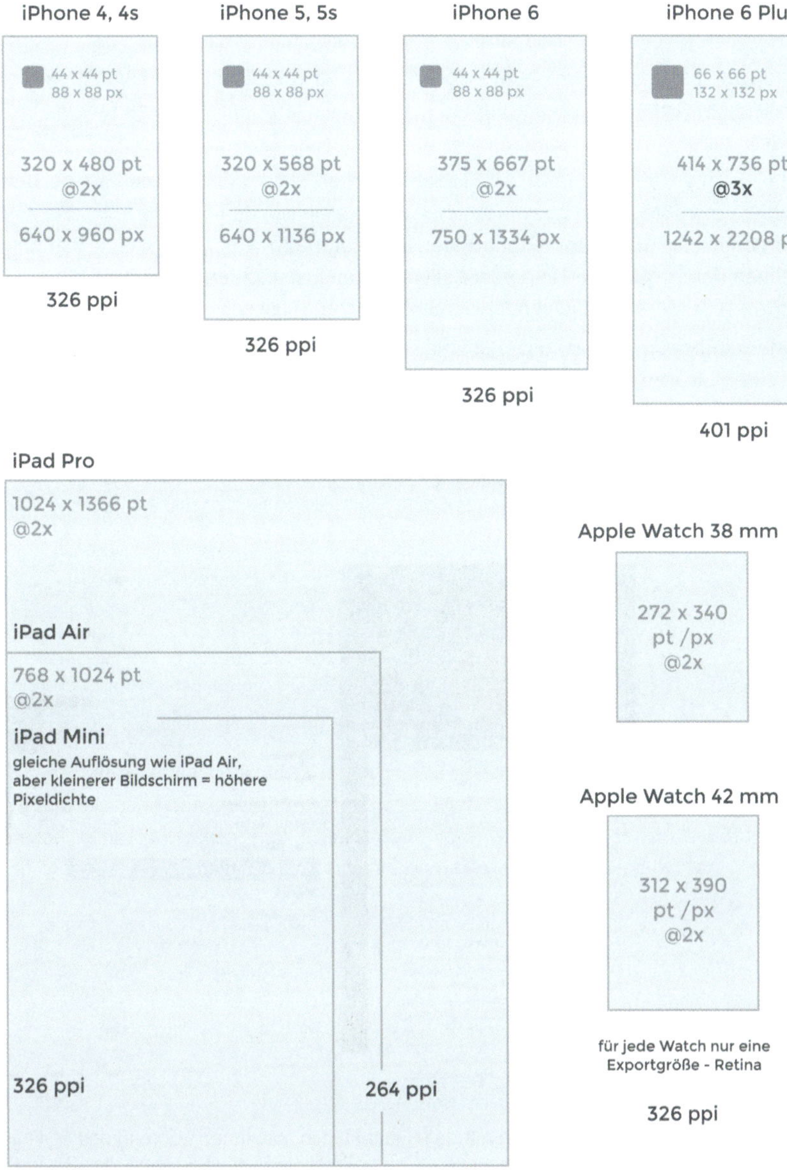

Bild 9.15 Screengrößen beim iPhone. Sketch 3 legt die Screens als Artboards mit Points an. Erst bei Exportieren der Assets werden die echten Größen für die jeweiligen Pixeldichten (@2x und @3x) generiert. Sie können beispielsweise in Sketch 3 mit der Ausgangsgröße von 320 x 568 pt arbeiten – das ist für das iPhone 5, 5s.

Mit welcher Screengröße das Design anfangen?

Fangen Sie so an, dass Sie gut skalieren und Assets exportieren können. Vor allem bei Nicht-Vektorprogrammen kann das ein langwieriges Unterfangen werden.

In einem Vektorprogramm wie **Sketch 3** fangen Sie mit dem Screen an, bei dem Sie Ihre größte Zielgruppe vermuten – beispielsweise dem iPhone 5, 5s. Sie arbeiten also auf einem Artboard der Größe von 320 × 568 pt. Sketch 3 erlaubt Ihnen den sorgenlosen Export für alle anderen Pixeldichten, ohne dass Sie mehrere unterschiedlich große Screens anlegen müssen.

Mehr Infos zum Export folgen später – mit Testanleitung. Gerade mit Photoshop sollten Sie Ihre Exportmöglichkeiten für viele Screens gründlich testen.

Bild 9.16 Arbeiten Sie am besten gleich mit dem Fluid-Plug-in, das Ihnen während des Stylings ein XCode-ähnliches Autolayout mit Bedingungen (Constraints) zur Verfügung stellt, das Sie in verschiedenen Screengrößen testen und im Preview ansehen können. Fluid: *https://github.com/matt-curtis/Fluid-for-Sketch*

Die Vielzahl der Geräte, die mit Android bespielt sind, ermöglicht uns nur eine Annäherung an feste Screengrößen. Hier kommt die Wichtigkeit des adaptiven Layouts, das ich anfangs vorgestellt hatte, zum Tragen. Die Entwickler-Richtlinien von Android empfehlen den Programmierern das Anlegen von Screen-Konfigurationen – ähnlich zu *Breakpoints* im Webdesign (minimale oder maximale Umbruchpunkte, an denen sich das Layout ändert); hier ein Beispiel:

- *bis 320 dp:* eine typische Smartphone-Breite
- *ab 480 dp:* eine kleine Tablet-Variante wie z. B. das Samsung Galaxy Tab 4 mit 6, 7-Zoll-Monitor
- *ab 600 dp:* kleine Tablets bis 7, 8 Zoll oder Querformate der zuvor genannten
- *ab 720 dp:* ein 9- bis 10-Zoll-Tablet wie das Samsung Galaxy Tab A
- darüber ist alles, was quer gehalten wird oder schon zu Desktop zählt

Natürlich wollen wir nicht parallel für fünf verschiedene Größen gestalten! Aber wir wollen beeinflussen, wie sich das Layout verhält. Dazu extrahieren wir uns Größen, die viele Fälle abdecken und Annäherungen an andere Größen erlauben. Die folgende Empfehlung von mir basiert auf den vier Größen, die Sketch 3 für Android anbietet. Ich habe sie zu drei Größen geschrumpft und dafür eine Landscape-Ansicht dazugenommen:

- *360 × 640 dp:* Mobile Portrait
- *600 × 960 dp:* Tablet 7" Portrait erfasst Mobile Landscape und Tablet 9" Portrait
- *1024 × 768 dp:* Tablet 9" Landscape erfasst in etwa Tablet 7" Landscape und Desktop Landscape

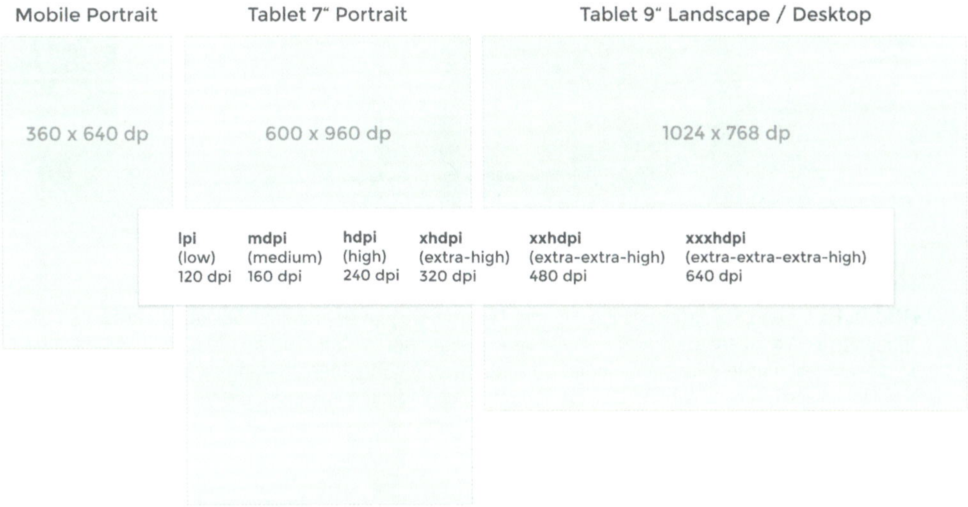

Bild 9.17 Ausgewählte Android Artboards in typischer Größe. Anders als bei iOS läuft Android auf unzähligen Geräten, deren Screengrößen nur durch Annäherung vereinheitlicht werden können. Hier definieren Sie – zusammen mit dem Entwickler – am besten *Breakpoints* ähnlich wie für das responsive Webdesign. Android kümmert sich dann darum, dass die entsprechende Auflösung des Geräts mit Ihren exportierten Grafiken bedient wird.

Im Vektorprogramm und mit dem Plug-in für den Export der Assets aus Sketch 3 sind wir nicht von Screengrößen abhängig. Aber wir legen uns mehrere Screengrößen als Artboards an, um das Layout beeinflussen und mit den Programmierern abstimmen zu können. Das ist die eigentliche Arbeit dahinter, die wir leisten, damit die App auf allen möglichen Screens gut aussieht.

Zusätzlich zu der bequemen Handhabe der diversen Screengrößen bietet Sketch 3 gleich beim Anlegen eines neuen Dokuments Designvorlagen für iOS, Material Design, die App-Icons und responsives Webdesign an. Eine Vielzahl unterschiedlicher Ressourcen für mobile User Interfaces für Sketch 3 findet man auf *http://www.sketchappsources.com*.

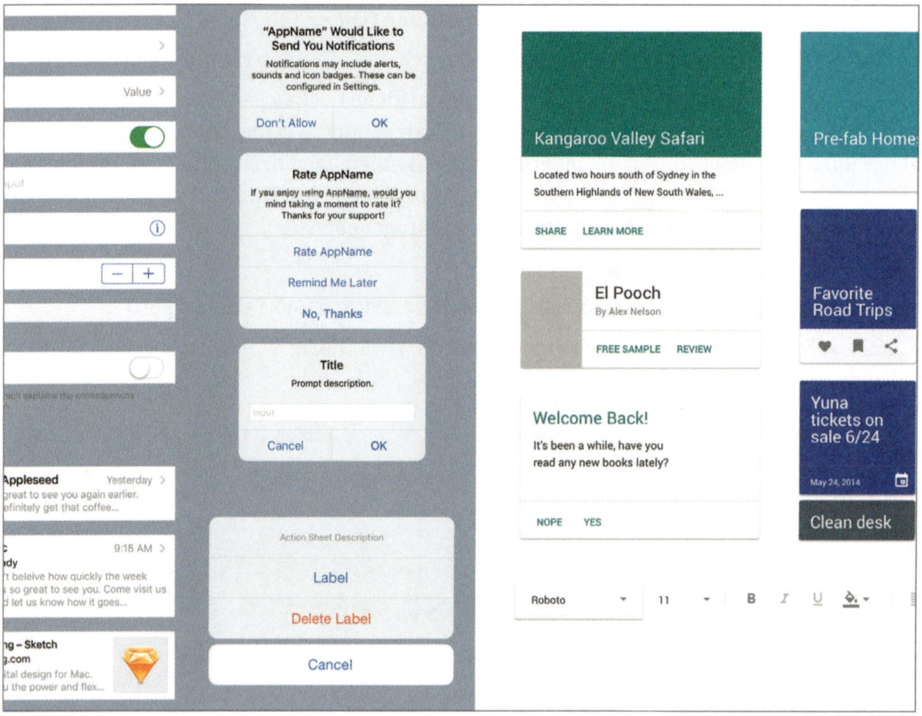

Bild 9.18 Wenn Sie ein neues iOS UI oder Material Design UI erstellen wollen, öffnet Sketch 3 Ihnen fertige Vorlagen, die Sie zum schlichten Design oder Prototypisieren Ihrer App nutzen können. In diesem Fall müssen Sie nicht einmal Designer sein, um Ihre Idee auszudrücken. *Links* im Bild: iOS UI-Vorlage, *rechts:* Material Design-Vorlage. Das sind alles Vektoren, die nach Lust, Laune und Screengröße exportiert werden können.

Fazit und Alternativen zu Sketch 3

Ich werde nicht dafür bezahlt, Werbung für Sketch 3 zu machen. Es ist einfach ein modernes Tool, das genau auf die vielen Screengrößen und Punktdichten zugeschnitten ist. Ich bin immer und immer wieder auf Beiträge im Web gestoßen, die klarmachten, dass es zurzeit die einfachste Möglichkeit ist, UI Design in heutigen Zeiten umzusetzen. Ich persönlich sehe weder in Adobe Illustrator noch Photoshop eine Alternative auf Augenhöhe. Wenn Sie recherchieren, werden Sie auf zahlreiche Hilfsmittel stoßen, um auch aus diesen beiden Titanen exportieren zu können. Trotzdem empfehle ich Ihnen mit voller Überzeugung Sketch 3 für einmalig $ 99.

UXPin, InVision, Zeplin und andere neuzeitliche Tools bieten den direkten Import von Sketch 3-Dateien, um dann dort weiterarbeiten zu können. Diese Kompatibilität ist ein großer Zugewinn, was die eigene Arbeitszeit, Stress und Nerven angeht.

Hier gibt es einen Artikel von Meng To darüber, wie er nach zwölf Jahren Photoshop zu Sketch 3 wechselte: *http://blog.mengto.com/sketch-vs-photoshop/*.

Und hier gibt's ein Einstiegstutorial für Sketch 3: *https://designcode.io/sketch*.

Sketch Mirror – Live-Preview Ihrer App

Sketch Mirror ist eine iOS-App, die die Echtzeit-Spiegelung des aktuellen Artboards in Sketch 3 auf einem externen Gerät erlaubt. Damit ist es möglich, das Design sofort auf dem mobilen Endgerät zu sehen, in meinem Fall auf einem iPad. Proportionen, zu kleine Schriftgrößen und eigenartige Screen-Aufteilungen fallen sofort beim Gestalten auf. In Bild 9.18 sehen Sie einen Beispiel-Screen in Sketch 3, in Bild 9.19 auf dem iPad in der Sketch Mirror-App. Ich habe beides parallel vor meinen Augen und sichere mich so zusätzlich ab, dass die Größen für eine App passen.

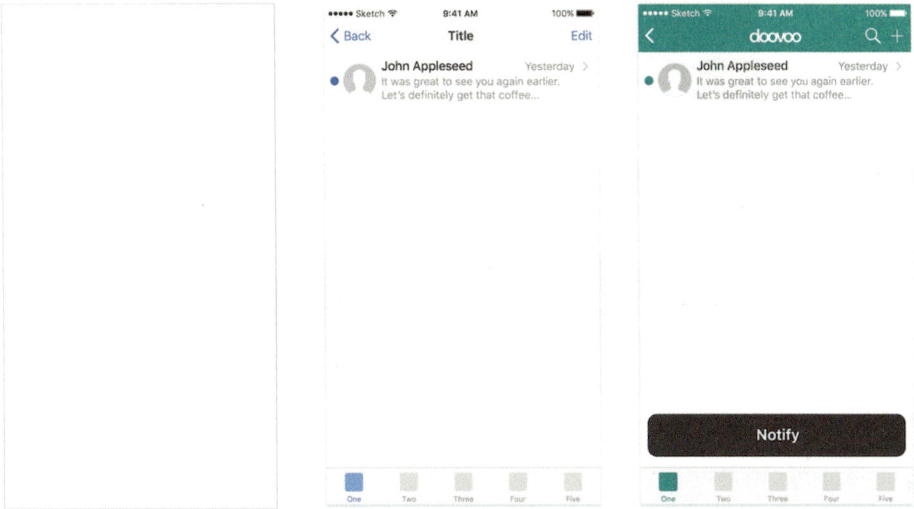

Bild 9.19 Links: So fängt es an, der Screen ist leer. Mitte: mit Vorlagen zusammengesetzter Basis-Screen und rechts: erste Farbgebung der App. Individuelle Farben sind kein Muss, viele Apps nutzen die Standardoptik. Doch Farben und liebevoll gestaltete Details erhöhen die Freude – wenn alles flüssig läuft.

Die Schwierigkeit beim Screen-Design liegt darin, dass wir unendliche Möglichkeiten haben – es sind nicht die Beschränkungen, die uns aufhalten, es ist die Vielfalt, die uns überwältigen kann. Aus diesem Grund empfehle ich, zuerst die Wireframes fertigzustellen, bevor Sie das Design des User Interface überhaupt beginnen. Denn so wissen Sie bereits, welche Elemente Sie verwenden und wie sich der Screen verhalten soll, und können sich auf die Ästhetik fokussieren. Dabei ist die Live-Vorschau ein wunderbares Mittel, um nicht irgendwohin abzudriften.

Sketch Mirror funktioniert nur in Verbindung mit Sketch 3. Die App gibt es bisher als iOS-Variante für iPhone, iPad und iPod touch für ca. 5 €.

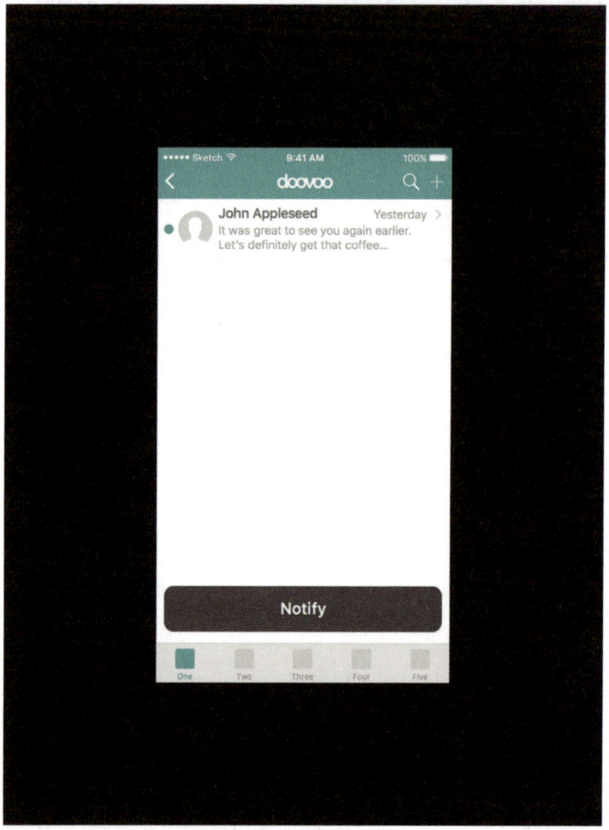

Bild 9.20 Screenshot des aktuellen Artboards, das über Sketch Mirror auf dem iPad angezeigt werden kann.

Fazit & andere Live-Preview-Apps

Eine Live-Vorschau ist enorm wichtig. Gestalten Sie nicht für mobile Geräte, wenn Sie es nicht während der Gestaltung ansehen können. Mit der Zeit kommt natürlich die Erfahrung, aber auch dann ist der Blick auf etwas Echtes immer wieder aufschlussreich.

- Android Design Preview App mit Video-Vorstellung für Mac, Windows und Linux: *http://www.envis-precisely.com/blog/how-to-setup-design-preview-on-your-android/*
- Für *Photoshop Adobe Preview CC*: *https://itunes.apple.com/us/app/adobe-preview-cc/id973272286?mt=8*
- Skala View für **Mac** mit Verbindung zu **iOS** und **Android**: *https://bjango.com/mac/skalapreview/*
- Ein Lichtblick könnte die iOS-App *Composite* sein. Die App verbindet sich mit Photoshop (Mac OS und Windows) und erlaubt es, aus der aktuellen View einen Prototypen zu bauen. Live-Preview ist somit inbegriffen für ca. 10 €. Vielversprechend: *http://www.getcomposite.com/*
- *Live View* von Nicolas Zambetti: *http://www.zambetti.com/*

InVision – schnelles Prototyping im Web

InVision ist ein webbasiertes Prototyping-Tool mit sehr einfachem Einstieg und seit Ende 2015 mit zusätzlichen unschlagbaren Features wie Screen-Management, Import und Synchronisation live aus Sketch 3 sowie damit verbundener automatischer Aktualisierung der Screens, auf die Sie *Hot Spots* legen können, Transitionen einstellen als Übergänge von einem Screen zum nächsten und bequem den Prototyp anderen zur Verfügung stellen.

InVision ist vorteilhaft, weil:

- es eine einfache Synchronisation des Projektordners mit den Screens bietet. Sie legen Ihre Dateien einfach im InVision-Ordner lokal wie in einen Dropbox-Ordner ab und sehen die Screens wenige Sekunden bis Minuten später online in der InVision-Arbeitsoberfläche, wo sie verlinkt und (Ihren Kunden) zum Kommentieren freigegeben werden können.
- es Interaktionen, Animationen und Transitionen auf und zwischen den Screens anbietet und Sie dabei unterstützt, die App lebendig zu machen.
- es einen Design-Abnahmeprozess unterstützt. Screens werden z. B. nach „Abgenommen", „In Arbeit", „Offen" unterteilt – so bewahren Sie einen Überblick der jeweiligen Version.
- es versioniert und Ihnen die Möglichkeit anbietet, Ihre abgenommenen, zu überarbeitenden und bereits abgenommenen Screens zu managen.
- es für einen Prototypen kostenlos alle Funktionen bereitstellt. So können Sie das Tool ausprobieren oder einfach mal beim nächsten Projekt einsetzen. Learning by doing ...

Ich hatte Ihnen auch andere Prototyping-Tools vorgestellt, einige Vor- und Nachteile erläutert. In meiner Erfahrung ist es in der Zusammenarbeit mit Kunden wichtig, deren Feedback auf möglichst einfache Art einholen zu können. Wenn ein Prototyping-Tool das leistet und in Ihren Workflow besser passt, ist das vollkommen okay.

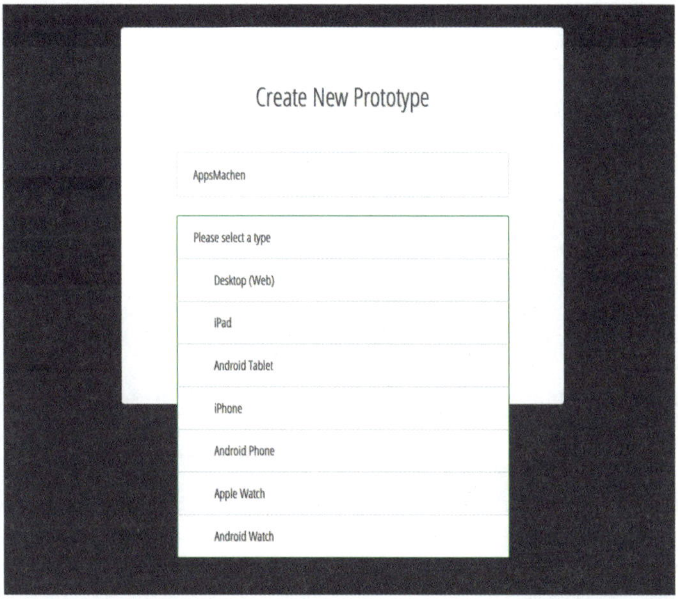

Bild 9.21 Zuerst legen Sie in InVision die Art des Prototyps an. Diese ist wichtig für bestimmte Einstellungen und für die Möglichkeiten der Vorschau sowie Auswahl an Interaktionen.

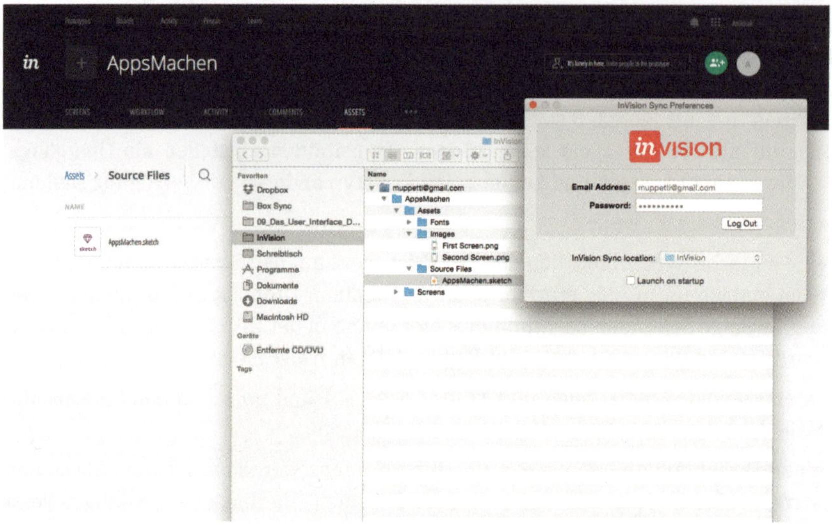

Bild 9.22 Für mich das Killer-Feature: Meine in Sketch 3 editierte Datei wird sofort über die InVision-Sync-App auf dem Mac im Web aktualisiert sowie neue Artboards werden als eigene Screens herausgerendert. So kann ich dann in die InVision-Web-App gehen und die HotSpots setzen. Toll!

Die einfachste Art des Prototypings ist es, statische Bilder miteinander zu verlinken. Das ist das Grundfeature von InVision und es deckt viele Fälle ab.

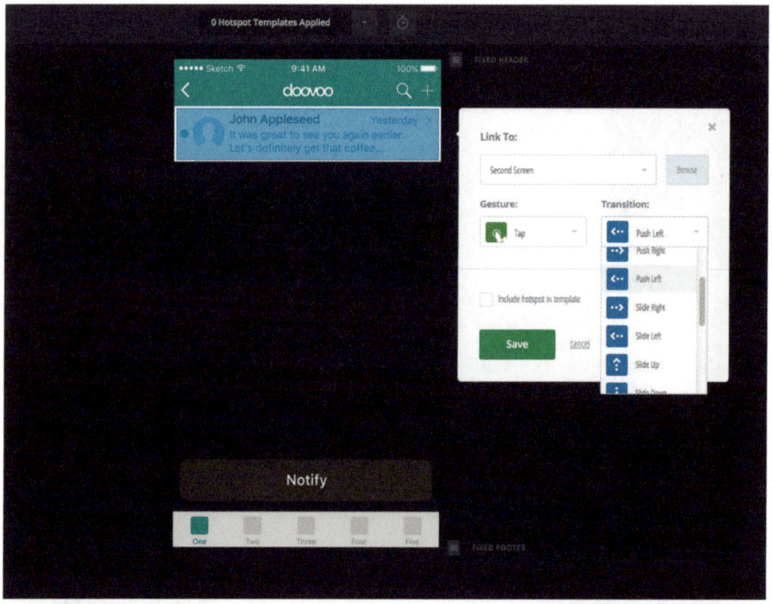

Bild 9.23 Oben sehen Sie die blau markierte Fläche - das ist ein HotSpot, eine Berührfläche auf dem Screen. Links im Bild sehen Sie die Konfigurationen zu diesem HotSpot. Zum einen lässt sich die Art der Geste einstellen, zum anderen der Übergang zum nächsten Screen. Zwei essenzielle Dinge, in denen InVision Sie quasi intuitiv unterstützt. Sie und Ihre Kunden testen einfach, ob es sich stimmig anfühlt.

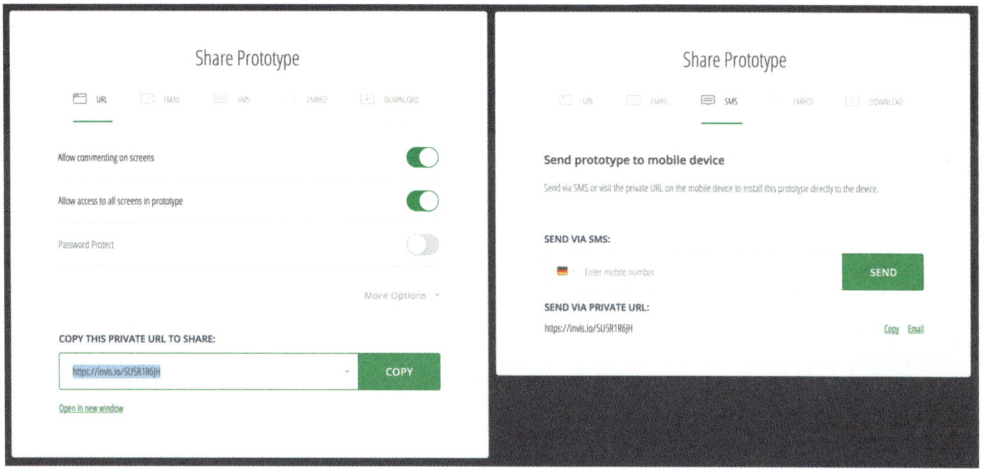

Bild 9.24 Ich verehre Tools, die einen dabei unterstützen, dem Kunden gegenüber elegant aufzutreten. Das ist hier beim Sharing des Prototypen mit dem Kunden der Fall. Ich kann beispielsweise den Prototyp als URL verschicken und die Screens mit einem Passwort schützen. Ich kann meinem Kunden auch eine SMS schicken und dieser öffnet sich die Screens direkt auf dem Smartphone durch Anklicken eines zugeschickten Links. Sie können sich meinen AppsMachen-Prototyp, solange er verfügbar ist, gern ansehen - rufen Sie einfach diese URL auf: *https://invis.io/5U5R1R6JH*

Fazit & Alternativen für das Prototyping

Ich hatte Ihnen bereits unterschiedliche Prototypen in Kapitel 8, *Konzeption, Prototyping & Test*, vorgestellt. Sie können dort noch einmal querlesen, welche Art Prototyp gerade am besten zu Ihrem Projekt passt. Ich habe die Erfahrung gemacht, dass InVision sehr einfach zu bedienen ist, sehr viel Spaß macht und für viele Fälle ausreicht. Das Tool wird immerfort erweitert. Mir ist allerdings bisher noch kein anderes Tool untergekommen, das dabei unterstützt, in der Menge der gestalteten Screen noch durchzusehen. Das ist ein großer USP.

Assets exportieren & ablegen

Die Auslieferung der grafischen Assets kann in einem Projekt ein unglaublicher Aufwand werden, wenn man nicht die richtigen Tools zur Hand hat. Das Problem ist die Menge und bei Mengen neigen wir Menschen zu Fehlern. Es ist also eine Arbeit, die man am besten dem Computer übergibt und einfach dabei zusieht.

Das Zusehen geht am besten, wenn die Assets im Dokument entsprechend aufbereitet und exportierfreundlich angelegt sind. Das ist ein Appell an Sie, Ihre Grafiken in Ordnung zu halten und die Assets ggf. in einem eigenen Artboard zu sammeln. Ich zeige Ihnen anhand einer Beispieldatei, wie das aussehen sollte. Und zwar lade ich mir von der Webseite *http://evil-icons.io/* das schicke und freie Icon-Set von Alexander Madyankin und Roman Shamin als .SKETCH-Datei herunter und öffne sie.

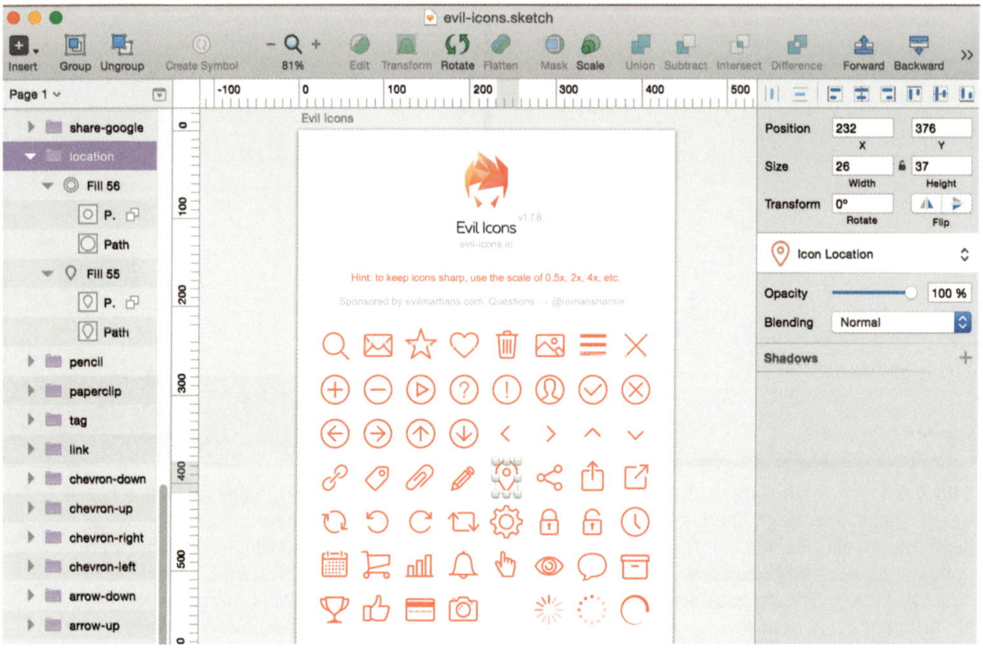

Bild 9.25 Das freie und kostenlose Icon-Pack „Evil Icons" von Alexander Madyankin und Roman Shamin ist eine hervorragende Vorlage, um das Anlegen von Assets zu studieren. Diese Evil Icons hier können als mobile Assets exportiert und gleichsam als Grafiken zum Erstellen einer Iconfont genutzt werden, da sie nur mit Flächen, nicht mit Pfaden arbeiten.

Um nun mobile Assets für iOS, Android und Windows aus Sketch 3 exportieren zu können, benötigt es eines Plug-ins. Um Plug-ins gut handhaben zu können, empfiehlt sich die Sketch Toolbox (in Beta), die man unter *http://sketchtoolbox.com/* herunterladen kann. In der installierten Toolbox suche ich nach einem Plug-in zum Export mobiler Assets … und siehe da.

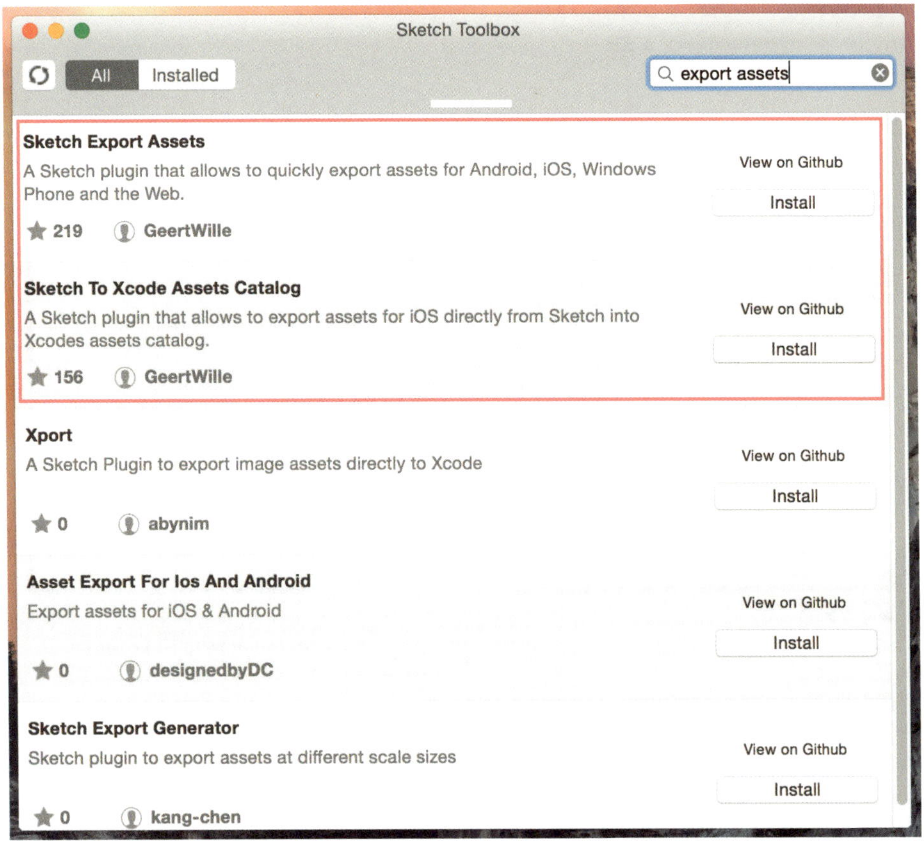

Bild 9.26 Die Sketch Toolbox erlaubt mir das einfache Suchen und Installieren von Plug-ins. Hier suche ich nach „export assets" und bekomme sogleich das gewünschte Ergebnis. Ein Klick auf „Install" reicht aus, um das Plug-in in Sketch 3 verfügbar zu machen – manchmal nach einem Neustart des Programms.

Und nun exportiere ich aus meiner Evil Icons-Beispieldatei alle Icons als mobile Assets in drei Klicks – einmal für iOS, einmal für Android und einmal für Windows Phone. Das Plug-in legt die entsprechende Ordnerstruktur für das jeweilige Betriebssystem an und fertig! Ja, unglaublich: fertig! Die eigentliche Arbeit auf meiner Seite (und das gilt für jedes Grafikprogramm) ist das strukturierte Anlegen meiner Assets und Sammeln in einem Artboard, damit ich sie im Überblick habe und gut anpassen kann. Beachten Sie bitte noch eins beim Export der Assets: Sie stellen die Ausgangsgröße, in der Sie gestaltet haben, ein.

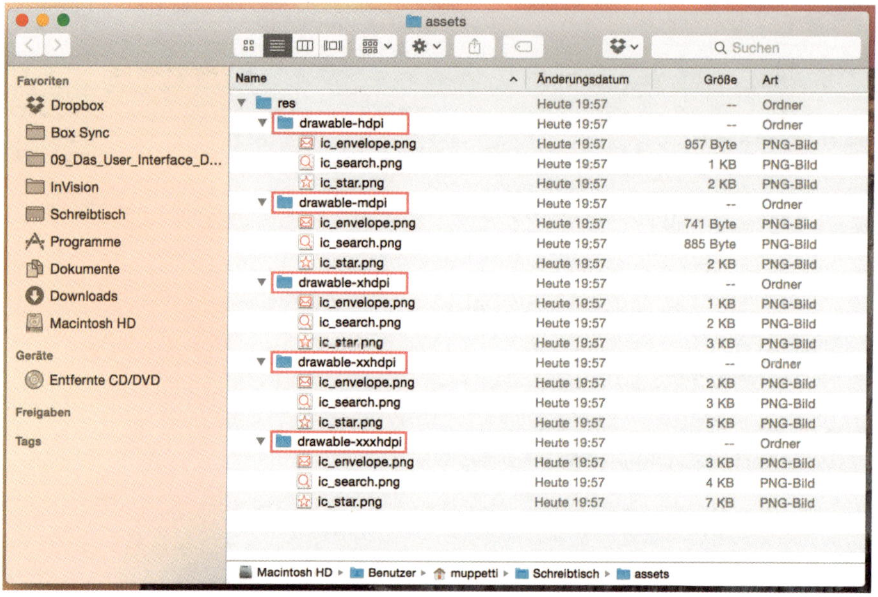

Bild 9.27 Ordnerstruktur in Android, die Sie so Ihren Kollegen von der Programmierung übergeben können. Diese Struktur ist typisch für ein Android-Projekt – liefern Sie die drawable-Ordner im Oberordner „res" als Abkürzung für „Resources" aus. Sie sehen fünf Größen – ldpi wurde weggelassen. In der Praxis ist diese Pixeldichte zu gering.

Bitte beachten Sie für Android, dass Sie das App-Icon auch in dieser Struktur, aber nicht in die drawables ablegen, sondern auch in den Oberordner „res" Unterordner mit der Bezeichnung „mipmap" statt „drawable" ausliefern.

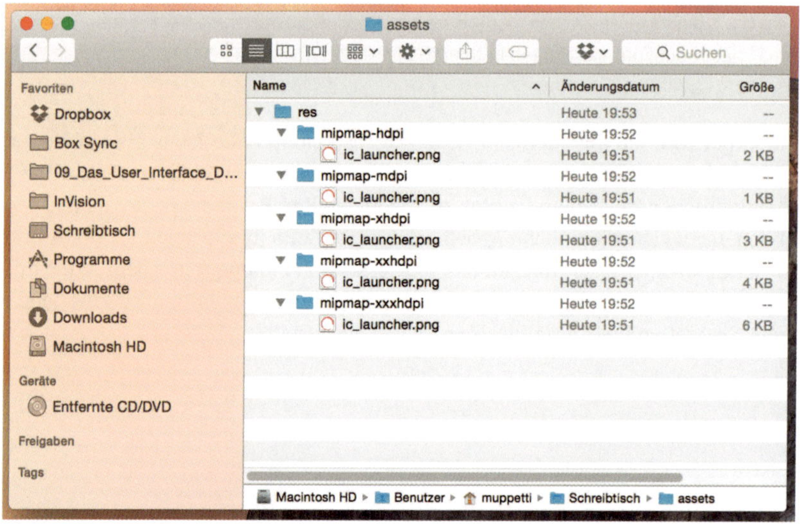

Bild 9.28 In den MipMap-Ordnern wird das App-Icon den Geräten mit ihren Auflösungen auf andere Art zugänglich gemacht. Das kann für eine korrekte Anzeige relevant sein. Auf dem *http://android-developers.blogspot.de* finden Sie ab und zu hilfreiche News zu Dateien.

Größenverhältnisse für Assets in Android

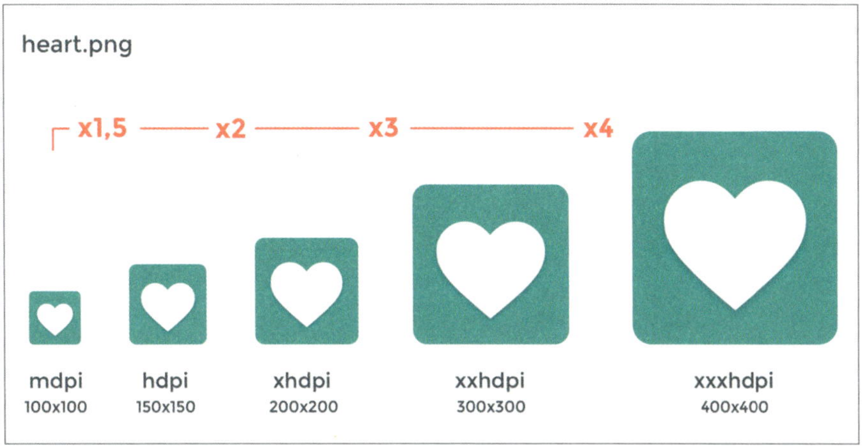

Bild 9.29 Größenverhältnisse für ein Asset in Android. Wenn Sie manuell skalieren müssen, dann skalieren Sie Ihr Artboard und beginnen bei den größten Assets. 400 x 0,75 = 300 und 400 x 0,5 = 200 und dann 300 × 0,5 = 150 und 200 × 0,5 = 100.

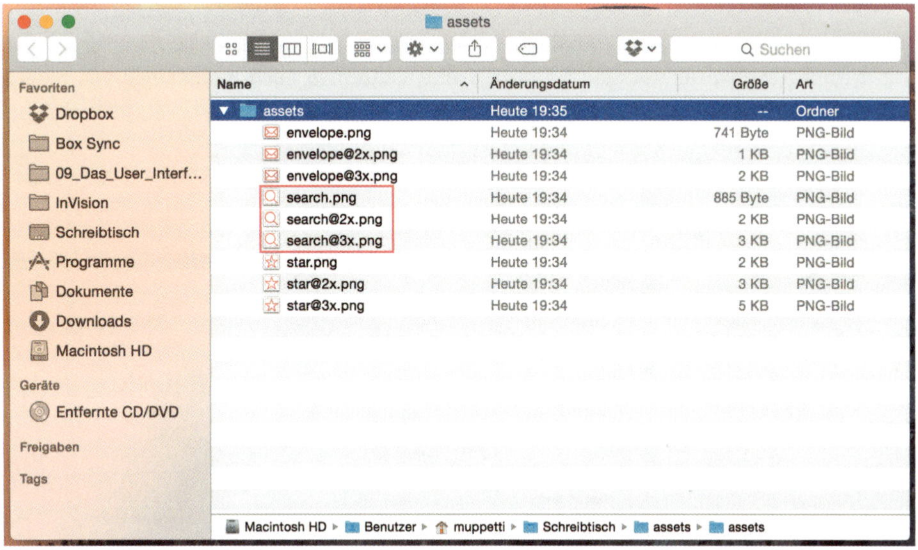

Bild 9.30 Die Assets für iOS werden in einem Ordner, der „assets" heißt, abgelegt. Hier benötigen wir keine Unterordner, da sich die Dateien namentlich voneinander unterscheiden. Sie sehen markiert, dass die jeweilige Größe ein entsprechendes Suffix im Dateinamen (nicht im Dateiformat!) bekommt. Es gibt auch ein Sketch 3-Plug-in, das sofort in die Ordnerstruktur des App-Projekts in XCode exportiert. Sie sehen das Plug-in im Bild 9.25 an zweiter Stelle der Plug-in-Liste.

Größenverhältnisse für Assets auf iOS

iOS-Geräte wie iPhones und iPads bedienen sich bisher Grafiken in drei Größen – am besten zu verstehen über ein Beispiel.

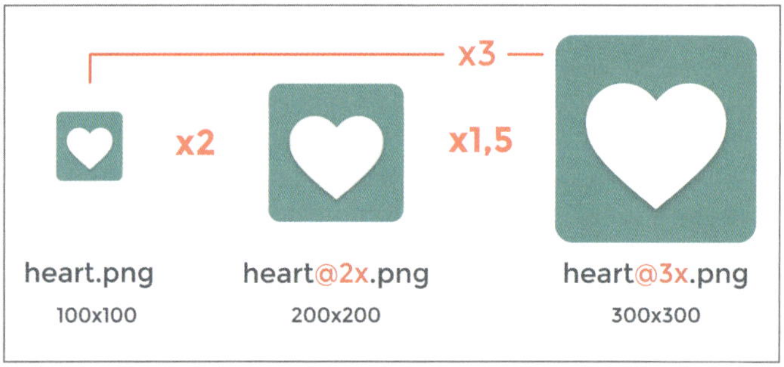

Bild 9.31 Namensvergabe und Skalierungsfaktoren für iOS-Grafikgrößen für iPhones und iPads. Links: ein Herz für die iPhones 3 (163 ppi), hier waren Pixel noch Points. Mitte: Ab den iPhones 4 (326 ppi) begann die doppelte Pixelmenge für dieselbe Darstellung und Grafiken mussten doppelt so groß ausgeliefert werden. Rechts: Ab dem iPhone 6 Plus blieben zwar die Retina-Pixel, aber der Screen wurde noch einmal größer. Aus diesem Grund sollten auch die Grafiken mitwachsen, sonst stimmen die Proportionen auf dem Screen des iPhone 6 Plus nicht und alles sieht winzig aus.

Zur Generierung von Windows Assets über einen anderen Weg gibt es das Tool *Perfect Tile* von Nirmit Kavaiya für um die 15 Dollar. Damit kann man auch unabhängig von Sketch Arbeitszeit sparen.

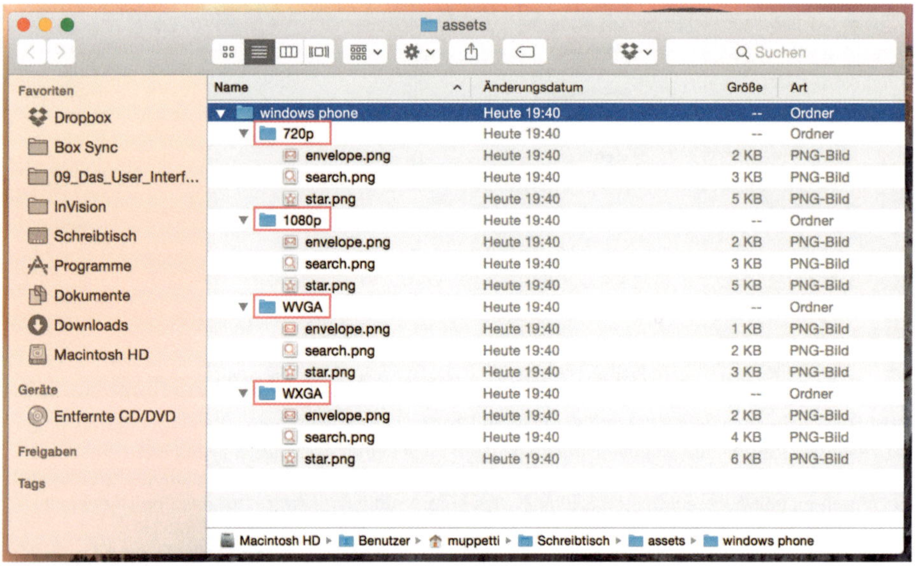

Bild 9.32 Und auch Windows Phone Asset-Exporte sind mit einem Klick aus Sketch 3 möglich. Eine detaillierte Einleitung und Beschreibungen zu Grafiken für Windows finden Sie hier als aufbereiteten PDF-Download: *http://go.microsoft.com/fwlink/p/?LinkId=626098*

Fazit & Alternativen

Wie Sie die Übergabe der Assets genau durchführen, entscheiden Sie nach Praktikabilität für Ihr Projekt. Wenn Ihr Team Dropbox nutzt, dann legen Sie die Icons über Dropbox ab. Wenn es Google Drive oder Box oder eine eigene Hosting-Lösung ist – gut! Falls Sie die Exporte versionieren möchten (und müssen), richten Sie sich Git ein. Ein *Treehouse*-Tutorial für Git und Designer gibt es hier: *http://blog.teamtreehouse.com/git-for-designers-part-1*. Weitere Tools zur Übergabe an Entwickler, die Sie nutzen könnten:

- *https://www.pixelapse.com/*
- *http://www.gemba.io/*

Iconfonts

Eine sehr effiziente Alternative zu exportierten Assets können Iconfonts sein. Warum nicht einfach Icons über Schriften einbinden? Es gibt einige Plattformen, die diese Art der Schriftengenerierung anbieten. Voraussetzung sind Ihre erstellten Assets (Icons), die Sie hochladen und konvertieren können. Testen Sie diese Alternative aus, denn sie ist ziemlich Platz sparend, Sie vermeiden die Pflege all der unterschiedlichen Asset-Exporte und diese Icons stehen den Entwicklern in allen Größen zur Verfügung.

Einige Plattformen zum Generieren von Iconfonts:

- Icomoon: *https://icomoon.io/*
- Fontello: *http://www.fontello.com/*
- Glyphter: *https://glyphter.com/*

Dazu Artikel über Iconfonts und wie man sie für mobile Apps einbindet – das ist der Part für den Programmierer:

- Mobile App Best Practices – Use font instead of image to show an icon (November 2015) *https://www.nativescript.org/blog/details/mobile-app-best-practices—use-font-instead-of-image-to-show-an-icon*
- How to use icon fonts in your mobile apps: *http://www.creativebloq.com/app-design/icon-fonts-in-apps-21410734#null*

ZEPLIN – Assets & Spezifikationen exportieren

Zeplin ist in meiner Welt ein geniales Tool, denn es erspart mir wiederum viel Arbeit. Früher schrieb ich neben den gestalteten Screen Größen und manchmal sogar Farbwerte hin. Diese Arbeit empfand ich als ätzend, also suchte ich nach etwas, das mir helfen könnte, und zwar auf elegante Art. Und ich fand Zeplin – ein junges, kleines, tolle Tool, in dem Entwickler alle wichtigen Details zu Schriften, Größen und Farben der UI nachsehen können.

Und zwar kann ich Zeplin mit Sketch 3 verbinden, indem ich das Zeplin-Plug-in installiere. Daraufhin ist es möglich, ein ausgewähltes Artboard über CMD + E direkt nach Zeplin in ein Projekt abzulegen. Ich muss dieses Projekt natürlich vorher anlegen.

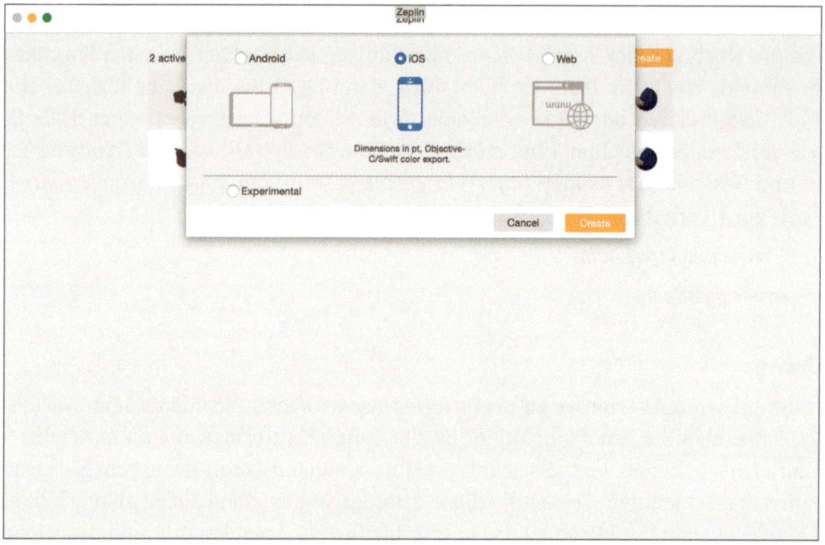

Bild 9.33 Legen Sie in Zeplin ein neues Projekt an – Web und App ist möglich. In diesem Projekt legen Sie außerdem fest, in welcher Punktdichte Sie in Sketch 3 gearbeitet haben: 1x oder 2x, also normal oder Retina. Zeplin passt daraufhin seine pt-Angaben an, die der Entwickler ansehen und übernehmen kann.

Zeplin ist toll, denn der Entwickler kann sich sogar Ihre Beispieltexte kopieren, Assets extrahieren und Screens kommentieren. So haben Sie einen internen Kanal direkt mit der Entwicklung zu Ihren Screens – eine weitere Absicherung der gut aussehenden App.

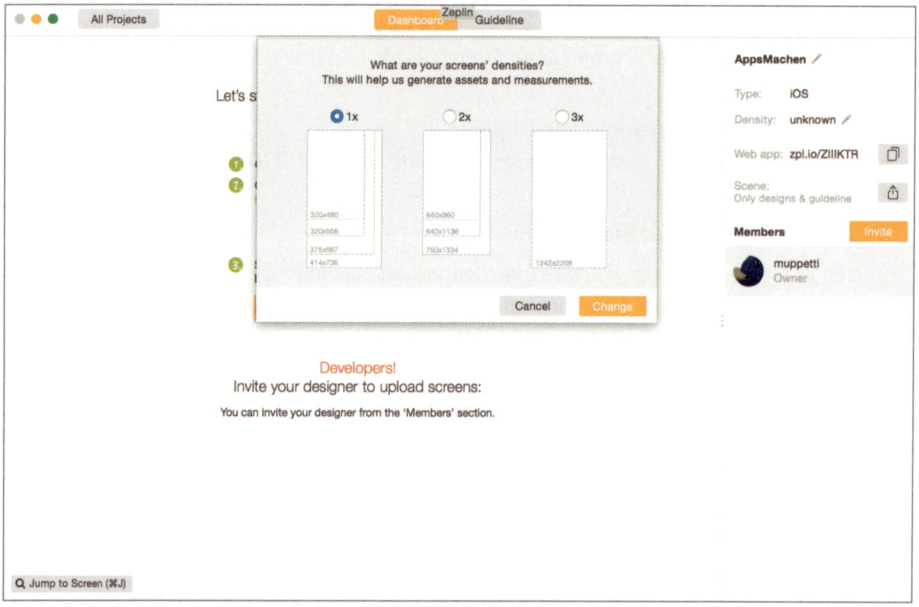

Bild 9.34 Achten Sie darauf, in Zeplin die gleiche Punktdichte (Density) anzugeben, mit der Sie in Sketch 3 gearbeitet haben.

Fazit & Alternativen

Ein Tool wie Zeplin erleichtert Ihnen und Ihren Kollegen das Leben! Ich habe es bereits für mehrere App- und Web-Projekte eingesetzt und bin erstaunt, wie viel Hin und Her mir dadurch erspart wird. Laden Sie Ihre Kollegen schnell und einfach in das Zeplin-Projekt ein. Drei aktive Projekte gibt es für ca. $ 15 im Monat. Man kann Projekte archivieren und so gesehen mit drei aktuellen Projekten ganz gut fahren.

Alternativen mit ähnlicher Funktion:

- *http://avocode.com/* – unterstützt Ihr Team für mehrere Plattformen (Mac, Windows & Linux) und erlaubt die Arbeit mit Photoshop & Sketch; es bietet Slack-Integration.
- *http://www.adobe.com/de/creativecloud/extract.html* – Adobe Cloud Extract ermöglicht es, PSD-Dateien zu „erforschen" und dabei Größen und Definitionen anzuzeigen.

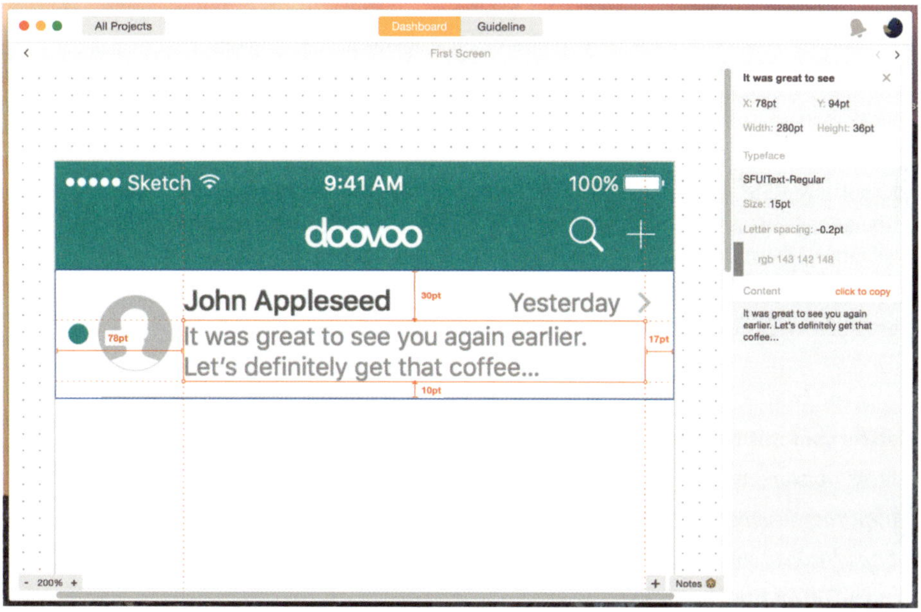

Bild 9.35 Ihre Kollegen von der Entwicklung picken sich einfach das heraus, was sie an Angaben benötigen. Wie mobile Assets direkt in Zeplin verfügbar gemacht werden, erfahren Sie hier: *https://medium.com/@zeplin_io/exporting-assets-in-zeplin-50b8b4a56b05#.36n1nvpoe*

Arbeiten Sie Platz sparend

Einige Tipps, wie Sie App-Grafiken klein halten:

- Im Falle von **Hintergrundgrafiken** nutzen Sie ein sich wiederholendes Muster.
- Besprechen Sie mit dem Entwickler, wie Sie **Buttons** handhaben werden. Es ist möglich, dass diese programmatisch generiert werden können. Ansonsten sprechen Sie sich darüber ab, wie Buttongrafiken beschaffen sein müssen, damit sie gestreckt werden können, ohne dabei hässlich auszusehen oder lang gezogene Ecken zu bekommen.
- Sichern Sie sich, was **Bilder** angeht, ebenfalls in den Größen ab. Erstellen Sie Beispielbilder für alle Größen und testen Sie, ob diese ausreichen. Beispiel: Instagram hatte seine

letzte Bildgröße für Posts von ca. 500 × 500 px auf um die 1000 × 1000 px erhöht, um mit den vielen unterschiedlichen Punktdichten auf Geräten umgehen zu können. Instagram lebt von tollen Fotos und könnte es sich nicht leisten, irgendetwas Pixeliges anzuzeigen.

- Prüfen Sie, inwieweit Sie auf Android mit SVG arbeiten können; auch mit Absprachen. Es gibt Bibliotheken für Entwickler, die es erlauben, SVG zu nutzen.

Plattformen zur Minimierung von Bildern:

- TinyPNG: *https://tinypng.com/*
- JPEGMini: *http://www.jpegmini.com/*

Testen Sie Ihren Workflow und Ihre Tools

- **Suchen Sie ein App-Template für Ihr Grafikprogramm** (falls Sie keins finden, kann das bereits ein Hinweis darauf sein, dass Sie das Programm wechseln sollten, denn dann hat die globale Web-Community beschlossen, dafür nichts weiter anzubieten).
- Prüfen Sie, welche **Helfertools** es für den automatisierten Asset-Export für Adobe-Produkte gibt.
- Erstellen Sie einen **Beispielscreen** und verwenden Sie darin ein, zwei Assets.
- Exportieren Sie ein paar **Beispiel-Assets** in die jeweils vorgestellte Ordnerstruktur und übergeben Sie diese Dateien Ihren Kollegen von der Programmierung. Lassen Sie sich zeigen, ob die Assets korrekt eingebunden werden konnten und so aussehen wie geplant.
- Prüfen Sie dann, wie Ihr **Workflow** aussieht. Wie umständlich war es, diese Assets zu erstellen? Wie oft mussten Sie etwas korrigieren?

Weitere Links & Inputs

Plattformen mit News oder Assets für UI-Designer:

- *https://uistore.io/*
- *http://heydesigner.com*
- *https://icons8.com/* – Icon-Sets für iOS, Android und Windows

Export-Hilfen für Photoshop:

- *http://retinize.it/*
- *http://www.pngexpress.com/*
- *http://www.smashingmagazine.com/2015/05/retina-design-in-photoshop/*
- *http://www.everyinteraction.com/resources/iphone-ios-9-gui-psd-iphone-6s/*
- *https://facebook.github.io/design/ios9.html*

Layout-Intros für Entwickler:

- *http://www.raywenderlich.com/113768/adaptive-layout-tutorial-in-ios-9-getting-started*
- *http://www.raywenderlich.com/114066/adaptive-ui-android-tutorial*

9.6 Die App veröffentlichen

Um eine App im Store veröffentlichen zu können, wird je eine Registrierung als Developer benötigt. Diese Registrierung erlaubt den Zugriff auf die Entwicklungstools der jeweiligen Plattform. Während Microsoft die Gebühr abgeschafft hat, Google einmalig $ 25 einnimmt, möchte Apple eine jährliche Gebühr von $ 99, damit die App im Store zugänglich ist und bleibt. Klären Sie daher vorher, wer Zugriff auf diesen Account hat und wem dieser in Zukunft gehört.

Links mit Infos zu Entwickler-Accounts:

- Apple: *https://developer.apple.com/support/compare-memberships/*
- Google: *http://developer.android.com/distribute/googleplay/start.html*
- Windows: *https://dev.windows.com/en-us/programs/join*

Abnahmeprozess und ergänzendes Material

Das Hochladen der App selbst übernehmen Ihre Kollegen von der Entwicklung. Spezielle Zertifikate sind u. U. nötig und es muss ein *Build* oder ein *Package* der App vorliegen - also jeweils ein fertiges Format des Quellcodes, um über den Store heruntergeladen werden zu können.

Und dann werden möglicherweise wieder Sie an der Reihe sein, denn Sie erstellen Folgendes, das zusammen mit der App für die redaktionelle und technische Prüfung der App eingereicht wird:

- Das **App-Icon** in den geforderten Größen, damit es in den Stores an entsprechender Stelle angezeigt werden kann.
- **Screenshots** der App - hoch aufgelöst und idealerweise auf verschiedenen Geräten.
- Eventuell weitere **Teaser**, um die App zusätzlich zu promoten.
- Die App braucht **Titel**, kurze und lange **Beschreibungen**, die zusätzlich auf Keywords optimiert sind. Sinnvoll ist es, wenn Sie ein Keyword schon im Titel der App tragen, z. B. „Kostenrechner".
- Zusätzliche Bilder je nachdem, für welche Geräte Ihre Apps gemacht sind (Wearables, TV etc.)

Es gibt interessanterweise nie die Garantie dafür, dass eine eingereichte App von der Redaktion des App Stores tatsächlich durchgewinkt und veröffentlicht wird. Die App wird technisch und inhaltlich geprüft - mehr oder weniger genau je nach Plattform und Gegenüber beim jeweiligen Anbieter. Treten Sie bei einer Abweisung der App in persönlichen Kontakt mit dem jeweiligen Mitarbeiter und klären Sie höflich, woran es fehlt. Meistens gelingt die Klärung zügig und ist von Erfolg geprägt.

Das heißt in der Praxis Folgendes: Es benötigt Zeit. Es kann sein, dass die App innerhalb einer Woche durchgeht, wenn alle Materialien, Icons etc. mit eingereicht sind und die App gut programmiert ist. Es kann auch sein, dass die App erst in sechs Wochen veröffentlicht wird, weil zwischendurch auf Ihrer Seite noch Fehler korrigiert werden müssen. Welche Fehler können das sein?

Zum einen geht es um programmatische Fehler - die App verbraucht beispielsweise zu viel Speicher, hat eine Sackgasse oder ist eine Demo-App, die eigentlich keine echte Funktion anbietet. Zum anderen werden Inhalt und Konzept der App geprüft. Klar, dass Inhalte, die andere beleidigen, keine Chance haben. Und auch eine 1:1 kopierte App könnte abgewiesen werden.

- Die Richtlinien von **Apple** sind sehr umfangreich, dafür informativ (Englisch und teilweise Deutsch):
  - *https://developer.apple.com/app-store/review/*
  - *https://developer.apple.com/app-store/marketing/guidelines/de/*
  - *https://developer.apple.com/app-store/*
  - *http://www.apple.com/itunes/affiliates/resources/MacAppStoreMarketingGuidelines.pdf*
- **Google** hat Folgendes zusammengestellt (Englisch und teilweise Deutsch):
  - *http://developer.android.com/distribute/tools/launch-checklist.html*
  - *https://support.google.com/googleplay/android-developer/answer/1078870?hl=de*
- **Windows** auf Deutsch:
  - *https://dev.windows.com/de-de/publish*

App-Icon und Bilder sind die Produktverpackung der App

Es empfiehlt sich, wirklich sehr gute Screenshots einzureichen. Achten Sie darauf, dass die Statusbar (dort, wo Uhrzeit und Verbindungen angezeigt werden) nicht zu voll wirkt, dass dort keine privaten Nachrichten stehen etc. Wählen Sie Screenshots, die den Kernnutzen der App zeigen *und* attraktiv aussehen. Ihre App wird heruntergeladen, wenn dieses Bild stimmig ist. Sie erschaffen hier den ersten Eindruck.

Und letztendlich: orientieren Sie sich an der Präsentation erfolgreicher Apps.

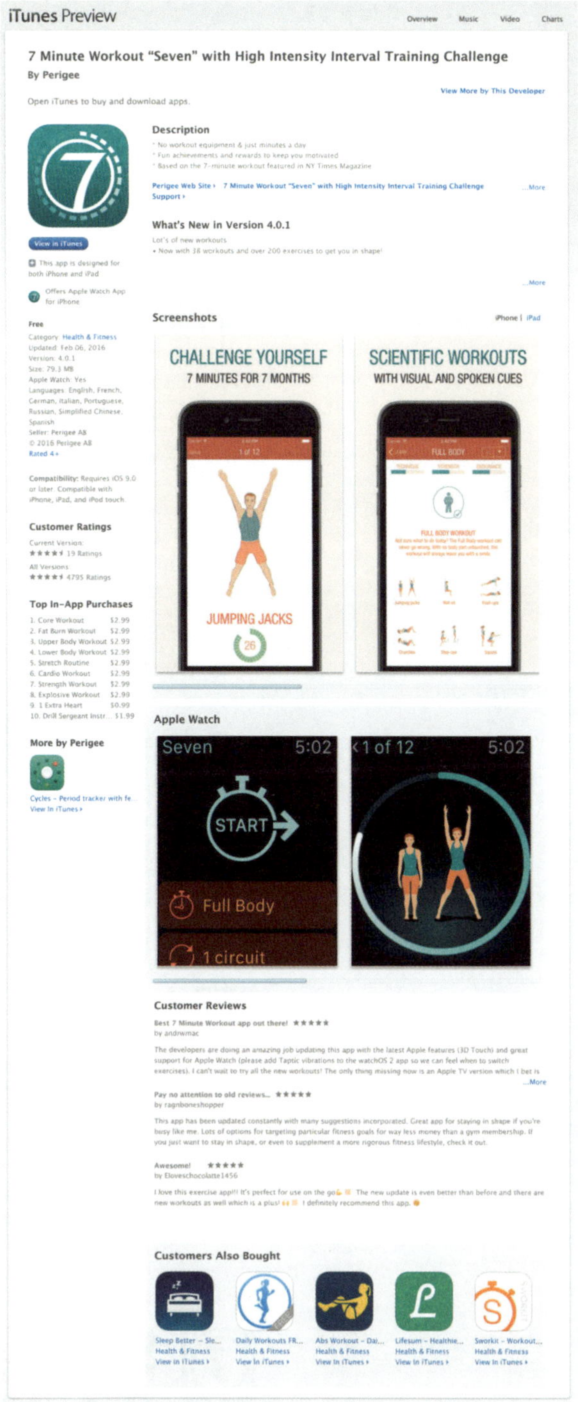

Bild 9.36 Ansicht der Seven-App im Apple App Store. Sie sehen Screenshots auf dem iPhone und der Apple Watch.

Bild 9.37
Und zum Vergleich die Seven-App noch mal im Play Store von Google. Die Bewertungen werden hier hervorgehoben.

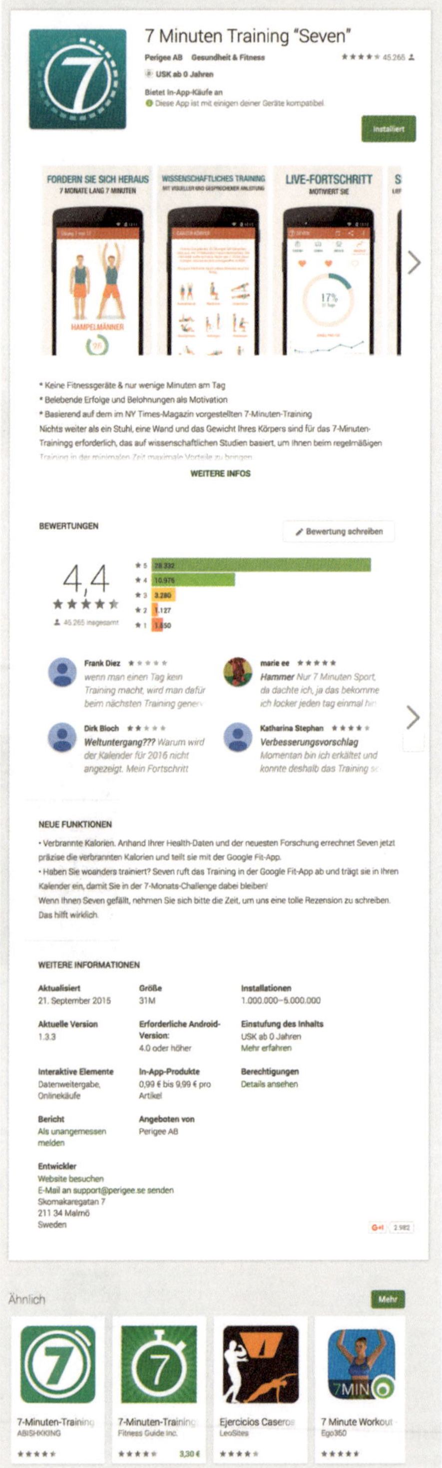

„Etablieren Sie Ihren perfekten Workflow."

10 Nach dem Launch ist vor dem Launch

Success is not final, failure is not fatal: it is the courage to continue that counts. – Winston Churchill[1]

Ich fordere Sie auf zu feiern. Wenn diese App online gegangen ist, wenn sie im Store heruntergeladen werden kann, dann haben Sie an einem Projekt teilgenommen, das die erste große Hürde erfolgreich überstanden hat. Gemäß dem Pareto-Prinzip dürften 80 % aller App-Projekte scheitern. Selbst wenn es 70 % oder 60 % sind, gehören Sie immer noch zu den weniger als 50 % vertretenen Teams, die erfolgreich waren.

Doch wie Churchill es sagt, ist der Mut weiterzumachen das Entscheidende. Nach dieser ersten großen Hürde folgen weitere Schritte, die das erfolgreiche Weiterleben der App im App Store möglich machen. Dazu gehören Kontakt mit den Nutzern, Updates, neue Features und Verbesserungen bestehender Features. Die App sollte gepflegt werden, um mit der Zeit nicht zu den vielen Apps zu gehören, die auf dem virtuellen App-Friedhof ein kuschliges Plätzchen gefunden haben.

Ich gebe Ihnen zum Abschluss dieses Buches einen Überblick für das nächste App-Projekt mit, eine Tabelle, mit der Sie Ihre Aufwände festhalten und für das nächste App-Projekt nutzen können, sowie herzliche Wünsche für Ihren App-Erfolg!

10.1 Dokumentation

Auch wenn Sie noch so froh sind, dass es erst einmal vorbei ist, oder Ihr Schweinehund gerade das Ruder übernommen hat, machen Sie trotzdem eine Dokumentation. So wie ich mittelgroße Kunden und Agenturen einschätze, wird eher selten jemand eine Dokumentation von Ihnen verlangen. Wenn doch, dann ist das allerdings sehr gut. Wenn nicht, dann seien Sie so klug, das Projekt für Ihre eigenen Unterlagen noch einmal zu ordnen.

Lassen Sie nicht zehn Dateien mit der Kennzeichnung „final“ herumliegen. Identifizieren Sie den echten letzten Stand (anhand des Datums) und benennen Sie die anderen Dateien um

[1] Quelle: *http://www.brainyquote.com/quotes/topics/topic_success.html*

oder – das mache ich sehr gern – stellen Sie ihnen das Datum vorneweg hin, und fertig ist. Ich habe mir im Laufe meiner Tätigkeit eine Ordnerstruktur angewöhnt, die für mich sehr gut funktioniert, sie sieht etwa so aus – und kann noch genauer angepasst werden:

- `01_Kundenmaterial` – Hier lege ich das hinein, was der Kunde so liefert. Seine Logos, fertigen und unfertigen Konzepte, Bilder etc. Das belasse ich so – allein das ist schon die Dokumentation dessen, was ich zum Projekt bekommen hatte.
- `02_Recherche` – Hier lege ich alles ab, was mit Konkurrenz zu tun hat, mit der Zielgruppe, mit Daten für die Persona-Profile.
- `03_Konzeption` – Hier lege ich in Unterordnern meine konzeptionellen Ideen ab:
  - `01_Ideensammlung` – Hier halte ich Screenshots anderer Apps fest, wenn mir darin was gefällt, oder wilde Ideen für das Konzept. Dieser Ordner darf unordentlich sein, er ist zum Stöbern gedacht.
  - `02_First_Scribbles` – also die schnellen Skizzen, meist digitalisiert.
  - `03_Wireframes` – Darunter liegen die Fotos von der Grobkonzeption an der Wand sowie exportierte klickbare Wireframes, die man über den Browser ansehen kann (UXPin bietet das an), oder eben die Dateiformate aus anderen Wireframing-Apps. Jedenfalls kommt hier das Arbeitsergebnis hin, auf dem die Feinkonzeption basiert.
- `04_Designentwurf` – Hier findet die Versionierung meiner Grafik statt. Ich nutze lokal *Folio* (*http://folioformac.com*) und für den Verlauf eines Projekts *InVision* (*http://www.invisionapp.com*) – hier sind das Synchronisieren und das Ablegen des aktuellen Projektstandes einfach spitze! Das gilt noch dazu für Photoshop, Illustrator und Sketch 3.
- `05_Feinkonzeption` – Ich arbeite mit Sketch 3, da ich das Anlegen von Artboards sinnvoll finde und so immer einen Überblick aller Screens habe. Die Versionierung führe ich hier auch lokal mit *Folio* durch.
- `06_Exporte` – Manchmal braucht es noch mal die einzelnen Screens, weil jemand diese in einer Präsentation einbinden will. Diese Exporte sortiere ich nach Datum und kann daran wunderbar den Fortschritt und das Wachstum des Projekts sehen – und dokumentieren.
  - `2015_11_26_Export`
  - `2015_11_23_Export`
  - `...`
- `07_Finals` – Bei einigen Projekten trage ich die finalen Dateien noch mal zusammen; z. B. wenn ich sie dem Kunden ausliefere. Dann erledige ich gleich zwei Schritte in einem. Hier ist wirklich nur der letzte Stand drin – keine Zwischenschritte.
- `08_Assets` – Hier unterteile ich in die jeweiligen Betriebssysteme und die Ordnerstrukturen, die ich Ihnen in Kapitel 9 vorgestellt hatte. Sketch 3 bietet bisher die besten Exportfunktionen für die mobilen Assets an. Dies ist auch der Ordner, dessen Inhalte ich den Entwicklern zukomme lasse. Mit der Dropbox, Google Drive oder einem eigenen Cloud-Server können auch diese mobilen Assets im Team versioniert werden. An dieser Stelle lässt sich auch Git einbinden, sodass Sie bei sehr enger Zusammenarbeit mit der Entwicklung direkt in das App-Projektverzeichnis exportieren, die Änderungen committen und pushen können. Stimmen Sie sich einfach mit den Entwicklern ab, wie diese den Workflow haben wollen, und lassen Sie sich bei der Einrichtung unterstützen.

- `Android`
- `iOS`
- `...`

Für mich spiegelt eine solche Ordnerstruktur bereits die Projekthistorie. Die Ordnerstruktur ist also quasi die Dokumentation. Wenn ich das Gefühl habe, es fehlt noch eine wichtige Info, schreibe ich ein Memo als Textdatei – eine `readme.txt` beispielsweise. Dort gibt es Platz für ein kleines Logbuch oder eine abschließende Notiz. Das Ziel der persönlichen Dokumentation ist, dass Sie irgendwann später in den Ordner blicken und verstehen, was Sie damals gemacht hatten. Bei Ihren Dateien sollte das ebenfalls so sein.

10.2 Bugs, Analytics, neue Features & Updates

Bugs tracken

Die erste Gefahr, der Ihre App ausgeliefert ist, sind Bugs. Denn nun wird die App auf alle möglichen Geräte da draußen gespielt und Nutzer mit verschiedensten Versionen von Betriebssystemen wollen Ihre App nutzen. Manchmal kommt es vor, dass selbst eine getestete App in einer bestimmten Kombination von Gerät und Betriebssystem einen Fehler verursacht, abstürzt oder etwas nicht funktioniert. Solche Situationen kann man kaum verhindern, aber sie lassen sich nachverfolgen. Besprechen Sie mit Ihren Entwicklern, wie Sie solche Bugs tracken wollen. Es gibt viele Tools, die in die App integriert werden können, zu allen erdenklichen Preisen. Das technische Bug-Tracking verschickt beispielsweise an eine zuvor hinterlegte E-Mail-Adresse Fehlermeldungen jedes Mal, wenn die App bei irgendjemandem crasht. Sinnvoll ist es, diese Mails zu sortieren und zu priorisieren, denn einige Bugs können kritisch sein, weil sie viele Nutzer betreffen, andere wiederum kommen selten vor. Fixen Sie natürlich zuerst die Bugs, die die meisten Nutzer betreffen und ein K.o.-Kriterium für die App oder den Kernnutzen darstellen – sprich, wenn die App einfach nicht für das benutzt werden kann, wofür sie gebaut wurde. Auf jeden Fall ist es wichtig, dass Sie bei möglichen Bugs davon erfahren, um nicht raten zu müssen, wieso Sie zwar mehrere Downloads, aber keine Nutzer haben.

App-Analytics

App-Analytics funktionieren ähnlich wie beispielsweise Google Analytics. Das Ziel ist zu sehen, bei welchen Ansichten die Nutzer aussteigen, und so herauszufinden, was die Schwachstellen der App sind. Wenn Sie vorher Usability-Tests durchgeführt haben und die App sich gut bedienen lässt, können Sie daraus schließen, dass etwas mit den Inhalten nicht stimmig ist. Wenn auch Bugs ausgeschlossen sind, dann finden Sie heraus, warum beispielsweise niemand den Weg zu einem bestimmten Screen weitergeht.

Diese Art Optimierungen werden aufwendig, weil Sie die Schwachstellen nahezu detektivisch ausfindig machen. Es kann sein, dass Sie mit irgendeiner Begrifflichkeit einfach an Ihrer Zielgruppe vorbeisprechen und dadurch eine Sackgasse in der App kreieren, weil alle an einer bestimmten Stelle nicht weitergehen. Oder Sie finden heraus, dass bestimmte Screens nie aufgerufen werden, obwohl Sie dachten, diese wären wichtig.

Diese Vorgehensweise erinnert mich stark an das MVP. Sie finden hier heraus, wie Sie Ihre Zielgruppe noch besser ansprechen und Ihre App so verbessern können, dass alle Screens relevant sind - vielleicht auch, indem Sie sich wieder von Screens verabschieden. Je weniger Zeit Sie in Tests investiert haben, desto mehr Zeit werden Sie mit Korrekturen nach dem Launch verbringen. Vorher ist es immer günstiger.

Neue Features

Um Features verbessern zu können oder für die bestehende App neue zu konzipieren, ist es ratsam, Kontakt mit den Nutzern der App zu halten. Es gibt viele Wege, dies zu tun, wobei ich hier wieder an den einfachsten Weg denke, und der ist: Nutzer hinterlassen Kommentare im App-Store. Diese Kommentare sind sehr wertvoll - darauf zu antworten ist ebenfalls wertvoll. Wenn es sich also um Ihre eigene App handelt, dann antworten Sie auf jeden einzelnen Kommentar. Und schimpfen Sie nicht, sondern bedanken Sie sich bei jedem Nutzer, der sich die Mühe gemacht hat, Ihre App zu kommentieren - das ist nicht selbstverständlich. Der Eindruck, den Sie durch eine Antwort auf jeden Kommentar hinterlassen, ist rührend und Sie investieren in Ihre Vertrauenswürdigkeit. Das wiederum ist eines der Kriterien, das neue Nutzer vom Download Ihrer App überzeugt. Vor allem bei bezahlten Apps sollten Sie hinterher sein.

Sie sehen, die Pflege der App kostet Zeit und Geld. Mit dem Launch hat es nicht aufgehört, sondern sogar erst begonnen. Die Formung Ihrer App als lebendiges Produkt beginnt hier - sie kann nun immerfort verbessert werden. Diese Phase kann sehr intensiv sein.

Updates

An sich ist jede neue Version der App - egal, was im Hintergrund damit gemacht wurde - ein Update, also ein neuester Stand. Doch ich unterscheide zwischen den zuvor ausgezählten Punkten wie Bugs und Verbesserungen und Updates aus einem anderen Grund: Manchmal zwingt einen der technische Fortschritt einfach zu einem technischen Update, auch wenn die App wie eine schnurrende Katze läuft.

Das kann daran liegen, dass Apple eine neue iOS-Version herausbringt oder Android irgendetwas, meist nicht Vorhersehbares geändert hat, das verursacht, dass die App angepasst werden muss, zum Beispiel weil Push-Notifications jetzt eine andere API benutzen als vorher. Wenn Sie den alten Service nutzen, kann es sein, dass Ihre App ein Update benötigt, um weiter in der App-Store-Welt mitzuhalten. Meist wird man als Inhaber eines Developer-Accounts rechtzeitig über solche Änderungen informiert. In Ihrem Fall kann es allerdings heißen, dass Sie schnell reagieren und einen Entwickler auftreiben müssen.

10.3 Persönliche Auswertung des Projekts

Es ist sinnvoll, bereits während des Projekts für sich oder im Team Auswertungen zu machen. Was lief gut? Was lief nicht gut? Woran lag es? Braucht es andere Tools? Anregungen für das Hinterfragen des eigenen Vorgehens bietet Ihnen Kapitel 5, *Minimum Viable Product* im hinteren Teil; z. B. bei den Zielsetzungen. Auch im Projekt haben Sie sich Ziele gesetzt und können prüfen, ob Sie – und das Team – diese erreicht haben.

Um für das nächste Projekt zu lernen und nicht in einem Kreis immer wieder zurückkehrender Fehler oder ineffizienter Arbeitsgewohnheiten zu bleiben, sehen Sie sich Ihre Arbeitsweise an. Was können Sie im nächsten App-Projekt besser machen? Welches Tool benötigen Sie noch? Ist Ihr Workflow wirklich ein Flow? Wie lief die Zusammenarbeit? Was lässt sich vereinfachen?

Mir ist bewusst, dass diese Anregung hier sehr oberflächlich ist. An sich sollte natürlich ein Team- oder Projektleiter die Performanz des Teams im Blick haben und diese Auswertungen und Optimierungen durchführen. Doch ich lege Ihnen ans Herz, im kleinen Kreis – nämlich bei Ihnen selbst – als Erstes zu gucken. Ihre persönliche Arbeitsweise, Ihre Performanz, auch Ihre Zufriedenheit mit sich selbst anzusehen, um Schlüsse für das nächste App-Projekt zu ziehen.

10.4 Das App-Projekt zur Übersicht

In der realen Welt ist es aus diversen Gründen nicht immer möglich, sich an ein Ideal zu halten. Allerdings ist es möglich, sich daran zu orientieren. Das, was ich allen Teams ans Herz lege, ist: erst die Zielgruppe und die Nutzung der App klären, das User Interface und die Anmutung der App aufbauen, dann programmieren. Das spricht nicht dagegen, dass auch in der Technik rechtzeitig etwas prototypisiert wird, doch der denkbar ungünstigste Fall, den ich erlebt habe, war eine fertig programmierte App, deren User Interface im Nachhinein umgesetzt wurde. Da stimmt einfach etwas nicht, denn die ganze App muss noch mal angefasst werden! Die Programmierer kommen sich komisch vor, weil sie dachten, sie wären fertig gewesen. Die Designer kommen sich komisch vor, weil der Auftrag lautet, etwas „hübsch zu machen", obwohl dahinter etwas viel Größeres steckt: der Nutzer. Alle Software-Projekte sollten nutzerzentriert und somit designgetrieben sein. Die Großen wissen das.

Daher orientiert sich dieser folgende Ablauf des App-Projekts am Nutzer.

Die App-Projektphasen:

- **Ideenfindung & Recherchen** (Kapitel 2)
  - Probleme suchen & finden
  - Konkurrenz
  - Problem besser lösen und ein USP erschaffen
- **Zielgruppe und Markttest** (Kapitel 5)
  - Buyer Persona
  - MVP
  - Zielgruppe
- **Definition/Recherchen für User Centered Design** (Kapitel 3 und Kapitel 7)
  - Context Scenarios & User Stories
  - Recherchen
  - User Personas
  - User Journeys
- **Grobkonzeption** (Kapitel 8)
  - Scribbles
  - Funktionale Anforderungen
  - Tap-Streams
  - Konzept-Check
  - Developer-Talk
  - Feature-Priorisierung
- **Feinkonzeption** (Kapitel 8)
  - Kernnutzen scribbeln
  - Kernnutzen als Wireframes
  - Kernnutzen mit echter Optik oder Vorlagen prototypisieren
  - Alle weiteren Screens scribbeln, Wireframes erstellen, ausarbeiten
  - Interaktionen & Transitionen festlegen und relevante prototypisieren
  - Animationen erstellen und prototypisieren
  - Screen-Übergänge festlegen
- **User-Tests** (Kapitel 8)
  - Tests (vorbereiten, durchführen, auswerten)
  - User-Test (Beobachtung)
  - Verbesserungen vornehmen (zurück zur Feinkonzeption)
- **User Interface erstellen und Grafiken an Entwicklung ausliefern** (Kapitel 9)
  - Grafiken für die unterschiedlichen Plattformen erstellen und exportieren
  - Grafiken sinnvoll ablegen

- Bildmaterial für App Stores erstellen (Customer Persona)
- Berührungspunkte des Nutzers mit der App gestalten und testen (MVP Feedback)
  - Das App-Logo
  - App Store Page-Material zusammentragen
- **Entwicklung**
  - Developer-Account-Inhaberschaft klären
  - Planung von Sprints, Workflow & Zusammenarbeit
  - Design besprechen & integrieren
  - Datenmodell & technisches Konzept
  - Programmierung & Test
  - Korrekturen
- **Veröffentlichung der App im App Store**
  - Eventuelle Korrekturen und Ergänzungen einplanen
- **Nach dem Launch**
  - Nutzerfeedback
  - Bug Fixing
  - Updates & neue Features

10.5 Aufwandschätzung Ihrer Arbeit

Das erste App-Projekt zu kalkulieren, ist fast unmöglich. Es ist, wie einen Hausbau zu kalkulieren, ohne so etwas vorher je gemacht zu haben. Das, was auf Sie zukommt, kennen Sie noch gar nicht. Beim zweiten wissen Sie bereits, von welchem Umfang Sie reden, beim dritten und vierten Projekt kann es sein, dass Sie merken, wie unbezahlbar Ihre geleistete Arbeit ist …

Okay, wir müssen irgendwo anfangen und da Designer nicht dafür bekannt sind, gerne Zahlenspiele zu machen, sondern oft sogar unterbezahlt[2] sind, ist es wichtig, dass wir *alle* Aufgaben erfassen, die beim **Briefing**, bei der **Konzeption**, dem **Screen-Design**, dem **Prototyping**, der **Auslieferung der Grafiken,** dem **Einstellen der App in den Store** auf Sie zukommen.

In Kapitel 4 - den App-Rollen im Team - habe ich Sie schon langsam an die Fülle Ihrer Aufgaben herangeführt. Jetzt wird es noch konkreter, feingliedriger. Sie sehen rechts in der Tabelle jeweils zwei Spalten S^{min} und S^{max}. Das soll heißen: minimale und maximale Anzahl geschätzter Stunden. Diese Art der Schätzung für sich selbst *und* mit anderen (vor allem mit

[2] *http://page-online.de/branche-karriere/gehaltsreport-2014-das-verdienen-designer/*

Menschen, die nicht vom Fach sind!) ist eine wunderbare Variante, sich dem Aufwand zu nähern, wenn man geringe Erfahrungen hat.

Schätzen Sie also diese Tabelle für ein bestimmtes App-Projekt selbst durch und dann geben Sie diese Tabelle noch zwei, drei Kollegen, zum Beispiel einem Entwickler, jemandem aus der Buchhaltung und noch jemandem, der beispielsweise auch Designer ist – verdecken Sie dabei Ihre Aufwände. Und dann berechnen Sie das Mittel der jeweiligen S^{min}- und S^{max}-Werte.

$S_1 = S^{min} + S^{max} / 2$ und dann noch mal das Mittel aller S^{1-n}

Schätzung Prozess aufsetzen

Aufgaben	Tools/Methoden	$S^{min\ h}$	$S^{max\ h}$
▪ Tools suchen, einarbeiten, Kollaboration, Prozess etablieren	▪ agile/rekursiv	4	8
▪ Ihre Summe	▪ $S_1 = S^{min} + S^{max} / 2$		
▪ Team Member 1	▪ $S_2 = S^{min} + S^{max} / 2$		
▪ Team Member 2	▪ $S_3 = S^{min} + S^{max} / 2$		
▪ Team Member 3	▪ $S_4 = S^{min} + S^{max} / 2$		
▪ Mittel aller h Aufwand für diesen Bereich	▪ $S_1 + S_2 + S_3 + S_4 / 4$		

Schätzung Szenarien, Personas und User Journeys

Aufgaben	Tools/Methoden	$S^{min\ h}$	$S^{max\ h}$
▪ Kundengespräch	▪ Inkl. Vorbereitung & Fragenkatalog		
▪ Konkurrenz/Business-Feld checken	▪ SWOT		
▪ Use Case(s) der App verstehen	▪ Scribbling		
▪ User Journey nachvollziehen bzw. skizzieren	▪ Scribbling & Wand		
▪ Personas durchgehen bzw. erstellen	▪ Menschen aus der Zielgruppe		
▪ Briefing erstellen bzw. nachvollziehen	▪ Vorlage		
Aufwand mitteln ($S^{min\ h} + S^{max\ h}$) / 2 in Stunden			

Schätzung Produkt Look & Feel

Aufgaben	Tools/Methoden	$S^{min\ h}$	$S^{max\ h}$
▪ einen Stil für die App finden (ersten Startscreen entwerfen oder die Screens vom MVP verfeinern/anpassen)	▪ Grafikprogramm/Zielgruppe/Testen		
▪ evtl. zwei, drei App-Icons erstellen und testen	▪ Puffer für Einarbeitung in ein neues Grafikprogramm einrechnen		
▪ App Store- oder Play Store-Seite anlegen und testen	▪ Vorlage für App Store-Seite (**Sketch3**/HTML)		
Aufwand mitteln ($S^{min\ h} + S^{max\ h}$) / 2 in Stunden			

Schätzung grobe Wireframes

Aufgaben	Tools/Methoden	$S^{min\ h}$	$S^{max\ h}$
▪ grobe Wireframes bzw. Scribbles ▪ grobe Wireframes klickbar machen ▪ Daten-Handling skizzieren ▪ mit Programmierer absprechen ▪ überarbeiten	▪ Paper ▪ Prototyping mit Papier und App – nutzen Sie ein neues Tool? Dann zusätzlichen Puffer einplanen!		

Schätzung Feinkonzeption Kernnutzen

Aufgaben	Tools/Methoden	$S^{min\ h}$	$S^{max\ h}$
▪ Kernnutzen scribbeln ▪ Kernnutzen als Wireframes ▪ Alle weiteren Screens scribbeln, Wireframes erstellen, ausarbeiten ▪ Screen-Übergänge festlegen	▪ Papier & Wand ▪ Papier und Prototyping-App wie Prott oder Marvel ▪ Vorlage suchen oder mit schlankem Design arbeiten (Sketch 3 hat viele fertige Vorlagen, auch für Photoshop und Illustrator gibt es Wireframing-Sets)		

Schätzung Prototyping Kernnutzen

Aufgaben	Tools/Methoden	$S^{min\ h}$	$S^{max\ h}$
▪ Kernnutzen mit echter Optik oder Vorlagen prototypisieren ▪ Interaktionen & Transitionen festlegen und prototypisieren ▪ Animationen erstellen und prototypisieren ▪ Screen-Übergänge prototypisieren	▪ Export aller relevanten Screens nach Prototyping-Tool zum Durchklicken ▪ Animationen sind oft aufwendig, recherchieren Sie zuerst, welche Standardanimationen (Klassen) es schon gibt, die von den Programmierern genutzt werden können.		

Prototyp testen & Rework

Aufgaben	Tools/Methoden	$S^{min\ h}$	$S^{max\ h}$
▪ Kernnutzen testen ▪ Tests auswerten ▪ Kernnutzen überarbeiten ▪ Puffer für weitere Überarbeitung ▪ Weitere Tests ausgewählter Screens vorbereiten ▪ Auswertung & Überarbeitung	▪ Tests vorbereiten mit mobilen Geräten, Kamera, Fragebogen und jemandem, der Sie dabei unterstützt ▪ Testpersonen akquirieren ▪ Kleinigkeit als Dank beschaffen und evtl. sogar einen Flyer, eine Karte zum Projekt mitgeben		

Grafik erstellen und ausliefern

Aufgaben	Tools/Methoden	$S^{min\,h}$	$S^{max\,h}$
▪ Grafiken für die unterschiedlichen Plattformen erstellen und exportieren ▪ Grafiken sinnvoll ablegen	▪ Das Grafikprogramm Ihrer Wahl, jedoch mit dem vorangestellten Export-Test, damit Sie nicht in einer zeitaufwendigen Angelegenheit landen		

Material für den App Store aufbereiten

Aufgaben	Tools/Methoden	$S^{min\,h}$	$S^{max\,h}$
▪ Das App-Logo skizzieren, Ideen sammeln ▪ App-Icon ausarbeiten (mehrere Versionen?) ▪ App-Icon gegen Konkurrenz-Logos testen ▪ App-Icon-Test durchführen, auswerten ▪ App-Icon überarbeiten ▪ Bildmaterial für App Stores erstellen (Screens oder Screenshots in unterschiedlichen Bildgrößen) ▪ Berührungspunkte des Nutzers mit der App gestalten und testen (MVP Feedback und Customer-Persona-Profil als Hilfe)	▪ Papier, Stifte ▪ Screen zusammenbauen, auf dem das Logo mit Konkurrenzlogos abgebildet ist, und testen (siehe Kapitel 8) ▪ Grafikprogramm ▪ App-Icon wird groß in die Stores geladen, mindestens 512 × 512 px, normal 1024 × 1024 px		

Unentdeckte Aufgaben und Puffer

Aufgaben	Tools/Methoden	$S^{min\,h}$	$S^{max\,h}$
▪ … ▪ … ▪ …			

Interessant ist noch ein Blick auf das unten eingefügte Diagramm, in dem Sie sehen, wie viel Arbeit in welcher Phase etwa auf Sie oder Ihr Design-Team zukommen wird. Dem gegenübergestellt ist die Arbeitsbelastung des Entwicklers und – wenn das Entwickler-Team ebenfalls aufgeteilt ist – die des Programmierers. Während der Entwickler bei konzeptionellen Fragen zum Produkt durchaus in Kontakt mit dem Designer steht, ist der Programmierer dann am meisten beschäftigt, wenn es um die technische Umsetzung geht.

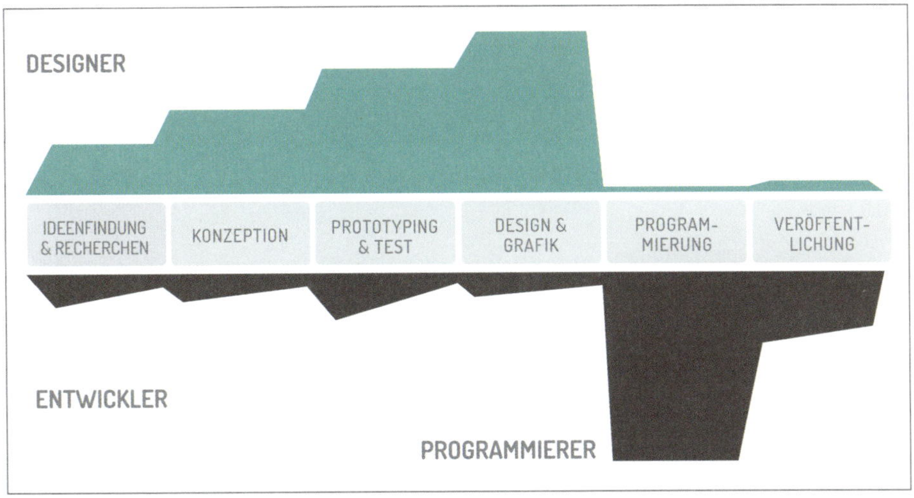

Bild 10.1 Workload Design, Entwicklung und Programmierung während des App-Projekts. Ihre Arbeit beginnt meist schon am Anfang und zieht sich durch das ganze Projekt. Selbst bei der Entwicklung werden Sie ein wenig zu tun haben, da Sie die Screens gegen Ihre Designs prüfen. Bei der Veröffentlichung habe ich Ihren Arbeitsaufwand deshalb etwas höher als in der Entwicklung gesetzt, weil zum Ende meist alle gestresst sind und es hier und da noch eine Ansicht braucht.

Wow, das war viel! In jedem Anfang steckt ein Zauber. Fangen Sie an und die Dinge gehen ihren Weg. Alles Gute.

„Lassen Sie die App wachsen."

Quellen und Links

Kapitel 1 – Am Anfang war das Smartphone

- *http://blog.fluidui.com/design-resources-for-android-wear/*
- *http://pocketnow.com/2014/07/28/the-evolution-of-the-smartphone*
- *https://www.youtube.com/watch?v=vN4U5FqrOdQ* – mit religiösen Ausmaßen, aber sehr sehenswert – allein schon wegen der darin versteckten User-Experience-Gedanken

Kapitel 2 – Das Potenzial Ihrer App

Inspired: How To Create Products Customers Love von Marty Cagan

Kapitel 3 – User Experience

- *https://medium.com/@becca_u/the-principles-of-ux-choreography-69c91c2cbc2a*
- *http://www.smashingmagazine.com/2013/08/22/designing-for-digital-products/*
- *https://hbr.org/2015/09/design-as-strategy*
- *https://hbr.org/2015/09/design-thinking-comes-of-age*

Kapitel 4 – Das App-Team

- *https://blog.skcript.com/the-i-m-a-better-designer-checklist-255fd984c68b*
- *http://www.webdesignerdepot.com/2015/02/the-ultimate-guide-to-information-architecture/*
- *https://www.asis.org/Bulletin/Aug-10/AugSep10_Brown.pdf*
- *http://www.uxbooth.com/articles/complete-beginners-guide-to-information-architecture/*
- *http://www.uxbooth.com/articles/the-difference-between-ia-and-ux-design/*
- *http://www.boostlabs.com/information-designer-data-visualization/*
- *https://www.quora.com/What-are-the-best-examples-of-data-visualization-in-a-mobile-app*
- *http://thenextweb.com/dd/2015/04/21/the-14-best-data-visualization-tools/*
- *http://www.creativebloq.com/design-tools/data-visualization-712402*
- *http://www.forbes.com/sites/bernardmarr/2015/09/01/7-technology-trends-that-will-make-or-break-many-careers/*

- *http://www.webdesignerdepot.stfi.re/2015/06/what-is-a-full-stack-designer-and-should-you-be-one/?sf=azjbz&utm_content=bufferdbac6&utm_medium=social&utm_source=twitter.com&utm_campaign=buffer*
- *http://t3n.de/news/designer-zukunft-606246/?utm_source=t3n-Newsletter&utm_medium=E-Mail&utm_campaign=+t3n+Newsletter+Nr.+536+-+digital+pioneers*
- *http://www.smashingmagazine.com/2013/10/09/incorporating-quiet-into-ux-design-process/*
- *http://techcrunch.com/2014/11/08/the-rise-and-fall-of-the-full-stack-developer/*
- *http://welense.com/empathy*
- *http://www.complex.com/style/2013/07/influential-designers/12-philippe-starck*
- *https://www.freelancer.com/community/articles/how-to-collaborate-effectively-with-online-designers?ft_prog=CTC&ft_prog_id=142&utm_content=buffer1aa21&utm_medium=social&utm_source=twitter.com&utm_campaign=buffer*
- *http://medium.stfi.re/@SmartDesign/6-predictions-that-will-change-design-as-we-know-it-8a69dcfd9572?sf=ppgeo*
- *http://blog.invisionapp.com/the-future-of-work-a-recap/*
- *http://blog.fluidui.com/design-is-changing-agile-for-the-better-heres-why/*

Kapitel 5 – Minimum Viable Product

- *http://theleanstartup.com/principles*
- *http://thenextweb.com/dd/2014/11/12/15-ways-test-minimum-viable-product/*
- *http://techcrunch.com/2011/10/19/dropbox-minimal-viable-product/*
- *http://venturehacks.com/articles/minimum-viable-product-examples*
- *http://www.hackerchick.com/2013/02/5-mvp-examples.html*
- *https://vimeo.com/19738421*
- *http://thenextweb.com/dd/2014/10/22/maximizing-minimum-viable-product-get-high-results-without-releasing-minimal-product/*
- *https://signalvnoise.com/posts/1658-is-there-a-better-way-for-you-to-price-your-product*
- *http://www.smashingmagazine.com/2010/08/05/craft-an-irresistible-price-by-focusing-on-your-users/*
- *http://www.forbes.com/sites/85broads/2014/04/08/why-you-should-be-writing-down-your-goals/*

Kapitel 6 – App-Typen und mobile Technologien

- *http://blog.fluidui.com/html5-native-and-hybrid-choosing-the-best-approach/*
- *http://mobilehtml5.org/*
- *http://www.selfhtml5.org/apps-programmieren/*
- *http://diveintohtml5.info/index.html*
- *http://www.visionmobile.com/blog/2013/07/web-sites-vs-web-apps-what-the-experts-think/*
- *http://studioscience.com/interaction-design-within-the-internet-of-things/#today http://www.sitepoint.com/html5-browser-storage-past-present-future/*

- *http://noeticforce.com/best-hybrid-mobile-app-ui-frameworks-html5-js-css*
- *http://www.ckl.io/blog/should-i-develop-hybrid-mobile-apps/*
- *http://developer.telerik.com/featured/what-is-a-hybrid-mobile-app/*
- *http://kennethormandy.com/journal/your-favourite-app-isnt-native*
- *http://www.sitepoint.com/top-7-hybrid-mobile-app-frameworks/*
- *http://www.aboveavalon.com/notes/2015/6/1/the-apple-vs-google-battle-has-changed*
- *http://www.joshmorony.com/the-step-by-step-guide-to-publishing-a-html5-mobile-application-on-app-stores/*
- *http://alexbergin.com/2015/creating-publishing-hybrid-apps-ionic*
- *http://t3n.de/magazin/marktuberblick-frameworks-mobile-web-apps-baukasten-231179/*
- *http://www.pushtechnology.com/2015/02/10/decide-mobile-app-development/*
- *http://image.slidesharecdn.com/debunkingmythsofappdev-fordistribution-130225115803-phpapp02/95/debunking-common-myths-of-mobile-application-development-10-638.jpg?cb=1361795768*
- *http://de.slideshare.net/jamesgpearce/mobile-device-apis*
- *http://blog.teamtreehouse.com/exploring-javascript-device-apis*
- *http://de.slideshare.net/enpit/20140604-multichannelapp-devbestpractices*
- *https://think.withgoogle.com/databoard/media/pdfs/the-new-multi-screen-world-study_research-studies.pdf*
- *http://www.websitetooltester.com/blog/app-baukasten/*
- *http://de.slideshare.net/mgroeschel/mobile-appbauksten-markt-chancen-und-grenzen-webmontag-mrn-742014*
- *http://business-cloud-storage-services.toptenreviews.com/*
- *http://recode.net/2015/01/15/a-beginners-guide-to-understanding-the-internet-of-things/*
- *http://www.wired.com/tag/internet-of-things/*
- *http://recode.net/2014/10/14/review-a-high-tech-door-lock-thats-also-simple/*
- *http://arstechnica.com/gadgets/2015/05/google-developing-brillo-internet-of-things-os-based-on-android/*
- *http://recode.net/2014/01/22/smokin-hot-with-a-soothing-voice-nest-protect/*
- *https://www.quora.com/In-what-categories-areas-would-you-divide-Internet-of-Things-IoT-based-products-or-services*
- *https://uxmag.com/articles/whats-different-about-user-experience-design-for-the-internet-of-things*
- *http://studioscience.com/interaction-design-within-the-internet-of-things/#today*
- *http://www.forbes.com/sites/sanjeevsardana/2014/05/29/is-there-an-app-for-that-how-the-internet-of-things-is-changing-the-consumer-device-landscape/*
- *http://www.thingworx.com/developer/device-kits/raspberry-pi*
- *https://www.raspberrypi.org/*
- *http://swag.raspberrypi.org/collections/magpi*

- *http://www.internet-of-things-research.eu/pdf/IoT-From%20Research%20and%20Innovation%20to%20Market%20Deployment_IERC_Cluster_eBook_978-87-93102-95-8_P.pdf*
- *http://www.cio.com/article/2379047/big-data/what-the-internet-of-things-will-mean-for-cios.html*
- *http://www.cio.com/article/2602467/consumer-technology/10-hot-internet-of-things-startups.html*
- *http://www.idtechex.com/internet-of-things-usa/conference.asp*
- *http://t3n.de/news/raspberry-pi-projekte-434138/*
- *http://www.win.tue.nl/~tozceleb/WAmIi/Monique%20Hendriks.pdf*
- *http://de.slideshare.net/BernardMarr/big-data-25-facts*
- *http://www.computerworld.com/article/2506820/business-intelligence/business-intelligence-chart-and-image-gallery-30-free-tools-for-data-visualization-and-analysis.html*
- *http://www.emc.com/collateral/analyst-reports/idc-the-digital-universe-in-2020.pdf*
- *http://www.creativebloq.com/design-tools/data-visualization-712402*
- *https://developers.google.com/chart/interactive/docs/quick_start*
- *http://polymaps.org/*
- *http://raphaeljs.com/*
- *http://thenextweb.com/dd/2015/06/12/20-best-javascript-chart-libraries/*
- *http://www.amazon.com/Interactive-Data-Visualization-Scott-Murray-ebook/dp/B00BS-G68UQ/ref=pd_sim_351_1/184-3016426-8466343?ie=UTF8&refRID=0WV9BY9ZCH3E7CV6KSFX&dpID=51XvnfXYOLL&dpSrc=sims&preST=_AC_UL160_SR122%2C160_*

Kapitel 7 – Scenarios, Storys & Personas

- *http://www.uxbooth.com/articles/creating-personas/*
- *http://www.usability.gov/how-to-and-tools/methods/personas.html*
- *http://knowledge.hubspot.com/contacts-user-guide-v2/how-to-create-personas*
- *http://de.slideshare.net/TheConartist/provisional-persona-workshop-10*
- *http://de.slideshare.net/TheConartist/what-are-personas-and-how-to-use-them-a-presentation-by-shlomo-goltz*
- *http://www.dubberly.com/articles/alan-cooper-and-the-goal-directed-design-process.html*
- *https://uxmag.com/articles/eight-lessons-in-mobile-usability-testing*
- *http://openpersonas.com/post/55293335245/15-interview-questions-for-creating-personas*
- *https://boagworld.com/design/testing-design/*
- *https://medium.com/@kunalslab/the-new-generation-of-prototyping-tools-part-1-2-c01105310b6b*
- *http://blog.invisionapp.com/how-to-design-from-10000-feet/*

Kapitel 8 – Konzeption, Prototyping & Test

- *http://t3n.de/magazin/praxisbericht-scrum-kanban-scrumbuts-agiles-232822/2/*
- *http://alistapart.com/article/how-we-hold-our-gadgets*
- *http://www.infragistics.com/products/indigo-studio?utm_source=StackOverFlow&utm_medium=Banner&utm_content=Indigo-A-GEO&utm_campaign=Indigio*
- *http://www.cooper.com/prototyping-tools*
- *http://prototypingtools.co/*
- *http://uxdesignweekly.com/ux-resources/prototyping-tools/*
- *http://www.usability.de/leistungen/ux-testing-nutzerforschung/usability-test.html*
- *http://usability-toolkit.de/usability-methoden/usability-test/*
- *http://rapidusertests.com/*
- *https://www.nutzerbrille.de/blog/10-tipps-usability-tests-fuer-einsteiger/*
- *http://thenextweb.com/creativity/2015/04/27/user-testing-explained/*

Kapitel 9 – Das User Interface

- *http://bokardo.com/principles-of-user-interface-design/*
- *https://www.usertesting.com/blog/2015/11/06/3-mobile-ux-design-principles-from-apps-we-love/*
- *http://speckyboy.com/2015/10/14/interaction-design-mistakes/*
- *http://uxmovement.com/mobile/list-vs-grid-view-when-to-use-which-on-mobile/*
- *https://medium.com/@webalys/die-png-die-how-to-use-vector-icons-in-your-apps-d884c9c63e93#.3n2t8du6j*
- *https://www.nativescript.org/blog/details/mobile-app-best-practices—use-font-instead-of-image-to-show-an-icon*
- *http://blog.cloudfour.com/seriously-dont-use-icon-fonts/*
- *http://developer.android.com/training/material/drawables.html*
- *https://github.com/jkphl/svg-sprite*
- *https://blog.kulturbanause.de/2012/11/adaptive-website-vs-responsive-website/*
- *http://www.liquidapsive.com/*
- *https://www.smashingmagazine.com/2015/02/designing-for-smartwatches-wearables/*
- *http://www.anandtech.com/show/9544/understanding-smartwatch-design*
- *http://www.macworld.com/article/2940897/how-the-apple-watch-is-preparing-us-for-an-iphone-without-a-home-button.html*
- *http://www.androiduipatterns.com/2015/05/thoughts-on-designing-for-smartwatches.html*
- *http://www.wareable.com/apple-watch/best-apple-watch-apps-832*
- *https://medium.com/mobile-design-and-ux/smartwatch-user-interaction-39601215a1b1#.jl8hnn8hi*
- *http://www.wristly.co/#!Is-it-time-for-the-Apple-Watch/c1rn3/55eedbc00cf24e84f7645803*

- *http://sketchtalk.io/discussion/1012/avocode-vs-zeplin*
- *http://www.wired.com/insights/2014/01/mobile-user-interfaces-look-future/*
- *http://scotthurff.com/posts/how-to-design-for-thumbs-in-the-era-of-huge-screens*
- *https://medium.com/@kollinz/misused-mobile-ux-patterns-84d2b6930570#.y1h2tocbe*

Kapitel 10 – Nach dem Launch

- *https://www.smashingmagazine.com/2015/10/keep-your-android-app-popular-after-launch/*
- *http://tech.co/promote-your-new-app-after-launch-2016-01*
- *https://blog.kissmetrics.com/11-mobile-app-pitfalls/*
- *https://instabug.com/*
- *http://bugclipper.com/*
- *http://www.capterra.com/bug-tracking-software/*

Index

Symbole

80/20 33

A

Abnahmeprozess 325
A/B-Tests 273
Accessibility 49, 51
adaptive 297
Adjektiv-Umfrage 273
Akkulaufzeit 47
Analytics 333
Animationen 86, 287
Annäherungssensor 9
API – Application Programming Interface 182
App 6
App-Baukästen 177
App-Designer 81
App-Features 230
App-Idee 16, 26, 119
App-Kategorien 18
App-Konzepter 77
App-Projektphasen 336
App Store 7
App-Typ 179
Application 7
App veröffentlichen 325
Aspect Ratio 303
Assets 315
Attraktivität 48, 50
Auffindbarkeit 50, 51
Auflösungen 47, 303
Aufwandschätzung 337

B

Basecamp 17
Bedürfnishierarchie 108
Bedürfnispyramide 110
Bedürfnisse 107
Bedürfnisse erfüllen 111
Begeisterung 15
Benutzbarkeit 45
Big Data 199
Bilder 122
Bildschirmgröße 302
Bildverhältnis 303
Breakpoints 308
Bugs 333
Build 31
Buyer Personas 116, 118

C

Claim 119
Context Scenarios 206
Credibility 43, 50
Crowd-Finanzierungen 140
Crowd-Funding 23, 133
Crowd-Funding-Kampagne 124
CRUD 232
Customer Persona 118

D

Daten 199
Dateneingabe 47
Density 303
Designer 66

Design-Test 269
Design Thinking 98
Desirability 48, 50
Dogfooding 272
Dokumentation 95, 331

E

Emotionalisieren 111
Empathie 72, 100
Entwickler 90
Entwickler-Check 92
Erreichbare Ziele 145
Erwartungen 142

F

Feature-Liste 95
Features 237
Feedback 288
Fehler 46
Feinkonzeption 242
Findability 50, 51
Fokussierung 11
Formulare 290
Freude 122
Frustration 114
FullStack-Designer 87

G

Glaubwürdigkeit 43, 50
Grobkonzeption 228

H

Hybrid-Apps 157, 170
Hybrid Thinking 99

I

Iconfonts 321
Icon-Konkurrenz-Test 273
Informationsarchitekt 76
Informationsarchitektur 234
Informationsdesigner 76
Instagram 17
Interaktionen 86, 300
Interaktionsdesigner 76
Internet of Things 76, 191
Inter-Usability 195
Interviews 274
iOS 5
IoT 191
iPhone 4, 6

K

Kernnutzen 18, 20, 23, 50
kleinstes realisierbares Produkt 105
Klischees 152
Kollaboration 87
Konzept 82
Konzept-Check 238
Konzeption 227
Kritik 69
Kunde 82

L

Ladebalken 283
Landing Page 54, 128, 132
Landscape 245
Launch 331
Lean 30
Lean Startup 31
Learn 31
Leere Screens 253
Lernfähigkeit 46
Live-Preview 311

M

Marketing 83
Measure 31
Merkfähigkeit 46
Microinteractions 284
Minimum Viable Product 105
Mobile Design Patterns 291
Mobiler Kontext 46
Mobile Web-Apps 163
Multi-Channel-Apps 157, 173
Multi-Plattform-Entwicklung 161
MVP 105

N

Native Apps 157, 160
Native Cross-Plattform 161
Nutzbarkeit 50
Nutzen 122
nutzerzentriert 10
Nützlichkeit 42, 50

O

Objekthierarchien 233

P

Persona Lebenszyklus 117
Personas 205
persönlicher Vorsprung 122
Pixel 303
Plattform 84
Points 303
Portrait 245
Preis-Check 126
Preisstrategie 130
Probleme beobachten 25
Programmierer 86, 90
Progressive Persona 216
Projektzeitplan 93
Prototype 85
Prototyping 141, 227, 259
Prototyping-Tools 262
Punktdichte 303

Q

Quellcode 95

R

Rapid-Prototyping 258
Recherchekatalog 211
Recherchen 209
Regel 290
Resilienz 70, 73
Responsive 297

S

Scenarios 205
Screengrößen 47, 296, 302
Screen Resolution 303
Sekunden-Test 274
Selftest 258
Sensoren 38
Slogans 119
SmartHome 193
Smart Objects 187
Smartwatches 12
Smartwatch-UI 302
Software-Spezifikationen 230
Spezialisierung 97
Spezifikationen 321
Storage 179
Storys 205
Strukturierung von Informationen 235

T

Tap-Streams 237
Tap-Test 272
Team 88
Testablauf 277
Testarten 272
Testauswertung 278
Testdurchführung 277
Test-Equipment 275
Testplanung 277
Tests 227, 274
Transitionen 86, 287
Trigger 290

U

UI-Guidelines 77
unerreichbare Ziele 143
Updates 333
Usability 45, 50
Usability Engineer 76
Usability-Fehler 33
Usability-Tester 79
Usability-Testing 269
Usefulness 42, 50
user-centered 39
User-centered Design 24
User-Centered Requirements Engineer 76

User Experience (UX) 23, 37, 65, 284
User Interaction 282
User Interface 281
User Interface Designer 77
User Journeys 219
User Personas 118, 212
User Storys 206
User Tests 268
UX 157
UX Wheel 41, 42

V

Vorkonzeption 206

W

Wartezeiten 288
Wearables 76, 194
Web-Apps 157, 163
Wertschätzung 70
Workflow 87
Workload 341

Z

Zeit 283
Zeitplan 94
Ziele 142
Zielgruppe 20, 83
Zielgruppenansprache 52
Zielsetzen 147
Zufriedenheit 45
Zugänglichkeit 49, 51
Zusammenarbeit 93